L'HÔTEL

Théorie et pratique

M.T. Audoux
Professeur agrégée
Formatrice I.U.F.M
au centre d'Antony

Ph. Mazzetti
Ancien professeur
à l'École hôtelière
de Paris - Jean Drouant

J. Bessenay
Professeur agrégé
Lycée d'hôtellerie et de
Tourisme de Biarritz

LT
Editions
Jacques Lanore

Remerciements

Les auteurs et les éditions LT Jacques Lanore remercient pour les documents et photos qu'ils nous ont aimablement fournis :

Air-France
Atlanthal, Biarritz
Borella Art Design, Paris
Carlson Wagonlit
Center Parc
Le Château d'Esclimont
Claude Corbier, photographe - Conseil Régional Languedoc – Roussillon
Le Directeur commercial de l'hôtel Mariott - Renaissance, Paris la Défense
La Direction de l'hôtel du Louvre, Paris
La Direction de l'hôtel Masséna, Nice
La Direction le revenu manager de l'hôtel Sofitel Forum Rive Gauche, Paris
Les Gîtes de France
La Gouvernante générale de l'hôtel Meurice et de l'hôtel Hilton, Paris
Le Grand Hôtel, Annecy
Le Groupe ACCOR
Le Guide Michelin
Les Hôtels :
-Hôtel Bristol, Paris
-Hôtel Carlton, Cannes
-Hôtel de l'Aigle Noir, Fontainebleau
-Hôtel des Messageries, Arbois
-Hôtels Ibis
-Hôtel Intercontinental, Paris
-Hôtel Méridien Etoile, Paris
-Hôtel Plaza – Athénée, Paris
-Hôtel Raphaël, Paris
-Hôtel Ritz
-Hôtels Mercure
-Hôtels Méridien
- Lutétia, Paris-Hôtel
L'I.U.F.M. d'Antony :
- Nathalie Montargot, professeur de mercatique
- les stagiaires de la promotion 1999/2000
Jean-Pierre Poulain - Directeur du CETIA (Centre d'étude du Tourisme et des Industries de l'Accueil) Université de Toulouse Le Mirail.
Les Etapes Trigano
Martine Bizat Fleurs et Décorations, Boulogne
Murielle Bonnot Hôtel Sofitel Sèvres, Paris
Matériel informatique
- DELL Computer Corporation, Montpellier
- Hewlett Packard, Boulogne
- Agfa, Rueil-Malmaison
Société Oasis, Strasbourg
PKF, Philippe Gauguier, Paris
Potel et Chabot
Les Relais du Silence
Select Tour
Société Bragard, Epinal
Société Caddie, Schiltigheim
Société Dubix, Troyes
Société Elis, Puteaux
Société Fichet-Bauche, Vélizy-Villacoublay
Société Linvosges, Gerardmer
Société Page, Obernai
Société Vingcard.

15, rue Soufflot - 75005 PARIS

ISBN 2-206-03237-6

Préface

Les statistiques concernant le tourisme français font apparaître un excédent annuel qui se chiffre en dizaine de milliards de francs. L'activité des hôtels et des agences de voyages, partenaires privilégiés est en constante progression.

Y a-t-il meilleure manière de présenter un secteur d'activité où derrière ces résultats l'on trouve des hommes et des femmes qui, au prix d'une technicité exigeante, ont su vendre, accueillir, forger une image de marque de " l'hôtellerie française ", auprès d'une clientèle en provenance des cinq continents.

Le propos de cet ouvrage est tout entier axé sur les savoirs, les compétences propres au secteur de l'hôtellerie. Il apporte les bases d'une connaissance indispensable avant d'aborder les exercices pratiques qu'ils soient simulés ou en situation professionnelle réelle.

La mise en relation avec les nouvelles technologies (informatique, télématique) lui donne un caractère opérationnel immédiat.

L'ouvrage est donc conçu pour être d'une consultation aisée, tant en formation initiale qu'en formation continue. Le lecteur trouvera la réponse au problème qui lui est posé grâce aux chapitres articulés autour des principales fonction d'un hôtel.

Antoine LOPEZ
Inspecteur d'Académie
Inspecteur pédagogique régional d'Economie et de Gestion
Chargé des enseignements hôteliers dans l'Académie de Bordeaux

Préface

Des trois secteurs traditionnels de l'économie, celui des services est le plus développé. Il concentre les plus gros effectifs de la population active, et génère la plus grosse part du Produit National Brut.

L'hôtellerie appartient à ce secteur en pleine évolution, porté par le développement des moyens et des outils de communication qui accélèrent la mondialisation aussi bien de l'offre que de la demande.

Dans ce contexte de plus en plus exigeant , il ne faut pas oublier les principes qui sont les piliers de notre métier : le service est à la fois une prestation et une interaction, il est le savoir-faire et le savoir être.

C'est pour toutes ces raisons que le niveau d'exigence en matière de professionnalisme s'élève et va encore s'élever.

Accorder la même importance à la dimension technique de la prestation qu'à la cohérence auprès du client exige à une connaissance approfondie de son métier.

A ce titre, Marie -Thérèse AUDOUX, Jacques BESSENAY, Philippe MAZZETTI nous offre un ouvrage de grande qualité, auquel se référeront les étudiants, les formateurs et les professionnels.

Il fallait que ce livre soit écrit. Merci de l'avoir fait.

Christian ACHARD
Directeur Général de région
Hôtellerie ACCOR

HOTEL

Sommaire

Chapitre 1
Le Tourisme et l'Hôtellerie

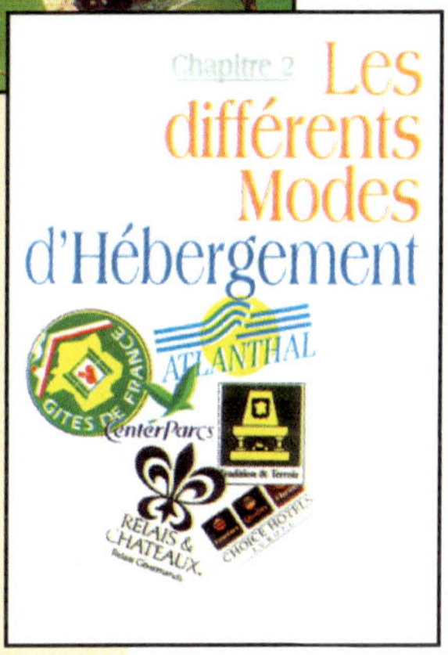
Chapitre 2
Les différents Modes d'Hébergement
GITES DE FRANCE
ATLANTHAL
CenterParcs
RELAIS & CHATEAUX
CHOICE HOTELS

Chapitre 3
Les Structures d'accueil en Hôtellerie
Climat
LA SOUPIERE
HOTEL

Chapitre 4
Le produit Chambre

Sommaire

Chapitre 5
La démarche commerciale
et les réseaux commerciaux

Chapitre 6
L'entreprise hôtelière
Structure
et personnel

Chapitre 7
Le Personnel
Hôtelier

Chapitre 8
La qualité de l'Accueil et du Service

Sommaire

Chapitre 9
La
Fonction
Réservation

Chapitre 10
La fonction
Réception
Accueil
du Client

Chapitre 11
La
Fonction
information
sécurité et
conciergerie
407
CONCIERGERIE

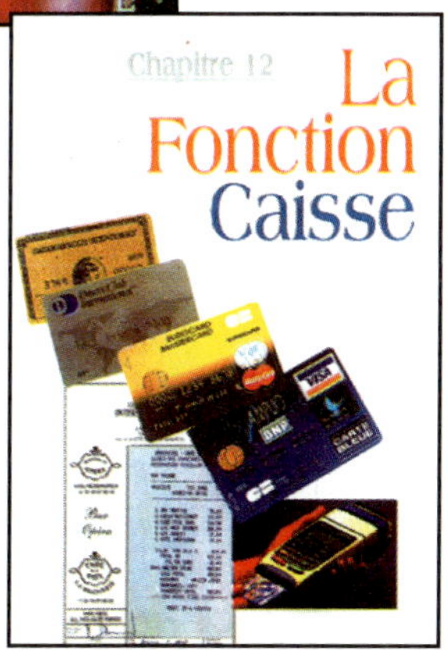
Chapitre 12
La
Fonction
Caisse

HOTEL

Sommaire

Chapitre 1

Le Tourisme et l'Hôtellerie

chapitre 1

Le tourisme : un enjeu économique

Le tourisme comprend « les activités déployées par les personnes au cours de leurs voyages et de leurs séjours dans les lieux situés en dehors de leur environnement habituel à des fins de loisirs, pour affaires ou autres motifs. «

L'hôtellerie ne peut être dissociée du tourisme dont elle constitue l'une des composantes essentielles.

Sur le plan économique, le tourisme représente plus d'un million d'emplois directs (ensemble des activités du tourisme) dont 90% concernent l'hôtellerie et la restauration.

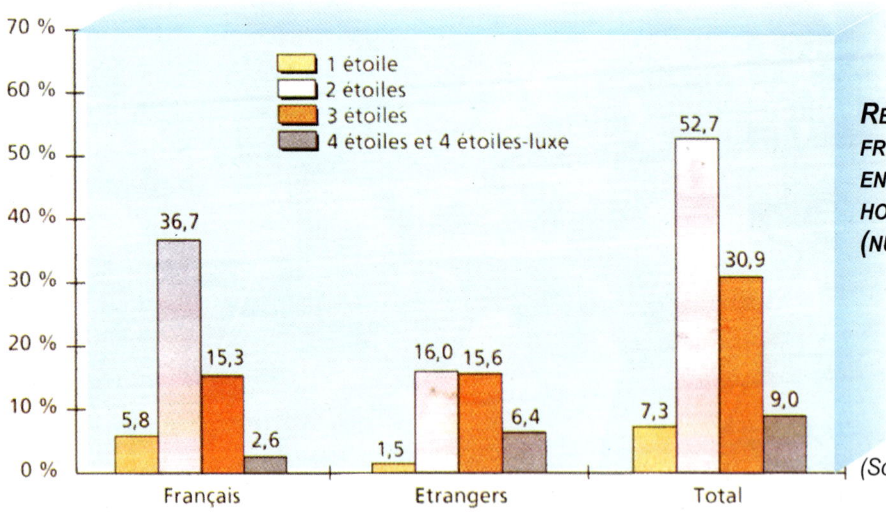

Répartition de la fréquentation en hôtellerie homologuée (nuitées)

(Source INSEE - 1997)

L'hôtellerie se trouve en liaison directe avec différents partenaires touristiques :

La direction du tourisme chargée de coordonner les efforts de promotion touristique en particulier à l'étranger.

Les offices de tourisme régionaux, départementaux ou municipaux et les syndicats d'initiative.

Les transporteurs et parmi eux , de plus en plus de compagnies aériennes.

Les agences de voyages et les voyagistes.

Les organismes de congrès et les centres de congrès.

Une action coordonnée de ces différents partenaires permet d'atteindre une meilleure efficacité. Pour l'hôtelier la promotion de la destination constitue souvent la première démarche commerciale avant même la promotion de son établissement.

Qu'est-ce qu'un touriste ?

> « *Doit être considéré comme touriste, toute personne en déplacement hors de sa résidence principale pour une durée d'au moins 24 heures et inférieure à 4 mois et qui passe au moins une nuit dans un moyen d'hébergement collectif ou privé dans le lieu visité.* »

Les différentes formes de tourisme

On peut classer les motifs de déplacements en 6 grands groupes (classement de l'O M T, Office Mondial du Tourisme) :

- Pour les loisirs, la détente, les vacances (vacances, week-ends)
- Pour des raisons d'affaires et motifs professionnels (VRP, réunions professionnelles, salons, foires…)
- Pour des raisons privées, visites à des parents et amis (mariages, réunions de famille…)
- Pour des traitements médicaux
- Pour des raisons religieuses (pélerinages)
- Autres (voyages scolaires, culturels…)

Nous proposons une classification plus adaptée à certains types d'hébergement. Prenons l'exemple d'une famille vivant dans une grande ville française M. et Mme Fournier et leurs 2 enfants âgés de 10 et 12 ans.

Différentes formes de tourisme	Motif du déplacement	Définition
Le tourisme balnéaire 	Chaque été la famille Fournier part en vacances sur les plages de la Méditerranée ou de l'Atlantique. Ils achètent dans une agence de voyages, un forfait ½ pension avec activités balnéaires comprises dans une résidence hôtelière du groupe Pierre et Vacances.	La forme de tourisme la plus ancienne (les bains de mer). Il concerne les activités de plage, nautiques ou le farniente dans des sites ensoleillés.
Le tourisme d'affaires et de congrès 	M. Fournier se déplace souvent pour visiter ses clients en France et en Europe. Deux fois par an son entreprise organise des séminaires de travail (mercatique, lancement de produit) soit à Paris soit à Toulouse. Il est logé à l'hôtel où se déroule le séminaire. Les réservations se font par son entreprise qui est en contrat avec des chaînes hôtelières comme Mercure ou Groupe Concorde.	Individuel ou de groupe le tourisme d'affaires recouvre à la fois les déplacements des cadres commerciaux des entreprises et les voyages motivés par une manifestation professionnelle telle que séminaire, congrès, colloque, salon… Il représente un chiffre d'affaires très important pour les hôtels.

Différentes formes de tourisme	Motif du déplacement	Définition
Le tourisme sportif 	Mme Fournier met à profit les chèques -vacances que lui fournit le comité d'entreprise de sa société, grâce à cet apport financier, les Fournier vont se détendre dans les Pyrénées pendant les congés scolaires de printemps où ils pratiquent en famille les sports de montagne. Ils sont hébergés dans une maison familiale de vacances.	C'est un tourisme en très grand développement non seulement pendant les périodes de vacances mais également durant les week - ends. Les activités sont nombreuses et liées à un environnement spécifique, la montagne, le littoral, la campagne : voile, surf, ski, randonnée, cyclotourisme, canoë...
Le tourisme gastronomique et vinicole 	M. Fournier fait partie d'une association "Châteaux, Manoirs et Gastronomie"». Tous les ans l'association se rend pendant un week- end en un lieu à découvrir pour sa gastronomie et son patrimoine. Cette année M. Fournier, avec son groupe, a découvert le vignoble d'Arbois et a séjourné au château d'Arlay. Le programme est organisé par les hôtels de la chaîne volontaire "Châteaux et Hôtels de tradition".	La France est une destination très prisée pour son patrimoine gastronomique et la production de vins de très haute qualité, chaque région ayant ses spécialités et produits locaux. Les hôtels de ces régions se commercialisent autour de ce thème.
Le tourisme de santé 	Tous les ans en novembre, le père de M. Fournier part en cure à Dax, station thermale célèbre pour ses boues qui soignent les rhumatismes. Il loge à l'hôtel de l'établissement thermal (un hôtel indépendant très confortable). Il réserve lui-même d'une année sur l'autre. Mme Fournier s'offre de temps en temps une cure de thalassothérapie à Dinard ; elle est logée dans un hôtel de grand standing.	Le thermalisme et la thalassothérapie ont une vocation à la fois médicale et touristique. Le thermalisme est fondé sur l'utilisation des eaux de source aux vertus médicales. La thalassothérapie utilise l'eau de mer et les éléments du milieu marin dans un but préventif et thérapeutique.
Le tourisme ludique	Le week-end de Pâques la famille Fournier et leurs cousins se retrouvent tous les ans dans un parc d'attractions ou de loisirs, cette année c'est Center-Parcs où deux bungalows de 4 à 6 personnes ont été réservés.	Il concerne les activités de divertissement tels que les casinos, les parcs de loisirs, les parcs à thème, les zoos et parcs animaliers ...

Différentes formes de tourisme	Motif du déplacement	Définition
Tourisme culturel 	La mère de Mme Fournier qui est mélomane , suit les grands festivals des saisons musicales : Paris, Aix en Provence… C'est une adepte des formules transport / hôtel / billets concerts . Elle aime séjourner dans les hôtels de caractère du centre ville. qu' elle sélectionne à partir du guide Michelin.	Le tourisme culturel s'intéresse au patrimoine architectural (monuments civils et religieux, bâtisses et forteresses, châteaux), aux musées et aux manifestations telles que expositions, festivals, carnavals…
Tourisme scolaire 	Les enfants de M. et Mme Fournier partent tous les ans en classe découverte. Ils sont logés dans des Gîtes Ruraux ou des fermes-auberges ou des hôtels très économiques.	Ce sont les sorties encadrées par les enseignants comme les classes découvertes ou de neige et les voyages de fin d'études
Le tourisme religieux 	Les voisins de la famille Fournier, ont une passion : découvrir les monastères et les abbayes, quelquefois ils y séjournent pour une courte retraite. Leur fils, étudiant en médecine fait du bénévolat, il est brancardier tous les ans au pélerinage de Lourdes du 15 Août. Il est hébergé dans les auberges de jeunesse ou des centres d'accueil spécifiques.	Se traduit par la visite de monuments religieux, la fréquentation de lieux de culte et les manifestations religieuses: pèlerinages, rassemblements à caractère spirituel.
Le tourime industriel 	M. Fournier a promis à ses enfants de les emmener visiter au Bourget, Concorde 001, ils logeront sûrement à Etap'Hôtel proche du musée de l'aéronautique.	Dernier né des différents motifs de déplacements, il attire les touristes de tous les âges, curieux de découvrir le passé industriel et technologique de la France. Les déplacements se font généralement en groupes.

L'organisation du tourisme en France

Ministre en charge du Tourisme

Cabinet

Service communication

Inspection générale

Placée sous l'autorité directe du ministère, elle a pour rôle d'effectuer des missions d'inspection, d'audit et de contrôle des services extérieurs en France (les délégations régionales du tourisme).

Direction du tourisme

Elle a un rôle d'arbitrage, d'orientation et de conseil vis à vis des professionnels du tourisme et des élus locaux.
Elle observe les évolutions du produit touristique et élabore les stratégies de l'Etat dans le domaine du tourisme.
Elle inventorie les ressources nationales en matière de tourisme, réalise et diffuse des publications documentaires et accueille le public.

- *Service d'études et d'aménagement touristique de la montagne*
- *Mission des affaires internationales*
- *Mission de la communication et des relations extérieures*

CONSEIL NATIONAL DU TOURISME

OBSERVATOIRE NATIONAL DU TOURISME

MAISON DE LA FRANCE

Cet organisme a pour mission de promouvoir le tourisme français sur les marchés étrangers.
Pour répondre à son objectif, Maison de France met en place trois type d'actions : information, communication et promotion, relations publiques.
Maison de France dispose de 33 bureaux à l'étranger répartis dans 27 pays.

Délégations régionales du tourisme

Elles constituent les services extérieurs de l'Etat relevant du ministère chargé du tourisme, elles sont placées sous l'autorité directe du préfet de région. A ce titre elles participent à toutes les activités touristiques concernant la région.
Leur compétence consiste notamment à suivre les capacités d'accueil, à veiller au bon fonctionnement des entreprises, à contrôler et à les sanctionner au besoin.

Le tourisme national et international

Le tourisme national qui regroupe le tourisme interne et le tourisme émetteur, exerce un rôle social non négligeable, il crée et maintient des emplois et grâce au tourisme vert, il limite l'exode rural et favorise l'entretien du patrimoine (gîtes ruraux, fermes auberges, hôtels familiaux...).
La clientèle nationale qui ne voyage qu'à l'intérieur du pays contribue à la limitation des sorties de devises et au développement économique sur place.

Le tourisme international qui comprend le tourisme récepteur et le tourisme émetteur, représente un apport conséquent de devises pour le pays qui accueille. Pour certains pays ne bénéficiant pas de ressources économiques de base, l'apport de la clientèle étrangère s'est souvent révélé comme le seul moyen de compenser le déficit de la balance commerciale.

Directement ou indirectement le tourisme constitue une source d'activité pour un grand nombre d'entreprises et permet la création et le maintien de nombreux emplois.

L'hôtellerie : définition

Ce terme est appliqué traditionnellement à tous les établissement d'hébergement de quelque genre que ce soit, où les voyageurs/visiteurs peuvent être logés et nourris moyennant rétribution pour une occupation à la journée, à la semaine ou au mois.

L'hôtellerie a été longtemps la forme principale d'hébergement touristique.
Les hôtels du parc hôtelier français sont très diversifiés. Les formes de propriété, les modes de gestion et de commercialisation, les services et les équipements offerts, les clientèles visées, la localisation sont autant de critères de différenciation.

L'expression **"Industrie Hôtelière"** est utilisée en raison du nombre d'emplois fournis, du caractère industriel des chaînes hôtelières (constructions, capitaux, organisation de la production de service et stratégies commerciales), mais en raison aussi de la multitude des petites entreprises artisanales et familiales.

Le rôle de l'hôtellerie

L'hôtelier qui accueille et héberge un touriste étranger collecte des devises étrangères qui pèsent d'une manière appréciable sur la balance des comptes de notre pays.

Dans les pays à vocation touristique, l'hôtellerie en raison de son volume d'affaires, participe activement à la vie économique et sociale.

De par la nécessité de s'adapter constamment au marché , l'hôtellerie est inventive et crée de nouveaux produits, de nouveaux concepts (exemple : la thèmatisation...) répondant à l'évolution de la clientèle.

L'hôtellerie contribue enfin à la réputation et au prestige de la France, terre d'accueil et de tradition, dont il n'est pas besoin de rappeler les richesses et les beautés naturelles, les trésors artistiques comme les grandes réalisations techniques

Chapitre 2 Les différents Modes d'Hébergement

Les différents modes d'hébergement

chapitre 2

La France, une des premières destinations du monde accueille chaque année des millions de touristes nationaux et internationaux.

L'hétérogénéité de la demande touristique a entraîné une évolution des diverses formules d'hébergement pour satisfaire aux aspirations et au budget de la clientèle.

Parmi les différentes formules d'hébergement on trouve des établissements exploités en permanence pendant toute l 'année ou seulement pendant une ou plusieurs saisons. La clientèle y effectue des séjours variables : à la semaine ou au mois mais n'y élit pas domicile.

Un établissement saisonnier a une durée d'ouverture qui n'excède pas 9 mois par an.

Les établissements d'hébergement de tourisme

• **Hôtels de tourisme** : établissement commercial qui offre à la journée ou au mois des chambres ou des appartements meublés, du plus simple au plus luxueux, à une clientèle de passage ; il peut comporter un service de restauration.

• **La résidence de tourisme** : elle est constituée d'un ensemble homogène de chambres ou d'appartements meublés disposés en unité collective ou pavillonnaire. Elle est dotée d'un minimum d'équipements et de services communs. Elle dispose d'un coin cuisine.

Le produit est caractérisé par l'offre suivante :

- Un appartement avec chambre (s), salle de bains, séjour, cuisine,
- Une capacité de 2 à 6 personnes,
- Un service hôtelier : accueil, ménage…
- Un service minimum de restauration, de bar.

• **Les meublés de tourisme** : ils mettent à la disposition de la clientèle des chambres ou des appartements dotés de tout l'équipement indispensable pour un séjour de courte durée.

Il s'agit souvent :

- d'une dépendance de l'habitation principale,
- de la résidence secondaire du loueur,
- d'une habitation seulement destinée à la location saisonnière.

Après classement par la préfecture, les offices du tourisme et les syndicats d'Initiative tiennent à la disposition des touristes la liste des meublés proposés à la location.

L'hébergement de plein air

L'hôtellerie de plein air est devenue une réalité, elle attire une clientèle de plus en plus nombreuse qui recherche un contact avec la nature, un style de vie et les activités proposées.

• **Les terrains aménagés de camping et caravaning** sont classés en fonction de leur mode d'exploitation en camps de tourisme ou en camps de loisirs.

• **Le parc résidentiel de loisirs** est un terrain aménagé pour l'accueil d'habitations légères de loisirs (chalets, mobil-home et éventuellement caravanes)

Ces structures d'hébergement conçues pour les vacances mettent à la disposition de leur clientèle :

- un service de restaurant ou de plats cuisinés à emporter,
- des commerces de détail,
- une piscine,
- un terrain de tennis,
- des animations diverses.

L'hébergement en milieu rural

Le milieu rural a été marqué par un exode qui a laissé vacant un patrimoine immobilier important.

LES AUBERGES RURALES

Ce sont des établissements de catégorie modeste ne pouvant bénéficier du classement en hôtel de tourisme mais qui doivent cependant répondre à des normes administratives particulières. Situées en milieu rural ces auberges sont regroupées en chaînes volontaires.

LES CHAMBRES D'HÔTES ET FERMES AUBERGES

La chambre d'hôtes

Cette forme d'hébergement chez l'habitant est comparable à la formule " bed & breakfast " anglo-saxonne. Le voyageur est logé chez des particuliers qui ont aménagé leur maison (ferme, mas, gentilhommière, château…) afin de l'accueillir en ami et de lui faire découvrir leur région. Les chambres sont avec sanitaire privé ou non. Le petit déjeuner, copieux, est toujours inclus dans le prix de la nuitée. Les repas élaborés par la maîtresse de maison sont servis à une table commune.

LES GITES DE FRANCE

La fédération est agréée organisme national pour la promotion et le contrôle des meublés de tourisme.

La Fédération Nationale des Gîtes de France gère et propose six formules d'hébergement :

Le gîte rural

Situé à la campagne, à la mer, à la montagne, le gîte rural est une maison ou un appartement loué par un propriétaire rural. Il comprend une ou plusieurs chambres, un salon/salle à manger, une kitchenette ou une cuisine ainsi que les sanitaires correspondants.

Tout gîte rural Gîtes de France est garanti par un label de qualité, une charte nationale et des normes de confort précises répondant à un classement en 1, 2, 2 et 4 épis.

Le Gîte d'enfants

Le gîte d'enfants est une formule " Gîtes de France " spécialement conçue pour accueillir les enfants à la campagne, à la mer ou à la montagne lors des vacances scolaires. Ils sont reçus au sein d'une famille et pourront découvrir durant leur séjour toutes les opportunités offertes par l'espace rural.

L'aménagement des Gîtes d'Enfants est destiné à recréer une ambiance familiale pendant les vacances, complétée par une vie saine au grand air : installés dans de petits dortoirs, ils pourront profiter de toute la maison et selon les familles d'accueil, pratiquer une ou plusieurs activités de leur choix.

Outre l'adhésion une charte nationale de qualité, les Gîtes d'Enfants sont agréés soit :
• par la DDASS (Direction Départementale de l'action Sanitaire et Sociale),
• par la DDJS (Direction Départementale Jeunesse et Sports).

Le Gîte d'étape et de séjour

Les gîtes d'étape permettent de faire halte sur un itinéraire de randonnée pédestre, cycliste ou équestre...

Les gîtes de séjour conviennent particulièrement au groupe d'amis et aux familles qui souhaitent séjourner le temps d'un week-end ou de vacances.

Les gîtes d'étape ou de séjour sont équipés d'espaces de vie, de couchages en chambre ou en dortoirs avec une literie confortable (les draps peuvent parfois être fournis), de sanitaires collectifs ou privatifs. Selon le gîte choisi, on peut utiliser une cuisine équipée (en " gestion libre ") ou bien profiter des repas proposés par le propriétaire.

Le camping à la ferme

Des emplacements disponibles permettent d'installer tentes ou caravanes en pleine nature à proximité d'une ferme.

Cette formule permet de profiter des joies de la nature en toute convivialité, et des équipements de loisirs qui peuvent être mis à la disposition des vacanciers : salles de jeux, terrains sportifs (volley, tennis, piscine...), garderies d'enfants, sans oublier la possibilité de retrouver la saveurs de nos terroirs avec les produits fermiers.

Le Chalet-loisirs

Les chalets- loisirs sont des hébergements situés en pleine nature, ou les clients peuvent pratiquer de nombreuse activités (pêche, VTT, équitation, tennis, tir à l'arc, etc....) sur place.

Les Gîtes de France proposent également des formules de Gîtes à thème :

Cheval *Panda* *Neige* *Prestige* *Pêche*

Les villages de vacances

Ce sont des centres d'hébergement destinés à assurer des séjours de vacances selon un prix forfaitaire comprenant :

- **L'hébergement** en appartement, tente, bungalow, chalet,
- **La restauration** ou des cuisines aménagées,
- **L'animation** sportive ou culturelle qui est un des points importants des villages vacances.
- **Des commerces de détail** : snack, plats à emporter, bar-tabac, etc., complètent la formule.

Ils sont exploités par des associations type loi de 1901 à but non lucratif ou par des entreprises commerciales.

Quelques exemples de villages de vacances :

Vacances pour tous

Loisirs vacances tourisme

Arepos vacances

Mutualité loisir vacances

Village club du soleil

Vacances tourisme famille

Vacanciel

Vacances bleues

LES ÉTABLISSEMENTS À BUT NON LUCRATIF

• **Les villages Vacances-Familles (VVF)** : Ils sont destinés à accueillir des groupes linguistiques, des classes de neige, des séminaires ou stages culturels et sportifs.

• **Les Maisons Familiales de Vacances** accueillent essentiellement des familles avec leurs enfants pour des vacances à prix modéré.

En contre partie il est demandé aux familles une participation dans les travaux de ménage et d'entretien.

Par ses activités sportives et culturelles cette formule tend à se rapprocher du fonctionnement des villages de vacances.

Les comités d'entreprise tels que la S.N.C.F, la Poste, E.D.F.-G.D.F. gèrent un nombre important de villages de vacances à but non lucratif.

LES ENTREPRISES COMMERCIALES

• **Le Club Méditerranée** de renommée mondiale, ses villages sont présents dans tous les pays à vocation touristique.

• **Les Etapes Trigano** : cette chaîne d'hôtellerie de plein air à caractère saisonnier, équipée de bungalows en toile, est implantée sur des sites tranquilles proches de la nature, de la mer à la montagne, offrant une ambiance conviviale.

LES ETAPES TRIGANO

Les auberges de jeunesse

C'est une formule d'hébergement internationale gérée par une association loi 1901 qui a l'agrément tourisme.

• L'auberge de jeunesse propose un hébergement collectif à une clientèle généralement jeune qui doit être adhérente de l'association et acquitter un prix modique par nuitée.

Les installations permettent de préparer et de prendre ses repas sur place.

De capacité modeste elles sont le plus souvent implantées dans les milieux ruraux mais elles existent également dans les grandes agglomérations.

La capacité hôtelière française

• Hôtels homologués par le ministère du tourisme.

Ce parc hôtelier est relativement stable, malgré des fermetures et la création de nouvelles unités. Il s'évalue en moyenne à 20 000 établissements.

	Hôtels		Chambres	
	Nombre	Pourcentage	Nombre	Pourcentage
0 ★ & 1★	5 512	27,9%	112 350	18,5%
★★	10 438	52,8%	298 112	49%
★★★	3 258	16,5%	155 042	25,5%
★★★★	549	2,8%	42 1067	7,0%
Total	19 757	100%	607 610	100%

• Hôtels non classés

Ils ont considérablement diminué ces dernières années, mal recensés on peut les estimer à environ 15 000.

L'hôtellerie française est surtout caractérisée par des établissements de petites capacités : 80 chambres pour les chaînes intégrées, 25 en moyenne pour les indépendants.

Répartition du parc hôtelier français

(D'après coach Omnium) au 1 janvier 1998

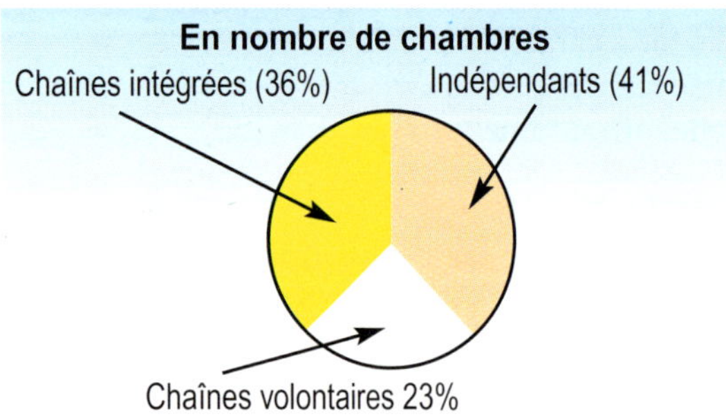

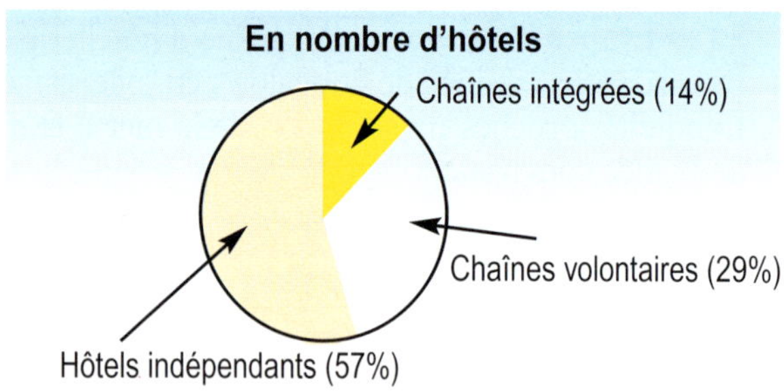

Le classement des établissements d'hébergement

Tous les établissements accueillant des touristes font l'objet d'une réglementation officielle, ils doivent répondre à des conditions minima de confort et d'habitabilité selon des normes spécifiques à chaque type d'exploitation.

Utilité des normes

Elles ont pour but d'uniformiser le confort de chaque type d'établissement et d'effectuer un classement par catégorie. Ce classement est une indication précieuse pour le client quant à la qualité de la prestation qu'il peut espérer et les prix pratiqués.

Classement officiel

Le classement en différentes catégories est exprimé par des étoiles selon le niveau de confort et d'aménagement.

Cette classification repose sur des critères techniques (normes) dont les plus importantes pour les hôtels sont : l'emplacement, l'architecture extérieure et intérieure, l'ameublement, la surface des chambres, les sanitaires, le téléphone, l'éclairage, les ascenseurs, le chauffage, l'isolation thermique et phonique.

La décision du classement est prise au niveau du département par arrêté du Commissaire de la République après avis de la Commission Départementale de l'Action Touristique (C.D.A.T.).

Procédure de classement pour les hôtels

1 – L'hôtelier remplit un questionnaire permettant de décrire les caractéristiques de son éta-blissement ; nombre de chambres, sanitaires, hall d'accueil, restaurant, bar, équipements divers…

2 – Ce questionnaire est adressé à la préfecture du département au service des homologations. Un agent de l'administration établit une fiche qu'il transmet aux membres de la Commission Départementale de l'Action Touristique (C.D.A.T.).

3 – L'hôtel est inspecté par des représentants de la C.D.A.T. et de la Direction départementale de la concurrence, de la consommation et de la répression des fraudes.

4 – Un avis est donné par la C.D.A.T..
La décision est prise par la Commissaire de la République.

5 – Un certificat d'homologation est remis à l'hôtelier . Le classement est porté à la connaissance du public par apposition sur la façade de l'établissement d'un panonceau officiel comportant le millésime.

6 – Le refus de l'homologation doit être motivé par l'administration. L'hôtelier pourra renouveler sa demande après avoir mis son établissement en conformité.

Des dérogations exceptionnelles aux normes en vigueur peuvent être accordées par le ministre chargé du tourisme pour tenir compte de certains cas particuliers.

Déclassement

Lorsqu'en cours d'exploitation un établissement homologué cesse d'être en conformité avec la réglementation en vigueur, son déclassement est prononcé par le Commissaire de la République après avis de la Commission Départementale de l'Action Touristique.
L'absence de panonceau ou des indications erronées entraînent les sanctions prévues par la loi.

Homologation des différentes formes d'hébergement

Hôtels de tourisme 0★,1★, 2★, 3★, 4★, 4★L

Résidences de tourisme 1★, 2★, 3★, 4★

Meublés de tourisme 1★, 2★, 3★, 4★, 5★

Gîtes de France 1, 2, 3 ou 4 épis

Camping 1★, 2★, 3★, 4★

Les hôtels non classés de tourisme, dits de préfecture, de petite capacité, existent toujours (pas plus de 25 chambres). Certains d'entre eux rénovent leur établissement pour obtenir les normes 0 étoiles.

La Commission donne également son avis sur toutes les affaires touristiques relevant des attributions de l'Etat dont le Commissaire de la République la saisit :
- *Hôtels, résidences de tourisme, meublés de tourisme,*
- *Village de vacances,*
- *Maisons familiales,*
- *Camping, P.R.L. ,*
- *Gîtes de France,*
- *Meublés saisonniers.*

Le classement des hôtels par les guides touristiques

Le classement par les guides touristiques est différent de celui de l'administration, il porte essentiellement sur l'implantation, l'environnement, le contrôle, la qualité de la prestation de service et la satisfaction du client.

Les hôtels ne se caractérisent pas uniquement par leur classement officiel mais selon d'autres critères d'appréciation : situation géographique, clientèle, capacité d'accueil, période d'ouverture.

Exemple : le guide Michelin.

CLASSE ET CONFORT

	Grand luxe et tradition
	Grand confort
	Très confortable
	De bon confort
	Assez confortable
	Simple mais convenable
M	Dans sa catégorie, hôtel d'équipement moderne
sans rest.	L'hôtel n'a pas de restaurant
avec ch.	Le restaurant possède des chambres

SYNTHESE DES ENSEIGNES SELON LE CONFORT

En fonction de l'importance de l'entreprise, du lieu, du confort, de la qualité des prestations, du standing de la clientèle, des prix pratiqués, il existe une grande variété d'enseignes.

TYPE DE CONFORT	EXEMPLES D'ENSEIGNES	CARACTÉRISTIQUES
Entreprises " haut de gamme ", dites Palaces (4★ Luxe)	*CARLTON* PLAZA ATHENEE RITZ CRILLON BRISTOL CHATEAU D'ESCLIMONT NEGRESCO	**Aménagement :** Installations souvent luxueuses, mobilier de style ou design, matériaux haut de gamme **Clientèle :** d'entreprises internationales, diplomatique, artistique. Fortunée, exigeante, à laquelle il faut fournir des prestations de haut niveau ; **Personnel :** Nombreux et bien formé, très spécialisé, parlant plusieurs langues étrangères dont l'anglais. **Gestion :** Très rigoureuse pour assurer une bonne rentabilité, capitaux investis, et couvrir les frais généraux importants, le plus souvent gérés par des chaînes hôtelières.
Entreprises de très grand confort (4★ et certains 3★)	LE GRAND HOTEL ROYAL MONCEAU *LUTETIA* MIRAMAR NORMANDY	
Entreprises moyennes Hôtels de bon confort (2 et 3★)	NOVOTEL *MERCURE* CAMPANILE IBIS BELLEVUE BEAU RIVAGE PANORAMIC	**Aménagement :** Rationnel mais plus simple que les précédents, matériaux robustes et de bonne qualité. **Clientèle** 3★ : aisée, le plus souvent clientèle d'affaires 2★ : très attachée au rapport qualité / prix. **Personnel :** Bien formé, souvent polyvalent surtout dans les hôtels 2★ , bonnes notions de langues étrangères. **Gestion :** Les 3★ de grandes capacités sont gérés par des groupes hôteliers. Dans les 2★, la gestion est assurée par le responsable qui peut être le propriétaire. Affilié de plus en plus à une chaîne volontaire.
Hôtels traditionnels de qualité 1★et 2★	HOTEL DE LA GARE HOTEL BEL AIR *HOTEL DU SAUVAGE* HOTEL DES MESSAGERIES	**Aménagement :** Simple mais conforme aux normes de classement **Clientèle :** Familiale, V.R.P. **Personnel :** En nombre réduit, très polyvalent **Gestion :** Assurée par le propriétaire indépendant, ou affilié à une chaîne volontaire ou intégrée
Hôtellerie économique (0★)	*FORMULE 1* PREMIERE CLASSE AUBERGE DU VAL DAHON	

RÉCEPTION AUTOMATIQUE

Différentes formules d'exploitation

LES EXPLOITANTS INDÉPENDANTS

Ils sont propriétaires de leur établissement qu'ils gèrent eux-mêmes, parfois en famille L'hôtellerie indépendante, bien qu'en diminution est la plus importante et la plus diversifiée, depuis les établissements les plus modestes aux plus luxueux elle assure la pérennité et la richesse des traditions locales

LES CHAÎNES HÔTELIÈRES

Une chaîne groupe des établissements qui présentent un certain nombre de prestations identiques pouvant intéresser une clientèle plus facile à capter et à canaliser lorsqu'on lui présente un produit commun, susceptible d'apparaître dans tous les hôtels du groupe.

Les chaînes volontaires

Des exploitants indépendants décident de se regrouper et d'unir leurs efforts au sein d'un organisme afin de :

- bénéficier d'un "effet de chaîne" en fidélisant la clientèle grâce à une enseigne,
- mettre en place des actions publicitaires de relations publiques,
- éditer un guide,
- créer une centrale de réservation,
- créer un groupement d'achats,
- recevoir une assistance technique et des conseils de gestion

L'hôtelier reste propriétaire de son établissement et maître de sa gestion ; cependant il doit se soumettre aux critères de qualité, d'accueil, de service définis par la charte du groupement

Chacune de ces chaînes impose des critères d'affiliation à ses futurs adhérents

CASTEL - NOVEL - VARETZ

Quelques exemples de chaînes volontaires :

Arcantis
Best Western
Châteaux et hôtels indépendants
Châteaux et demeures de tradition
Consort Hôtels
Inter Hôtels
Logis de France
Relais et châteaux
Relais du silence
The leading Hôtels

Les hôtels qui ne correspondent plus aux critères de qualité de la marque peuvent être éliminés de la chaîne volontaire.

Les chaînes hôtelières intégrées

Ce sont des groupes d'entreprises nationales et internationales qui ont créé un concept qui est duplicable autour d'un marché. Ils commercialisent leurs établissements sur une stratégie d'enseignes et de marques pour chaque niveau de gamme.

L'ensemble des décisions sont prises par un état-major qui constitue le siége social du groupe, planifie l'extension de la chaîne, la politique de création, l'embauche, la hiérarchie du personnel et assure un système commun de gestion.

Exemples d'enseignes de chaînes intégrées

ENSEIGNE	CATEGORIE	ENSEIGNE	CATEGORIE
Formule 1	0★	Clarine	2 à 4★
Première classe	0★	Climat de France	2★
Balladin	1★	Confort Inn	2 à 3★
Etape Hôtel	1★	Inter Hôtel	2 à 3★
Campanile	2★	Mercure	2 à 4★
Ibis	2★	Novotel	3★

Les groupes hôteliers représentent la forme industrielle de l'hôtellerie internationale.

Ils recherchent une rentabilité maximale basée sur une segmentation du marché élaborée avec une stratégie d'enseignes et de marques.

Exemples de groupes hôteliers gérant des chaînes intégrées

GROUPES	ENSEIGNES
Accor	Ibis, Novotel, Mercure, Sofitel, Formule 1, Etap Hôtel, Hôtelia etc.
Envergure	Campanile, Première classe, Clarine…
Hôtel et Cie	Climat de France, Nuit d'hôtel, Balladin.
Choice Hôtels	Confort Inn, Hôtel Quality Inn.
La Compagnie Hôtelière	Anchorage, Mister Bed.

Les politiques essentielles de ces groupes sont :

- la standardisation des hôtels,
- la multiplication des implantations,
- la centralisation de la gestion et de la réservation,
- une couverture publicitaire mondiale,

Exemples de quelques groupes mondiaux

ACCOR	Française
SOCIETE DU LOUVRE	Française
LUCIEN BARRIERE	Française
HILTON	Britannique
GRANADA	Britannique
BASS HOTELS ET RESORTS	Britannique
SAVOY	Américaine
MARRIOTT	Américaine
LOEW'S	Américaine
CHOICE HOTELS INTERNATIONAL	Américaine

En raison des O.P.A (offres publiques d'achat) spectaculaires, des fusions , absorptions qui marquent l'hôtellerie mondiale, nous nous abstiendrons de donner le nombre d'hôtels et de chambres de chaque groupe.

Tous les ans la presse professionnelle donne le bilan réactualisé de l'activité des chaînes, de leur croissance, de leurs regroupements.

LA FRANCHISE

La franchise est une méthode de collaboration entre une société franchisante propriétaire d'une idée, d'un concept d'une part (franchiseur) et un commerçant indépendant (le franchisé).

La franchise est un mode de développement des chaînes intégrées.

LE FRANCHISEUR APPORTE :

- un concept, une image de marque, un savoir-faire,
- la sécurité d'une formule qui a fait ses preuves,
- une méthode de gestion pour le personnel et pour l'analyse de l'activité,
- une stratégie pour la promotion de l'enseigne,
- la logistique d'une centrale de réservation et d'une centrale d'achats,
- des conseils permanents.

LE FRANCHISÉ S'ENGAGE À :

- financer l'hôtel,
- acquitter un droit d'entrée et une redevance annuelle,
- respecter les normes du franchiseur.

La société franchiseuse trouve dans cette formule la possibilité de se développer plus rapidement alors que le franchisé bénéficie de la notoriété d'une enseigne connue.

LE MANDAT DE GESTION

C'est un contrat entre société de gestion et lepropriétaire d'un établissement hôtelier. La société gestionnaire se substitue au propriétaire pour l'exploitation de l'hôtel.

Le contrat stipule que le gestionnaire :

- nomme le directeur qui est chargé de faire appliquer les procédures de la chaîne,
- prélève une redevance sur le chiffre d'affaires,
- perçoit un pourcentage sur les résultats.

Chapitre 3

Les Structures d'accueil en Hôtellerie

Les structures d'accueil en Hôtellerie

chapitre 3

Le produit hôtelier est un ensemble complexe qui comprend à la fois une part matérielle représentée par la construction et l'aménagement de l'hôtel et une part immatérielle qui concerne le service fourni au client.

Dans ce chapitre nous allons étudier la conception et l'aménagement du produit hôtelier.

Schéma fonctionnel d'un hôtel

Le tableau ci-dessous nous permet de définir les principales fonctions d'un établissement hôtelier qui génèrent des besoins en locaux et équipements

OBJECTIF DE L'HOTEL	Louer des chambres et réaliser des ventes additionnelles
Politiques principales	
⇨ COMMERCIALES	satisfaire les besoins de la clientèle
⇨ ECONOMIQUES	satisfaire les besoins économiques de l'entreprise (profit)
⇨ SOCIALES	satisfaire les besoins du personnel

Fonctions principales	**Locaux, Equipements à prévoir**
ACCUEIL HEBERGEMENT	hall, réception, chambres, salons, restaurant, bar, toilettes, piscine, aires de jeux cabines avec téléphone et autres outils de communication : fax, l'Internet, Minitel
ADMINISTRATION	Bureaux divers
APPROVISIONNEMENTS STOCKAGE	Magasins selon la nature des produits entreposés. Réserves de mobilier, réserves de linge, réserves de matériel
NETTOYAGE	Offices d'étages, bureau de la gouvernante
BLANCHISSAGE	Buanderie, lingerie
SECURITE	Postes incendie, surveillance vidéo
MAINTENANCE, TECHNIQUE	Ateliers de réparation, chaufferie, centrale électrique
PERSONNEL	vestiaires, sanitaires, foyer, salle à manger, chambres

Implantation de l' hôtel

Les flux de circulation

L'étude des flux de circulation permet d'établir l'implantation des locaux en tenant compte des exigences essentielles :

- les circuits d'entrée et de sortie de l'établissement seront distincts pour les clients, le personnel, les marchandises ;
- la réglementation impose une entrée indépendante pour l'hôtel si l'établissement possède un débit de boissons ;
- prévoir également la circulation de personnes handicapées conformément à la réglementation (décret n0 75534 du 30 juin 1975, disposition en faveur des personnes handicapées physiques), tant au niveau des locaux communs qu'à celui des chambres ;
- implanter un ou deux offices par étage. Pour limiter la contamination croisée, il est préférable d'organiser les offices en secteur propre et en secteur sale, en application de l'arrêté du 19 mai 1995 ;
- la réception doit être judicieusement placée par rapport au hall d'entrée ;
- l'emplacement de la réception, des ascenseurs, du hall doivent permettre de réduire le circuit d'accès aux chambres ;
- si le service de restauration à l'étage est effectué selon le système de distribution centrale ou room-service, il faudra prévoir l'emplacement d'ascenseurs de service desservant directement les étages des chambres.

Schéma des circuits

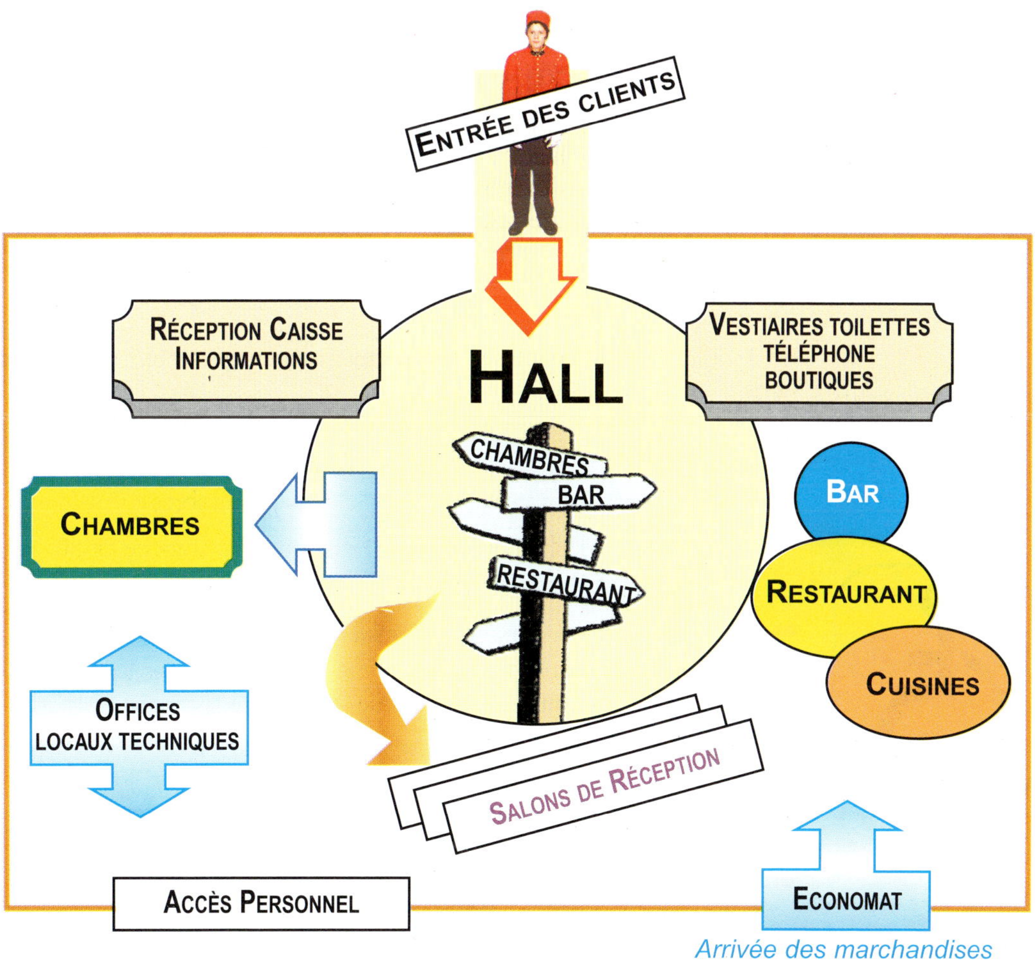

Les surfaces au sol

Les conventions en vigueur dans l'hôtellerie utilisent **"l'unité d'hébergement"** comme base de calcul pour définir rapidement la surface nécessaire pour construire un hôtel.

L'unité d'hébergement, qui varie selon la catégorie de l'hôtel, comprend :
- la chambre proprement dite,
- les sanitaires,
- les annexes (rangements, entrée...),
- la participation aux locaux communs (les moyens d'accès, les locaux de service pour les étages, la lingerie, blanchisserie).

Unités d'hébergement généralement utilisées :

CATEGORIE	SINGLE	DOUBLE
1 P	20 m²	22 m²
2 P	24 m²	26 m²
3 P	28 m²	32 m²
4 P et 4 P L	36 m²	40 m²
Handicapé		35 m²

Exemple de calcul prévisionnel de la surface à construire pour un hôtel de 40 chambres en catégorie 2 étoiles :

38 chambres doubles	De 28 m²	Soit 988 m²
2 chambres handicapés	De 35 m²	Soit 70 m²
Hall (voir paragraphe suivant)		Soit 42 m²
	TOTAL	1 100 m²

L'accueil des handicapés

Il est régi par les décrets n°75534 du 30 juin 1975 "concernant un certain nombre d'équipements techniques facilitant l'admission des handicapés dans les établissements hôteliers et les restaurants" complétés par le n° 78-109 du 1er février 1978 "fixant les mesures destinées à rendre accessibles aux personnes handicapées à mobilité réduite les installations neuves ouvertes au public".

Il prévoit :

➡ L'obligation de chambres spécialement aménagées pour accueillir des personnes handicapées,

Jusqu'à 20 chambres	1 chambre
De 21 à 50 chambres	2 chambres
A partir de 51 chambres	1 chambre par tranche de 50

➡ Des pentes de 5 % maximum dans les allées de circulation,
➡ Des paliers de repos en haut et en bas des rampes, dans les sas,
➡ Une largeur minimum des portes de 0,80 mètre,
➡ Un ascenseur si les installations sont situées en étage, au sous-sol,
➡ Une ou plusieurs cabines téléphoniques aménagées,
➡ Des aménagements divers adaptés (table à écrire par exemple),
➡ Une place parking par tranche de 50 emplacements,
➡ Le sol des allées extérieures doit être en dur et non glissant.

Plan des niveaux d'un hôtel

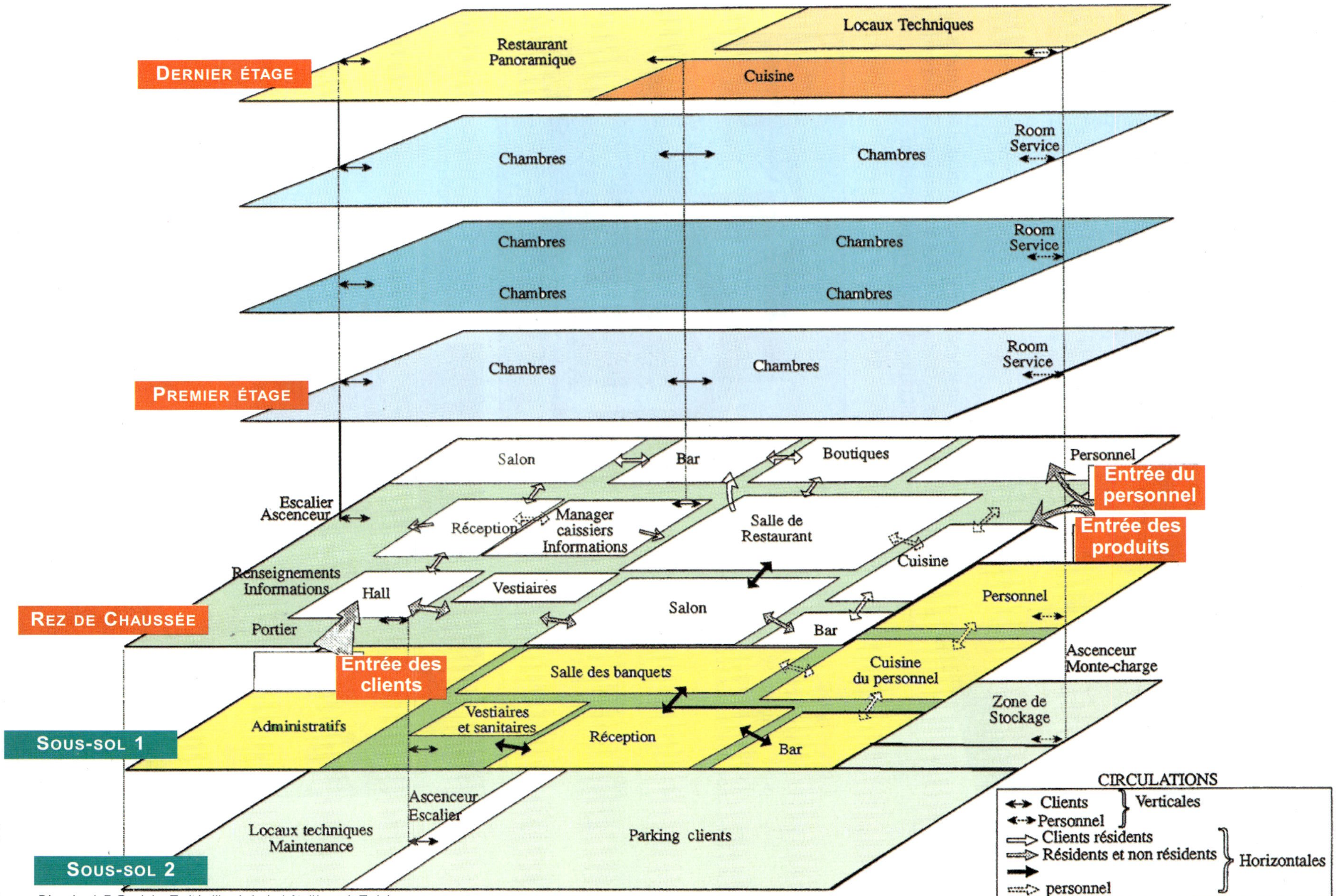

D'après J. P. Poulain, Traité d'ingénierie hôtelière - L.T. J. Lanore

L'environnement de l'hôtel

La pré-signalisation

Le client de l'hôtel, par définition, n'est pas de la région (sinon il dormirait chez lui), il faut donc l'aider à arriver jusqu'à l'établissement.

La pré-signalisation doit servir de guide à ceux qui ont réservé comme à ceux qui n'ont pas encore choisi leur hôtel.

L'emplacement autorisé des pré-enseignes est situé sur chaque voie d'accès principale, à 5 km maximum. Sa taille ne doit pas dépasser 1 m x 1,50 m.

Quelques règles à observer pour être efficace :

Située à droite par rapport au sens de la circulation, une pré-enseigne est toujours mieux perçue.

Pour que l'automobiliste ait le temps de lire l'information, il faut que les indications soient concises et fassent référence aux panneaux routiers ou municipaux, ceux-ci faisant office de relais à la pré-enseigne.

Plus une pré-enseigne est isolée plus elle a de chance d'être repérée par l'œil de l'automobiliste.

L'enseigne

L'enseigne sert à la fois de repère pour celui qui se rend à l'hôtel et d'outil permanent de communication. Quelques règles à observer :

➡ Sachant qu'une lettre de 1 mètre de haut est lisible jusqu'à 400 mètres, il faut adapter les dimensions de l'enseigne à la distance de visibilité souhaitée ou possible dans l'environnement de l'hôtel.

LE PLAZA ATHÉNÉE-PARIS

➡ Orienter l'enseigne par rapport aux axes de circulation et d'accès à l'hôtel.

➡ Utiliser des dispositifs complémentaires à l'enseigne permettant d'améliorer la communication visuelle de l'hôtel, par exemple : la borne d'accueil lumineuse à l'entrée du parking, les éclairages de façades, les tubes néon de couleur entourant la toiture.

La façade

Première image proposée à la clientèle, les bâtiments, les espaces verts, le parking doivent être d'une propreté irréprochable.

Le hall de l'hôtel et ses équipements

HÔTEL RAPHAËL-PARIS

Sa conception

L'espace et l'organisation du hall, dépendent du nombre de chambres de l'hôtel et du type de clientèle (tourisme, affaires, individuels, groupes).
Le hall est une véritable plaque tournante de l'hôtel c'est à la fois :

Un lieu d'accueil : premier contact du client avec l'hôtel, l'impression ressenti est primordiale.

Un lieu d'information : sur la ville, la région, les événements touristiques, les transports.

Un lieu de services hôteliers : réservation de chambres, enregistrement des arrivées, règlement des factures, change, dépôt de valeurs,

Un lieu de passage : accès aux chambres, au bar, aux salons, aux restaurants, aux ascenseurs. La signalétique doit être particulièrement soignée.

Un lieu de commodités : dépôt et acheminement des bagages, toilettes, vestiaires

Un lieu d'attente et de rencontre : coin salon détente, coin salon lecture.

Un lieu de shopping : boutiques de journaux, de souvenirs, d'achats de première nécessité.

Un lieu de services divers : téléphone, autres moyens de télécommunication, secrétariat d'affaires.

Selon les établissements les services proposés à la clientèle feront l'objet d'une implantation distincte ou bien seront regroupés par nature.

Surface du hall de l'hôtel selon la catégorie

CATEGORIES	MINIMUM	PROGRESSION	DIMENSIONS SOUHAITABLES
Sans étoile	Obligation d'un hall, mais pas de contrainte de surface		
1 P	9	1 m² par chambre au-delà de 20	25
2 P	20	1 m² par chambre au-delà de 20	40
3 P	30	1 m² par chambre au-delà de 20	80
4 P	30	1 m² par chambre au-delà de 20	120
4 P Luxe	30	1 m² par chambre au-delà de 20	160

La signalisation

C'est dans le hall que l'on trouve toute information directionnelle aboutissant aux chambres, aux salons, au bar, au restaurant, aux toilettes, etc..

Tous les moyens sont bons pour renseigner le client : pictogrammes, panonceaux, tableaux indicateurs pour les séminaires, systèmes vidéo etc..

Les prix actualisés de la chambre et du petit déjeuner doivent être affichés :

- A l'extérieur de l'établissement,
- A la réception par un tableau de 75 x 50 cm avec des caractères d'une hauteur minimum de 1 cm,
- Dans chaque chambre.

Plan de hall pour un hôtel de grande capacité

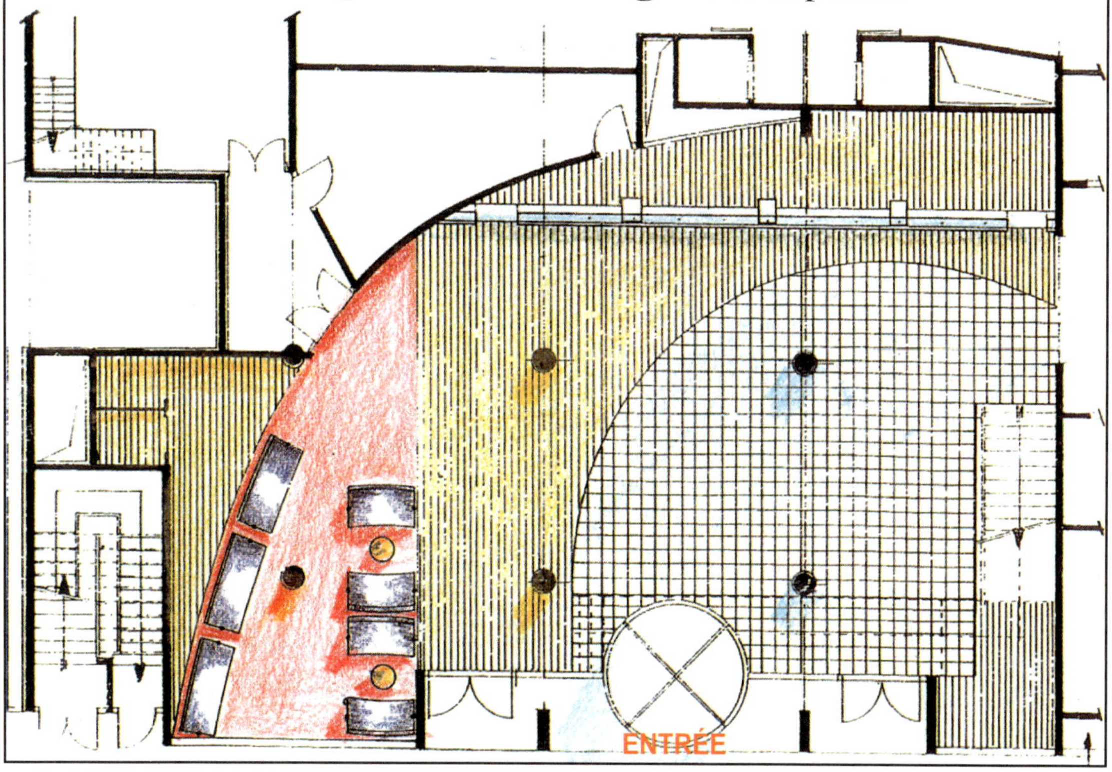

Projet Acte Architecture

Emplacement de la réception

Dans le hall, la réception doit être visible aisément par le client qui entre à l'hôtel.

Implantée trop près de l'entrée, la réception risque d'être encombrée lorsque plusieurs clients stationnent avec leurs bagages et donne au client le sentiment d'être assailli, celui-ci a besoin d'une distance correcte pour s'approprier l'espace nouveau qu'il découvre pour la première fois.

Implantée trop loin, le client risque de ne pas la repérer tout de suite et aura plutôt le sentiment d'être perdu et non accueilli.

Grand Hôtel Annecy

Selon la taille de l'hôtel, les services réception, caisse, informations, réservations, bagagerie, seront regroupés sur une zone unique ou au contraire répartis sur plusieurs zones afin de mieux gérer les demandes des clients.

Pour améliorer la relation d'accueil, certains hôtels remplacent la banque de réception par un espace salon bureau. L'accueil est plus chaleureux, le client est reçu de façon intime et privilégiée.

Dans les établissements de grande capacité où se côtoient différents types de clientèle (individuels, touristes, affaires, groupes) , l'organisation prévoie une réception par types de clients afin de personnaliser l'accueil.

La bagagerie

Implantée près de la porte d'entrée, ce local permet de stocker les bagages des clients qui attendent l'affectation de leur chambre ou qui sont en départ.

Le salon d'attente

La meilleure localisation du coin salon est face à l'entrée, mais surtout pas dans les courants d'air !. Dans le hall, il crée une ambiance chaleureuse de repos.

La partie salon dans le hall varie suivant la taille de l'établissement (au minimum 5 m²).

L'aménagement peut varier de deux fauteuils à plusieurs petits espaces d'attente confortablement aménagés pour la détente des clients.

Ceux-ci trouveront à leur disposition : des journaux, des revues, la télévision, des prospectus, des plans de la ville ou de la région etc..

Le Plaza Athénée - Paris

Le vestiaire et les toilettes

Exigées par les normes de classement il est indispensable de mettre à la disposition de la clientèle des toilettes en nombre suffisant pour les femmes les hommes et les personnes handicapées. L'installation d'appareils encastrés limite les dégradations.

La qualité des matériaux utilisées, la décoration, le souci permanent de la propreté, la mise à disposition de produits d'accueil créent une ambiance agréable pour les usagers qui garderont un préjugé favorable quant à la qualité globale de l'hôtel.

Le téléphone et autres outils de communication

Une ou plusieurs cabines de téléphone fermées et insonorisées seront installées dans le hall ou à proximité des vestiaires. D'autres outils de communication sont appréciés par la clientèle : le Minitel, le Fax, l'Internet. L'utilisation de cartes valorisées ou de cartes bancaires permet de laisser ces appareils en libre service.

La galerie marchande

De plus en plus répandue l'implantation de boutiques dans l'enceinte de l'hôtel est de trois types : tabac journaux, droguerie parapharmacie, et souvenirs cadeaux. La clientèle trouve ainsi sur place les produits courants dont elle peut avoir besoin.

Les circulations

Les couloirs, les escaliers et les issues de secours permettent l'accès aux chambres et aux locaux de service.

Il est essentiel que ces moyens de circulation répondent exactement aux besoins de la clientèle et du personnel et soient conformes aux normes de sécurité de l'industrie hôtelière.

Les couloirs

Ils sont généralement longs et présentent une certaine monotonie qu'il faut essayer de rompre par une décoration et un éclairage appropriés.

• **Les lampes veilleuses** prévues pour la nuit permettent de lire facilement le numéro des chambres. Une insonorisation aussi parfaite que possible est assurée grâce au revêtement de sol.

• Il est indispensable que des **portes coupe-feu** évitent la propagation des fumées et des gaz chauds en cas d'incendie. Les butées des portes doivent être placées plutôt sur les murs que sur le sol, afin de faciliter le passage de l'aspirateur.

Eviter les matériaux fragiles et les couleurs trop claires pour prévenir les dégradations. Prévoir une protection des murs pour éviter les marques provoquées par les chariots.

Les escaliers

Leur nombre est déterminé par la capacité d'accueil de l'établissement ; judicieusement implantés, ils réduisent les distances à parcourir et facilitent une évacuation rapide en cas d'incident.

• Les escaliers seront munis de **revêtements antidérapants**

Les ascenseurs

Leur installation est une des conditions de classement des hôtels de tourisme. Obligatoire à partir de 4 étages pour les hôtels 2 étoiles, de 3 étages pour les hôtels 3 étoiles, de 2 étages pour les hôtels 4 étoiles, de 1 étage pour les hôtels 4 étoiles Luxe.

Ils conduisent directement les clients du hall de réception aux couloirs d'étages qui desservent les chambres. Ce mode de transport doit être d'accès facile pour les personnes handicapées qui se déplacent avec des fauteuils roulants.

La vérification périodique des ascenseurs est obligatoire ; chaque intervention est mentionnée sur un registre spécial.

L'installation de monte-charge spécifiques pour l'acheminement des bagages et autres colis volumineux évite de gêner les clients dans leurs déplacements et préserve les ascenseurs des dégradations.

Il est indispensable de séparer le circuit utilisé par les femmes de chambre et valets pour le transport du linge.

Aménagements divers

Selon sa vocation commerciale et son implantation, un hôtel peut se doter d'aménagements complémentaires afin d'attirer et de fidéliser sa clientèle.

CHÂTEAU D'ESCLIMONT

La piscine

L'installation d'une piscine est un atout commercial indéniable, il évoque pour beaucoup les vacances, le repos, la détente. C'est pourquoi son environnement, son exposition doivent être particulièrement étudiés afin de ne pas décevoir les utilisateurs. Une plage solarium complète favorablement cet équipement.

ATLANTHAL - BIARRITZ

L'espace remise en forme

Indépendamment des hôtels spécialisés dans les cures de remise en forme tels que les centres de thalassothérapie, la clientèle apprécie de pouvoir utiliser dans les hôtels des équipements tels que salle de sports, sauna et hammam.

Pour un hôtel de 80 chambres, une salle de gymnastique de 40 m^2 peut suffire, mais celle-ci doit être conviviale, claire, et largement aérée.

Le(s) terrain(s) de tennis

Le tennis est un sport très pratiqué, la possibilité de jouer sur place constitue un service plus de l'hôtel. Son implantation doit être suffisamment éloignée des chambres afin de ne pas incommoder les clients par le bruit.

L'aire de jeux

Intérieur ou extérieur, l'aménagement doit être sécurisé afin de permettre aux parents de laisser les enfants jouer en toute quiétude.

La sécurité incendie

Les hôtels et les restaurants sont des établissements recevant du public.
A ce titre ils sont soumis à une réglementation stricte qui concerne non seulement la conception, la construction, les installations et les aménagements de l'établissement, mais aussi l'organisation de l'exploitation commerciale.

Le classement des établissements

Les hôtels - restaurants sont classés en cinq catégories selon l'effectif qu'ils sont censés pouvoir recevoir dans les surfaces et volumes disponibles.

Le calcul se fait de la façon suivante :

- pour l'hôtel, l'effectif est déterminé selon l'occupation maximale des chambres.
- pour le restaurant, on compte une personne au mètre carré.

L'effectif du personnel doit être rajouté sauf s'il est inférieur à 100 personnes.

Le total de personnes obtenu permet de déterminer le classement dans l'une des catégories figurant dans le tableau ci-dessous :

Catégories	Capacité de l'établissement
1ère catégorie	au-dessus de 1.500 personnes
2ème catégorie	de 701 à 1.500 personnes
3ème catégorie	de 301 à 700 personnes
4ème catégorie	de 100 à 300 personnes
5ème catégorie	jusqu'à 99 personnes publiques seulement

Les obligations de l'exploitant

Selon la maxime « nul n'est censé ignorer la loi », l'exploitant est personnellement responsable de l'application et du respect des obligations en matière de sécurité des personnes. Nous allons voir l'essentiel de ces obligations.

L'affichage obligatoire

L'hôtelier doit afficher visiblement, près de l'entrée principale, l'avis relatif à l'autorisation d'ouverture approuvé par le Maire de la ville, et un plan schématique de chaque niveau de la construction indiquant :

- **les principaux cloisonnements,**
- **les dégagements verticaux et horizontaux,**
- **les locaux techniques (chaufferie, transformateurs), les réserves et dépôts,**
- **les locaux à risques particuliers (liquides inflammables, stockage de combustibles...),**
- **les organes de coupure des fluides et des sources d'énergie (vannes de gaz, d'eau, postes de barrage électrique),**
- **les dispositifs de commande de sécurité (désenfumage),**
- **les moyens d'extinction (bornes incendie, extincteurs).**

Il doit aussi afficher près des téléphones reliés au réseau urbain les numéros d'appel :

- **des sapeurs pompiers,**
- **de la police ou de la gendarmerie,**
- **du S.A.M.U. ou des médecins assurant une garde.**

Afficher le plan d'évacuation et les consignes générales d'incendie à chaque niveau de l'hôtel y compris les sous-sols.

Afficher dans toutes chambres les consignes en cas d'incendie.

Dans certains locaux à risques, il doit apposer une plaque indiquant « interdiction de fumer ».

PANONCEAU DE CONSIGNES D'INCENDIE

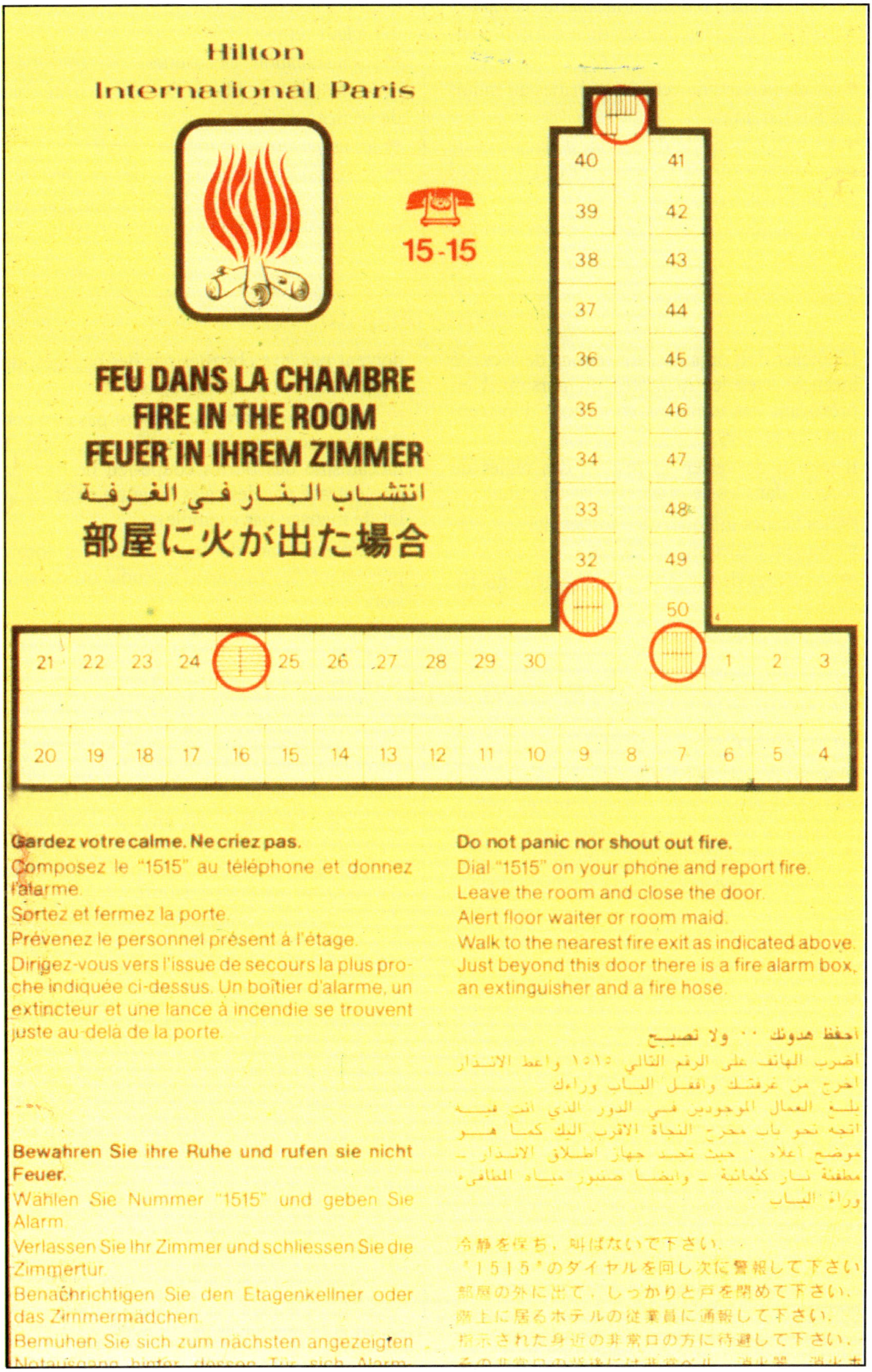

La maintenance

L'hôtelier se doit d'assurer la maintenance des matériels et des installations de sécurité incendie :

- les extincteurs doivent être vérifiés au moins une fois par an ;
- les installations de détection, d'alarme et de désenfumage seront entretenues et contrôlées par un installateur agréé.

Il est également nécessaire de vérifier périodiquement les équipements techniques et de procéder à leur remise en état si nécessaire :

- les installations électriques,
- les installations d'éclairage de sécurité (blocs de sécurité et autres témoins lumineux),
- les ascenseurs, les monte-charge,
- les conduits d'évacuation des gaz brûlés, les ventilateurs et les circuits d'extraction d'air vicié,
- les installations de climatisation et de chauffage.

Les mesures obligatoires

L'hôtelier doit organiser un service de sécurité incendie avec les membres du personnel en prévoyant des exercices et séances d'instruction périodiques.

Il se doit de veiller au respect des règles de sécurité dans les lieux accessibles au public :

- **les flèches indiquant les sorties doivent être visibles en toutes circonstances ;**
- **les sorties de secours et de dégagements ne doivent pas être obstrués par des bagages, des marchandises ou autres objets ;**
- **les portes de sortie ne doivent pas être condamnées sous quelque motif que ce soit, le mécanisme des portes coupe-feu ne doit pas être entravé par des cales ou autre objet (chariot de ménage par exemple);**
- **l'interdiction de fumer dans les locaux présentant des risques d'incendie ou d'explosion.**

Les documents obligatoires

Le registre de sécurité

C' est le livre de bord de l'établissement sur lequel sont consignés tous les renseignements se rapportant à la sécurité, par exemple :

- la copie de la déclaration d'ouverture,
- les procès verbaux des commissions de sécurité,
- le nom du responsable et des suppléants chargés de la sécurité,
- la liste du personnel faisant partie des équipes de sécurité incendie,
- l'inventaire et emplacement des moyens de lutte contre l'incendie,
- la copie des diverses consignes générales pour combattre l'incendie,
- la copie des plans d'évacuation,
- liste des entreprises sous contrat chargées des opérations d'entretien et de contrôle des organes de sécurité de l'hôtel,
- les dates et la nature des interventions des entreprises extérieures,
- la date et la nature des exercices de sécurité effectués selon un calendrier ou de façon inopinée avec le nom des personnes ayant participées et la durée nécessaire à l'évacuation des locaux, et les dates des visites de contrôle effectuées par les commissions de sécurité, la police ou la gendarmerie, et par l'inspecteur du travail.

Tous les procès-verbaux et justificatifs des visites d'organismes extérieurs seront joints au registre.

Les autres documents

Les documents suivants doivent être tenus par l'-exploitant :

- **le registre d'entretien** de vérification des installations électriques avec les notices d'entretien des blocs électriques autonomes de sécurité,
- **le livre d'entretien** de l'installation de la ventilation mécanique forcée (V.M.C.),
- **le livre d'entretien** des installations fonctionnant au gaz.

Toutes ces mesures imposées à l'exploitant visent à protéger les personnes des risques d'incendie. Le respect de ces procédures permet à l'hôtelier de garantir aux clients la meilleure sécurité.

Chapitre 4 Le produit Chambre

Le produit chambre

chapitre 4

L'entrée de la chambre

La chambre proprement dite

Les sanitaires

Chambre pour handicapés

L'Entrée de la chambre

Dans certains hôtels, celle-ci est précédée d'une entrée qui l'isole du couloir et donne accès à la fois à la chambre, à la salle d'eau et aux W.C.

Cette entrée constitue un sas qui permet des aménagements complémentaires :
- placards de rangement encastrés, avec cintres
- porte-manteaux
- un miroir en hauteur scellé au mur
- un porte-bagages
- une commode ou une console
- un coffre-fort individuel
- des voyants lumineux qui signalent l'emplacement des commutateurs électriques

A l'extérieur de la porte d'entrée un crochet qui permet de placer la fiche pour faire connaître au personnel :
- la composition du petit déjeuner
- le désir de ne pas être dérangé
- la demande de faire la chambre

Lorsqu'une porte de communication est prévue entre l'entrée et la chambre, elle assure une meilleure insonorisation avec les bruits du couloir.

La chambre proprement dite

Le terme de " produit chambre " est utilisé au sens commercial. Il représente une valeur marchande aux yeux de l'hôtelier et du client en fonction de la réponse apportée à leurs attentes en termes de "services rendus".

La chambre d'hôtel a pour fonction première d'assurer le repos, le sommeil du client, elle est également un espace de détente, en même temps qu'un espace de travail et de réflexion.

La conception de la chambre va prendre en compte l'utilisation
- de l'espace,
- des volumes mettant en scène une ambiance avec les matériaux,
- les équipements,
- le mobilier et les objets pour personnaliser ce lieu et lutter contre la standardisation et le style impersonnel.

Les surfaces utiles minimales

Elles sont déterminées par l'arrêté de classement des établissements hôteliers. Elles sont les suivantes :

Surface en m²	CATEGORIES					
	0★	1★	2★	3★	4★	4★L
Chambre 1 personne	7	8	8	9	10	10
Chambre 2 personnes	8	9	9	10	12	14
Chambre 3 personnes (a) (c)	10	11	11	12	14	16
Chambre 4 personnes (b) (c)	12	14	14	15	17	19

(a) Sous réserve du règlement sanitaire départemental. En outre, cette surface est réduite d'un mètre carré en cas de système de génération d'air ou si le lit de la troisième personne est escamotable ou transformable en canapé.

(b) Sous réserve des exigences du règlement sanitaire départemental. En outre, cette surface est réduite d'un mètre carré en cas de système de régénération d'air et d'un mètre carré par personne (au-delà de la deuxième personne) dont le lit est escamotable ou transformable en canapé.

(c) Les lits superposés ne sont autorisés que dans les hôtels permanents ou saisonniers sans étoile et une étoile, et dans les hôtels saisonniers deux étoiles.

L'hôtelier pourra dépasser ces surfaces s'il souhaite apporter plus de confort à ses clients.

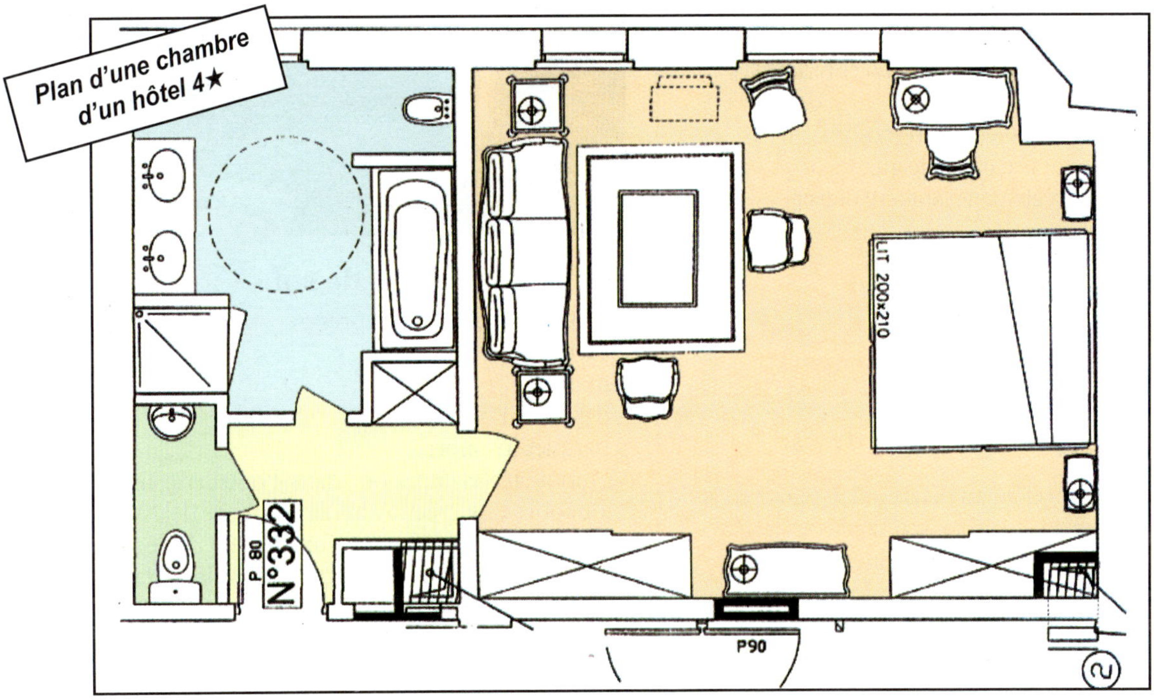

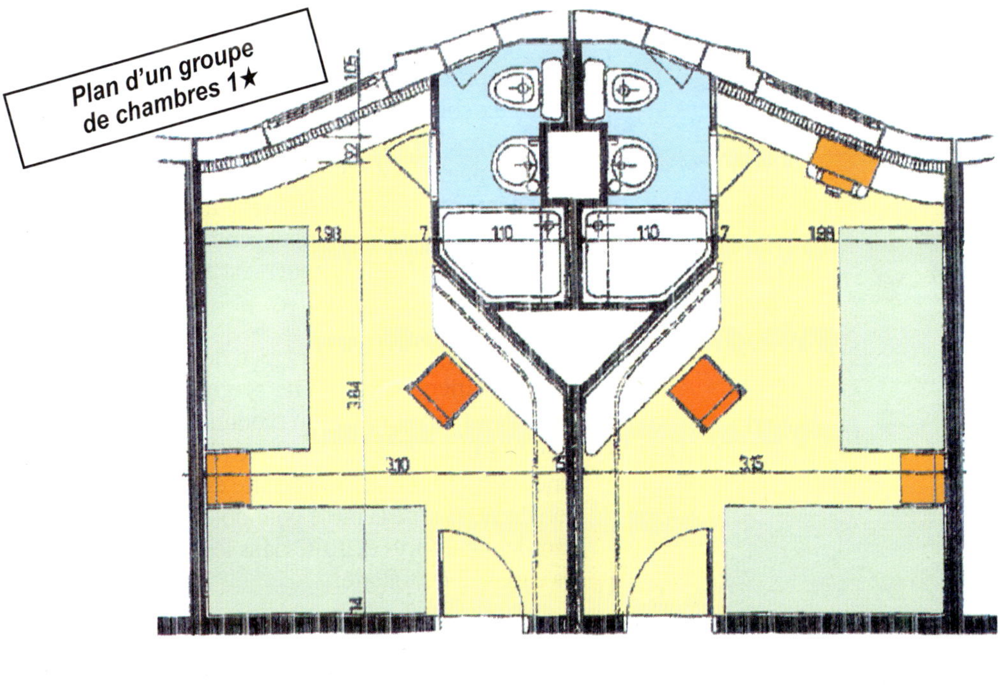

L'agencement et l'ambiance créés vont tenir compte du type de clientèle : affaires, loisirs, santé, lieu d'implantation : centre ville, campagne, mer mais également du thème pour certains hôtels : la mer, les îles…qui feront émerger des exigences et des contraintes qui donneront du caractère à l'hôtel.

D'autre part, pour les hôtels existants à la date d'entrée en vigueur du présent arrêté, une diminution est possible de 10% au maximum de ces surfaces, lorsque l'installation nouvelle d'une salle de bains ou de douches où l'encloisonnement des appareils sanitaires (lavabo et bidet) ne pourrait être réalisé sans cette réduction. Ces dérogations ne sauraient faire obstacle aux dispositions du règlement sanitaire départemental.

Exposition

Les locaux destinés à la clientèle sont orientés au **sud** ou au **sud-ouest**, la chambre n'échappe pas à cette régle.

La vue

Elle est un élément déterminant dans le choix du client qui souhaite voir la mer dans une station balnéaire, les pistes dans une station de sports d'hiver….

Dans les hôtels urbains les chambres donnant sur une cour intérieure sont parfois plus recherchées car elles sont à l'écart du bruit.

Dans les tarifs qui sont communiqués à la clientèle il est tenu compte de l'exposition.

L'agencement de la chambre

Les revêtements de sol

Ils sont de multiples natures :
- carrelage
- marbre
- dalles en P.V.C.
- parquet insonorisé
- moquette et tapis ont dans l'hôtellerie un quasi monopole ; ils créent une atmosphère délassante et confortable et représentent un élément de décoration très recherché tout en assurant une insonorisation efficace.

De nombreuses moquettes sont actuellement d'un entretien facile, elles sont traitées " antitache " et sont bactériostatiques.

Les revêtements muraux

Ils sont appropriés à la décoration, ils doivent être résistants aux chocs et aux frottements :
- peinture claire et résistante au lavage
- papier peint lavable et lessivable
- revêtement textile très résistant aux chocs, aux frottements, à la lumière et aux agents chimiques, ce qui assure une facilité d'entretien exceptionnelle.

Le chauffage

Il est assuré fréquemment par des radiateurs dont l'emplacement et la forme soigneusement choisis permettent une disposition rationnelle des meubles et appareils divers. On les installe le plus souvent sous les fenêtres. Leur surface de chauffe est calculée en fonction du volume de la pièce pour obtenir au moins 18°C dans les chambres et 20°C dans les salles de bains ou les cabinets de toilette.

Tout doit être conçu en fonction d'un entretien facile.

L'AIGLE NOIR - FONTAINEBLEAU

La température

Elle est fréquemment vérifiée aux différents points de la maison par les gouvernantes. Il est préférable que son maximum corresponde aux heures où les clients ont coutume de se trouver dans leur chambre. Un chauffage programmé permet d'obtenir ce résultat.

La climatisation

La climatisation des chambres qui se généralise procure une sensation de confort liée en particulier à la température, à l'humidité et à la pureté de l'air.

L'éclairage

Les normes relatives à l'équipement électrique des chambres prescrivent un éclairage normal de 15 Watts/m^2 au minimum.

Une lumière d'intensité bien calculée crée le confort visuel maximum, on l'obtient en multipliant les sources lumineuses :

• **Eclairage central** destiné à dispenser de la lumière dans toute la pièce. Il doit être possible à partir du lit d'éteindre et d'allumer cette source principale d'éclairage de la chambre.

• **Eclairage de la tête du lit**, commandé séparément de manière individuelle, pour permettre à chaque occupant d'avoir une répartition minimale de la puissance lumineuse.

• **Eclairages d'appoint** par les lampes, appliques ou lampadaires, participent ainsi à l'ensemble de la décoration.

La lampe halogène donne la lumière la plus voisine de celle du jour, par la possibilité de régler son intensité, elle permet d'équilibrer les autres sources de lumière dans la pièce.

Le confort acoustique

Le bruit est de plus en plus présent dans notre environnement.
Les clients apprécient une chambre isolée des bruits qui troublent le repos souhaité. De ce fait ils choisissent l'hôtel en fonction de ses qualités acoustiques.

Les bruits peuvent être transmis par :

- L'air : roulement des voitures, conversation bruyante, radio, télévision...;
- Provenir de chocs tels que ceux des portes qui claquent, chariots qui roulent ou qui grincent ;
- Etre provoqués par un fonctionnement défectueux des installations de l'hôtel : ascenseur, chasses d'eau, canalisations diverses.

L'équipement de la chambre

Au cours de ces dernières années, l'équipement de la chambre a profité de l'évolution de l'hôtellerie. Il est aussi varié que le sont la nature et le caractère des différents établissements.

Le mobilier de base d'après les normes comprend au minimum :

- 1 lit muni de sa literie
- 1 table de chevet
- 1 table à écrire
- 1 siège par occupant théorique
- 1 meuble de rangement
- 1 porte-bagages

Le mobilier de base

Les critères de choix d'un mobilier de chambre sont multiples et varient selon le standing recherché et l'influence des modes. Il semblerait que ce dernier critère soit devenu prépondérant au cours des dernières années.

• **La table de chevet** reste parfois encore un meuble séparé même dans les aménagements modernes.
Lorsqu'elle fait corps avec la tête de lit elle compose un ensemble appelé chevet et supporte des tablettes fixées de chaque côté du lit.
Il incorpore les commandes pour la télévision, la radio, le réveil, la lumière, les doubles rideaux.

• **La table** , elle peut être conçue de manière à être utilisée selon le moment comme table à écrire ou comme coiffeuse.
Dans les hôtels recevant une clientèle internationale ou d'affaires, la table à écrire est plutôt intégrée dans un ensemble type commode bureau.

• **Les sièges** doivent être confortables et adaptés aux besoins des clients : repos, correspondance etc., et en harmonie avec le style de la chambre.
Dans tous les cas la robustesse est à rechercher, le choix se fait en tenant compte des éléments suivants :
- résistance des collages
- simplicité des formes
- qualité des revêtements et facilité d'entretien

• **Le porte-bagages** est prévu pour supporter une ou deux valises selon que la chambre est utilisée par une ou deux personnes.

• **Les meubles de rangement** comprennent : armoire, penderie et commode. Il est recommandé de ménager un emplacement pour les valises.

BORELLA ART DESIGN - PARIS

Le choix doit se faire en tenant compte des critères suivants :
- la résistance à un usage intensif
- l'esthétique
- l'originalité
- la facilité d'entretien
- le confort
- la fonctionnalité.

Les composants du mobilier varient en fonction du standing de l'établissement, selon qu'il s'agit :
- d'un établissement saisonnier (clientèle de séjour),
- d'un hôtel de centre ville (clientèle d'affaires, de passage).

Il est impératif de bien analyser les goûts de la clientèle que l'on accueille afin de répondre au mieux à ses exigences.

• **Le lit**, selon les climats, les pays et les clients on installe des lits de types différents...
Face à la diversité des demandes de la clientèle, les hôteliers proposent le plus souvent :
- 2 grands lits *
- 1 grand lit et 1 lit d'une personne (triple)
- 1 grand lit et 1 lit en mezzanine (hôtellerie économique)
- 1 lit superposé et gigogne (résidence hôtelière)

Dimensions normalisées les plus courantes
Lit à une personne largeur : 0,90 à 1m
Lit à deux personnes : 1,40, 1,60
Le lit "king **size** " qui mesure 2 m sur 2 m, a de plus en plus d'adeptes.

Nous avons étudié le mobilier sous son aspect purement fonctionnel sans nous attacher au point de vue esthétique qui relève du décorateur. Cependant, nombreux sont les hôtels dans lesquels le choix du mobilier est en parfaite harmonie avec le lieu d'implantation : campagne, bord de mer, montagne.

Dans les établissements de grand standing le raffinement se traduit par le choix du mobilier (style Louis XV, Louis XVI, Empire, Romantique, etc., ou design.)

LA LITERIE

La literie d'une excellente qualité favorise le repos du client et garantit un usage prolongé à l'hôtelier. La literie comprend l'ensemble sommier/matelas formant un tout de qualité indissociable. Un bon matelas ne peut se concevoir qu'avec un sommier de qualité égale.

Les composants du lit et de la literie

LA LITERIE	CARACTÉRISTIQUES	PARTICULARITÉS
lit	Doit se déplacer facilement (roulettes, patins	Majorité de chambres à grand lit pour les Français, chambres à deux lits pour les Anglons-Saxons.
Sommier	- métallique - tapissier - lattes de bois - lattes et mousse	Résistant, hygiènique, léger,bruyant, convient en hôtellerie èconomique Plus confortable, mais lourd (en voie de disparition). Résistant, hygiènique, solide Adapté à l'hôtellerie
Matelas	- laine - à ressorts - mousse latex	Peu utilisé, doit être retourné fréquemment. Résistant, côté hiver, côté èté. Léger, souple, inaltérable.. Dans tous les cas, recouvrir le matelas d'une housse amovible lavable, plus alèse et molleton.
Traversin Oreiller	- kapok, plume, duvet, - mousse latex, polyester	Enveloppé d'un coutil robuste, protégé par une sous-taie facile à lessiver ayant subi un traitement hypo-allergènique.
Couverture	- pure laine, laine mélangée, - fibres synthètiques Dimensions : 1 personne : 180 cm x 220 cm 2 personnes : 220 cm x 240 cm Grands lits jumeaux joints : 260 cm x 240 cm.	Une bonne couverture doit être chaude et légère. Largeur supérieure de 1 mètre aux dimensions du lit, pour pouvoir border le lit de 40 à 50 cm de chaque côté. Le traitement antimite confère une qualité précieuse.
Couvre-pieds	Matière synthétique (Crylor, Tergal)	Solide, lavable.
Alèse	Constituée par un molleton	Protège le matelas et limite l'usure du drap.
Draps	Choisis selon la classe de l'établissement (métis, coton, Tergal)	Robustes, légers, agréables au toucher.
Dessus-de-lit	Souvent assorti aux rideaux	Lavable, infroissable.

La couette ; qui est déjà très utilisée dans les pays scandinaves, en Allemagne, Autriche, Suisse...remplace la couverture, le dessus-de-lit et l'édredon.

Plus propre et plus hygiénique que la couverture elle simplifie le travail de la femme de chambre. Elle n'est pas utilisée en hôtellerie de luxe car elle ne donne pas l'impression d'un lit bien fait.

EQUIPEMENTS DIVERS

Ils constituent des éléments de confort très appréciés.

Le téléphone : (fixe ou mobile)

les normes officielles n'imposent pas l'installation du téléphone dans les chambres pour toutes les catégories d'hôtels, cependant son usage est devenu courant.

La mise à disposition d'un poste dans chaque chambre, le plus souvent directement relié au réseau, répond à un besoin important de la clientèle et peut devenir un centre de profit pour l'hôtelier.
Les chambres affaires disposent de télécopieurs.

Une platine radio :

reliée à un poste central, elle diffuse des émissions de stations radiophoniques pré-réglées et des enregistrements musicaux internes à l'établissement.

Un téléviseur :

L'installation d'une antenne parabolique permet de capter les émissions européennes et mondiales et de répondre ainsi aux désirs de la clientèle étrangère.

Le mini-bar :

automatique ou manuel, renferme un choix de boissons permettant au client de se désaltérer sans l'intervention du personnel de l'établissement.

Le coffre individuel :

le coffre de l'hôtel reçoit les valeurs importantes tandis que celui de la chambre est plutôt considéré comme vide-poches pour les objets usuels.
Le coffre fort dans la chambre diminue la quantité et le volume des coffres nécessaires à la réception.
Certains hôtels proposent également Minitel et prise RJ45 pour connection micro ordinateur.

LES PRODUITS D'ACCUEIL

On nomme ainsi les articles déposés dans l'appartement à l'intention du client et qui rendent plus agréable son séjour. Cette attention ne laisse pas l'occupant insensible.

Citons quelques produits d'accueil :

- Papier à lettres et enveloppes à en-tête de l'hôtel
- Pochette de couture
- Boules Quiés
- Corbeilles de fleurs, de fruits, chocolats pour les V.I.P.

DÉPLIANT OU PLAQUETTE DE PRÉSENTATION

Le dépliant n'est pas une dépense futile, il est devenu indispensable à l'image de marque des hôteliers.

Le dépliant est un outil de communication, il véhicule l'image de l'hôtel, crée, élargit et fidélise la clientèle.

Il est la carte de visite de l'hôtelier.

Il doit attirer sur les points forts des services :

- qualité de l'accueil, confort des chambres, emplacement privilégié, installations sportives, gastronomie.

Il doit être attractif, objectif, de très bonne qualité et facile à lire.

DÉCOR DE LA FENÊTRE

Rôle des voilages et rideaux

Equiper les fenêtres correspond d'abord à une nécessité ; les voilages et les rideaux assurent une fonction pratique importante.

Exposé au soleil, à des manipulations parfois brutales, aux salissures, le tissu est choisi en fonction de :

- sa résistance
- sa tenue
- la solidité des couleurs
- la facilité d'entretien

Si en l'absence de volets ou de persiennes, on doit réaliser une occultation totale, et si l'on veut rechercher un "excellent tombant", il convient de doubler les rideaux, tout en prévoyant une largeur suffisante afin d'obtenir des plis nombreux et lourds.

Par souci de sécurité l'hôtelier souhaite s'entourer de garanties face aux dangers d'incendie en utilisant des tissus non inflammables à l'état permanent. (cf chapitre lingerie).

Les doubles -rideaux : ils occultent la lumière et contribuent à l'isolation phonique.

De plus ils participent grandement à la décoration de la chambre. Les souhaits du client s'orientent vers l'harmonie des teintes et des motifs à l'intérieur d'une même pièce.

Les voilages : ils filtrent la lumière

EXTRAIT DES NORMES
occultation opaque extérieure (volets, persiennes ...) ou intérieure (rideaux, double-rideaux...) dans chaque chambre, dans toutes les catégories d'hôtel.

Les sanitaires

Les clients se montrent de plus en plus exigeants au sujet de cet équipement qui, au même titre que la chambre, confère à un établissement sa véritable classe.

Les normes désignent sous ce terme :

- la salle de bains parfaitement équipée
- la salle de douche
- le cabinet de toilette, sans baignoire ni douche.

Les normes sanitaires

Les caractéristiques et le nombre d'installations pour chaque type d'hébergement sont déterminés par l'arrêté de classement.

EXTRAIT DES NORMES DES HÔTELS DE TOURISME

	CATÉGORIES					
	0 ★	1 ★	2 ★	3 ★	4 ★	5 ★
Surface minimale pour les appareils (lavabo et bidet ou douche et W.C.)		2	2	2,5	3	4

Les sanitaires communs
Lorsque toutes les chambres ne sont pas pourvues de salles d'eau complètes, on prévoit à l'étage des installations communes, notamment salles de bains, W.C., lavabo. Leur nombre ainsi que leurs caractéristiques sont prévus par les normes de classement.

Les toilettes
Doivent toujours exister au rez-de-chaussée même si les étages en sont équipés.

LA SALLE DE BAINS

Une salle de bains ou de douche particulière est un local doté au moins d'un lavabo, d'une baignoire ou douche et éventuellement d'un W.C. Rien n'empêche évidemment qu'elle en comporte davantage.

Les salles de bains des hôtels quatre étoiles et quatre étoiles luxe doivent comporter obligatoirement une baignoire et une douche (dans 50% des chambres). Il est admis que la douche soit installée au-dessus de la baignoire.

La pratique fréquente d'installer des W.C dans la salle de bains reste prohibée dans les hôtels quatre étoiles luxe, excepté pour les chambres destinées à une personne seule.

Emplacement
Il doit être choisi en fonction des facilités d'accès à partir des arrivées d'eau, des évacuations, des gaines techniques et aussi de façon à permettre l'indispensable aération.

Agencement
• **Les murs** sont soumis à de nombreuses projections d'eau et à des taches fréquentes; ils doivent nécessairement être lavables, imputrescibles.
Ces qualités sont obtenues par l'emploi de :
- peintures laquées
- carrelages céramiques unis ou décorés
- marbre
- matières plastiques
- et même papier peint spécialement traité

• **Les sols** présentent des caractéristiques identiques et de plus ils doivent être étanches et antidérapants. On utilise :
- carrelage
- marbre
- dalles en matière plastique
- lamifié
- et aussi de la moquette composée de fibres synthétiques à séchage rapide

Deux exemples d'implantation :

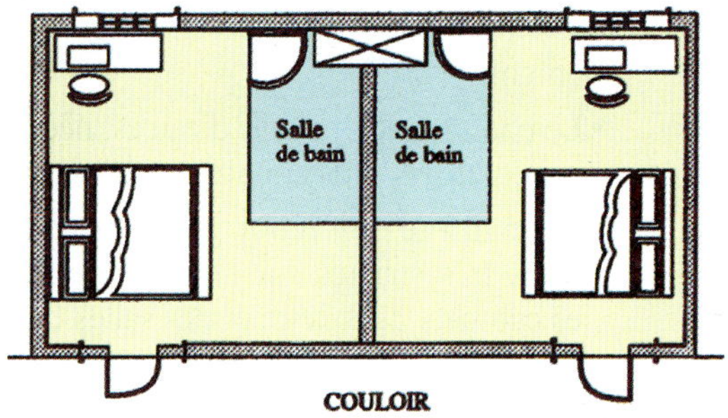

Salle de bains sanitaires deux par deux vers extérieur

(Extrait de J.-P.- Poulain - Traité d'Ingénierie Hôtelière)

Cette implantation permet d'avoir un éclairage naturel dans les salles de bains.

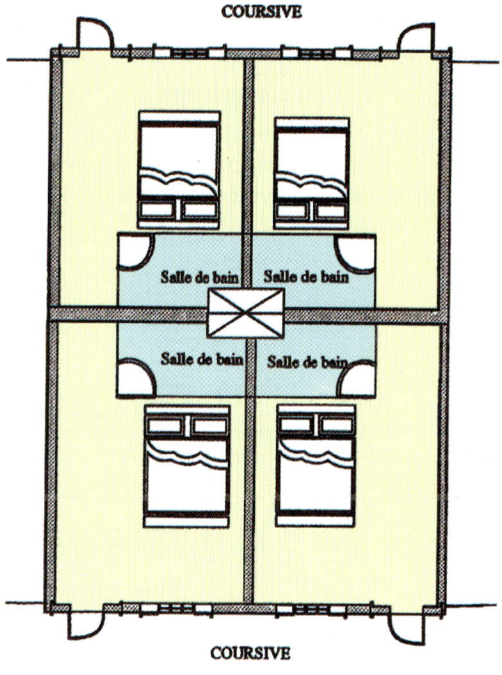

Salle de bains quatre par quatre avec couloir extérieur

(Extrait de J.-P.- Poulain - Traité d'Ingénierie Hôtelière)

Cette implantation permet d'abaisser les coûts de construction grâce au regroupement autour d'une même gaine technique.

• **La ventilation** s'impose dans une pièce où régne l'humidité ; il est indispensable de favoriser l'évacuation de la vapeur d'eau. Les buées sont néfastes non seulement pour les clients mais aussi pour le matériel qu'elles détériorent rapidement.

• **Le chauffage**. Une salle d'eau est nécessairement bien chauffée, plus encore que la chambre (20°)

• **L'éclairage** doit répondre à des normes minimums très strictes sur l'équipement électrique des cabinets de toilette et des salles de bains (*). L'installation doit être conçue de façon à interdire à toute personne immergée d'atteindre un commutateur ou une prise de courant.

• Les spots fixés au plafond dispensent un éclairage général tandis qu'une ou deux rampes lumineuses éclairent la glace. Lorsqu'on utilise des tubes fluorescents ou halogènes, la teinte doit être choisie de façon à obtenir une lumière flatteuse pour le visage.

(*) Voir le cours de sciences appliquées.

LES APPAREILS SANITAIRES

Les appareils sanitaires doivent être d'excellente qualité pour répondre aux usages intensifs de l'hôtel.

Une salle de bains privée complète comporte au minimum :

- un lavabo
- un bidet : encore très utilisé en fonction du type de clientèle.
- une douche, une baignoire
- un W.C : la chasse d'eau est un élément important de ce matériel car elle ne doit pas être bruyante et avoir un faible débit (entre 6 et 9 litres).

Occupation des sanitaires au sol

Leurs dimensions standardisés permettent de prévoir la surface des appareils au sol.

Baignoires
largeur 0,70 m - longueur de 1,30 m à 1,80 m

Douches
0,70 m x 0,70 m ou 0,90 m x 0,90 m

Lavabos
0,50 m x 0,60 m ou 0,60 m x 1,40 m

W.C.
0,50 m x 0,70 m

Le choix des matériaux

APPAREILS	MATERIAUX	CARACTERISTIQUES
BAIGNOIRE	Fonte émaillée	Poids élevé Conserve l'eau chaude longtemps
	Acier émaillé	Léger, peu couteux, l'eau refroidit vite
	Matériaux de synthèse (acrylique)	Léger, bonne conservation de la chaleur, très facile d'entretien
	Porcelaine vitrifiée	Peu isolant, l'eau refroidit vite
LAVABO	Porcelaine émaillée	Matériau classique, facile à nettoyer
CUVETTE DE WC BIDET	Grés émaillé Résine	Facile à nettoyer Léger, entretien facile, mais ne supporte pas les produits abrasifs ni les poudres récurantes

La baignoire est l'élément essentiel de la salle de bains.

La baignoire classique occupe une surface importante (1,80 m).
La baignoire sabot (1,30 m) a l'avantage d'être utilisée dans un espace restreint où il est impossible d'installer une baignoire classique avec une moindre consommation d'eau.
La baignoire relaxation accentue les bienfaits du bain, elle présente des analogies avec celles utilisées en balnéothérapie. Son principe repose exclusivement sur l'injection d'air à haut volume dans l'eau du bain ; ce qui produit un très agréable bain bouillonnant qui permet un vaste massage dans l'eau.

La douche est fixée le plus souvent au dessus de la baignoire pour économiser la consommation d'eau. Certaines sont munies d'une pomme de douche massante réglable, avec jets d'eau de différente force.

Le lavabo a des formes différentes, plus il est grand, plus il ajoute de la valeur à la salle de bains : toilette plus agréable, nettoyage plus facile.

Le lavabo peut être:
- monté sur colonne ou sur pied
- simple ou double
- encastré dans un ensemble que l'on appelle le plan vasque

L'installation du plan vasque se développe car il offre de nombreux avantages : entretien et nettoyage faciles, solidité, surface permettant de déposer les accessoires de toilette et les produits d'accueil.

La robinetterie

C'est l'élément de la salle de bains qui s'use le plus. Elle doit faire face à de nombreuses contraintes :
- être silencieuse
- avoir un débit normal
- fournir une eau de température constante
- être robuste et d'un mécanisme simple
- occasionner ni gêne, ni danger pour l'utilisateur

Deux types de matériel sont couramment utilisés : ils permettent la gestion de l'eau (débit et température)
Le mélangeur permet à l'aide de 2 robinets d'alimenter un bec central d'où coule l'eau à la température voulue.
Le mitigeur assure le dosage calorifique et le débit de l'eau à la température désirée à l'aide d'une seule manette.

LES ÉQUIPEMENTS

Meubles de rangement

Plus ou moins luxueux selon le standing de l'établissement, mais toujours fonctionnels, ils doivent répondre aux besoins de la clientèle en considérant l'encombrement, le nombre de tiroirs et placards, la corbeille à linge sale, etc.

➡ Les meubles de salle de bains sont plus conséquents dans un hôtel de séjour que dans un hôtel de passage.

Le revêtement de ces meubles doit être robuste, intachable, inattaquable, par les braises de cigarettes, facilement nettoyable (ex. lamifié).

Accessoires de la salle de bains

Ils varient en fonction du standing de l'hôtel. Citons les principaux :

- Miroir aussi grand que possible, bien éclairé, fixé à bonne hauteur au-dessus du lavabo,
- porte-serviettes,
- miroir grossissant,
- sèche-cheveux,
- porte-savon, porte-brosses à dents,
- boîte à déchets,
- patères pour peignoirs ou draps de bain,
- distributeur de papier à démaquiller,
- prise de courant pour rasoir électrique (avec indication de voltage).

Les produits d'accueil

Des produits à caractère publicitaire sont offerts au client dans le but d'accroître son confort :

- Savon
- Shampooing
- Eau de toilette
- Crème pour le corps
- Crème après bronzage
- Echantillons de parfum
- Bain moussant
- Gel douche
- Sels de bain
- Lotion pour le corps
- After-shave
- Dentifrice
- Bonnet de douche
- Lustreur pour les chaussures

ATTENTION, LES PRODUITS DOIVENT ÊTRE GARANTIS HYPO-ALLERGÉNIQUE

Chambre type pour handicapés

Selon la loi 75-534 du 30 juin 1975, l'intégration sociale des personnes à mobilité réduite est une obligation nationale, en particulier dans les bâtiments ouverts au public, ainsi :

" Tout établissement d'hébergement hôtelier doit comporter des chambres aménagées et accessibles satisfaisant aux normes suivantes :

- un cheminement libre de tout obstacle permettant de circuler autour du mobilier donne accès aux équipements et au mobilier ;

- Une aire est prévue pour permettre la rotation d'un fauteuil roulant en dehors de l'emplacement du mobilier dans la chambre elle-même.

Lorsque la chambre comporte une salle de bains, celle-ci doit répondre aux mêmes caractéristiques que la chambre.

*- le nombre de chambres aménagées et accessibles dans un établissement est d'au moins une si celui-ci ne compte pas plus de 30 chambres, deux s'il n'en compte pas plus de 50, et une par tranche de 50 ou fraction de 50 chambres supplémentaires. "**

.L'aménagement de ce type de chambre nécessite parfois l'utilisation d'un mobilier particulier.

Les appareils spéciaux

Des appareils spécifiques sont destinés d'une part à l'usage des handicapés dans les hôtels pour tous publics :

- Lavabo sur console avec complet dégagement au dessous pour l'emplacement du fauteuil
- Cuvette d'aisance à hauteur déterminée par le C.N.F.L.R.H.**
- Cuvette d'aisance murale pouvant être installée à hauteur désirée.

On peut trouver une baignoire comportant une porte et un siège dont la projection et la température de l'eau sont commandées par un système sophistiqué, avec douchette et jets périnéaux et supérieurs.

*(Extrait du décret 78-109 du 1er Février 1978 fixant les mesures destinées à rendre accessible aux personnes handicapées à mobilité réduite les installations neuves ouvertes au public)

**(Comité national français de liaison pour la réadaptation des handicapés)

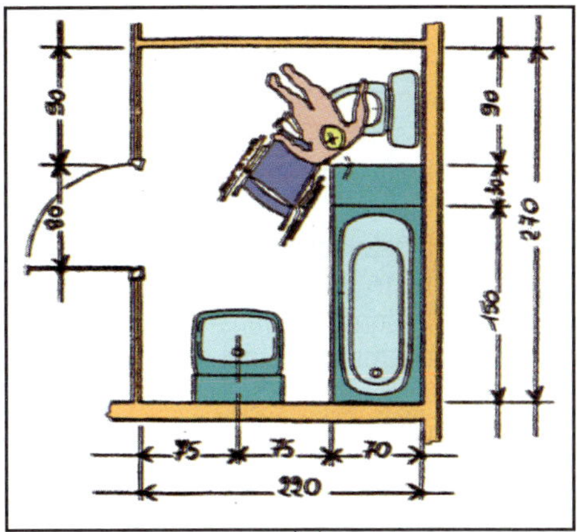

Accessibilité de la cuvette en fonction de l'emplacement des appareils

La chambre surface minimale 13 m^2
la plus petite dimension 3,30
aire de déplacement

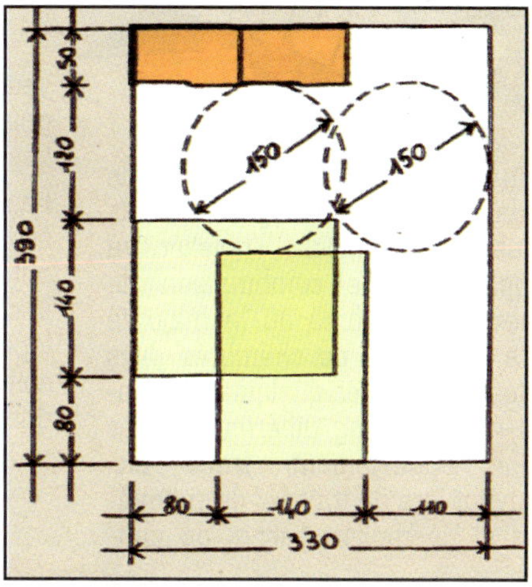

CHAMBRE POUR PERSONNE À MOBILITÉ RÉDUITE

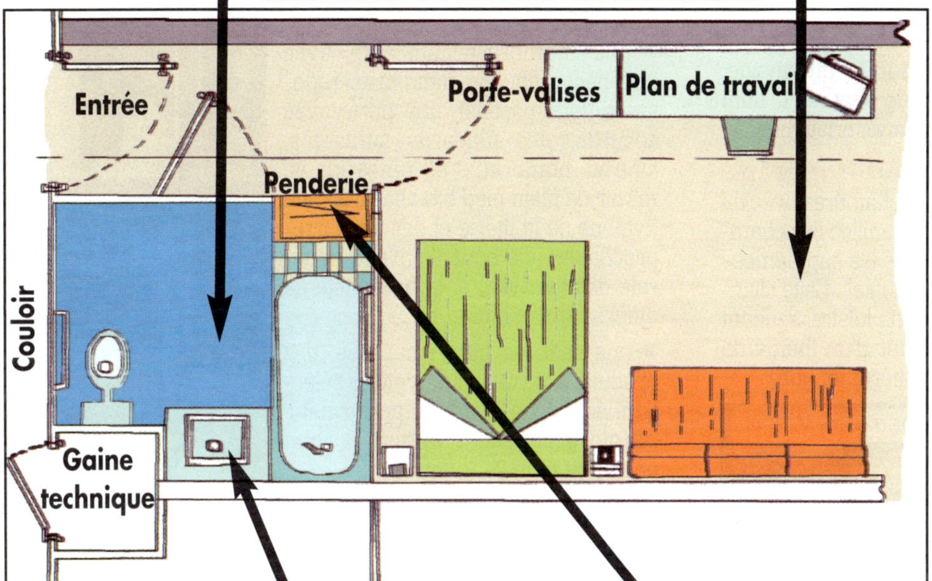

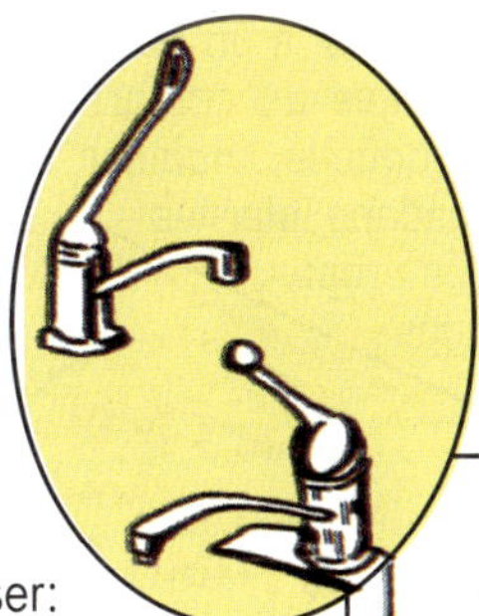

à utiliser:
robinets à levier de commande

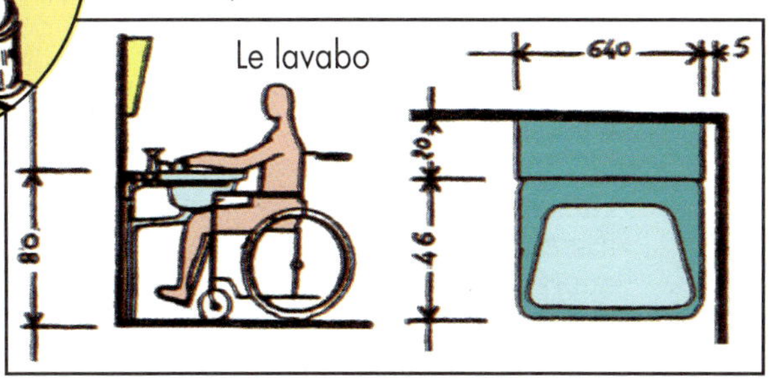

Accessibilité des rangements

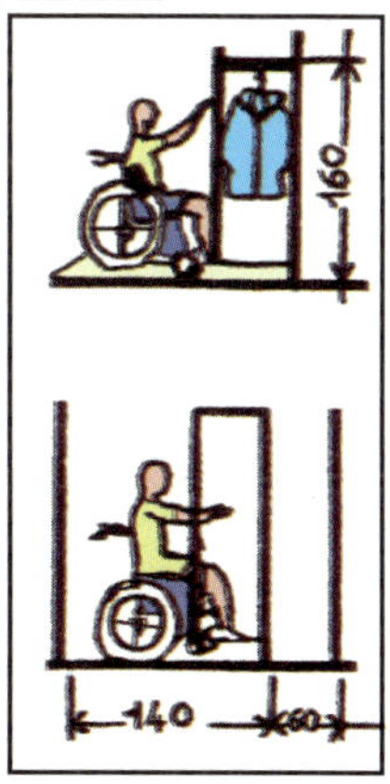

Quels types de chambres

En fonction de la localisation, de la capacité et du type de clients actuels et potentiels, l'hôtelier va proposer une combinaison de types de chambres ou la majorité sera constituée de chambres dites " classiques" avec quelques chambres d'un standing différent : junior suite, appartement, triple etc. Souvent lors de travaux de rénovation et de modernisation, de nouveaux aménagements sont intégrés pour répondre à l'évolution des besoins de la clientèle.

Pour des raison de rationalisation économique, de nombreux hôteliers ont opté pour la standardisation de la chambre , ce qui correspond à un logement de base le plus neutre qui soit et qui convient à une clientèle donnée pour un séjour court.

Exemples : Ibis, Climat de France, 1ère classe....

Cette rationalisation entraîne souvent un déficit de convivialité et d'habitabilité.

Pour donner un caractère plus ludique et plus chaleureux à la chambre il faut tenir compte des motivations de la clientèle : quel client s'agit-il de loger ? **quel espace et quels aménagements lui proposer ? quels équipements lui apportera du confort** ?...donc se pencher sérieusement sur ces besoins et attentes.

Quels sont les attentes des clients, les critères de choix?

Ils peuvent être différents selon chaque catégorie de client et selon le motif du voyage. Prenons des exemples de segments dont les attentes sont assez caractéristiques :

La clientèle individuelle de tourisme souhaite des chambres avec de grands placards. Pour les familles des chambres communicantes et des lits supplémentaires, salon détente dans l'hôtel . Cette clientèle a besoin d'informations loisirs, sachant qu'elle choisit l'hôtel autour d'un thème de base : ski, mer, thalassothérapie, golf.

VACANCES AU SKI HÔTEL LA GRANGE D'ARLY - MEGÈVE

La clientèle d'affaires en individuel ou en groupe attend de l'hôtel des équipements spécifiques et adaptés : téléphonie, bureau de travail, coin salon, mini-bar, TV par câble ou par satellite, espace remise en forme, animation bar, billard...

La clientèle féminine de plus en plus nombreuse dans les déplacements pour affaires souhaite avoir à sa disposition :

➤ une chambre accueillante, avec une décoration harmonieuse, reposante (tons pastels), une porte avec sécurité, des placards suffisants, cintres nombreux et pince-jupes, miroir de plein pied bien éclairé, une hygiène de la literie et des lieux irréprochable, une bouteille d'eau minérale dès l'arrivée, et la possibilité de dîner dans la chambre...

➤ une salle de bain spacieuse, des produits d'accueil et d'hygiène sélectionnés, sèche cheveux performant, miroir grossissant lumineux, bon éclairage pour le maquillage

On peut trouver aussi : fil à étendre le linge, fer à repasser...

HÔTEL PLAZA ATHÉNÉE - PARIS

La clientèle étrangère (hors affaires) a un besoin de sécurité élevé, elle est particulièrement attachée au confort matériel : climatisation, insonorisation parfaite, moquette, mobilier rationnel, coffres individuels, TV par câble, informations internes et externes sur les services et les activités proposés par l'hôtel à disposition et dans la langue du client., ...

Suivant la nationalité, l'ambiance et les services rendus vont être prépondérants dans le choix de l'hôtel, le client étranger apprécie par exemple: le pressing, le nettoyage des chaussures, le baby sitting.

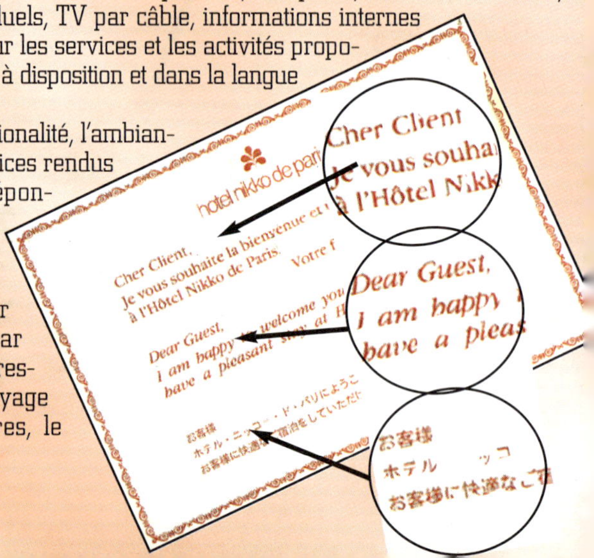

proposer à la clientèle ?

Quels types de chambre peut offrir le marché ?

L'appartement et la suite

• L'appartement

Il comprend en général :

- une entrée séparée ;
- un salon avec cabinet de toilette et quelque fois une petite cuisine ;
- une grande chambre avec salle de bain et douche séparée;
- on peut trouver aussi un " dressing " (pièce spéciale pour ranger les vêtements).

La surface de l'appartement est souvent supérieure aux normes exigées. Il bénéficie de la meilleure exposition dans l'hôtel : angle d'étage avec balcon, dernier étage avec terrasse. Il est une vitrine, un plus pour l'hôtel.

La décoration et le style de l'appartement font l'objet de soins et de recherches en matière d'esthétique et de confort (mobilier, matériaux, éclairage, tissus…).

Chaque hôtel en fonction de sa clientèle et de son implantation l'aménage et le personnalise.(un appartement d'un hôtel Sofitel en centre ville n'aura pas le même caractère que celui de l'hôtel Ermitage à la Baule)

Le prix est bien sur en rapport avec le produit offert.

• La suite

La suite comme son nom l'indique et une suite ou succession d'appartements qui sont reliés entre eux par les portes communicantes des salons.

La suite répond aux besoins des familles ou des personnalités du monde des affaires, des arts et de la diplomatie.

La suite peut être conçue à l'origine de l'hôtel par exemple avec 2 ou 3 chambres 1 ou 2 salons, plusieurs salles de bain : exemple la suite Princière, la suite Royale, la suite Présidentielle où tous les équipements de standing peuvent s'y trouver : bar, cuisine ; espace avec équipements de remise en forme etc…Les suites peuvent être utilisées pour des réunions de travail ou des expositions.

SUITE : HÔTEL BRISTOL - PARIS

La " ***Junior Suite*** "

Ce sont des chambres suffisamment spacieuses pour inclure à l'intérieur de la chambre un coin salon et une entrée séparée.

Les chambres " ***non fumeurs*** "
Chambres ou étages destinés ou clients non fumeurs.

Les chambres ou étages dédiés à une clientèle d'affaires de type " Top Club ", " Exécutive Floor " etc.

Ces chambres situées sur un même étage comportent des installations attendues par cette clientèle : prise modem, télécopieur, chaîne TV spéciale bourse, plateau de thé et de café prêt à l'emploi…

• A ces chambres de grand confort, sont associés des services sur l'étage :

➤ accès privé (comme chez soi) ;

➤ réception privée (pas d'attente dans le hall) ;

➤ lounge ou salon avec bar et service de restauration légère ;

➤ point affaires ou espace bureau ;

➤ presse internationale, service postal ;

➤ petits salons de travail ;

➤ espace remise en forme;

➤ permanence d'un employé…

Les chambres spécialement équipées pour une catégorie de clientèle

Elles ont pour but de respecter les habitudes culturelles de certains clients :

La clientèle japonaise : le mobilier et les salles de bain sont adaptés et un programme spécial d'accueil est généralement mis en place : service de thé vert, peignoirs et chaussons dans la salle de bain, informations et revues en japonais, employé à la réception parlant le japonnais.

PLATEAU DE PETIT DÉJEUNER JAPONAIS DU MÉRIDIEN ETOILE-PARIS

Chambres avec lits superposés ou lit suspendu

On les rencontrent dans l'hôtellerie économique **exemple : 1ère classe, formule 1**

Les chambres pour personnes à " mobilité réduite "

Elles sont exigées par l'arrêté n° 75 534 du 30 juin 1975 (voir chapitre sur les structures d'accueil)
Ces chambres sont généralement situées sur les étages les plus accessibles et notamment le rez-de-chaussée. L'ascenseur doit se trouver à proximité.

Les chambres spéciales " Lune de Miel ou Honey moon "

Ces chambres se développent de plus en plus en France et en Europe dans les villes ou les destinations réputées " romantiques ".
Ce sont plutôt de grandes chambres ou appartements très bien exposés (vue, hauteur) la différence se situe surtout au niveau de la taille du lit et de la décoration où les tons pastels voir le blanc sont dominants (idée de bonbonnière, de nid...) . Le service et l'accueil y sont très personnalisés.

La chambre " conférence "

Ce sont des chambres convertibles en petites salles de réunion, d'hospitalité ou d'interview pendant la journée. La nuit les chambres convertibles se transforment en quelques minutes en chambres à coucher.

Les chambres studios équipées d'un coin cuisine pour 4 personnes minimum, (lits gigognes ou lits superposés).
Elles font parties des normes des résidences hôtelières de tourisme.
Les hôtels saisonniers et les hôtels accueillants des curistes en offrent aussi à leur clientèle.

CORNER SUITE
HÔTEL CARLTON - CANNES

Qu'est-ce que le confort ?

La perception du confort est différente d'un client à un autre.

La chambre n'est confortable que si elle présente un certain nombre de conditions relatives suivantes :
- dimensions, géométrie et exposition de la pièce,
- respect des flux de circulation du client et du personnel d'entretien,
- meubles aux fonctions différentes, (commode, coiffeuse, bureau, fauteuil...) et style recherché de l'ensemble,
- répartition des volumes et des zones : sommeil, repos, travail.. ;
- taille et type de literie : grand lit, 2 lits, triple...
- emplacement et aménagements intérieurs des placards,
- lumière naturelle et artificielle : multiplication des sources lumineuses, variateurs de lumière
- climatisation et ventilation : température, fraîcheur, odeur...
- sonorité : bruits intérieurs et extérieurs,
- décoration : revêtements muraux, voilages, doubles rideaux, couvre-lits en harmonie avec les couleurs, le style ou le thème de la chambre,
- équipements et accessoires : miroirs, radio-réveil, télévision multi-chaînes et à péage, mini-bar, presse pantalon, porte-bagages, coffre individuel, téléphone dans la chambre et la salle de bain, signal d'appel en attente, prises pour téléphone, télécopieur et modem pour informatique.

Chapitre 5 La démarche commerciale et les réseaux commerciaux

La démarche commerciale et les réseaux commerciaux

chapitre 5

La démarche commerciale
Faire savoir pour vendre
Le suivi des ventes
Les réseaux commerciaux
Le yield management

Le client est la raison d'être du produit, il est au centre du système.

La démarche commerciale

La fonction commerciale de l'hôtel est une nécessité pour assurer la réussite et la pérennité de l'entreprise.

Il convient :
- de gagner de nouveaux clients,
- de fidéliser les anciens clients,
- de faire face à la concurrence,
- de s'adapter aux nouvelles exigences de la clientèle.

Tous les efforts de l'hôtelier concernant la mise en valeur du produit : transformations, rénovations, entretien…ne suffisent pas à garantir un succès commercial dans un environnement aussi concurrentiel.

Aussi l'hôtelier doit-il adopter une démarche commerciale qui passe par 3 phases. Après que l'hôtelier ait choisi une stratégie (exemple : développer la clientèle des familles le week-end), ces 3 phases sont :

1. La collecte et le traitement d'informations permettant de décrire le produit hôtelier dans son environnement, d'analyser la clientèle, ses motivations, son comportement et d'estimer sa capacité d'achat.
2. La définition d'une offre de produit hôtelier la mieux adaptée à la clientèle visée dans la stratégie.
3. La mise en place d'actions commerciales qui concourent à développer et à accélérer la vente du produit hôtelier, principalement les actions en matière de produit, de prix, de communication et de commercialisation.

Cette démarche repose sur un principe dynamique : cohérence des actions mises en place avec la stratégie, mesure des résultats et actions correctives, recherche de nouveaux avantages concurrentiels.

LE CONCEPT PRODUIT

Que vend l'hôtelier ?

Son produit " **hôtel** " est un ensemble de caractéristiques matérielles et objectives : la chambre et ses équipements…mais cette prestation de service a également une forte dominante d'éléments immatériels comme l'accueil, l'ambiance, le style, l'atmosphère…

L'hôtelier doit aussi veiller à optimiser les éléments de service : l'organisation, le personnel en contact et les éléments matériels.

Partant du principe " que l'on ne vend bien que ce qu'on connaît bien " le premier travail consiste à appréhender tous les aspects qui caractérisent un hôtel et son environnement.

Les caractéristiques du produit

Caractéristiques	Exemples
Situation de l'hôtel	- centre ville, périphérie, campagne, axe routier, site touristique : mer, montagne, thermes, monuments…
Zone d'influence de l'établissement	- locale, régionale, nationale ou internationale qui va influencer le décor et l'ambiance.
Accessibilité de l'hôtel	- accès à l'hôtel : navettes aéroport et gares…
Capacité de l'établissement	- nombre de chambres et nombre de personnes pouvant être accueillies, nombre de places au restaurant, banquets, séminaires, réunions…
Aspect extérieur et intérieur de l'hôtel	- architecture, style, concept, décoration, éclairage extérieur, abords de l'hôtel, aspect neuf entretenu, pimpant, en rapport avec le quartier, le site, sécurisant, parking accessible, bien fléché…
Atmosphère dans l'établissement	- tranquille, reposante, luxueuse, familiale, sportive, affairée et commerciale, cosy….
Signalisation interne et externe	- suffisante, permettant l'intimité ou bien ciblée pour se diriger seul, en bon état, faisant partie de style, de l'ambiance…
Prestations, services et animations offertes	- restauration, réceptions, service dans les chambres, pressing, service affaires, locations et réservations diverses, activités sportives, touristiques et culturelles, les plus de l'hôtel etc.

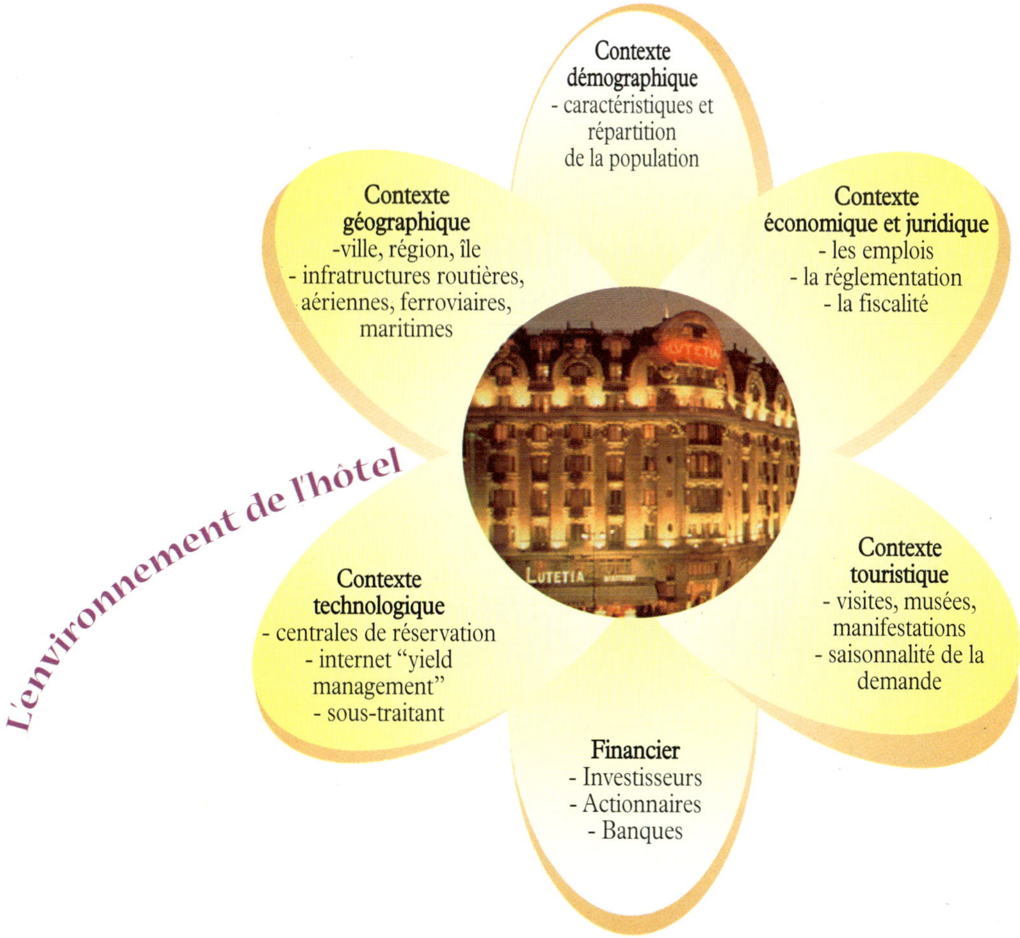

ETUDE DE LA DEMANDE

La psychologie générale du client comporte l'étude des besoins, désirs, aspirations, comportements, ainsi que les motivations de sa décision.

Si certaines données sont faciles à recueillir : comportements et opinions, d'autres nécessitent un travail en profondeur d'identification : attitudes et motivations.

Attention à la relation entre motivation et comportement, par exemple : un client peut être motivé par le fait de passer ses vacances dans un hôtel de grand standing au bord de la mer et choisir finalement un club de vacances à la hauteur de ses revenus.

Comment les clients choisissent-ils un hôtel ?

Pour fixer son choix, le client suit le processus suivant :

➤ Phase 1- recueil d'informations
- enseigne, localisation, confort, tarifs, forfaits, activités, clientèle, restauration…

➤ Phase 2 – stade affectif
- recommandation, fidélisation, genre d'hôtel, attrait visuel, notoriété…

➤ Phase 3 – décision finale
- choix de l'hôtel, concrétisation, séjour…

La notoriété, l'image de marque, la personnalité de l'hôtel, les prix offerts sont déterminants.

Il est moins coûteux de garder un client que d'en conquérir un autre.

Il est donc essentiel que la qualité des prestations et du service soit constante.
L'hôtelier doit mettre en place des outils de mesure de la qualité : questionnaires qualité, service réclamations, audit interne/externe, client mystère, autocontrôle, charte d'engagement…

La segmentation de la clientèle

La segmentation de la clientèle est le découpage du marché en tranches repérables, quantifiables et utilisables par les hôteliers.
Cette segmentation est révélée soit par la constitution d'un fichier- clients, c'est-à-dire la connaissance du **marché actuel**, soit par l'étude de marché réalisée préalablement, c'est-à-dire par la connaissance du **marché potentiel.**

➤ **Le marché actuel**
Le marché existant est représenté par les clients acquis ou connus en tant qu'utilisateurs réguliers ou épisodiques. Analyser leurs origines et les habitudes d'achat est essentiel afin d'une part de les fidéliser et d'autre part d'en tirer des actions commerciales débouchant sur des priorités à donner dans l'approche de ce marché.

➤ **Le marché potentiel**
Le marché potentiel est constitué du marché actuel, du marché des concurrents et des non-consommateurs relatifs (individus susceptibles de devenir clients un jour).

Exemple de segmentation de clientèle

On peut analyser la segmentation selon les besoins du client (individuels, affaires ou groupes), ce qui est le plus courant actuellement, selon le circuit de distribution ou le mode de commercialisation (agences, centrales de réservation, transporteurs) ou encore le volume d'achat.
Quoi qu'il en soit il n'existe pas de segmentation type, à chacun de choisir les critères.

Première approche globale (1) de segmentation

➤La segmentation par le consommateur (en groupe ou individuel) :
• Les individuels
• Les sociétés
• Les associations
• Les administrations et gouvernements
• Les transporteurs (compagnies aériennes et maritimes, chemins de fer…

➤La segmentation par les intermédiaires ou les prescripteurs (en groupe ou individuels) :
• Les centrales de réservation
• Les agences de voyages
• Les voyagistes et les grossistes
• Les agences de voyages réceptives

(1) Approche globale par rapport à une approche plus fine par segment : par tarifs et forfaits, groupes ponctuels ou séries, tranches tarifaires par période ou autres appellations en sous-segments ex : groupes sportifs.

Questionnaire qualité

CAMPANILE VOUS ECOUTE

AT CAMPANILE WE CARE ABOUT YOU - *CAMPANILE LES ESCUCHA* - *O CAMPANILE ESCUTA* - *O*

Notre objectif : votre satisfaction - Our objective : your complete satisfaction - *Nuestro objetivo : Satisfacerle* - *O nosso objectivo : a sua satisfação-*

Afin de toujours mieux vous servir, nous vous invitons à remplir ce questionnaire.

In order to improve our service to you, our guests, we invite you to fill in this questionnaire. - *Con el fin de superar nuestros servicios, rogamos rellene este cuestionario.* - *A fim de o servirmos melhor, convidamo-lo a preencher este questionário.*

Comment jugez-vous : / How would you rate the : / *Cómo considera Ud :* / *O que pensa de :*

L'ACCUEIL / WELCOME / *LA ACOGIDA* / *O ACOLHIMENTO*

LA CHAMBRE / THE ROOM / *LA HABITACION* / *O QUARTO*

- **Le confort** / Comfort / *La comodidad* / *O conforto*
- **La propreté** / Cleanliness / *La limpieza* / *A limpeza*
- **Le plateau courtoisie**
  Courtesy tray / *La bandeja de cortesía* / *A bandeja de cortesia*
- **Le rapport qualité-prix**
  Value for money / *La relación calidad-precio* / *A relação qualidade-preço*
- **La salle de bain** / Bathroom / *El cuarto de baño* / *A Sala de banho*

LE PETIT-DEJEUNER "BUFFET"
BREAKFAST "BUFFET" / *EL DESAYUNO "BUFFET"* /
O PEQUENO ALMOÇO "BUFETE"

LE RESTAURANT / RESTAURANT / *RESTAURANTE* / *O RESTAURANTE*

- **Le déjeuner** / Lunch / *El almuerzo* / *O almoço*
- **Le dîner** / Dinner / *La cena* / *O jantar*
- **Le cadre :** Atmosphere-decoration /
  El ambiente y la decoración / *O ambiente e a decoração*
- **L'attrait de la carte**
  Selection on the menu / *La selección de la carta* / *O gosto da ementa*
- **Le menu enfant Campi** / Campi children's menu
  El menú infantil Campi / *A ementa para criança Campi*
- **La qualité** / Quality / *La calidad* / *A qualidade*
- **Le service** / Service / *El servicio* / *O serviço*
- **Le rapport qualité-prix** / Value for money /
  La relación calidad-precio / *A relação qualidade-preço*

L'ETABLISSEMENT EST-IL BIEN SIGNALE ?
IS THE HOTEL WELL SIGN-POSTED ? / *¿ ESTA BIEN SEÑALIZADO EL HOTEL ?* /

Hôtel-Gril Campanile de
Name of the Hotel-Gril Campanile
Hotel Gril Campanile de

Date de séjour
Date of stay
Fecha de estancia
Data da estadia

Vous voyagez pour	**Affaire**	**Tourisme**	**Autres**
Purpose of your trip	Business	Tourism	Other
Razón de su viaje	*Negocios*	*Turismo*	*Otros*
Viaja por motivos de	*Negócios*	*Turismo*	*Outras*

Est-ce votre premier séjour chez Campanile ?	**Oui**	**Non**
Is it your first stay at Campanile ?	Yes	No
¿ Se trata de su primera estancia en un Campanile ?	*Si*	*No*
É a sua primeira estadia nos hoteis Campanile ?	*Sim*	*Não*

REMARQUES ET SUGGESTIONS / GENERAL COMMENTS AND SUGGESTIONS
OBSERVACIONES Y SUGERENCIAS / *NOTAS E SUGESTÕES :*

Si vous le souhaitez, indiquez / If you wish, please provide your :
Si lo desea, indique su / *Se deseja, indique o seu :*

Nom / Name / *Apellidos* / *Apelido*

Adresse / Address / *Dirrección* / *Endereço*

Société / Company name / *Empresa*

Autre exemple de segmentation de la clientèle

	AFFAIRES	TOURISME
Individuels	Ponctuels / Réguliers	Ponctuels / Réguliers
Groupes	Ponctuels / Réguliers	Ponctuels / Réguliers

Exemple d'analyse en nombre de chambres louées - cumul à fin juin

	1998		1999	
Plein tarif	1488	8,05 %	1530	8,41 %
Ag. Corporate plan	2487	13,46 %	2418	13,29 %
Ind. Sociétés	7819	42,32 %	8022	44,09 %
Abonnés	0	0,00 %	499	2,74 %
Congrès	2213	11,98 %	2062	11,33 %
Prix spéciaux	1713	9,27 %	1033	5,68 %
Total indiv. affaires	**15720**	**85,09 %**	**15564**	**85,54 %**
Sém. Résidentiels	0	0,00 %	68	0,37 %
Gpes Professionnels	0	0,00 %	89	0,49 %
Total groupe affaires	**0**	**0,00 %**	**157**	**0,86 %**
Inclusive tours	821	4,44 %	1123	6,17 %
Total loisirs	**821**	**4,44 %**	**1123**	**6,17 %**
Groupes ponctuels	1850	10,01 %	582	3,20 %
Groupes séries	84	0,45	767	4,22 %
Incentive	0	0,00 %	0	0,00 %
Total groupe tourisme	**1934**	**10,47 %**	**1349**	**7,42 %**
Cies aériennes	0	0,00 %	0	0,00 %
TOTAL	**18475**	**100,0 %**	**18193**	**100 %**

L'hôtelier va aussi à travers la segmentation rechercher des clients qui lui assureront un " matelas " d'affaires régulier et sécurisant.

Architecture des segments

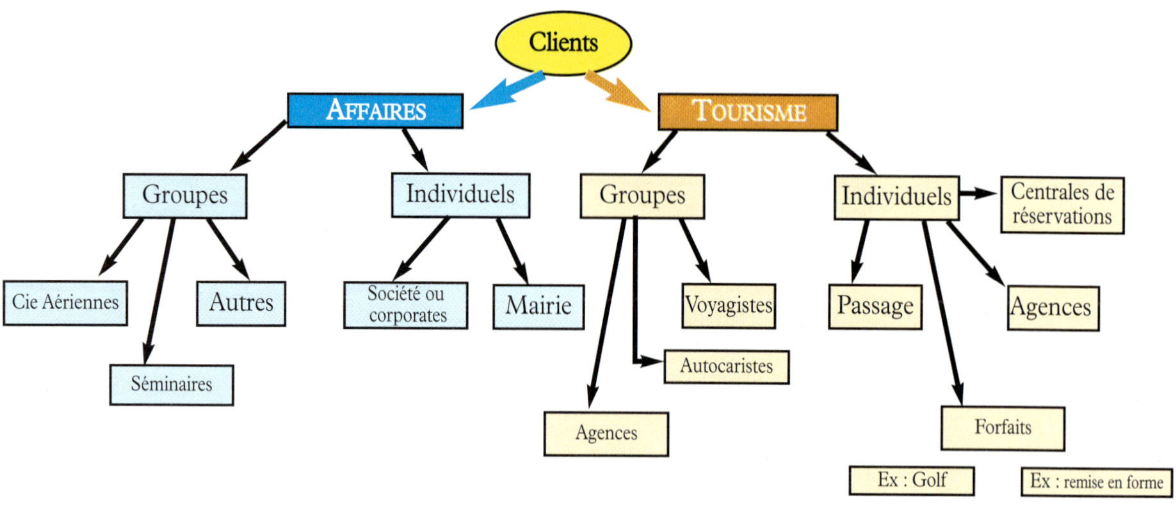

Une fois les segments identifiés, l'hôtelier va sélectionner les segments les plus accessibles et en cohérence avec son produit.

Attention ! un segment ne doit pas être source de nuisance avec les autres

exemples : Compagnie aérienne et seniors, clientèle d'affaires et supporters sportifs......

Ce qui suppose des moyens humains, financiers et techniques capables d'accueillir de fidéliser la clientèle et de conquérir de nouveaux marchés.

LE POSITIONNEMENT

Le positionnement, c'est la place qu'occupe le produit dans l'esprit du consommateur. Positionnement et image sont liés.

Le positionnement permet d'identifier le produit et de le comparer à ceux de la concurrence.

Un hôtel peut se positionner par sa présentation, sa personnalisation, sa spécialisation, son emplacement ou par son prix. Il servira de base au travail de négociation commerciale (caractéristiques, avantages...).

L'hôtel doit permettre une identification facile : nom, enseigne, visuel, identité et une comparaison à son avantage.

Par exemple : avantages pour la clientèle d'affaires
- espace affaires
- étages " business "
- télévision interactive
- téléphones cellulaires pour la clientèle internationale

Positionnement des chaînes hôtelières

Source : La revue n° 563 Fev/Mars 98

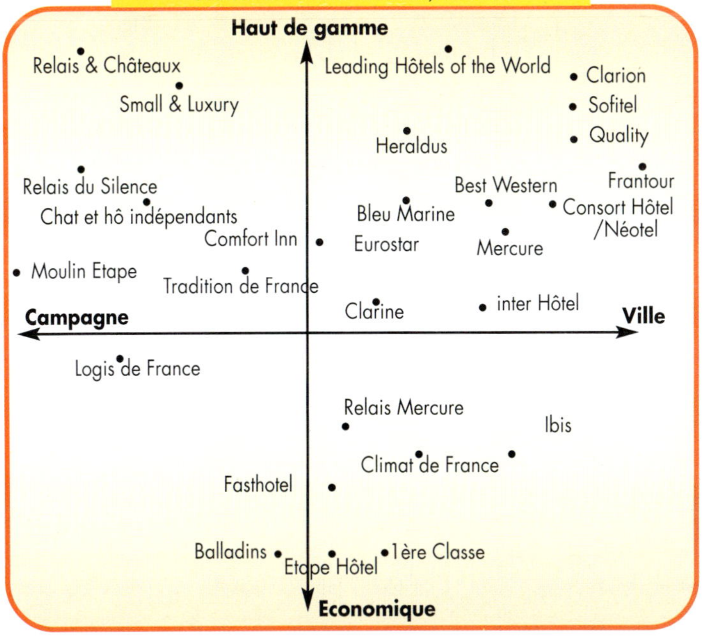

➤ Exemple de positionnement :

deux produits substituables et concurrents situés sur le même front de mer devront se positionner :

L'hôtel les Flots Bleus : mettra en avant le thème de la mer : le décor, la gastronomie, les activités sportives

L'hôtel Beau Rivage : mettra en avant le calme, la détente, la personnalisation, les bienfaits du climat.

La part de marché (pourcentage de chiffre d'affaires supplémentaire sur un marché donné) qu'un établissement peut acquérir dépend en grande partie d'un positionnement efficace.

ÉTUDE DE L'OFFRE : LE PRIX

Le prix est un élément déterminant du choix du client, c'est aussi un indicateur de la valeur du produit.

Le prix contribue à exprimer le positionnement du produit et la définition du positionnement.

La fixation du prix suit différents objectifs : maximisation du profit, promotion d'un produit ou d'une gamme, maintien ou accroissement des parts de marché.

➤L'hôtelier doit tenir compte de plusieurs paramètres avant de fixer ses prix :

- le prix doit satisfaire les besoins et les possibilités de la clientèle,
- le prix doit assurer une bonne rentabilité de l'entreprise,
- le prix doit correspondre au produit et aux éléments qui le composent en terme d'image,
- enfin le prix doit pouvoir tenir compte de la concurrence.

➤L'hôtelier est soumis à deux types de contraintes :

- d'un côté, il doit rentabiliser son affaire, ce sont les exigences économiques,
- de l'autre, il doit tenir compte de la concurrence et du budget de la clientèle, ce sont les exigences commerciales.

Les exigences commerciales

La viabilité commerciale de l'hôtel passe par les facteurs suivants :

➤ **les différentes phases de la courbe de vie du produit** (voir cours de mercatique sur le cycle de vie du produit) ;

➤ **le prix du marché** : c'est celui qui correspond à la catégorie de l'hôtel ;

➤**l'élasticité de la demande** en fonction du prix, c'est-à-dire que plus ce prix augmente et plus la demande aura tendance à baisser et inversement ;

➤**la demande hôtelière** qui varie selon les périodes de l'année, voire les jours de la semaine, les volumes et les modulations tarifaires ;

➤**l'offre hôtelière** qui n'est pas élastique car un établissement de 100 chambres ne peut vendre que 100 chambres par jour même si la demande est supérieure, et par conséquent une chambre non louée est une perte de chiffre d'affaires irrécupérable ;

- le prix psychologique optimum qui correspond à la notion subjective du rapport qualité/prix ;
- la performance par rapport à la concurrence.

Les exigences économiques

Les exigences économiques de l'entreprise sont beaucoup plus pragmatiques que les exigences commerciales, elles concernent la rentabilité des capitaux investis.

Plusieurs démarches peuvent être envisagées :

➤ **La règle des 1/1000** qui consiste à diviser par 1000 le prix de revient d'une chambre d'hôtel. Le coût de la construction + le coût de l'aménagement sont divisés par le nombre total des chambres disponibles.

Si la construction et l'équipement d'une chambre reviennent à 300 000 F la règle des 1/1000 exige un prix moyen de vente de 300 F.

Cette règle tend à se calculer au 700 ou 800ème en tenant compte des évolutions du coût de la construction et du crédit.

➤ **La loi ou la Méthode Hubbard,** qui consiste à trouver le Prix Moyen Chambre (P.M.C.) en divisant le chiffre d'affaires chambres par le nombre de chambres louées, permettra de dégager les bénéfices nécessaires à la rémunération des capitaux propres à l'hôtelier.

La politique des prix

La politique de prix différera si l'objectif fixé est le profit immédiat, l'accroissement de la part de marché ou l'amélioration du produit.

L'hôtelier a le choix entre deux stratégies :

1. ➤ **La stratégie suiveuse** : elle s'opère sur le prix, il s'agit de s'aligner sur la concurrence.

2. ➤ **La stratégie autonome** : politique d'écrémage, politique de pénétration.

La politique d'écrémage

C'est une politique de prix élevés permettant de dégager une rentabilité forte, la sélection des clients s'opère par le prix c'est le cas de l'hôtellerie de luxe et de grand confort et quand la demande est supérieure à l'offre.

La politique de pénétration

C'est une politique de prix bas. Ces prix facilitent la pénétration sur le marché et sont souvent appliqués dans la phase de lancement du produit afin de maximiser le volume des ventes. : Etap'hôtel, Formule1… et quand l'offre est supérieure à la demande.

3. ➤ Prix d'acceptabilité ou prix psychologique

Cette méthode démontre qu'il est possible de fixer :

- un **prix minimum** en dessous duquel le consommateur n'accepterait pas d'acheter le produit et qui correspond à un minimum de qualités et de service ;
- un **prix maximum** au-dessus duquel il ne saurait acheter en fonction de son revenu et de son estimation de la valeur du service rendu ou de la prestation vendue.

Elaboration des tarifs

Si l'hôtelier est tenu d'afficher ses tarifs, il existe fréquemment un décalage entre le **prix affiché** et le **prix facturé**.

Pour optimiser les ventes d'un hôtel la modulation des prix peut se faire sur deux critères principaux :

1. ➤ La période

- Haute et basse saison (par exemple été et hiver pour une station balnéaire).
- Semaine et week-end (le week-end étant une période de faible occupation pour un hôtel d'affaires, le phénomène étant inversé dans le cas d'un hôtel situé en zone touristique).
- Périodes très chargées en réservations ou périodes creuses, en fonction de manifestations diverses pouvant se tenir à tout moment de l'année. Ainsi un congrès important en basse saison pourra conduire à considérer cette période particulière de façon similaire à celle de haute saison.

L'HÔTEL MASSENA
NICE

TARIF INDIVIDUEL
1999/2000

	SAISON 1/04 au 31/10/99 *Millénium		HIVER 1/11au 31/03/2000 Sauf Jour de l'an	
	SINGLE	DOUBLE	SINGLE	SINGLE
Chambres Privilèges	810F 122,73€	890F 134,85€	700F 106,06€	750F 113,64€
Chambres Traditions	710F 107,58€	790F 119,70€	550F 83,85€	620F 94,52€
Chambres Classiques	610F 92,42€	650F 98,48€	495F 75,46€	520F 79,27€

***Millénium : nuits du 29/12/1999 au 02/01/2000 inclus supplément de 20% sur le tarif saison**

Lit supplémentaire : par personne et par jour uniquement en chambre "Privilège"	170 F.	25,92€
Enfants jusqu'à 16 ans partageant la chambre des parents, en chambre "Privilège" seulement	gratuit	-
Taxe de séjour par personne et par jour	7 F.	1,07€
Petit déjeuner continental ou buffet, /pers.	80 F.	12,20€
Garage par jour (18 places)	80 F.	12,20€
Coffre-fort par jour	10 F.	1,52€
Animaux, par jour	50 F.	7,62€

Tarifs susceptibles d'être modifiés sans préavis

2. ➤ Le volume

(Nombre de nuitées et chiffre d'affaires)

Il peut s'agir d'un contrat important permettant d'assurer une occupation élevée pendant une période donnée ou une fréquentation régulière toute l'année.

Cela peut s'appliquer à des mouvements de groupes, à des séries de séminaires ou à certaines sociétés offrant un potentiel régulier de réservations.

Les prix établis seront fonction de plusieurs facteurs en plus du volume : régularité et caractère permanent pouvant se renouveler sur plusieurs années, coût de réservation et d'organisation, ou situation particulière liée par exemple à la fidélité de la clientèle dans le cas d'une chaîne d'hôtel, du trafic d'une centrale de réservation (volume d'affaires) ou d'accords passés avec le siège d'une grande entreprise (Rhône Poulenc par exemple), l'ensemble de la société étant alors prise en considération.

3. ➤ La variété des tarifs

On peut dire qu'il y a autant d'hôtels que de tarifs.

• Les tarifs affichés

On trouve des tarifs suivant le confort et le type de chambre : *grand lit bain WC avec balcon x… francs ou euros* avec une déclinaison pour 1 ou 2 personnes.

Pour les hôtels standardisés la distinction du prix peut se faire par l'orientation : *Chambres grands lits ou 2 lits sur Patio x… francs ou euro.*

Dans les hôtels de grand confort en classifiant les chambres en niveau de confort : *Chambres confort, chambres " Prestige ", chambres " De luxe ".* La description du confort se fera au moment de la réservation.

Il existe aussi : les tarifs pension, ½ pension, les tarifs haute et basse saison, les tarifs week-end

Bien entendu il y aura toujours une distinction de prix entre les suites, les appartements, les studios etc..

• Les tarifs négociés ou étudiés

Ensuite en fonction des politiques commerciales et des segments de clientèle visés, les tarifs affichés sont déclinés en :

➤ tarifs groupes (selon les volumes et les fréquences),

➤ tarifs sociétés, compagnies aériennes, transporteurs, voyagistes,

➤ forfaits week-end ou de fête comprenant la chambre, le petit déjeuner, le dîner, l'animation, l'accès aux installations de l'hôtel, piscine, tennis, golf ou à thème :

➤ remise en forme, plein air, gastronomie…

➤ forfaits séminaires, congrès, programmes particuliers…

➤ forfaits touristiques : " produits finis " ou " produits vacances clés en main ", les hôteliers ont la possibilité de créer et de commercialiser des produits accessoires à leur activité : transport, visites, activités culturelles ou touristiques selon les conditions de la loi du 13 juillet 1992. Ces forfaits peuvent être créés dans les périodes de faible occupation.

Faire savoir pour vendre

Pour mieux vendre son établissement, l'hôtelier devra mener des actions commerciales à tous les niveaux : local, national et international. Il dispose pour cela de plusieurs méthodes et de différents moyens.

LES MÉTHODES DE VENTE

Deux types de vente sont à considérer :

- la vente après sollicitation de la part de l'hôtelier : c'est la **vente agressive ;**

- la vente après appel d'offre du client : **c'est la vente réceptive**.

Une démarche directe de la part du client ne doit pas être considérée comme une affaire conclue. Cette demande doit déclencher le processus du déroulement d'une vente.

LES MOYENS DE COMMERCIALISATION

De nombreux moyens de sollicitation de la clientèle existent :

LES MOYENS DE BASE :

• Un matériel promotionnel : dépliants dossier commercial, tarifs, vidéo, cédérom, site Internet, présentation multimédia, cartes de visite, cartes de restaurant…

• Une bonne signalisation qui commence par une enseigne attractive, originale, visible aussi bien de jour que de nuit.

• La promotion des ventes qui permet de proposer un avantage pendant une période pour dynamiser les ventes

- réduction sur les prix pratiqués à certaines périodes : week-end, carte de fidélisation ou d'avantages pour les clients des chaînes hôtelières

- événement : cadeaux, attention pour les enfants, les jeunes

- création de produits touristiques à l'occasion d'un événement : concert, carnaval…

- cocktails auxquels sont conviés les prescripteurs professionnels, les agents économiques locaux (cf. les relations publiques).

UN CHOIX DE CANAUX PUBLICITAIRES

La publicité directe permet de mener des actions de prospection orale ou écrite.

• Le publipostage

Offre l'avantage d'atteindre une large clientèle potentielle pour un coût modique. Il permet également de communiquer avec les clients actuels pour les fidéliser par l'envoi de lettres de remerciement ou cartes de vœux par exemple.

Le publipostage a pour but de diriger un message de vente vers une cible bien précise est à une époque donnée : fêtes, tarifs week-end ...

L'hôtelier veillera à ce que ses clients puissent lui répondre le plus facilement possible. Pour cela l'envoi comprendra une lettre personnalisée, pièce la plus importante, un prospectus et une carte réponse à retourner qui permettra d'évaluer le succès du publipostage.

Cette démarche doit déclencher le processus de déroulement d'une vente.

• Le marketing direct .
Le téléphone peut être utilisé :
- comme suivi d'un envoi en nombre et pour en augmenter l'impact,

- comme outil de pré-démarchage pour détecter une nouvelle clientèle. L'argumentaire sera préparé à l'avance. **Un seul produit ou service doit être proposé à la fois.**

Exemple : contacter les entreprises régionales pour proposer des journées séminaires. Ce contact téléphonique doit déboucher sur un rendez-vous, complément de la démarche.

• La télématique.
L'annuaire électronique Minitel peut se révéler un bon support publicitaire si l'hôtelier se démarque de ses concurrents en apportant au public des informations concrètes et pratiques sur son établissement.

• Utilisation des mass média .
Permettent de véhiculer une image, un produit à très large diffusion :

- la presse écrite : quotidiens, hebdomadaires...

- les radios locale et régionale.

- la télévision actuellement réservée aux grandes chaînes hôtelières compte tenu du coût élevé des messages diffusés. **Les jeux télévisés, le télé-achat**, permettent de vendre ou d'offrir des séjours.

- les panneaux publicitaires d'affichage urbain

- Insertion dans des annuaires.

• Internet.
Permet la création et la diffusion d'un site publicitaire montrant les avantages commerciaux d'un hôtel et offrant la possibilité de faire une demande de réservation en ligne.
La diffusion de messages publicitaires par le mail (mail). L'intérêt c'est le coût faible de la communication pour une large cible.

• Les centrales de réservation, les GDS.
(Global Distribution System) permettent à l'hôtelier d'insérer à l'écran des annonces promotionnelles : forfaits, cartes de fidélisation...

• Les guides professionnels
- les guides touristiques : Automobile Club...
- les guides d'affaires : Bedouk, Réunir...
- les annuaires du tourisme : Agency Hotels Travels Index
- la sélection de l'hôtel par un guide : le Guide Michelin, Gault et Millau, Guide du Routard...

PAGE D'ACCUEIL DU SITE INTERNET D'ACCOR

LES VISITES

Les visites spontanées " **sales blitz** " ou visites avec rendez-vous : sociétés, agences peuvent avoir lieu pour se faire connaître ou appuyer une proposition, négocier ou concrétiser une affaire.
La visite de l'établissement a généralement lieu sur rendez-vous. Les objectifs sont fixés en termes de nombre de démarchages par jour et de concrétisation (minimum 6 dans une zone de chalandise rapprochée et groupée).

Les relations publiques

A établir et à entretenir en permanence visant à donner une bonne image de marque de l'établissement, cela peut aller d'une participation à la vie d'associations locales ou à des actions humanitaires, à la sponsorisation de clubs ou manifestations sportives. Des manifestations culturelles dans l'hôtel : vernissages, expositions artistiques ou événements créés par l'hôtel (anniversaire, rénovation, ouverture de la saison, animations diverses etc.) sont l'occasion de recevoir des personnalités politiques, décideurs, prescripteurs, presse, radio, télévision régionale.. .

L'événement est relaté dans la presse, ce qui permet de valoriser l'établissement.

- **Le parrainage et le mécénat** à l'occasion d'événements sportifs et culturels, le soutien à une cause....

- **Les " éductours "**
Ce sont des voyages professionnels organisés par les grossistes et les voyagistes pour sélectionner et visiter les hôtels destinés à faire partie des brochures de voyages, le groupe **" éductour "** peut séjourner une à plusieurs nuits dans l'hôtel.

- **Les contacts**
A prendre par l'hôtelier lui-même au moment de l'ouverture et tout au long de l'année avec des organismes officiels tels l'Office du Tourisme de la ville, la Chambre du Commerce et de l'Industrie, la mairie, l'Union des commerçants, mais également les taxis, les loueurs de voitures...

Les foires et salons

Réservés aux professionnels du tourisme et du voyage les plus importants sont :
Berlin (ITB), Madrid (FITUR), Londres (WTB), Milan(BIT), Paris (MIT), Genève (salon du tourisme d'affaires),
Grand public : Foire de Paris ou métropoles régionales, salon du tourisme et du plein air...

Autre moyen

Le bouche à oreille des clients satisfaits qui sont les ambassadeurs de l'hôtel mais évidemment non contrôlables

Le suivi des ventes

C'est une étape importante dont va dépendre le remplissage et le chiffre d'affaires optimal de l'établissement.

Le suivi de la matérialisation des ventes s'effectue à l'aide de certains documents :
- les fiches de relance
- les fichiers des clients
- le questionnaire d'entretien
- les états statistiques

mais surtout à partir d'outils de plus en plus sophistiqués comme les logiciels d'analyse de données interfaçables avec le système informatique de la réservation/réception.

A partir de documents

Les fiches de relance qui, à partir d'un certain délai, relancent, confirment ou annulent les réservations ou les commandes.

Ces fiches ou actions de relance font suite à la Fiche de réservation ou bon de commande.(voir chapitre sur les réservations).

Les informations sont enregistrées dans le système informatique de l'hôtel, les éditions et les statistiques issues de ces réservations sont une source d'informations précieuses sur la clientèle et constituent les données commerciales des **fichiers/clients**

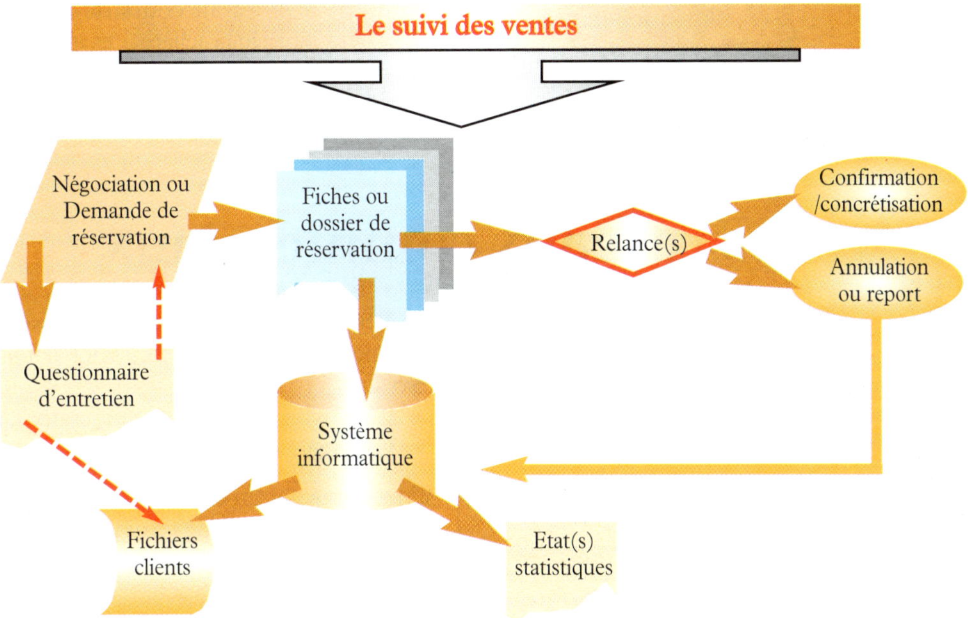

A partir des fichiers clients
(informatisés ou non)

A la suite des contrats signés, des démarchages, des contacts, des entretiens téléphoniques ou de séjours à l'hôtel, un fichier clients est mis en place.

Il comprend les informations suivantes : (on peut considérer qu'il contient l'essentiel du questionnaire d'entretien).

➤ raison sociale, adresse (tel, fax, site web, e-mail ...), réseaux de l'entreprise, exemple : agence de voyages

➤ les noms des contacts avec leur fonction dans l'entreprise

➤ la synthèse des entretiens téléphoniques et des contacts avec date d'appel et de relance

➤ les tarifs communiqués, commissions, contrat en cours...

➤ les projets etc..

➤ Les historiques

- la saisonnalité des séjours
- les habitudes d'achat et besoins de l'entreprise cliente
- le nombre de participants, volume chambres et/ou salons, restauration, durée, répétitivité
- l'historique des dernières manifestations ou séjour, chiffre d'affaires, durée moyenne de séjour et autres statistiques clients
- l'historique des règlements.

➤ Les questionnaires d'entretien

Le questionnaire d'entretien est une aide à la vente, il a pour objectif de mieux rentabiliser les démarches. Il sert surtout à cadrer convenablement l'entretien et à n'omettre aucun point, aucune prestation qui pourrait être vendue.

Ce document peut être différent selon la cible de clientèle (agence, sociétés...), **il n'y a pas de questionnaire type.**

Pour être efficace un fichier ne doit pas comporter un nombre de " fiches " supérieur à la capacité de démarchage et de relance de l'hôtel.

Il est l'élément moteur de la relance qui, pour être efficace, doit être opportune. Ce qui explique que le fichier est régulièrement alimenté d'informations obtenues au cours du démarchage susceptibles de constituer l'entrée en matière du prochain contrat.

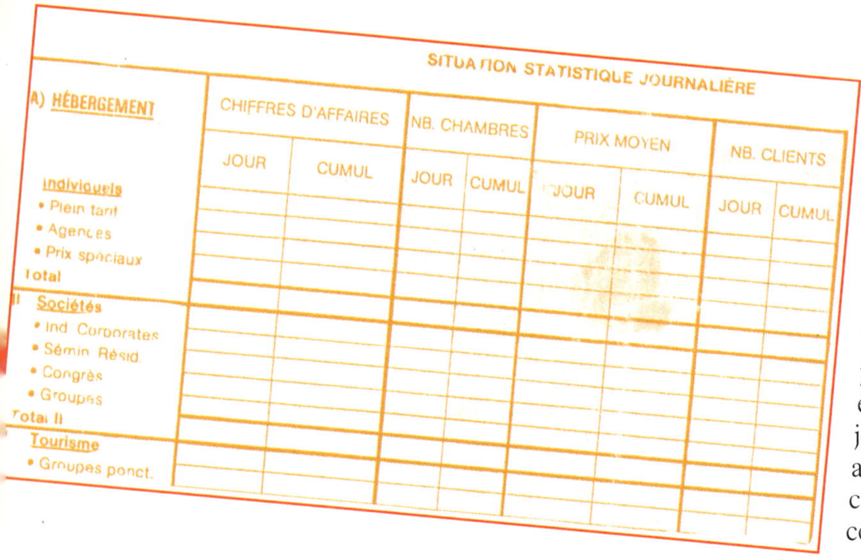

SITUATION STATISTIQUE JOURNALIÈRE

A) HÉBERGEMENT	CHIFFRES D'AFFAIRES		NB. CHAMBRES		PRIX MOYEN		NB. CLIENTS	
	JOUR	CUMUL	JOUR	CUMUL	JOUR	CUMUL	JOUR	CUMUL
Individuels								
• Plein tarif								
• Agences								
• Prix spéciaux								
Total								
II Sociétés								
• Ind. Corporates								
• Sémin. Résid.								
• Congrès								
• Groupes								
Total II								
Tourisme								
• Groupes ponct.								

La feuille de situation ou d'état statistique des ventes
(voir chapitre Caisse)

C'est le constat journalier faisant apparaître la production quotidienne, mensuelle et annuelle des clients sous contrats.

Véritable tableau de bord de l'activité journalière de l'hôtel, ce document est élaboré au cours de la clôture de la journée hôtelière. Les informations qu'il apporte permettent d'analyser et de comparer les retombées des actions commerciales.

Les réseaux commerciaux

Pour augmenter ses possibilités de vente à travers le monde et assurer sa présence sur tous les marchés potentiels, l'hôtelier a besoin d'intermédiaires qui constituent les réseaux commerciaux. Ceux-ci utilisent des moyens de communication modernes qui facilitent la vente des chambres et autres prestations hôtelières liées au tourisme.

Les réseaux commerciaux sont constitués par :

- Les sociétés de services sur Internet,
- Les centrales de réservation,
- Les systèmes de vente informatisés des compagnies aériennes G.D.S. (Global Distribution System),
- Les Voyagistes (ou Tour Operator),
- Les Agents de voyages.

Pour contacter un établissement hôtelier, la clientèle individuelle ou de groupe a donc la possibilité d'utiliser un intermédiaire ou prescripteur qui lui facilitera les démarches dans ses réservations de chambres et autres prestations hôtelières.

LES SOCIÉTÉS DE SERVICES SUR INTERNET.

La société de service crée un site Web qui présente des photos de l'hôtel et ses tarifs. Le client peut visualiser l'établissement et réserver sa chambre en ligne. Pour confirmer sa réservation, le client doit adresser son numéro de carte de crédit et sa date de validité par e-mail (courrier électronique sur Internet) à la société de service qui se positionne comme "le tiers garant" tant pour le client que pour l'hôtelier. Ensuite, le client règle sur place directement à l'hôtelier.
Techniquement la réservation se déroule selon le schéma ci-dessous :

L'hôtelier indépendant peut créer son propre site Internet avec son nom de domaine. Cependant lorsqu'il intègre la présentation de son établissement dans un site à vocation régionale ou corporatiste, il multiplie ses chances d'être consulté par les clients Internautes.

Les chaînes hôtelières présentent tous les établissements faisant partie du groupe sur le même site à l'enseigne de la chaîne.

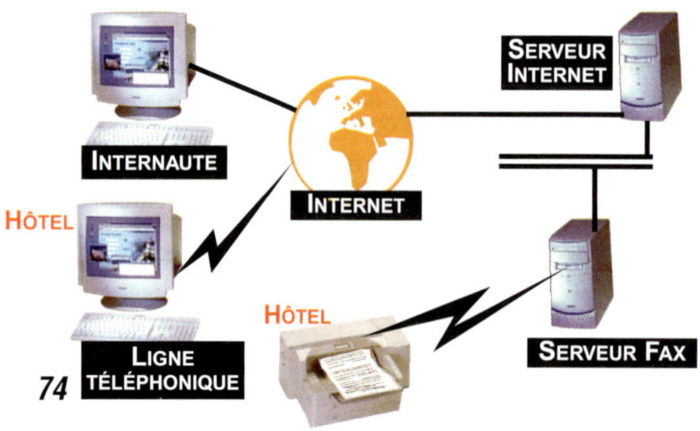

Les demande de réservation arrivent sur le serveur par courrier électronique, puis sont reroutées vers les hôteliers. Pour ceux qui ne possèdent pas d'accès à Internet, une passerelle fax permet de leur transmettre automatiquement les messages.

EXEMPLES DE SITES INTERNET :

Hotel reservation service (HRS)
(http ://www.hrs.de/)
Un système de réservation qui offre plus de 30000 hôtels dans le monde entier, des prix actualisés, la confirmation en temps réel. 23000 photos des hôtels, description, plans de villes, etc.

Contact hôtel (http ://www.contact-hotel.com)
Hôteliers indépendants
Association de 190 hôtels indépendants dans toute la France. Descriptifs, plans, tarifs et réservation en ligne (garantie par carte de crédit).

HotelResa (http ://www.hotelresa.com)
Pré-réservation d'hôtels en Europe
Service de pré-réservation d'hôtel à prix réduits dans toute l'Europe. Réservation en ligne.

Les hôtels de la Côte d'Azur
(http ://www.aaacom.com/hotelreservation/)
Centrale de réservation
Trouvez votre prochain lieu de séjour sur la Côte d'Azur. Liste des hôtels et demande de réservation par carte de crédit.

LES CENTRALES DE RÉSERVATION
(ou plateau de réservation, ou centre d'appel)

Les clients ou les agences de voyages peuvent rechercher des hôtels par l 'intermédiaire de centrales de réservation. Elles sont de plus en plus présentes sur le marché de la réservation hôtelière. Tous les hôtels internationaux, les chaînes intégrées et les chaînes volontaires adhèrent à une ou plusieurs centrales de réservation.

Ils paient soit une redevance, un droit d'entrée, un abonnement annuel ou une somme forfaitaire par réservation effectuée.

QUELQUES EXEMPLES DE CENTRALES DE RESERVATIONS

Nom de la centrale	Enseignes représentées	Importance de l'enseigne	Internet Tél. réservation Fax réservation
UTELL	Centrale indépendante	6500 hôtels dans plus de 180 pays dont 300 chaînes. 23 % de *****, 36 % de ****, 30% de ***, 11 % ** et *1 250 000 chambres soit 10 % de la capacité mondiale	hotelbook.com Tél. 0144741747 Fax 0144745377
BEST WESTERN	BEST WESTERN	3700 hôtels dans le monde dont 1200 en Europe, 150 en France. 300 000 Chambres	bestwestern.com/ Tél.: 0800904490 Fax : 0039233403851
ENVERGURE	CAMPANILE BLEU MARINE CLARINE PREMIERE CLASSE	363 hôtels 13 hôtels 56 hôtels 149 hôtels	campanile@ campanile-fr Tél.: 0164624646 Fax : 0164624661
HILTON RESERVATIONS WORLDWIDE	HILTON INTERNATIONAL HILTON HOTELS CORPORATION CONRAD HOTELS	400 hôtels 93 782 chambres	travelweb.com/ hiltnint.html Tél.: 0800907546 Fax :003227256199
HOTELS & COMPAGNIE	NUITS D'HOTEL CLIMAT DE FRANCE BALLADINS TRADITION DE FRANCE RELAIS BLEUS	341 hôtels dont 55 sans étoiles 179 **, 86 * 15 hôtels de charme	hotelcie.fr Tél. : 0164461957 Fax : 0169282402
LOGIS DE FRANCE	Logis de France Logis d'Italia Logis de Belgique Logis of Ireland	3 710 hôtels en France (18311 chambres) 125 en Belgique (2 242 chambres) 57 en Ireland (1 380 chambres) 70 en Italie (2 017 chambres)	logis-de-France.fr Tél.: 0145848384 Fax :0144270874

Nom de la centrale	Enseignes représentées	Importance de l'enseigne	Internet Tél. réservation Fax réservation
RELAIS ET CHATEAUX	Relais et Châteaux Relais Gourmands	413 hôtels **** et *** dans 45 pays dont 147 en France	integra.fr/relaischateaux Tél. : 0145729650 Fax : 0145729669
RESINTER Centrale du groupe Accor	Sofitel Novotel Mercure Ibis Jardins de Paris Motel 6 (USA)	1 915 hôtels 101 **** 312 *** 348 *** 412 ** 14 ** 770 Motel 6 (156 771 chambres dans le monde entier)	hotelweb.fr Tél. : 0160772727 Fax : 0169910563 Résa groupes Motel 6 Tél. : 0169368027 Fax : 0169368037
THE LEADING HOTELS OF THE WORLD	The leading hotels of the world	308 hôtels dans 66 pays du **** au palace Environ 87 000 chambres	lhw.com Tél. : 0800136136 Fax :0153671020

Les centrales de réservation sont de formidables outils de commercialisation, de promotion, de propositions de tarifs ou de forfaits des hôtels en mettant à la disposition du public et des agences de voyages des moyens rapides et efficaces pour réserver sans frais une chambre d'hôtel. Elles accroissent la rentabilité de l'hôtel.
Les centrales de réservation ont leurs propres critères d'adhésion.

LES CENTRALES DE RÉSERVATION

AVANTAGES POUR L'HÔTELIER (exemples)

- Image de marque, accueil
- Formation à la gestion des plannings
- Edition de rapports statistiques
- Des informations sur les clients
- Gestion des contrats, services de centralisation des commissions d'agence
- Paiement des commissions d'agences
- Actions commerciales : promotion de forfaits, publicité dans la presse et les guides, mailing, présence sur les salons professionnels ...
- N° " vert "
- Bureaux de ventes à l'étranger
- Revue interne
- Langues étrangères

Inconvénients :

- le coût
- les " no show "
- le partenariat sous-utilisé

AVANTAGES POUR LE CLIENT

- Des informations et un choix d'hôtels
- Faire une réservation le jour même
- Avoir une substitution si l'hôtel est complet
- S'inscrire sur une liste d'attente
- Confirmation immédiate de la réservation
- Choix de tarifs, de promotions, de forfaits et de types de chambres
- Envoi de dépliants de la chaîne ou de l'hô-tel
- N° " vert " dans plusieurs pays
- Bureaux de ventes à l'étranger

LES SYSTÈMES DE RÉSERVATION DES COMPAGNIES AÉRIENNES

Les G.D.S (Global Distribution System)

Les GDS, outils électroniques de distribution mondiale, sont les systèmes de réservation de compagnies aériennes groupées.
Ils mettent à la disposition des agences de voyages et de particuliers un ensemble de services accessibles à partir de terminaux informatiques via les satellites et actuellement Internet.

Exemple de services :

- Réservations et horaires aériens dans le monde
- Tarifications et facturations automatiques
- Location de voitures
- Réservations de chambres d'hôtel
- Réservation de séjours touristiques auprès des voyagistes
- Informations touristiques (vaccinations, assurances, visas)
- Personnalisation des services (cadeaux, fleurs etc.)
- Réservation de spectacles
- Informations bancaires (change, cours de la bourse)

Pour les hôteliers (surtout les chaînes intégrées), les GDS fonctionnent comme une centrale de réservation, c'est un atout supplémentaire de vente en raison de la couverture mondiale de ces réseaux.

Quelques GDS :

- Sabre
- Appollo
- Galiléo (Europe)
- Amadeus (Europe)
- Worldspan

Aujourd'hui

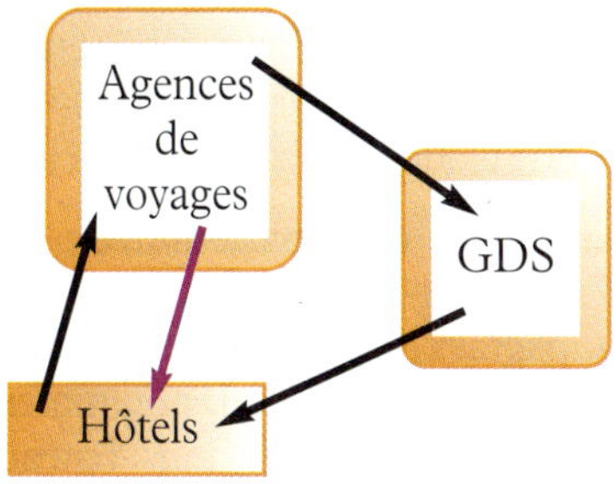

LES VOYAGISTES (OU TOUR OPERATOR)

Le voyagiste est un industriel du tourisme, il conçoit des produits touristiques qui incluent des prestations hôtelières.

Il achète les prestations hôtelières à prix nets négociés au volume, avec lesquelles il conçoit les voyages ou les séjours.

Le voyagiste édite un catalogue des différents forfaits, séjours, voyages qu'il propose à travers les réseaux d'agences de voyages, vendus sous forme de forfaits, clés en main sur Internet, Minitel, CDRom envoyés aux clients (Club Med) ou sur son propre réseau de distribution :

exemples : Nouvelles Frontières, Look Voyages, Rev'Vacances....

Les voyagistes sont la source d'un volume important de réservations pour l'hôtelier. Un contrat avec un voyagiste peut assurer une certaine régularité de fréquentation et constituer le " fond de roulement de clientèle. Les voyagistes ne sont pas rémunérés par une commission.

Les grands Voyagistes Français

Noms	Destinations phares
Club Med	Europe – Afrique etc.
Nouvelles Frontières	Antilles
Jet Tours	Ouest Méditerranéen Antilles
Fram	Espagne/Longs courriers Bassin méditerranéen
Look Voyages	Tunisie/Antilles Bassin méditerranéen

Les 1er Voyagistes Européens

• TUI	• Kuoni
• Airtours	• First Choice
• Condot & Neckermann	• Club Med
• Thomson	• LTU
	• Nouvelles Frontières

LES AGENTS DE VOYAGE

L'agent de voyages est un professionnel qualifié, détenteur d'une licence d'exploitation qui met à la disposition du public sa compétence et ses services ainsi que ceux de son équipe.

Il agit :

• En qualité **d'organisateur de voyages**, il conçoit, prépare, organise et réalise des circuits ou croisières de toute nature comportant ou non des séjours, des visites et excursions, le tout étant proposé à l'avance moyennant un prix convenu.

• En qualité de **mandataire** : il effectue à la demande de confrères, de clients individuels ou de groupes, toutes démarches en vue de la préparation, de la réalisation, de forfaits, de voyages ou séjours projetés par les clients.

• En qualité d'**intermédiaire** : il procure à la clientèle, en tant qu'agent accrédité par les compagnies de transport, des prestations déterminées, au tarif officiel, notamment les billets de chemins de fer, d'avions, bateaux, cars...

Il réserve aussi des places dans les transports, les restaurants, les chambres d'hôtel ainsi que les places de spectacles.

Pour exploiter un établissement, l'agent de voyage doit être titulaire d'un diplôme de tourisme type BTS.

Les grandes conditions de la délivrance d'une licence :
- une expérience de plusieurs années dans le milieu,
- une responsabilité civile
- un engagement moral
Le N° de la licence doit figurer sur tous les documents de l'agence : le courrier et les bons d'agence.

Les agences de voyages spécialisées

• **Le spécialiste des voyages de stimulation** (incentive travel) : expert en motivation et stimulation du personnel, il propose aux entreprises des voyages et des prestations originales en partenariat avec l'hôtelier.

• **Le spécialiste des congrès** : il produit des prestations non répétitives qui se tiennent dans les hôtels et les centres de congrès. Parmi ces réunions on trouve : les colloques, les conférences, les symposiums, les congrès ou conventions. Selon le type de réunion, le nombre de participants peut varier d'une dizaine à plusieurs milliers. Dans le cas de congrès importants, la décision se prend 2 à 4 ans auparavant.

• **L'agent de voyages et le voyagiste réceptifs** : il est le correspondant des agences de voyages ou des voyagistes des pays émetteurs de touristes. Il leur offre divers services : accueil, guides, transferts, billetteries, choix des hôtels et réservations. Il est l'antenne sur place, le " service après vente " de leurs correspondants.

• **Les implants** : ce sont des branches d'agences de voyages implantées à l'intérieur d'une entreprise (E.D.F.).

Les grands réseaux français

Nom	Statut
Havas Voyages	Réseau intégré
Carlson Wagonlit Travel	Réseau intégré
ProTravel	Réseau intégré
Manor	Réseau volontaire
Sélectour	Réseau volontaire
AfatVoyages	Réseau volontaire

HAVAS VOYAGES

Relations entre les agences de voyages et les hôteliers

Les contrats hôteliers

Les relations entre les agences de voyages et les hôteliers sont, en principe, régis par un contrat ou une convention valable **deux ans** et reconduit tacitement si la demande de résiliation n'a pas été faite six mois avant l'expiration de chaque période.

Il existe 2 sortes de contrats :

- pour voyageurs individuels
- pour voyageurs en groupe (Il est d'usage de considérer l'existence d'un groupe à partir de 10 personnes)

En l'absence de contrat signé, le contrat hôtelier s'établit avec la note pro forma par courrier ou par télécopie.

Hôtel des Messageries
12, place Pasteur
39100 Arbois
RCS Dole j 401 / SIRET 124 333 444 1125
Tel/Fax : 33 (0)3 84 12 76
e-mail : messageries.hot@aol.fr

FACTURE PRO FORMA

AGENCE : VOTRE VOYAGE
119, avenue Joseph Kessel
78180 Montigny le Bretonneux
Tel/Fax : 33 (0)1 30 57 96 00

ARBOIS, le 11 octobre 200...

Chambre individuelle................		Madame Picazo................
Séjour du : 25 octobre 200.		au : 28 octobre 200.
25/10 Hébergement BB		620,00
26/10 Hébergement BB		620,00
27/10 Hébergement BB		620,00
TVA 5,5 %	1 649,28	90,72
TVA 20,6 %	99,51	20,49

TOTAL (hors taxe 1 748,79)	**NET À PAYER**	**1 860,00 FF**
COMMISSION AGENCE 10% sur le hors taxe		**175,00 FF**
	TOTAL	**1 685,00 FF**

PRIX NETS T.V.A. COMPRISE

LA FORMATION DU CONTRAT

Tout hôtelier est libre d'établir des contrats avec les agences de voyages de son choix
L'hôtelier qui collabore avec une agence de voyages doit remplir, sur la demande de celle-ci, un questionnaire qui comprend notamment :

ETAPES	CLAUSES, INDICATIONS INDISPENSABLES DU " CONTRAT/QUESTIONNAIRE
RENSEIGNEMENTS PREALABLES	• Des renseignements d'ordre général sur la région, la station, la ville, les installations sportives, les loisirs offerts... • Des renseignements particuliers sur la situation de l'hôtel, son classement, le nombre de chambres, leur confort, les tarifs pour les chambres, la restauration et autres services...
LES TARIFS	**• Toute signature sur le questionnaire est considérée comme un engagement de la part de l'hôtelier.** **• Les prix communiqués à l'agent de voyages ne seront en aucun cas supérieurs à ceux des tarifs en usage pour la clientèle directe.** **• Sauf en cas de dévaluation ou de réévaluation monétaire, les hôteliers ne peuvent modifier les prix convenus qu'à l'expiration d'un préavis d'un mois. Ce changement reste sans effet sur les réservations antérieures déjà confirmées.**
LES RÉSERVATIONS	• Tout contrat doit être précédé d'une demande de réservation émanant de l'agent de voyages adressée à l'hôtelier. • La demande verbale doit être confirmée par un document écrit (lettre, fax, télex, etc.). • La demande porte l'indication des prestations à fournir et la valeur de celles-ci peut être mentionnée sur le document même. • Dans les 3 jours, l'hôtelier fait connaître son acceptation par écrit en mentionnant le prix, les services commandés. Le contrat est alors conclu. • Dans un but de simplification, on procède le plus souvent de la manière suivante : **l'agence de voyages adresse un bon de réservation à l'hôtelier qui, s'il est d'accord, en conserve un exemplaire et en retourne un à l'agence revêtu de sa signature.**
LES VERSEMENTS PRÉALABLES	•• L'hôtelier peut subordonner l'acceptation de la commande au versement d'un montant préalable qui a un caractère de dépôt de garantie. • Dans le cas où un versement préalable serait exigé, la conclusion du contrat ne devient définitive qu'au moment où ce versement est effectué. Le montant du versement préalable habituel est égal : - à la valeur d'une journée pour un séjour en basse saison - à la valeur de trois journées pour un séjour en haute saison. Il est possible d'exiger le paiement d'avance pour les prestations prévues (périodes, notoriété de l'agence etc.).
LES ANNULATIONS	Il est d'usage de considérer comme délais d'annulation : **Pour les clients individuels :** - sept jours pour un hôtel situé en ville - quatorze jours si la réservation a été effectuée en basse saison pour un hôtel de séjour touristique - un mois pour une réservation effectuée en haute saison **Pour les groupes** : - quatorze jours pour l'annulation de moins de 50% de la commande - vingt et un jours pour l'annulation de plus de 50% de la commande Tous ces aspects sont négociables lors de l'établissement du contrat.

ETAPES	CLAUSES, INDICATIONS INDISPENSABLES DU " CONTRAT/QUESTIONNAIRE
LES OBLIGATIONS DU CONTRACTANT	**L'existence du contrat hôtelier entraîne des obligations pour chacun des signataires.** **Obligations de l'hôtelier** - Garantir les chambres réservées - Traiter les clients de l'agence avec le même soin que les clients directs, - Effectuer toutes les prestations correspondant au prix établi. **Obligations de l'agent de voyages** - Il doit fournir les informations détaillées sur les réservations - Il ne peut : - réclamer à l'hôtelier aucune rétribution en dehors de la commission prévue, - facturer à ses clients des prix supérieurs au montant du tarif appliqué par l'hôtelier, hormis les frais de réservation. **Si l'une des parties ne remplit pas ses engagements, l'autre partie est en droit de réclamer une indemnité correspondant au préjudice subi.**
	En faveur de l'hôtelier Les prestations à payer par l'agent de voyages sont celles qui figurent sur la demande de réservation adressée à l'hôtelier. Sauf dans le cas où il serait mentionné que la facture est payée directement par le client, c'est l'agent de voyages ayant conclu le contrat qui sera le débiteur de la facture. Le montant de celle-ci devra être réglée dans les délais convenus.
LES RETRIBUTIONS	**En faveur de l'agent de voyages** • La commission correspond à un pourcentage du prix des services rendus (chambres, petits déjeuners et repas convenus pour la durée réservée, au-delà voir Code des pratiques). • Elle est due par l'hôtelier à l'agent de voyages et s'élève habituellement à 10% du prix des prestations hors service et hors taxes, l'hôtelier déduira le montant de cette commission du total de la facture destinée à l'agent de voyages. • Dans le cas où celle-ci serait payée directement par le client à l'hôtelier, ce dernier verse la commission due à l'agent contractant dans les 30 jours après le départ du client. • Pour les groupes, l'hôtelier consent, en faveur du guide et du chauffeur, des conditions particulières qui sont généralement les suivantes : - une gratuité par groupe de 15 à 20 personnes - suivie en général d'une gratuité par tranche de 20 voyageurs supplémentaires
CONTRAT DE CONTINGENT	Le **contrat de contingent** ou **contrat d'allotement** consiste à mettre à disposition d'un intermédiaire un contingent de chambres à des conditions et des périodes déterminées à l'avance. Le contrat comprend les tarifs en fonction des périodes et des volumes, les conditions de rétrocession à l'hôtelier en cas de non utilisation de tout ou partie du contingent, les pénalités etc..

LA RÉMUNÉRATION DES INTERMÉDIAIRES

Agences de voyages	Voyagistes - Grossistes	Centrales de réservation/GDS	Client
Commission de 8 à 15 %	Prix nets (réduction 20 % et plus suivant les volumes)	Commission variable de 3 à 20 % par réservation Ou forfait annuel par chambre Ou redevance + droit d'entrée Ou redevance mensuelle	Prix de vente

TYPE DE CONTRAT QUESTIONNAIRE DES AGENCES DE VOYAGES

Hôtel Masséna 58 rue Gioffrédo - 06000 Nice

Tél : 00 (0) 493 85 49 25 - Fax : 00 (0) 493 62 43 77 - http : //www.hotel

Relations hôtels/agences de voyages

LE CODE DES BONNES PRATIQUES OU DE DÉONTOLOGIE

Ce code régit les relations entre les agents de voyages et les hôteliers. Il a été adopté en juillet 1991 par les signataires suivants :

- L'AIHR (l'Association Internationale des Hôtels et des Restaurants)
- la FUAAV (la Fédération Internationale des Agences de Voyages)

Ses recommandations portent sur :

- la réservation et formulation du contrat
- les conditions financières et paiement
- la commission
- les annulations et "no show"
- les conditions spéciales pour groupes
- la signature du contrat
- le réglement des litiges : arbitrage et tribunaux compétents

Le droit de réservation

Il s'agit d'un versement préalable fait par un agent de voyages à un hôtelier.

Ce "droit de réservation" sera déduit sur la facture de l'hôtel, mais ne sera pas remboursé en cas d'annulation.

Si l'hôtelier a demandé un versement préalable, la conclusion du contrat hôtelier ne deviendra définitive qu'au moment où le versement de ce montant sera effectué ou la preuve du versement produite. L'hôtelier doit accuser réception du versement préalable 72 heures au plus tard après réception de celui-ci *(cf. Code des bonnes pratiques)*.

Personnes à contacter	
Anne-Marie Quirin	Directrice : ligne directe : 04 93 13 40 80 amq@hotel-massena-nice.com
Lydie Alvès	Assistante de Direction
Sandrine Blanc	Chef de Réception
Cécile Cazon	Responsable réservation
Généralités	
Construit en 1906, façade Belle-Epoque	
Dernières rénovations 1999	
Comptabilité	
Banque	Société Générale - Avenue Jean Médecin - 06000 Nice
N° Compte	3000301 500 000 20912790 19
Comptabilité clients	Sandrine Blanc
Cartes de crédit	Visa, Amex, Diners, JCB
Les chambres	
• Catégorie	****
• Nombre de chambres au total	106
• Chambres grand lit	30
• Chambres à deux lits	70
• Chambres triples	6
• Chambres avec douche et WC	12
•Chambres non fumeur	16
• Chambres privilège	63
• Chambres tradition	43
Les prestations	
• Nombre d'étages	6
• Ascenseurs	2
• Satellite	oui
•Vidéo	oui
•Télévision par satellite	oui
• Radio	oui
• Réveil automatique	oui
• Sèche-cheveux	oui
• Ligne tel directe des chambres	oui
• Connection modem	des chambres privilèges et borne internet dans le hall
• Salle de conférence : salon Matisse	20 personnes en U, 40 en théâtre. Ligne numéris, réseau informatique 18 postes.
• Bar le Masséna	Ouvert de 12 h à 23 h
• Garage privé face à l'hôtel	20 emplacements 80 par jour.
Petit déjeuner :	80 F
Supplément pour les petits déjeuners groupe	30 F par personne
Situation :	
Au cœur de la ville, à deux pas de centre historique	
Aéroport international de Nice	6 km
Gare de Nice ville	1 km
Accès à l'hôtel	
En venant d'Aix en Provence	Sortie Autoroute n°50 "Promenade des Anglais", suivre direction "centre ville" par le bord de mer
En venant de l'Italie	Sortie Autoroute n°55 "Nice Est" suivre la direction "centre ville", toujours tout droit jusqu'à la place Masséna

Les bons d'agence (ou vouchers)

Il n'existe pas de bon d'agence dont la présentation soit normalisée. Lors de la vente des prestations hôtelières, les agences de voyages établissent les bons d'agence en plusieurs exemplaires appelés communément " vouchers ".

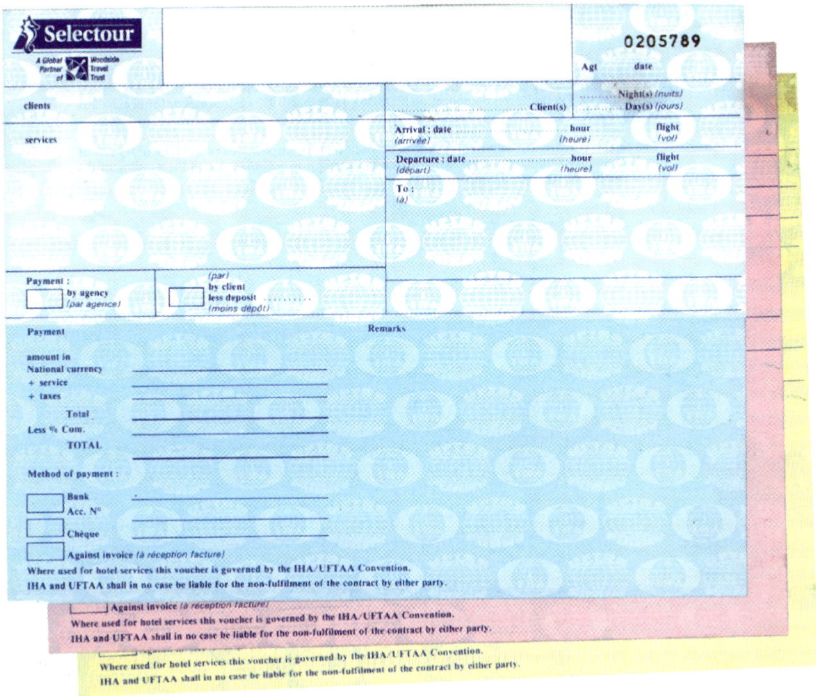

SCHÉMA DES DIFFÉRENTS EXEMPLAIRES DE BONS ÉMIS PAR LES AGENCES DE VOYAGES

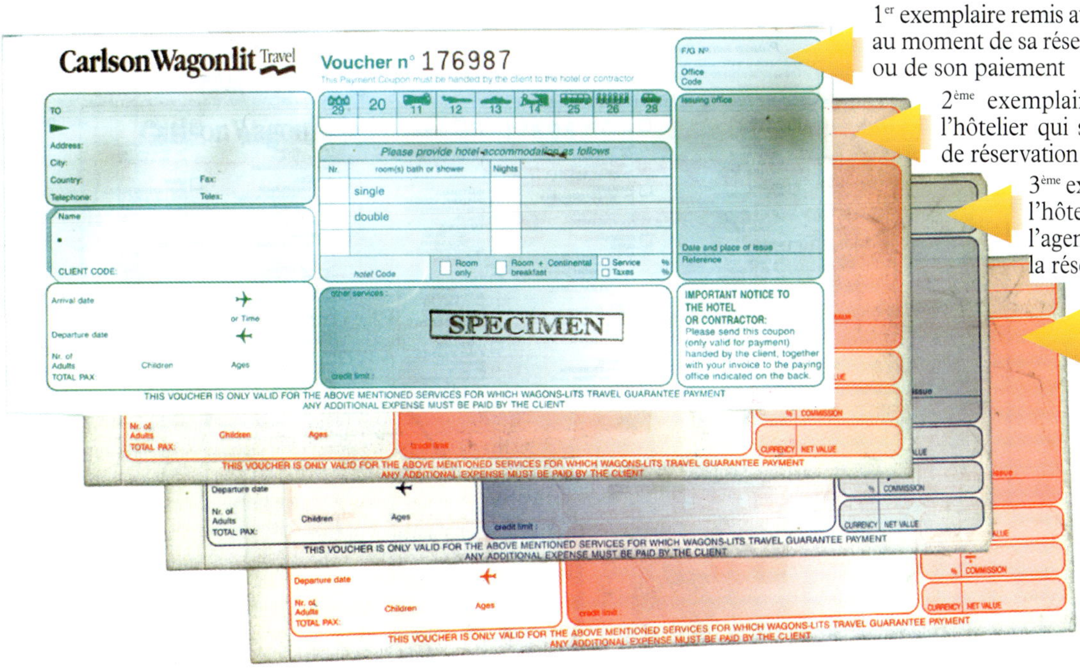

D'autres exemplaires peuvent exister si le bureau payeur n'est pas l'agent revendeur.

Ce document peut être utilisé comme :

1. **Bon de simple réservation** qui n'a alors qu'une valeur de contrat réservation.

2. **Bon de dépôt de garantie (déposit)** dont la valeur est égale au montant des arrhes versées par le client à l'agence.

3. **Bon de forfait** car l'ensemble des prestations mentionnées sur le bon ont été payées par le client à l'agence.

4. **Bon plein crédit** (full crédit) la plupart du temps, le plein crédit s'effectue sur les prestations indiquées sur le bon et généralement hors débours. Le plein crédit illimité est réservé à une clientèle de palaces.

Les précautions à prendre : bien lire le bon à l'arrivée et relire les conditions avec le client. En cas de doute, se mettre en relation avec l'agence.

La procédure d'encaissement des bons d'agence selon leur nature sera étudiée dans le chapitre " fonction caisse ".

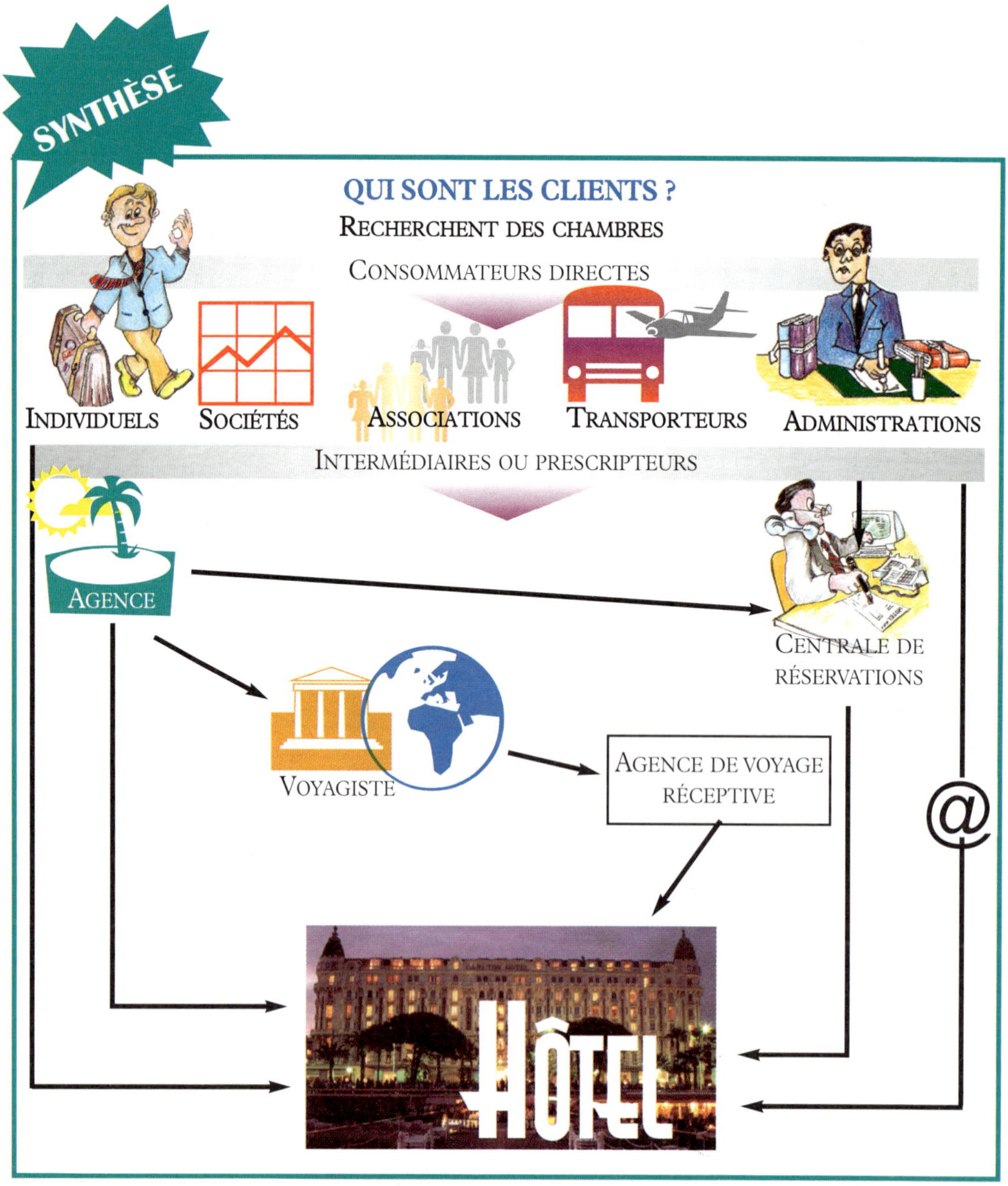

SYNTHÈSE

DÉFINITIONS DES SEGMENTS DE CLIENTÈLE

SEGMENT	DÉFINITION	BESOINS, SERVICES ATTENDUS
Individuels plein tarif	Segment de clientèle qui échappe aux intermédiaires comme les agences de voyages, les prix pratiqués sont généralement plein tarif sauf négociation et période ou forfait spécial.	Suivant les motifs du séjour (affaires, loisirs) : confort, accueil personnalisé, reconnaissance, informations, clients à fidéliser.
Groupe isolé ou ponctuel	Un groupe est formé par 10 personnes au moins, un groupe isolé n'est pas répétitif, le séjour est organisé soit par le groupe lui-même soit par un intermédiaire : école, agence, société, sport...	Tarifs bas tout compris, suivant le nombre de personnes et la période, avec ou sans restauration, chambres au même étage, horaires, informations...
Groupe de série	Le groupe de série est planifié à l'avance et comporte des éléments invariables tels que la composition du groupe, l'itinéraire, le but et la durée du voyage. Cette clientèle aura une fréquentation répétitive de l'hôtel.. Le groupe série est produit par des spécialistes du voyage et du déplacement touristique : voyagistes, autocaristes, sa taille varie de 10 à 60 personnes	Chambres à 2 lits, accueil très organisé, ainsi que l'information pendant le séjour, tarifs négociés ½ pension, forfaits souvent associés à des visites. Change, boutiques. Langues étrangères.
Sociétés	Les clients sociétés ou " corporate " bénéficient de tarifs qui sont le résultat d'accords ou de contrats passés avec des sociétés pour l'hébergement individuel des collaborateurs qui se déplacent. Les réservations se font souvent par les secrétaires en liaison avec les agences de voyages.	Réservations sûres, efficacité, Accueil rapide, efficace, chambres équipées pour clientèle d'affaires (hommes/femmes) pour une personne, tarifs repas, pas d'attente au départ. Informations fiables. Equipements pour les affaires : télécopie, secrétariat, Internet, etc.
Compagnies aériennes **" Emergency " chambres en urgence** **Transit**	Personnel navigant des compagnies aériennes, les tarifs et conditions de séjour font l'objet de contrats annuels. Les réservations sont planifiées sous forme d'allotements. **" Emergency "** ce sont les clients qui débarquent ou n'embarquent pas pour des raisons d'incidents techniques ou de météorologie **en transit :** clients ou équipages d'aéroport en repos pour quelques heures dans l'hôtel	Chambres calmes pour 1 personne, arrivée tardive ou très tôt le matin. Restauration rapide et négociée – change et quelquefois espèces en devises du pays. Clientèle exigeante, besoin de sécurité élevé. Personnel très efficace et flexible (horaires)
Agences de Voyages (françaises et internationales)	Ce sont des professionnels du voyage (ex : agence Havas, Kuoni), intermédiaires privilégiés de l'hôtelier. Ils sont rémunérés par une commission. Les clients se présentent à l'hôtel avec un **bon d'agence**.	Chambres réservées d'avance avec garanties ou prépaiements (bon)– clientèle exigeante qui connaît les prestations commandées
Voyagistes et Grossistes (Tour Operator)	**Les voyagistes** fabriquent des produits touristiques incluant le voyage et les prestations hôtelières, proposés sur catalogue et commercialisés en direct ou par les agences de voyages ex : Nouvelles Frontières **Les grossistes** s'intéressent surtout à la création de voyages, de circuits ou de séjours touristiques de longue durée et internationaux qui nécessitent un lourd investissement.	Clients individuels ou en groupes avec forfait tout compris. Sécurité, les clients ont tout payé à l'avance. Informations touristiques, transport Langues étrangères

SYNTHÈSE

Segment	Définition	Besoins, services attendus
Autocaristes	Il s'agit d'un transporteur ou d'un voyagiste spécialiste des voyages itinérants en autocars	Séjours courts, étape, hébergement à prix bas
Organisateurs de congrès	Il s'agit souvent de la branche spécialisée d'un grossiste ou d'un voyagiste. Les organisateurs de congrès se chargent de la recherche du lieu, des contrats avec les prestataires de services (hôtels, transporteurs, personnel d'accueil...), des réservations. Leurs clients sont des associations, des fédérations etc. – 100 à 1000 personnes	Si l'hôtel n'est pas le lieu de congrès, les prestations demandées sont généralement la chambre et le petit déjeuner. Tarifs négociés. Coordination et information importante
Agences de Voyages " incentives "	Ces entreprises se chargent d'organiser des séjours *clé en main* pour des sociétés désireuses de récompenser ou de stimuler son personnel. Groupes de 50 à 150 personnes.	Confort, service personnalisé, loisirs. Coffres, change, informations. Clients bénéficiant d'une très grande attention. Pension complète avec animation, soirée de gala, excursions.
Séminaires	C'est une réunion de travail ou de formation hors entreprise (entreprises, organismes de formation...). Lorsque les participants sont logés à l'hôtel en pension complète on l'appelle séminaire résidentiel. L'effectif varie entre 10 à 30 personnes et la durée entre 2 et 4 jours.	Sécurité, par rapport au contrat et aux prestations attendues (horaires, réveils, pauses...) excellente organisation, - prix et prestations négociés – chambres individuelles – équipement affaires dans les chambres et les salons – clientèle en attente d'efficacité.
Associations et Clubs	Ils intéressent l'hôtelier car ils sont susceptibles de faire voyager des groupes ou des personnes individuelles qui ont besoin d'être hébergés. Il faut donc se faire connaître à leurs responsables. - association de tourisme, clubs sportifs, associations culturelles...	Prix bas, chambres doubles ou triples
Organismes dépendant du ministère du Tourisme	La Direction du tourisme comprend les services officiels du tourisme français, les Centres Régionaux du Tourisme (CRT), les Centres Départementaux du Tourisme (CDT), les Maisons de France etc. Leur but est de promouvoir la France ou une région. Ils contactent les agents de voyages étrangers, tiennent des bureaux d'information en France et par le monde, envoient de la documentation, des catalogues, des guides et participent à des manifestations touristiques : foires, salons... Pour l'hôtelier, ces organismes peuvent faciliter le contact avec les intermédiaires étrangers et lui fournir des informations concernant les marchés extérieurs. Mais ils ne se chargent pas d'enregistrer des réservations	Dépliants, tarifs, plaquettes commerciales Renseignements actualisés sur l'hôtel, les prestations et l'environnement touristique (loisirs, transports, sites...)
Organismes para-officiels	Les **syndicats d'initiative** et les **offices de tourisme** fournissent aux visiteurs des renseignements. Il leur arrive d'enregistrer des réservations moyennant une contribution fixe, il faut donc les tenir au courant des disponibilités de l'hôtel. Les bureaux d'accueil des autoroutes et des gares se chargent aussi de renseigner et aussi de réserver. Les Maisons des villes ou des provinces peuvent jouer le même rôle.	Documentation actualisée – relations publiques avec ces organismes.

Le yield management

ou revenu management ou optimisation du chiffre d'affaires

Hier
La naissance du concept

• Est apparu dans les années 1970 aux Etats-Unis, au moment de la déréglementation aérienne.
• But : limiter au maximum le nombre de sièges invendus.
• Solution : mise en place de tarifications contingentées et sous conditions. Ex. : vols bleus

Aujourd'hui

Dans les autres secteurs de la vente de services " périssables " :
• la location de voiture
• les espaces publicitaires
• le transport ferroviaire, etc..

VOCABULAIRE

RevP.A.R. : Revenue Per Available Room : Revenu Par Chambre Disponible . En français PMCC = Prix Moyen par Chambre Construite, se calcule sur l'ensemble des chambres mises en ventes ou construites.

Optimisation : action de rechercher par des calculs les conditions qui assurent l'utilisation la meilleure d'un matériel, les bénéfices les plus élevés d'une entreprise.

Classe tarifaire : prix qui correspond à une période et associé à des conditions.

Contingent : répartition quantitative de clients à une même catégorie, à un même segment.

DEFINITION

Le " Yield Management ou Revenu Management " regroupe les moyens destinés à maximiser le chiffre d'affaires provenant de la vente des chambres d'un hôtel.

Pourquoi ? La chambre est un produit périssable et l'offre hôtelière est inélastique.

• La maximisation du chiffre d'affaires se concrétise de deux manières différentes selon la situation du marché :

1. La demande est supérieure à l'offre
La méthode d'optimisation (Y.M.) doit permettre de vendre au prix maximum pour obtenir les revenus les plus importants (le meilleur prix, au bon client et au bon moment).

2. L'offre est supérieure à la demande
La méthode d'optimisation (Y.M.) doit permettre d'obtenir le meilleur taux d'occupation (T.O.) parfois aux dépens du Prix Moyen Chambre (P.M.C.) pour limiter les invendus.

Les indicateurs de performance dans une stratégie de Revenu Management sont :

• le **T.O.** : (Taux d'Occupation)
• le **P.M.C.** : (Prix Moyen Chambre)
• le **RevP.A.R.*** ou **P.M.C.C.** qui est la combinaison du T.O. et du P.M.C., permettent de mesurer la performance.

le **RevP.A.R.*** ou **P.M.C.C.*** est l'indicateur de référence, il se calcule de 2 manières :

➤ $\dfrac{\text{P.M.C.} \times \text{T.O. (nombre de chambres louées)}}{\text{nombre de chambres construites}}$

➤ $\dfrac{\text{CA hébergement}}{\text{nombre de chambres construites}}$

Exemple :
Quel est l'hôtel le plus performant ?

T.O. : 92%	T.O. : 63%	T.O. : 98%
P.M.C. : 910 F H.T.	P.M.C. : 1260 F H.T.	P.M.C. : 790 F H.T.
837 F H.T.	793. 80 F H.T.	774. 20 F H.T.

RevP.A.R.

Les techniques du Revenu Management visent bien à améliorer le RevP.A.R.

Ces techniques consistent à analyser et à prendre en compte un maximum de facteurs et à agir sur des leviers pour obtenir le meilleur résultat de la combinaison Taux d'Occupation / Prix Moyen Chambre afin de maximiser le chiffre d'affaires global de location.

APPLICATION DU REVENU MANAGEMENT

La stratégie

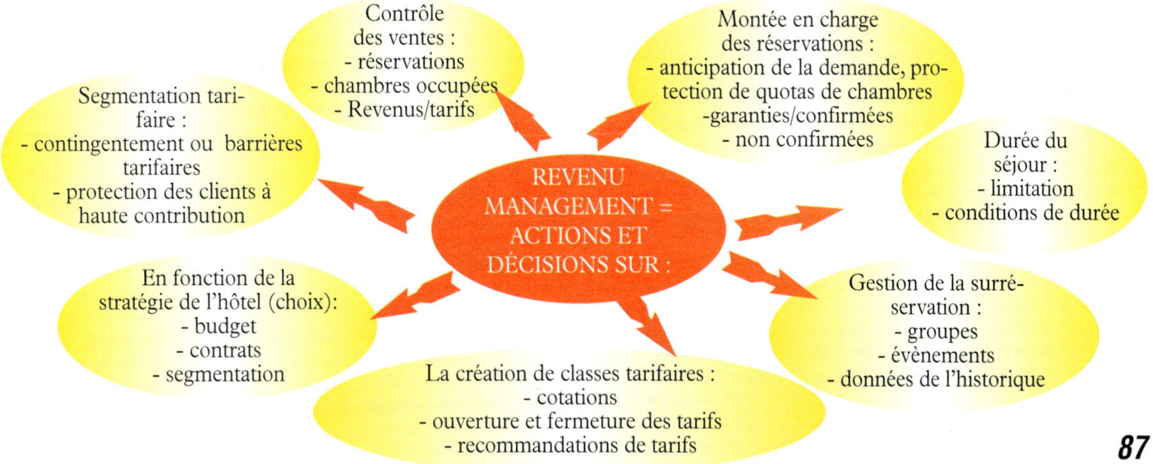

Cette stratégie ne s'applique qu'à partir:

de l'analyse fine du passé (historique) : à la réception il faut jour par jour récupérer les données :

- occupation par jour de semaine
- durées de séjour
- courbe de réservation
- événements spéciaux
- annulations
- no-shows, arrivées sans réservation,
- séjours prolongés, départs anticipés

→ Tous les jours et par segments de clients

Ces données sont récupérées par un logiciel d'aide à la décision qui est en inter-face avec le système informatique de la réception (système informatisé de traitement des données).

de la prévision de la demande :

- structure de la demande (type de clients)
- période et dans le temps (à J-30, 40, etc.)
- tendance (demande faible ou forte)
- concurrence
- nouveaux prix
- évènements (salons, évènements sportifs, politiques)
- **Les tarifs réduits sont vendus avant les autres**
- **l'espace doit être protégé pour la classe tarifaire élevée (les individuels pleins tarifs, réservant les derniers jours)**

l'optimisation de la demande : l'acceptation des affaires doit être jugée selon :

- l'étude impartiale de la rentabilité de chaque demande (RevP.A.R., marge, volume, type de clients, impact commercial sur l'avenir, dépenses potentielles annexes du client ....)

COMMENT MAXIMISER LA RECETTE

Que faire si la demande est importante ?

Sur les périodes à forte demande on va limiter les ventes (réservations) à tarifs réduits ou à des groupes, privilégier les courts séjours et donner des conditions d'accès : en volume, en durée de séjour ou suggérer d'autres dates...

Que faire si la demande est faible ?

Sur les périodes à faible demande on va augmenter le nombre de chambres ou de séjours offerts aux tarifs réduits et aux groupes, et créer des conditions tarifaires attractives et tarifs discountés, exemple : 2 en 1 (2 nuits réservées, une nuit payée), mettre en place des forfaits...

Exemple de classe tarifaire

	Classe A	Classe B	Classe C
Confort	800 F	600 F	450 F
Standart	640 F	480 F	320 F

Consignes : **toujours proposer le tarif A**

- B, C sont des tarifs plancher à appliquer au fur et à mesure des consignes et de la montée en charge des réservations.
- Pendant les mois de juillet et août proposer le C, 2 nuits et surclassement.

La prise de risque

C'est le fait de refuser des réservations à faible contribution pour garder de la place (contingentement) aux clients qui réserveront les derniers jours payant le prix affiché " individuel plein tarif " afin de maximaliser la recette.

EVALUER LES RÉSULTATS

Que la demande soit croissante ou en recul les responsables du revenu Management doivent toujours en tirer une analyse pour faire progresser les ventes.
Ces analyses portent sur tous les éléments déjà cités. Ils permettent pour une période similaire (exemple Pentecôte 2000 et Pentecôte 2001) de garder ou de changer de stratégie au regard du passé et des objectifs budgétaires.

LES CHANGEMENTS QUE PROCURENT LE REVENU MANAGEMENT

- outil d'aide à la décision et de construction de la prévision
- revenus accrus
- clients satisfaits (prix ajustés)
- équipe motivée
- meilleur connaissance de la clientèle
- qualité de service accrue.

QUI EST CONCERNÉ PAR LE REVENU MANAGEMENT ?

Toute l'équipe de l'hôtel :

- le directeur
- l'équipe des réservations
- le service des ventes de l'hôtel
- l'équipe de réception

→ prévisions → analyse → décisions → feed back clients

Chapitre 6

L'entreprise hôtelière
Structure et personnel

L'entreprise hôtelière Structure et personnel

chapitre 6

Organiser une entreprise consiste à définir les politiques commerciales, financières du personnel etc., et à mettre en œuvre les moyens pour les réaliser.

Ces moyens comprennent :

- **le choix d'une structure** : fonctionnement des services les uns par rapport aux autres.
- **la définition des fonctions** : ensemble des activités et tâches de même nature qui sont à l'origine de la création des services ;
- **les relations des différents services** entre eux : notion de liaison ;
- **la structure et les organigrammes** : représentation graphique de la structure interne ;
- **l'analyse des postes de travail** : constitue la clé de voûte de la gestion du personnel ;
- **le manuel d'organisation** : garantit une qualité de prestation constante à l'image de l'enseigne ;
- **le recrutement.**

Le choix d'une structure

Définition de la structure de l'hôtel

La structure est définie comme l'agencement et l'identification entre eux des différents services de l'entreprise (ex : service de la réception, service des étages…). La structure d'un hôtel n'est pas établie une fois pour toutes, elle évolue en fonction de plans de réorganisation de l'entreprise qui entraînent des modifications dans les systèmes de production et de distribution des services .

Exemples de plans de réorganisation :

- changement de système de blanchissage (disparition du service buanderie, lingerie),
- changement de système de nettoyage des chambres,
- informatisation des services de réception et des étages,
- augmentation du nombre des salons,
- installation d'un “ business center ” (création d'un service affaires…),
- installation d'une salle de remise en forme (création du service forme).

L'organisation interne d'un hôtel est différente selon sa taille, sa catégorie, mais surtout par rapport à la structure commerciale de l'entreprise : un hôtel dont la vocation est d'accueillir essentiellement une clientèle individuelle ne sera pas organisé comme un hôtel qui reçoit majoritairement des groupes.

La définition des fonctions

Ensemble des services les uns par rapport aux autres

Une fonction constitue un ensemble d'activités interdépendantes centrées sur l'exercice d'une technique et représentées par les tâches à accomplir : par exemple, toutes les tâches de la caisse pour la fonction caisse.

Les fonctions spécifiques de l'hébergement

Quelles que soient la capacité et la catégorie de l'hôtel, il faut qu'un certain nombre de tâches soient réalisées. On peut regrouper les tâches répondant à un même objectif, par exemple : l'accueil des clients à la réception. On appelle alors cet ensemble de tâches liées à l'accueil une " fonction " et dans ce cas la fonction accueil.

La structure de l'hôtel est directement liée à la nature et à l'importance de ses fonctions. Afin de bâtir une organisation efficace, il faut concevoir la structure à partir des fonctions et non à partir des individus : par exemple, toutes les tâches ou activités de l'hébergement regroupées en grandes fonctions spécifiques (voir tableau).

Exemple de fonctions et activités spécifiques de l'hébergement

FONCTIONS	PRINCIPALES TACHES ET ACTIVITÉS
RÉCEPTION ACCUEIL	- préparation de l'accueil (client individuel, V.I.P, groupes) - accueil et installation des clients, - prise de congé au départ de la clientèle, - gestion du planning journalier, mouvements, délogements… - gestion du fichier clients, - gestion des demandes et réclamations, - relations avec les autres services.
FACTURATION ENCAISSEMENTS	- facturation des prestations, - contrôle des conditions de paiement, - opérations de change des devises, - gestion des dépôts, - location des coffres.
RÉSERVATIONS	- enregistrement des réservations, - pré-enregistrement des réservations, - gestion des plannings de prévisions, - contrôle des réservations, - analyse de l'évolution du chiffre d'affaires ou de l'occupation.
INFORMATIONS-CONCIERGERIE	- renseignements et services divers à la clientèle - gestion des clés, renvois des clés, des messages, du courrier.
STANDARD	- réception et transmission des appels, - facturation des communications, - travaux particuliers : télégramme, Minitel, internet, - gestion du "business center".
BAGAGES	- prise en charge des bagages à l'arrivée et au départ de la clientèle, - garde des bagages en dépôt.
ENTRETIEN DES CHAMBRES	- nettoyage et maintenance des chambres, - entretien des appareils sanitaires, - nettoyage des locaux communs, - vérification du bon fonctionnement des appareils, - contrôle des détériorations, - services personnels aux clients : blanchissage, pressing… - objets oubliés.

Dans un établissement important, chaque fonction est confiée à un responsable qui peut être aidé dans son travail par un ou plusieurs assistants, la fonction est alors matérialisée par le " service ", par exemple : service des réservations. Dans un hôtel de moyenne capacité, les différentes fonctions de l'hébergement sont assurées par un seul service : la réception, c'est le principe de la polyvalence.

Une règle d'or : un individu peut remplir plusieurs fonctions mais une fonction ne doit avoir qu'un seul responsable qui, éventuellement, se fera aider par des collaborateurs placés sous son autorité directe.

La polyvalence : c'est la fusion des éléments essentiels de plusieurs fonctions ou de deux postes. Dans un hôtel de faible capacité, le personnel est polyvalent, il cumule plusieurs fonctions comme par exemple l'accueil des clients, les réservations, les encaissements etc..

Pour comprendre structure et fonctions : un schéma simple

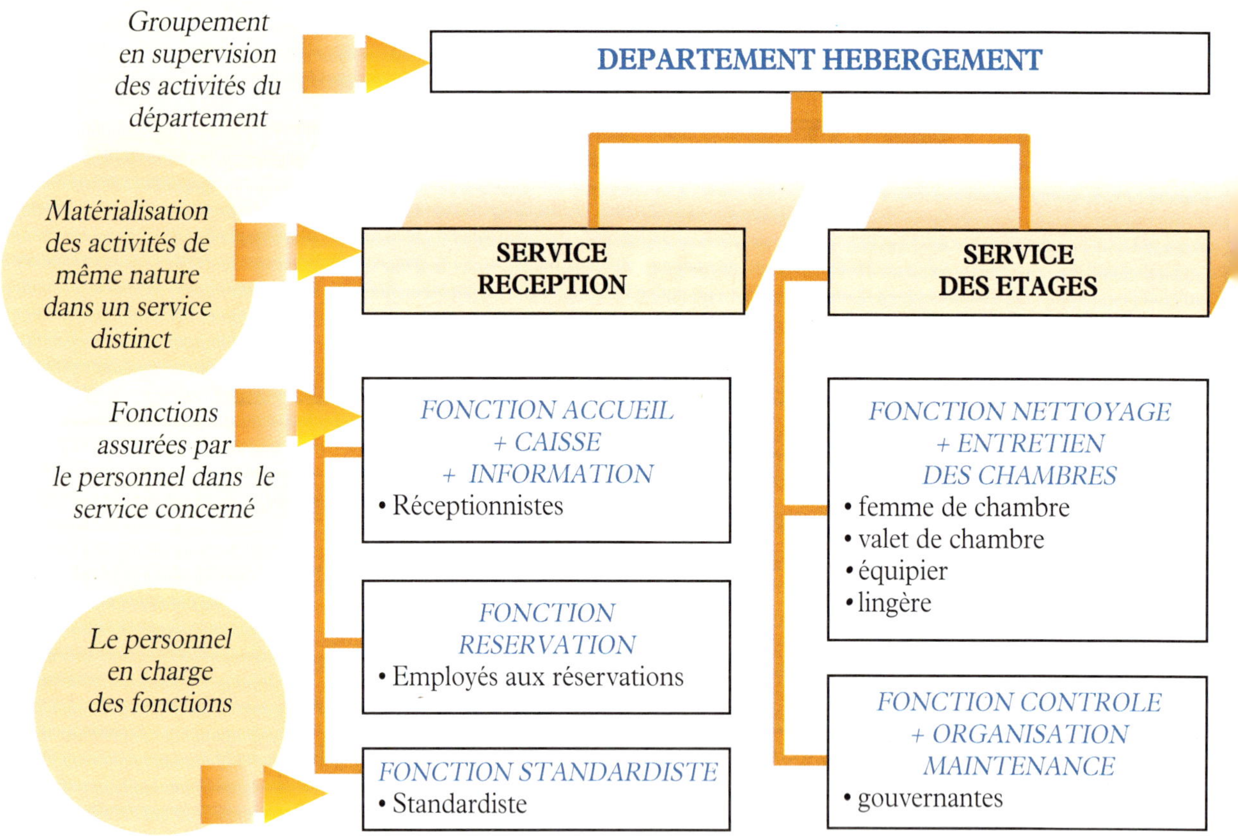

Les relations des différents services entre eux

notion de liaison

On peut distinguer deux types principaux de relations :

• **Les liaisons hiérarchiques** : c'est la notion même de commandement. Chaque employé ne reçoit les instructions que d'une seule personne, qui est son supérieur direct. C'est le cas de la femme de chambre placée sous l'autorité de la gouvernante, du chef de réception sous l'autorité du directeur de l'hébergement.

• **Les liaisons fonctionnelles** : conséquence de la spécialisation, elles ne dépendent pas de la hiérarchie. Elles sont établies entre les services pour des raisons de compétences techniques ou opérationnelles : c'est souvent le cas entre la gouvernante et le chef de réception.

Les liaisons fonctionnelles servent à la transmission de conseils, de directives, d'informations spécifiques : par exemple pour l'embauche d'un employé à la réception, le chef de réception et le responsable du service du personnel collaboreront pour le recrutement.

Exemple de liaisons à partir du personnel d'encadrement

Cet organigramme représente la structure d'encadrement dans un hôtel de plus de 100 chambres.

Il fait bien ressortir :

- les deux types de liaisons : • fonctionnelles ··············
  • hiérarchiques ▬▬▬▬
- les deux grands départements de l'établissement que sont l'hébergement et la restauration.

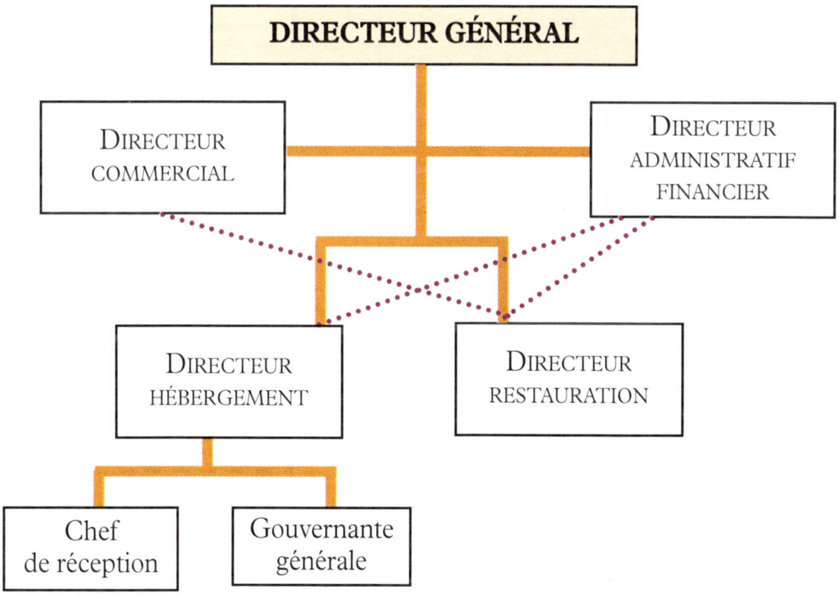

La structure et les organigrammes

L'organigramme est la représentation graphique de la structure interne de l'entreprise, avec le titre, la position de chacun de ses membres et leurs relations. On y voit le rang qu'il occupe, ce qu'il fait, de qui il dépend et comment sont établies les liaisons hiérarchiques et fonctionnelles. L'organigramme n'est pas un instrument innocent : il traduit, en effet, une conception de la direction de l'entreprise.

NB : Les fonctions du personnel spécifiquement hôtelier, énoncées dans les organigrammes ci-après seront étudiées dans les différents chapitres de cet ouvrage.

Organigramme d'un hôtel " 1 ou 2 étoiles "

Avec ou sans restaurant (1)

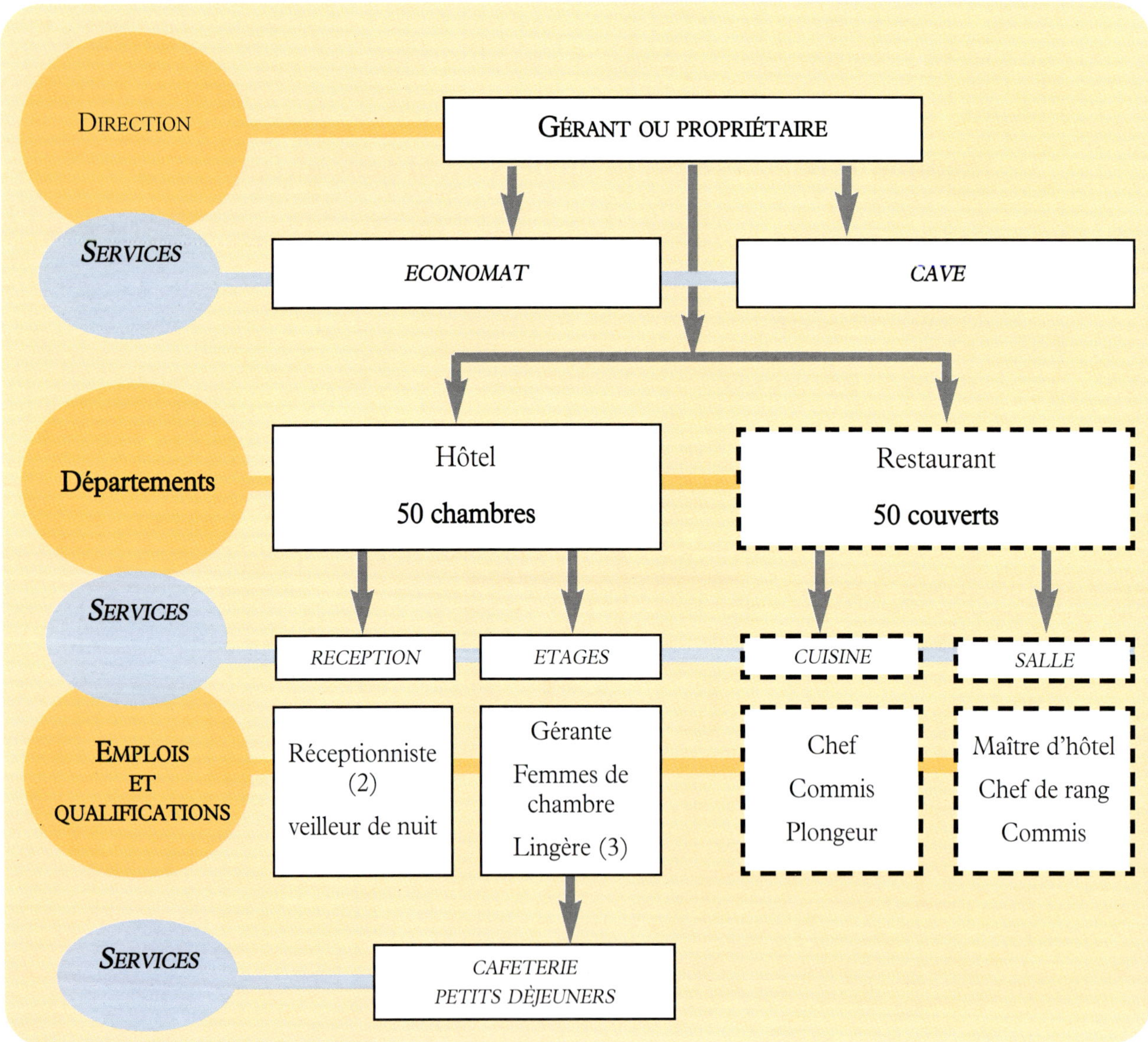

(1) L'existence d'un restaurant étant facultative pour les catégories " 1 ou 2 étoiles ", nous avons figuré en pointillés le schéma correspondant.
(2) Cet employé peut assurer à la fois les activités de réceptionniste et de caissier
(3) Ce poste peut être supprimé si l'hôtelier loue son linge.
- Le service des petits déjeuners est effectué par les femmes de chambre

Exemple d'organigramme d'un hôtel de 100 à 200 chambres en catégorie 3 étoiles

Le directeur de l'hôtel est beaucoup plus proche de l'exploitation, il supervise directement tous les services. C'est un homme de terrain.

Dans ce type d'hôtel, le service de réception cumule les fonctions réservation, accueil des clients, conciergerie. Par contre la gouvernante est rattachée directement au directeur de l'hôtel et donc indépendante de la réception.

Le directeur adjoint est plus particulièrement responsable des activités de restauration.

Organigramme réel d'un hôtel de 3 étoiles de 190 chambres

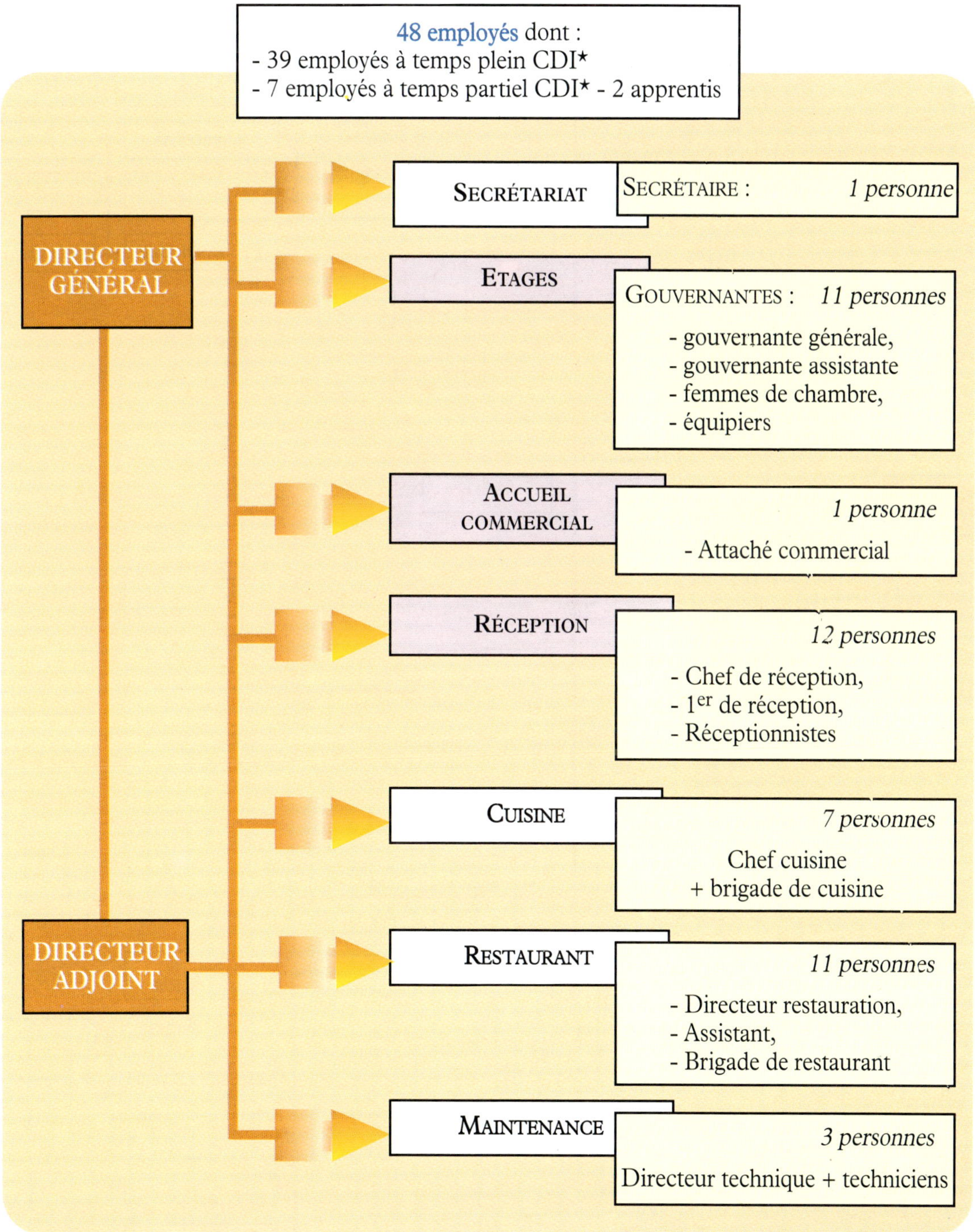

* *Contrat à durée indéterminée*

Exemple d'organigramme d'un hôtel de 600 à 800 chambres en catégorie 4 étoiles

Cet organigramme concerne un hôtel de capacité importante. Au niveau des départements, chaque fonction est justifiée au minimum par un poste de travail alors que pour un hôtel de 100-120 chambres certaines fonctions peuvent se cumuler sur un même poste de travail.

Organigramme des départements et des services d'un hôtel de grande capacité (700 chambres)

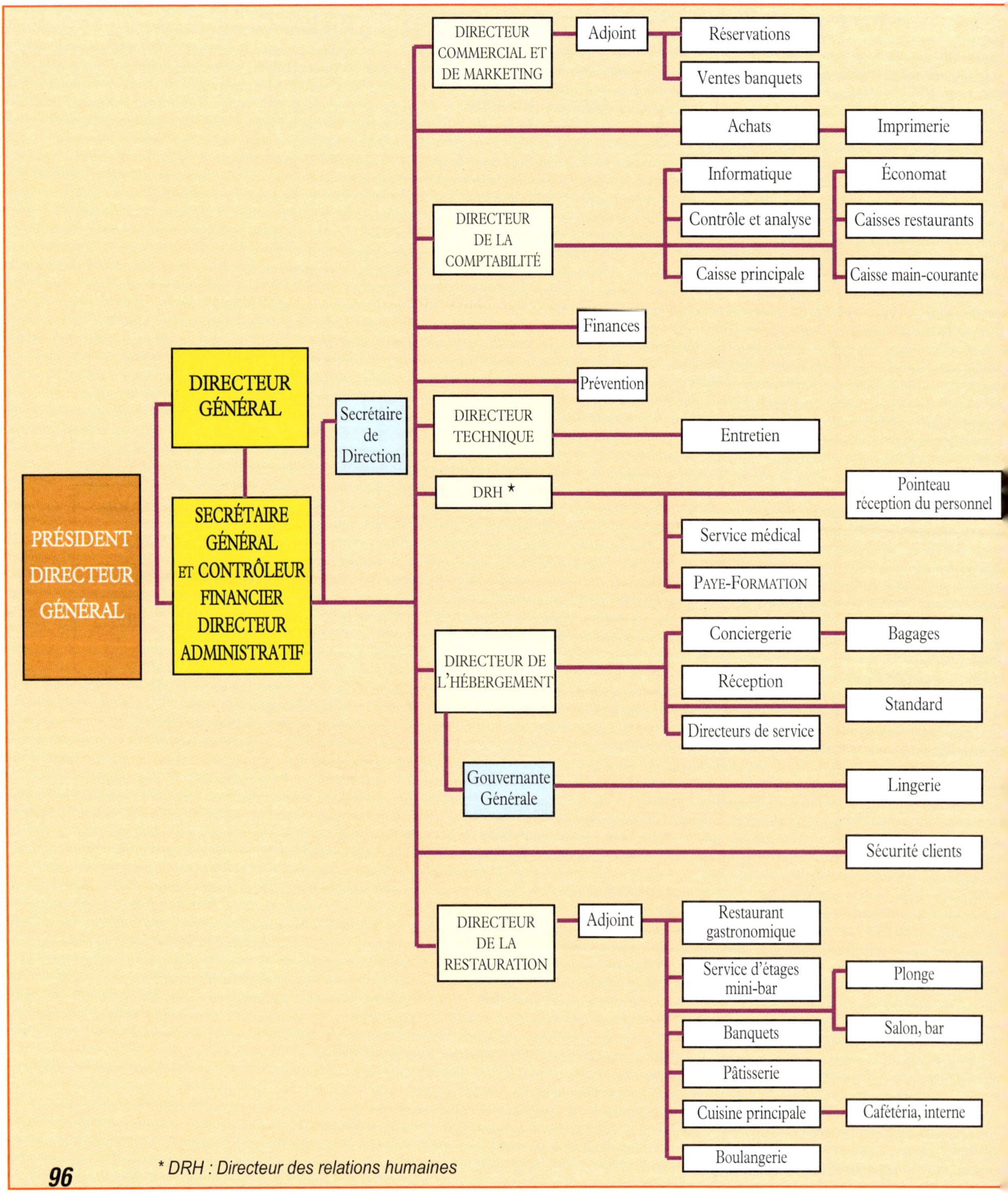

** DRH : Directeur des relations humaines*

L'analyse des postes de travail

Le poste de travail est indépendant de la fonction
puisqu'un employé peut avoir en charge plusieurs fonctions.
C'est le cas du réceptionniste
quand il cumule les fonctions de réservation et d'accueil dans un hôtel.

L'analyse des postes de travail constitue la clé de voûte de la gestion du personnel.

Il permet

- de clarifier l'organisation du travail,
- de redéfinir les besoins en personnel,
- de recruter des employés possédant les compétences requises pour le poste,
- de prévoir la formation du personnel,
- d'élaborer des plans de carrière.

Schéma d'introduction : les principaux documents permettant l'organisation du travail dans l'entreprise

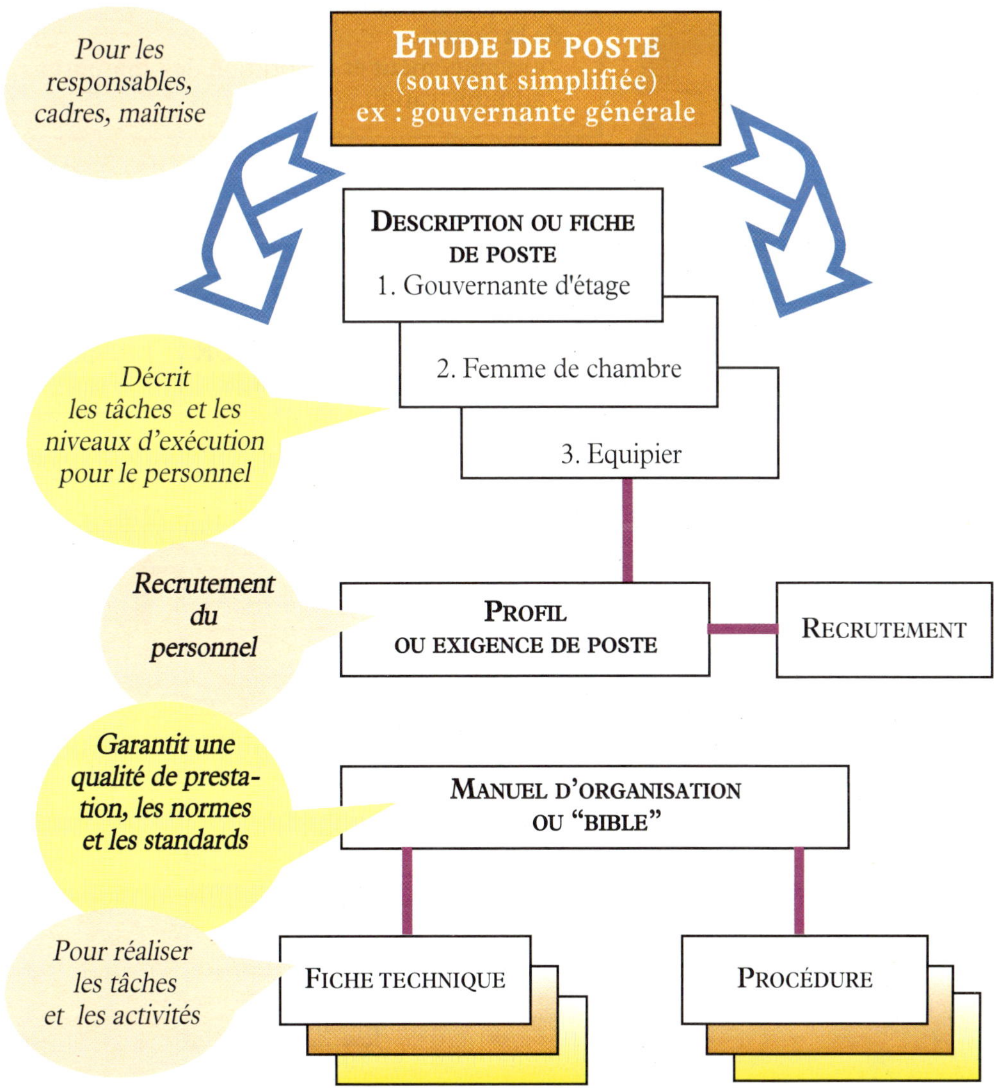

L'étude d'un poste

L'étude d'un poste développe le poste de travail dans son ensemble. Elle situe le rôle, les responsabilités de l'employé par rapport à l'entreprise, identifie les liaisons du poste, décrit son environnement (physique et humain) et projette le devenir du poste.

L'étude de poste est généralement réalisée pour les postes de travail à grandes responsabilités (encadrement). Elle est établie lors de la création de l'entreprise ou dans un cas de restructuration importante.

EXEMPLE D'ÉTUDE DE POSTE DE LA

GOUVERNANTE GÉNÉRALE

SCHÉMA DE PRINCIPE

DÉVELOPPEMENT

IDENTIFICATION DU POSTE

- **Dénomination** : Gouvernante Générale
- **Statut**: Cadre
- **Mission principale** :
  - gestion et organisation du service des étages et de la lingerie ;
  - aménagement et décoration des chambres ;
  - administration.

PLACE DU POSTE DANS L'ORGANISATION

Analyse de gestion

Directeur général

Directeur des achats

Attachés de direction

DIRECTEUR (RÉSIDENT MANAGER)

Responsable de la sécurité

DIRECTEUR hébergement
- CHEF de réception
- Gouvernante Générale

DIRECTEUR restauration

DIRECTEUR commercial

DIRECTEUR technique

DIRECTEUR du personnel

DIRECTEUR financier

SCHÉMA DE PRINCIPE

DÉVELOPPEMENT

RATTACHEMENT HIÉRARCHIQUE ET RELATIONS FONCTIONNELLES

Relations hiérarchiques :
- supérieur : Directeur de l'hébergement
- subordonnés : gouvernantes d'étage, femmes de chambre, valets de chambre, équipiers, lingères

Relations fonctionnelles : exemple ci-après

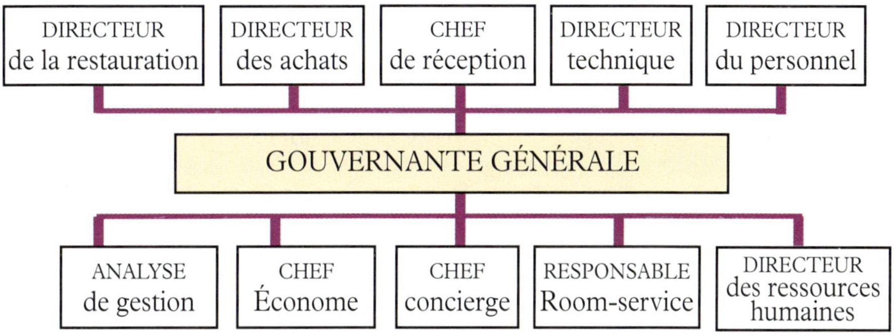

HISTORIQUE DU POSTE

Date de création : à l'ouverture de l'hôtel
Précédente occupante : promue directrice d'hôtel

RESPONSABILITÉ DU TITULAIRE DU POSTE

Responsable
- de la tenue et du comportement du personnel d'étage ,
- des coûts du personnel d'étage,
- de l'entretien des chambres et du coût des produits utilisés,
- des coûts,des équipements et matériels,
- du matériel, du linge, de l'ameublement des chambres.

ACTIVITÉS ET TÂCHES DU POSTE

La gouvernante générale assure les fonctions suivantes :

Entretien courant des lieux d'hébergement
- dresse quotidiennement la liste des chambres à préparer,
- contrôle la propreté et l'aménagement des chambres, sanitaires et locaux communs,
- répartit les travaux d'entretien entre les membres de son équipe en précisant , par écrit, la nature et la périodicité des tâches à effectuer (changement de literie, nettoyage des vitres ou des cuivres…),
- procède à la décoration florale des chambres et des parties communes de l'établissement " lieux publics ",
- effectue périodiquement un état des lieux au cours duquel sont décidés les travaux de réfection à réaliser,
- participe à la définition des travaux de rénovation et d'aménagement des lieux d'hébergement,
- organise et suit l'exécution des travaux effectués dans son service,
- participe à l'aménagement des locaux

Service à la clientèle :
- transmet au personnel d'étage les instructions particulières reçues de la réception : transfert des bagages dans une autre chambre, modification des aménagements et de la décoration…,
- contrôle le service des petits-déjeuners **(1),**
- assure certains services à la demande de la clientèle (blanchissage, pressing…),
- répond aux réclamations.

(1) Lorsque le service des petits déjeuners est assuré par les femmes de chambre.

EXEMPLE D'ÉTUDE DE POSTE DE LA

GOUVERNANTE GÉNÉRALE

SCHÉMA DE PRINCIPE

DÉVELOPPEMENT

Fonctions administratives :

- détermine l'organisation de son service,
- établit les horaires, fixe les jours de repos, répartit les tâches à effectuer,
- gère les stocks de produits d'entretien et de linge,
- commande les produits nécessaires à l'économat,
- établit une fois par an la liste du matériel à acheter pour l'inclure dans les prévisions budgétaires de l'année suivante,
- inventorie, au moins une fois par an, toutes les fournitures des chambres ou appartements (literie, rideaux, voilages, abat-jour),

Recrutement et formation du personnel :

- détermine les effectifs du personnel en fonction du taux d'occupation,
- tient à jour une liste de femmes de chambre extras,
- propose les candidatures ou donne son avis sur celles qui lui sont soumises par la Direction du personnel,
- forme les nouveaux embauchés à leur poste de travail,
- contrôle l'activité des employés placés sous ses ordres,
- établit les fiches de présence,
- rédige un manuel d'entretien des locaux (utilisation produits, entretien, matériel…),
- organise des réunions d'information,

Coordination entre les services :

- reçoit de la réception des informations sur l'arrivée, le départ des clients et des instructions particulières,
- passe les commandes à l'économat,
- envoie le linge à nettoyer à la blanchisserie ou au pressing,
- transmet après vérification les factures à la comptabilité (blanchisserie, fruits, produits d'entretien…),
- signale les réparations à effectuer au service d'entretien ou fait appel à des entreprises extérieures,

CONTRÔLE EXERCÉ SUR LE TITULAIRE DU POSTE

Responsable du contrôle : le Directeur de l'hébergement

Modes de contrôle :
- satisfaction de la clientèle,
- contrôle de la qualité du produit chambre,
- contrôle de la consommation des produits d'entretien, du linge, des produits d'accueil…,
- contrôle l'effectif du personnel en conformité avec les normes de productivité
- budget

Périodicité :
- contrôles permanents et contrôles inopinés,
- contrôles mensuels ou annuels avec inventaires

Sanctions de contrôle :
- avertissement oral puis écrit,
- blâme,
- licenciement

SCHÉMA DE PRINCIPE	DÉVELOPPEMENT
CONTRÔLE EXERCÉ PAR LE TITULAIRE DU POSTE	Commandement exercé sur les gouvernantes d'étage et les femmes de chambre dans leurs tâches d'organisation, d'entretien et de contrôle des chambres.
RELATION PROFESSIONNELLE	La gouvernante participe aux réunions de chef de service et aux programmes de formation.
REMPLACEMENT	En cas d'absence du titulaire : par une gouvernante d'étage. En cas d'absence d'une gouvernante d'étage : la gouvernante générale peut la remplacer.
CONDITIONS DE TRAVAIL	**Horaires réguliers** : 8h – 16h 30 (1 heure de repos), du lundi au vendredi **Période de vacances** : période creuse pour l'hôtel : (juillet-août) **Lieux de travail** : bureau, étages, parties communes de l'hôtel Station debout fréquente
DOCUMENTS OU MATÉRIEL	Liste d'occupation des chambres, départs, délogements et arrivées prévues, terminal d'ordinateur en liaison avec les autres services. Consignes particulières pour la journée, Tableau d'affectation du personnel pour la journée, Registre du personnel d'étage, Fiche d'inspection des chambres, Demande de réparations, Bons de commande de matériel, de linge, de produits d'entretien, Fichier personnel extra, Livre d'inventaire.
ACCÈS AU POSTE	**Formation** : ou BTS Hôtellerie ou formation spécifique, **Langue étrangère** : anglais indispensable et 2ème langue souhaitable, **Temps d'adaptation** : 3 mois, **Expérience indispensable** : aide gouvernante, gouvernante d'étage.
ÉVOLUTION DE CARRIÈRE	Directrice d'hôtel ou de para hôtellerie, Directrice de maison de repos, de maison de retraite. Conseil en ouverture d'hôtel et formation.
RENSEIGNEMENTS DIVERS SUR L'ÉTUDE	Date de réalisation : 11/12/20.. Responsable : M. .... Directeur de l'hébergement Application : à partir du 15/12/20..

La fiche de poste ou description de poste

Elle fait l'inventaire des tâches (séquences de travail) à réaliser sur une amplitude de journée (service matin, soir). **Elle est destinée au personnel opérationnel, d'exécution, ou à faible niveau de responsabilités.**

Un poste de travail est la fonction que remplit un employé à l'aide des équipements et matériels mis à sa disposition pour l'exécution de travaux bien déterminés.

La fiche de poste peut servir de liste de contrôle (check-list) dans le cadre de l'autocontrôle du travail ou simplement de moyen de contrôle de la bonne exécution des tâches. Une procédure de travail y est souvent incluse.

DESCRIPTION DE POSTE

Intitulé du poste : FEMME DE CHAMBRE — Auteur
Catégorie d'emploi : employée — Date
Rattachée aux gouvernantes — Approbation

Résumé du poste

Chaque matin/soir, les femmes de chambre reçoivent leur plan de travail. D'une présence discrète auprès des clients, elles sont chargées du nettoyage et de la remise en ordre des chambres.

Par ailleurs, elles contrôlent la propreté et la qualité de leur propre travail et informent la gouvernante des irrégularités qu'elles ont pu constater lors de leur service.

Nature et étendue des activités

Place du poste dans l'organigramme : directement rattachée à la gouvernante, elle est en relation directe avec la clientèle de l'hôtel.

Contexte : en fonction des horaires qui leur sont attribués, la mission qui leur est confiée diffère :

JOUR :	8h - 15h	SOIR :	15h - 22h
Aide/Mi-temps :	9h - 12h	Couverture :	19h - 22h

Missions / taches / responsabilités principales

Ces descriptions de poste sont présentées et détaillées dans le paragraphe du personnel.
Voir paragraphe du personnel.

Le profil ou exigence de poste

De la fiche de poste découle le profil de poste qui doit être en adéquation avec les qualités et les aptitudes du futur titulaire du poste. Après avoir défini le profil de poste et les qualités requises, il est possible de procéder au recrutement.

EXEMPLE DE PROFIL DE POSTE SIMPLIFIÉ : RÉCEPTIONNISTE

QUE FAIT LE RÉCEPTIONNISTE

Au carrefour de l'établissement hôtelier, premier contact du client, le réceptionniste est le garant du bon séjour des clients.

Il accueille le client à son arrivée et lui fournit tous les renseignements sur les conditions de séjour, les formalités, les prix, les possibilités d'accueil et les promotions éventuelles.

Il assure la satisfaction des clients, il suit leur arrivée et leur départ et transmet les informations utiles aux autres services.

Il est responsable de la caisse, de la facturation et des réservations.

Il a aussi à sa charge le standard.

OÙ EXERCER LE MÉTIER

Dans tous les hôtels.

QUEL EST SON PROFIL ?

• **Formation :**

CAP à BTS Hôtelier ou équivalent

• **Expérience :**

- débutant ou première expérience contact clients,
- Langue du pays + 1 langue étrangère

• **Motivation et défis :**

- Entretenir les relations commerciales et fidéliser une clientèle variée.
- Répondre aux attentes et réclamations des clients.
- Chaque client étant unique, la monotonie n'est pas au rendez-vous. Chaque jour réserve de nouvelles surprises.

• **Aptitudes et talent :**

- Sens relationnel et commercial poussé,
- Disponibilité importante,
- Esprit d'équipe,
- Facilités d'élocution dans plusieurs langues,
- Tact et sang-froid.

SOFITEL SÈVRES

Manuel d'organisation

Dans les hôtels de grande capacité et en particulier pour ceux qui sont gérés par des groupes hôteliers, un manuel d'organisation ou " bible " regroupe l'ensemble des standards et des normes de l'entreprise avec les méthodes de travail correspondantes ce qui permet de garantir une qualité de prestation constante à l'image de l'enseigne et ce qui donne lieu à l'élaboration de fiches techniques et de procédures.

Fiche technique

Processus d'opérations, décomposant les tâches en vue de réaliser un certain travail. Exemple : comment passer l'aspirateur.

Certaines fiches techniques appelées aussi listes des tâches permettent à l'employé de s'autocontrôler.

Exemple de fiche technique : passer l'aspirateur

Matériel : un aspirateur

PHASES	POINTS-CLES	RAISONS
MÉTHODE DE TRAVAIL	- Travailler toujours de la fenêtre vers la porte - Utiliser TOUJOURS l'interrupteur de l'aspirateur - Ne JAMAIS tirer sur le fil pour débrancher l'aspirateur	- Pour ne pas marcher sur une surface déjà aspirée - Par sécurité - Pour préserver l'installation électrique
PROGRESSION DU TRAVAIL	- Rentrer dans la chambre et se rendre le plus loin possible de la porte avant de commencer à aspirer. - Si vous déplacez un matériel, le remettre à sa place tout de suite. - Aspirer sous et autour du (des) lit(s) et le(s) remettre en place en le(s) poussant avec les jambes. - Continuer toujours votre travail en reculant jusque dans le vestibule et donner un dernier coup d'œil. Eteindre les lumières de la chambre et fermer la porte de la chambre. Passer à la chambre suivante.	Pour ne pas avoir à revenir dans la chambre propre

Procédure

Ensemble de règles à observer et à enchaîner pour accomplir une opération.
Exemple : procédure pour entretenir une chambre.

Extrait d'une procédure d'un hôtel X : pour entretenir une chambre

PHASES	DESCRIPTION
ORGANISER SON TRAVAIL	- Commencer par les départs, - Puis faire les recouches, sauf si le client met la pancarte " prière de faire ma chambre "
FAIRE UNE CHAMBRE	**- Ouvrir les rideaux.** **- Oter tout ce qui est souillé** : - draps - serviettes - vider les poubelles et cendriers. **- faire le(s) lit(s) (...)** **- Dans la salle de bains :** • Tirer la chasse d'eau, • mettre le produit N°1 dans la cuvette des WC, • mouiller le carrelage de la salle de bains, la baignoire et le lavabo, • pulvériser le produit N°4 et rincer **- Terminer la salle de bains :** • rincer le carrelage, baignoire, lavabo, • essuyer avec des chiffons à votre disposition, • nettoyer les miroirs, • mettre les produits d'accueil, • faire les sols, pulvériser avec le produit N°4 et rincer **- Nettoyer les WC :** • cuvette, abattant WC et sol, • mettre papier WC et remplir rechange sachet hygiène. **- Nettoyer le mobilier de la chambre** à l'aide du produit N°6 (ou N°7 pour les chambres First), insister bien sur les téléphones, la télécommande, les poignées de porte. **- Vérifier** la penderie, cintres, couvertures et oreillers supplémentaires. **- Aspirer la moquette** de la chambre ainsi qu'à l'extérieur de la chambre (voir la fiche technique) **- Mettre bombe désodorisante et jeter un dernier coup d'œil dans la chambre.** **- Ramener à l'office systématiquement**, lit supplémentaire, couverture, oreiller ou boîte à linge, ainsi que les sacs à ordures encombrants.

NE PAS OUBLIER

- la pancarte NPD* derrière la porte,
- le papier à lettre dans la pochette courrier,
- les questionnaires " êtes-vous satisfaits ",
- la feuille petit déjeuner,
- une carte room-service,
- dans l'armoire ou la commode, placer :
• 1 feuille pressing blanchisserie
• 1 sac à linge
• 1 cousette

À LA FIN DE LA JOURNÉE

- ranger le chariot et l'aspirateur à l'office,
- remplir le chariot pour le lendemain, le nettoyer,
- vérifier et vider le sac aspirateur,
- fermer à clés office et placards.

NPD : ne pas déranger*

CONSIGNES DE SÉCURITÉ
• en cas d'incendie : appeler le 21
• en cas d'inondation : appeler le 23

Le recrutement

L'étude de poste et le profil de poste sont des éléments essentiels pour le recrutement. Ils permettent de déterminer :

- les qualités du candidat recherché,
- sa place dans la structure,
- sa possible évolution de carrière,
- l'information du candidat sur la nature du poste,
- l'appréciation des performances et de ses résultats à la fin de la période d'essai
- l'évaluation annuelle des employés.

Extrait des moyens de recrutement

LES MOYENS DE RECRUTEMENT (plusieurs sources envisageables)

À L'INTÉRIEUR DE L'ENTREPRISE :

- promotion interne ou mutation
- cooptation d'un postulant présenté par un membre du personnel
- examen des dossiers en portefeuille : candidats de valeur non retenus par des opérations d'embauche antérieures

À L'EXTÉRIEUR DE L'ENTREPRISE :

- Organismes officiels : ANPE, APEC,
- Ecoles, stagiaires, centres de formation,
- Annonces lieux publics, presse,
- Associations d'anciens élèves d'écoles spécialisées.

AUTRES SOURCES

Suivant la taille de l'entreprise, les types de profil, le budget consacré à ce type d'action, on peut envisager :

- un cabinet extérieur (procédure courante dans les PME),
- des "chasseurs de têtes" pour des postes très spécialisés et de haut niveau.

RÉDACTION D'UNE ANNONCE

Elle doit indiquer très clairement :

- les références du demandeur,
- le titre exact du poste,
- la tâche à accomplir, les exigences du poste (pour permettre une présélection)
- les références de la personne à contacter,
- l'expérience professionnelle exigée,
- la formation demandée.

SÉLECTION DES CANDIDATS

La procédure de sélection s'effectue en plusieurs étapes :
- examen de tous les dossiers,
- effectuer une présélection (3 ou 4 candidats),
- sélection finale.

LES AIDES À LA DÉCISION

- Questionnaire réalisé par l'entreprise,
- Interview, entretiens plus ou moins structurés, discussions de groupe.

LA DÉCISION D'EMBAUCHE

Elle est le plus souvent collective, en associant :
- le supérieur hiérarchique,
- le responsable du personnel.

INTÉGRATION DU NOUVEL EMPLOYÉ

Tout doit être mis en œuvre pour que chaque individu s'intègre facilement à la réalité collective de l'entreprise :
- présenter l'entreprise, le personnel, le poste de travail,
- Remettre au nouvel arrivant un livret d'accueil,
- Confier si possible les plus jeunes à un parrain,
- Suivi du nouvel employé par un bilan intermédiaire.

Organisation générale du recrutement

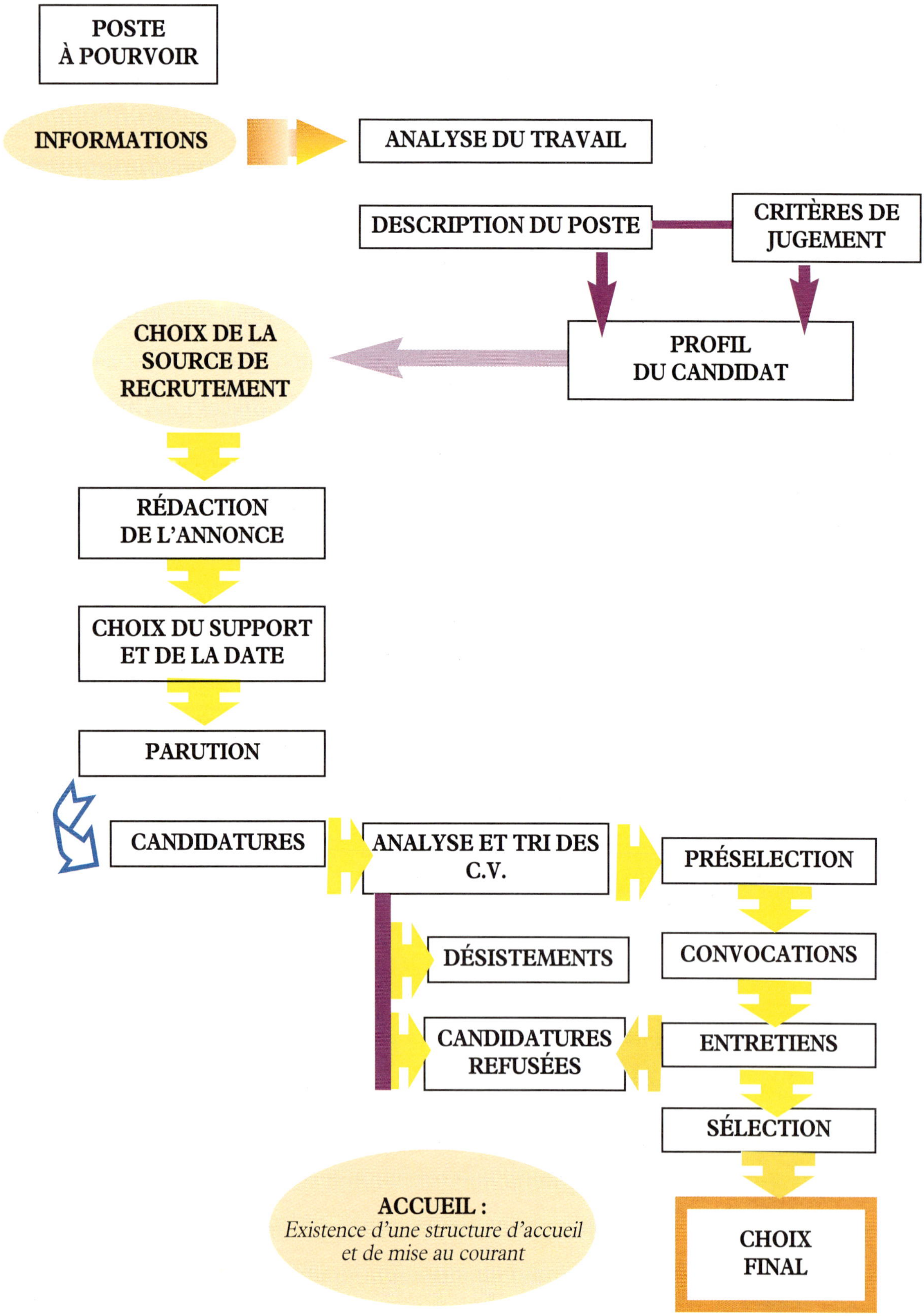

Chapitre 7 Le Personnel Hôtelier

PHOTO BRAGARD

Le Personnel hôtelier

chapitre 7

Caractéristiques du personnel hôtelier

La notoriété d'un établissement repose sur la qualité de ses équipements et de ses prestations mais surtout du soin apporté à la clientèle par le personnel, interface humaine indispensable entre le client et l'entreprise.

Dans l'hôtellerie, contrairement à l'industrie, ce qui caractérise le personnel c'est qu'il produit un "service" qu'on appelle aussi prestation puisqu'elle est payante et souvent immatérielle, elle n'existe qu'au moment de la demande du client :

Ex : demande de location de chambre, renseignement sur les horaires…

On attend du personnel hôtelier des comportements et des compétences à forte valeur humaine. De plus, en présence d'un client, il doit être un excellent technicien ainsi qu'un excellent relationnel.

ENTREPRISE — **PERSONNEL** — **CLIENT**

Qualification professionnelle du personnel hôtelier

Les qualifications professionnelles sont très variées, elles sont le fruit de l'histoire de l'hôtellerie française illustrée par les palaces qui recevaient une clientèle exigeante et capricieuse.

Actuellement les fonctions évoluent avec l'apparition de nouvelles qualifications : aide hôtelière, hôtesse de table…

Selon la prestation à fournir, les services et les effectifs du personnel sont susceptibles de varier d'un hôtel à l'autre.

Les emplois dans le secteur hébergement

Les postes présentés ci-après n'existent que dans les hôtels de grande capacité. Pour les hôtels de taille moyenne et les hôtels économiques, les tâches sont regroupées ou n'existent pas (voiturier, bagagiste…) car les services correspondants ne sont pas offerts à la clientèle.

EMPLOI

Titre : Directeur de l'hébergement

Autre dénomination :
- Directeur division chambre
- Directeur hôtelier
- Sous-directeur d'hôtel

RESPONSABILITÉS MISSION

➤ Responsable de la source principale des revenus de l'hôtel (chambres)
➤ Responsable de la qualité des prestations hôtelières
➤ Liaison permanente avec tous les secteurs de l'hôtel pour la promotion des services annexes (restauration, bar...)

FONCTIONS	TÂCHES PRINCIPALES ET COMPÉTENCES
Commerciale	• Assure la promotion de l'hôtel et le développement de la clientèle en liaison avec le directeur commercial • Responsable du C.A prévisionnel (réservations) • Fidélise la clientèle par des actions commerciales • Contacts permanents avec les agences de voyages et les voyagistes • Relations professionnelles avec les collègues des hôtels concurrents • Travaille en permanence sur la tarification en temps réel (yield-management) • Définit les politiques et les procédures d'accueil.
Organisation du service	• Contrôle et supervise les activités de réception, de réservation, de la facturation et du suivi des débiteurs, donne les directives commerciales • Veille au bon entretien des chambres et des locaux communs • S'assure en permanence de la qualité et du confort des chambres (maintenance) • Contrôle le respect des procédures.
Animation de l'équipe	• Délègue son autorité à ses proches collaborateurs : chef de réception, gouvernante générale • Supervise l'embauche et la gestion du personnel de son département • Propose à la direction des programmes de formation et de promotion de ses collaborateurs • Organise des réunions d'information pour des chefs de service(analyse des résultats, projets, événements...).
Clientèle	• Contrôle le respect des procédures d'accueil • Reçoit personnellement certains clients et visiteurs • Contrôle régulièrement les questionnaires clients.
Gestion	• Responsable de la gestion de son département • S'assure en permanence que les résultats obtenus sont conformes au budget prévisionnel • Participe activement à l'élaboration du budget.

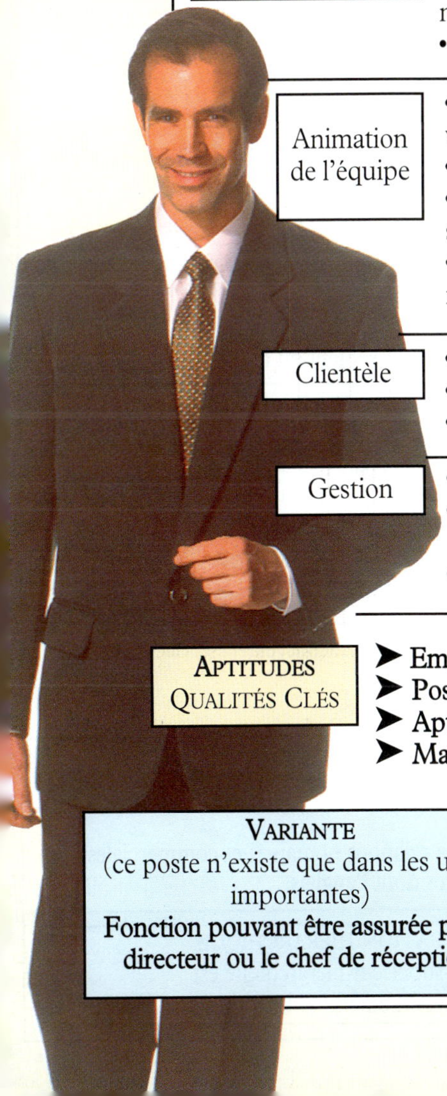

APTITUDES QUALITÉS CLÉS

➤ **Emploi très actif nécessitant une excellente présentation et une forte personnalité**
➤ **Posséder une très bonne formation commerciale et de gestionnaire**
➤ **Aptitude au commandement et aux relations humaines et commerciales**
➤ **Maîtrise de 2 langues étrangères.**

VARIANTE

(ce poste n'existe que dans les unités importantes)

Fonction pouvant être assurée par le directeur ou le chef de réception.

SITUATION HIÉRARCHIQUE

- Son supérieur hiérarchique : le directeur général, directeur adjoint,
- Il a autorité sur tous les services du département hébergement (réception, réservation, standard, service des étages, lingerie)

EMPLOI — **Titre : Chef de réception**

Autre dénomination : - Sous-directeur

RESPONSABILITÉS MISSION

➤ Exerce des responsabilités d'encadrement sur une équipe assurant les fonctions et les travaux d'accueil, de réservation et de caisse
➤ S'occupe des relations avec les clients et les employés
➤ Assume les tâches administratives et les tâches de gestion importantes.

FONCTIONS	TÂCHES PRINCIPALES ET COMPÉTENCES
Commerciale	• Assure la promotion de l'hôtel et des différents services proposés à la clientèle • Travaille en étroite collaboration avec l'équipe commerciale (prévisions, optimisation) • Fidélise la clientèle par des actions commerciales appropriées, étudie et connaît la concurrence locale, prix et services • S'informe en permanence des activités de la ville et de la région • Veille à la bonne présentation et à la qualité des services rendus à la clientèle
Organisation du service	• Répartit le travail en fonction des plages et des horaires à assurer • Supervise et contrôle le travail de la réception en fonction des normes et des procédures • Met en place l'organisation administrative de son service (classement et archivage des documents de réception.
Animation de l'équipe	• Evalue les besoins en personnel de son service, recrute • Favorise la formation de ses collaborateurs et forme les équipes aux techniques (débutants, stagiaires) • Respecte la législation du travail • Organise des réunions d'information et de formation, motive l'équipe (performance, résultats, événements). • Donne des consignes de vente au quotidien (tarifs, conditions…) en fonction du taux d'occupation • Donne des consignes de vente et de tarifs au service des réservations en fonction de l'évolution du taux d'occupation prévisionnel et de la période (offre, demande, sur réservation).
Gestion	• Supervise les opérations de caisse et de trésorerie courante • Contrôle en permanence les comptes débiteurs • Analyse les résultats journaliers, mensuels, en conformité avec les objectifs de rentabilité (tableau de bord, feuille de situation…) • Commente les écarts observés en fonction du budget et des prévisions • Définit les dépenses de son service en vue de l'établissement du budget.
Clientèle	• Met en place les normes d'accueil et les procédures d'accueil personnalisées (V.I.P., clients carte privilège…) • Contrôle et supervise l'arrivée des différents types de clientèle : séminaires, groupes, individuels… • Contrôle et supervise l'accueil et le départ des clients • Reçoit personnellement certains clients • Supervise la correspondance avec la clientèle.
Relations entre les services	Relations permanentes avec les services suivants : direction générale, étage, service commercial, conciergerie, fournisseurs externes Veille à la bonne circulation de l'information entre les services.

APTITUDES QUALITÉS CLÉS

➤ **Emploi nécessitant :**
- **une bonne présentation,**
- **une très bonne formation générale,**
- **une aptitude au commandement et aux relations humaines et commerciales,**

➤ **La maîtrise parfaite de deux langues étrangères dont l'anglais.**

VARIANTE

(ce poste n'existe que dans les unités importantes)
Fonction pouvant être assurée par le directeur.

SITUATION HIÉRARCHIQUE

Son supérieur hiérarchique est le directeur de l'hébergement ou le directeur de l'hôtel.

EMPLOI	**Titre : Le réceptionniste-caissier** Autres dénominations - 1er réceptionniste, - Chef de brigade, - Réceptionniste de jour, - Réceptionniste de nuit (night-auditor)
RESPONSABILITÉS MISSION	➤Prendre des réservations en direct à la réception ➤Accueillir les clients, les installer dans leur chambre ➤Faire éventuellement des réservations pour un futur séjour dans d'autres hôtels.
FONCTIONS	**TÂCHES PRINCIPALES ET COMPÉTENCES**
Commerciale	• Assure la promotion des services de l'hôtel : restaurant, bar, banquets, salle de remise en forme • Propose et fait connaître les hôtels du groupe
Nature du travail dans le service	• Réalise les opérations d'arrivée et de départ • Contrôle en permanence l'occupation des chambres • Enregistre les mouvements de la clientèle • Centralise, contrôle et enregistre toutes les transactions qui s'effectuent au cours de la journée dont le délogement • Assure la facturation et l'encaissement des prestations fournies à la clientèle
Relations avec les autres services	En relation permanente avec : - la gouvernante, - le service des travaux.
Clientèle	• L'accueille, veille à son bien-être pendant son séjour • Est à l'écoute, fait preuve de patience et d'amabilité • Répond à toute demande de renseignement.
Gestion	• Etablit ou se tient informé du prix de vente moyen et du revenu par chambre (REVPAR) • Etablit les statistiques journalières et mensuelles.
APTITUDES QUALITÉS CLÉS	➤ **Emploi nécessitant :** **- une parfaite présentation,** **- le sens de la vente et de l'accueil** ➤ **Posséder le sens de l'organisation** ➤ **Bien maîtriser l'outil informatique** ➤ **Bonne formation générale, élocution parfaite** ➤ **Connaître deux langues étrangères, dont l'anglais.**

VARIANTE
Ce poste existe dans toutes les catégories d'hôtel :
La fonction peut être plus ou moins polyvalente selon le type de l'établissement.

SITUATION HIÉRARCHIQUE
- Dans les unités importantes, son supérieur hiérarchique est le directeur de l'hébergement, le chef de réception,
- Dans les petites ou moyennes entreprises , le directeur ou les propriétaires.

EMPLOI	**Titre : Responsable du hall** Autre dénomination : - Chef concierge, - Concierge de nuit
RESPONSABILITÉS / MISSION	➤ Responsable du courrier, des bagages et parfois encore des clés ➤ Reçoit et informe les visiteurs ➤ Recherche de la clientèle dans les lieux publics de l'hôtel ➤ Répond à toutes les demandes d'information de la clientèle ➤ Réserve des places dans les restaurants, théâtres…
FONCTIONS	**TÂCHES PRINCIPALES ET COMPÉTENCES**
Commerciale	• Fidélise la clientèle par les services rendus • Contacts permanents avec les entreprises de loisirs et de spectacles, les restaurants, les ambassades, agences de voyage, société de locations • Relations professionnelles avec ses collègues des hôtels du pays ou de l'étranger.
Organisation du service	• Contrôle et supervise les activités de la conciergerie (accueil des clients, renseignements…) • Veille à ce que les voyageurs trouvent à la conciergerie toutes les informations souhaitées, les réservations, locations et services divers.
Animation de l'équipe	• Délègue son autorité à ses assistants : 1er concierge, 2ème concierge • Planifie les effectifs et les horaires de services • Contrôle la tenue, les activités, le comportement de ses employés (image de marque de l'hôtel).
Clientèle	• Contacts fréquents avec les clients de toute nationalité dont les besoins sont parfois complexes et nécessitent une solution rapide • Assure discrètement la surveillance des allées et venues des clients et visiteurs dans le hall.

APTITUDES QUALITÉS CLÉS

➤ **Ce travail exige :**
- **une bonne résistance physique,**
- **une parfaite présentation,**
- **un sens aigu de l'observation,**
- **une excellente mémoire,**
- **de la courtoisie,**
- **de la discrétion, de la diplomatie,**

➤ **Bonne formation générale**

➤ **Connaissance de plusieurs langues étrangères indispensable**

VARIANTE

Ce poste existe dans les grandes unités dans lesquelles les besoins de la clientèle sont importants.
Dans la petite et moyenne hôtellerie, Cette fonction est assurée par la réception.

SITUATION HIÉRARCHIQUE

- Ses supérieurs hiérarchiques sont le directeur de l'hébergement et le chef de réception.

EMPLOI

Titre : L'employé du hall

Autre dénomination :
- Voiturier,
- Bagagiste,
- Chasseur,
- Groom,
- Employé(e) du vestiaire

RESPONSABILITÉS / MISSION

➤ Se tenir à la disposition de la clientèle pour lui rendre des services durant son séjour.

FONCTIONS	TÂCHES PRINCIPALES ET COMPÉTENCES

Nature du travail

Le voiturier intervient chaque fois qu'un client utilise une voiture, à son arrivée ou au départ de l'hôtel :

A l'arrivée :
- ouvre les portes,
- salue les clients,
- prévient le bagagiste,
- conduit les voitures personnelles au parking.

Pendant le séjour :
- ouvre les portes des voitures,
- en cas de pluie, protège les clients avec un grand parapluie.

Lors du départ :
- appelle un taxi ou va chercher la voiture personnelle au parking,
- aide à l'installation des voyageurs.

Le bagagiste assure le transport des bagages à l'arrivée et au départ des clients. Il intervient également à l'occasion du délogement.

Le chasseur est chargé des courses en ville et de diverses démarches (autorités de police, ambassades...)

Le groom effectue les courses à l'intérieur de l'hôtel, distribution de courrier urgent ou de document dans les services

Le préposé au vestiaire prend en charge le vestiaire des clients et des visiteurs, assure la responsabilité des toilettes et des cabines téléphoniques.

Clientèle

• Tous ces employés sont en contact permanent avec la clientèle. La prestation qu'ils fournissent contribue à l'image de marque de l'établissement.

APTITUDES QUALITÉS CLÉS

➤ Ce travail exige :
- une bonne résistance physique,
- une parfaite présentation,
- de la courtoisie,
- de la discrétion, de la diplomatie.

➤ De bonnes notions de langues étrangères sont souhaitables.

VARIANTE

L'ensemble de ce personnel spécialisé ne se rencontre que dans les établissements de grand standing.

Ces fonctions peuvent être assurées par des employés polyvalents.

SITUATION HIÉRARCHIQUE

- Son supérieur hiérarchique est le chef de réception ou le responsable du hall.

EMPLOI	**Titre : Standardiste** Autre dénomination : - Téléphoniste, - Télexiste, (notons que le télex tend à disparaître), - Télécopiste.
RESPONSABILITÉS / MISSION	➤Gérer les appels téléphoniques ➤Transmettre les télécopies et télex ➤Contrôler et effectuer la facturation des prestations fournies.
FONCTIONS	**TÂCHES PRINCIPALES ET COMPÉTENCES**
Nature du travail	• Recevoir et transmettre vers leurs destinataires les appels téléphoniques ou messages venant de l'extérieur • Donner des renseignements ne nécessitant pas l'intervention d'un autre service • Transmettre des télex et télécopies pour le compte de la clientèle.
Clientèle	• Aucun contact physique, accueil verbal au téléphone • Prononcer quelques paroles de bienvenue sur un ton courtois, mettre le client à l'aise.

APTITUDES QUALITÉS CLÉS

- ➤ Contact permanent avec le client
- ➤ Bon équilibre nerveux, voix agréable
- ➤ Beaucoup de courtoisie
- ➤ Connaissance de plusieurs langues étrangères, dont l'anglais.

VARIANTE
(ce poste n'existe que dans les hôtels de grande capacité)

Fonction pouvant être assurée par les réceptionnistes ou le concierge

SITUATION HIÉRARCHIQUE

- Son supérieur hiérarchique est le Directeur de l'hébergement ou le Chef de réception.

EMPLOI

Titre : Gouvernante d'étage (1)

Autre dénomination : - Assistante
- Gouvernante

RESPONSABILITÉS / MISSION

➤ Diriger et coordonner le travail du personnel d'étage, femmes de chambre, valets de chambre et équipiers
➤ Contrôler l'entretien, la présentation des chambres et des parties communes
➤ Tenir à jour l'inventaire du matériel et du livre de service
➤ Responsable de la qualité.

FONCTIONS	TÂCHES PRINCIPALES ET COMPÉTENCES

Nature du travail

Répartition des tâches

• **Assistante gouvernante générale :**
- assure le remplacement de la gouvernante générale pendant les congés,
- dirige et contrôle le travail des gouvernantes des étages et des femmes de chambre,
- répartit le travail entre les membres de l'équipe de nettoyage,
- assure la liaison avec la réception pour l'informer de l'état des chambres,
- fait l'inspection des chambres,
- fait l'inventaire des travaux et réparations à effectuer dans les chambres, contrôle leur exécution.
- Fonction administrative : gestion de l'effectif, inventaire des commandes.

• **Gouvernante d'étage ou première femme de chambre :**
- est chargée de superviser le travail des femmes de chambre,
- délivre le matériel et produits d'entretien, le linge nécessaire pour chaque femme de chambre,
- établit un rapport de l'état d'occupation réelle des chambres et vérifie le planning journalier de la réception,
- gère les objets trouvés,
- prépare les chambres V.I.P.,
- contrôle la propreté et le bon fonctionnement des appareils dans les chambres,
- signale toute anomalie dans le fonctionnement des appareils et contrôle leur remise en état,
- en relation avec la réception et les travaux.

Clientèle

• Peu de contact avec les clients, uniquement lorsque ces derniers ont des besoins particuliers ou des réclamations à formuler
• S'occupe tout particulièrement du confort des V.I.P ou des accueils très personnalisés.

Animation de l'équipe

• Contrôle la tenue, les activités, le comportement, des femmes de chambre (image de marque de l'hôtel)
• veille à l'application des procédures
• assure la formation du nouveau personnel.

APTITUDES QUALITÉS CLÉS

➤ **Ce travail exige :**
- **une bonne résistance physique,**
- **une bonne présentation,**
- **le sens des relations humaines,**
- **des qualités d'organisation, de commandement,**
- **de la discrétion, de la diplomatie.**

➤ **Connaissance de l'anglais indispensable et éventuellement des notions d'autres langues étrangères.**

VARIANTE

Ce poste existe dans la plupart des établissements hôteliers, centres et villages de vacances, centres d'hébergement à caractère social.

Dans les petites unités, cette fonction est assurée par l'épouse du Directeur ou du propriétaire

SITUATION HIÉRARCHIQUE

Son supérieur hiérarchique est le Directeur de l'hébergement, la Gouvernante générale

Dans les petites unités, le Directeur ou le propriétaire.

(1) Pour une étude détaillée de la gouvernante générale : se reporter à l'étude de poste.

EMPLOI	Titre : **Femme de chambre / valet de chambre** Autre dénomination : Employé d'étage
RESPONSABILITÉS MISSION	➤ Maintenir en parfait état de propreté les chambres des clients, les sanitaires et les locaux communs

FONCTIONS	TÂCHES PRINCIPALES ET COMPÉTENCES

Nature du travail

Femme de chambre de jour :
- Assure parfois le service du petit-déjeuner dans certains hôtels
- Nettoie les chambres selon un planning qui lui est remis au début de son service
- Utilise le matériel déterminé
- Met en pratique les techniques rationnelles (procédures)
- Respecte la fréquence des travaux particuliers
- Effectue le change du linge
- Intervient pour faciliter les délogements
- Respecte les règles d'urgence et de sécurité.

Femme de chambre du soir :
- Nettoie les chambres libérées tardivement ou louées à la journée
- Complète l'aménagement des chambres à la demande (couvertures ou lit supplémentaire…),
- Change le linge de toilette utilisé dans la journée,
- Stérilise les verres à dent
- Nettoie les parties communes en cas de besoin
- “ Fait les couvertures ” (voir Chapitre consacré à l'entretien de la chambre).

Valet de chambre :
- Assiste la femme de chambre dans certains hôtels
- Effectue les travaux pénibles (déplacement des meubles, transport du linge, port des bagages…) éventuellement
- Nettoie les glaces et les vitres dans les chambres
- Nettoie les locaux communs aux étages.

Equipier :
- Nettoie les locaux communs de l'hôtel tels que couloirs, paliers, toilettes, sous-sol, ascenseurs, bureaux…
- Propreté des tables, fauteuils, cendriers dans le hall d'accueil

Clientèle

- Peu de contacts avec la clientèle à l'exception des hôtels saisonniers.

APTITUDES QUALITÉS CLÉS

➤ Ce travail exige :
- le sens de l'organisation, efficacité,
- une bonne résistance physique,
- une résistance à la station debout,
- une bonne présentation.

➤ Quelques notions de langues étrangères sont souhaitables

VARIANTE

Cette fonction existe dans tous les hôtels, elle peut être assurée par du personnel polyvalent.

Dans certains établissements, le travail est assuré par une entreprise extérieure de nettoyage.

SITUATION HIÉRARCHIQUE

Son supérieur hiérarchique est la gouvernant générale, la gouvernante d'étage ou la réception dans les petites unités

EMPLOI	**Titre : Responsable de la lingerie** Autre dénomination : - lingère en chef
RESPONSABILITÉS MISSION	➤Assurer l'approvisionnement des services ➤Contrôler les mouvements du linge (linge sale / linge propre) ➤Assurer l'entretien du linge
FONCTIONS	**TÂCHES PRINCIPALES ET COMPÉTENCES**
Nature du travail	• Réception du linge sale et remise au blanchissage • Vérification et rangement du linge propre livré après blanchissage • Distribution du linge aux services • Entretien du linge : - raccommodage, - transformations, - confections d'articles neufs, - marquage du linge. • Contrôles et inventaires
Animation de l'équipe	• Délègue son autorité à ses assistantes et aides (1ère lingère et aide-lingère) • Fait preuve d'autorité à l'égard de son personnel et de celui des services avec lesquels elle se trouve en contact lors de l'échange du linge.
Gestion	• Contrôler l'évolution des stocks de linge dans les différents services (augmentation, diminution)

APTITUDES QUALITÉS CLÉS

➤ Avoir le sens de l'organisation
➤ Etre très ordonnée et minutieuse
➤ Etre économe
➤ Posséder la compétence professionnelle indispensable, de façon à pouvoir obtenir un travail d'exécution impeccable

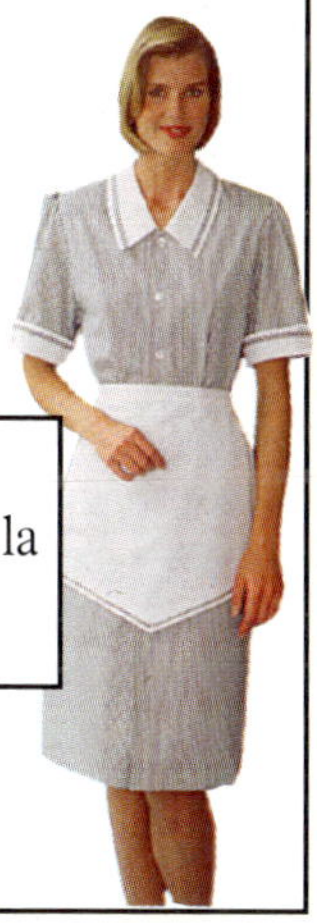

VARIANTE
(cette fonction n'existe que dans les établissements de grande capacité)

Fonction assurée par la gouvernante ou une 1ère femme de chambre

SITUATION HIÉRARCHIQUE
Sa supérieur hiérarchique est la gouvernante

Attitudes professionnelles du personnel d'hébergement

Le personnel de l'hébergement a des contacts permanents avec la clientèle à laquelle il doit fournir les prestations qu'elle est en droit d'attendre.

QUALITÉS REQUISES PAR LE PERSONNEL HÔTELIER

QUALITES	EXIGENCES
Apparence physique agréable, soignée	Image de marque de l'établissement
Facilité d'expression	Communication avec la clientèle
Manières courtoises	Contacts avec la clientèle
Très bonne mémoire	Reconnaissance des clients et des noms
Sens des relations humaines	Contacts avec la clientèle, les supérieurs, les collègues
Maîtrise de soi	Agir avec tact en cas de litige
Maîtrise des techniques	Satisfaire le client
Connaissances des langues étrangères (anglais indispensable)	Communication avec la clientèle étrangère

L'évaluation des besoins en personnel

L'activité hôtelière peut varier d'un jour à l'autre en comportant des fluctuations à l'intérieur d 'une même journée. Ces données doivent être prises en compte pour une bonne répartition du travail.

LES STANDARDS DE LA PRODUCTION

Les standards de production ont été déterminés empiriquement et sont établis pour chaque type d'établissement en tenant compte des critères suivants :
- catégorie de l'hôtel,
- nature de la clientèle,
- durée du séjour,
- capacité de l'hébergement,
- taux d'occupation.

Certains services exigent la présence permanente d'un employé pour répondre aux attentes de la clientèle. De plus, les normes de productivité sont facilement applicables pour certaines catégories du personnel exécutant :

Exemples :
- une femme de chambre doit entretenir un certain nombre de chambres par jour,
- un cuisinier doit préparer un certain nombre de couverts par repas,
- un chef de rang doit servir un certain nombre de clients par service

mais il n'en est pas de même pour toutes les fonctions.

QUELQUES EXEMPLES A PRENDRE EN COMPTE POUR DETERMINER LES STANDARDS DE PRODUCTION

SERVICES	EMPLOIS	ELEMENTS A PRENDRE EN COMPTE	NORMES par employé	PRESENCE du personnel	HEURES DE POINTE	JOURS DE POINTE
HALL	• Réceptionnistes • Concierges • Bagagistes	• Nature de la clientèle • Prestations à fournir • Taux d'occupation • Nombre d'arrivées et de départs / jour	• Variable avec chaque type d'établissement • Selon les besoins de la clientèle	• Permanente	7 h – 10 h 17 h – 20 h	• Variable selon l'implantation de l'établissement: • Centre ville • Aéroport, • Tourisme, • Thermalisme...
	• Employé vestiaires	• Prestation obligatoire	• 1 employé en permanence	• Permanente	Heures des repas	
ETAGES	• Gouvernantes d'étages	• Nombre de chambres • Nature de la clientèle • Nature des aménagements	• 80 à 100 chambres, parfois plus	• Surtout le matin : de 7 à 16h	7 h – 13 h 17 h – 20 h *	• Variable selon l'implantation de l'établissement : • centre ville, • aéroport, • tourisme, • thermalisme…
	• Femmes de chambre	• Ameublement, • Durée moyenne du séjour (recouche ou chambre à blanc) • Services fournis à la clientèle	• 10 à 20 chambres	• Surtout le matin : de 7 à 16h	7 h – 13 h 17 h – 20 h *	
	• Equipiers	• Nature du service à effectuer	• variable	• Surtout le matin : de 7 à 16h	le matin	
AUTRES SERVICES	• Réservations	• Nature de la clientèle : individuelle, groupes, • Durée du séjour	• Variable avec le type d'établissements : séjour ou passage • 60 appels/j et plus	• Permanente	Toute la journée : 7 h – 16 h 17 h – 20 h	• Jours de semaine

Commentaires : Les effectifs et les qualifications sont déterminés en rapport avec les objectifs que s'est fixé l'hôtelier en matière de qualité de l'accueil, des tarifs pratiqués, des types de clientèles, du ratio coût personnel recherché.

Le niveau des prestations représente un " standard " pour l'entreprise et ne varie pas d'un jour à l'autre, il est donc facile d'en mesurer l'impact sur l'emploi du personnel.

*** dans les hôtels où il existe un service de nuit**

La polyvalence

Il est relativement aisé d'établir un standard de production pour les femmes de chambre mais il n'en est pas de même pour les employés du hall : réceptionnistes, concierges, caissiers… C'est la raison pour laquelle on s'oriente vers la polyvalence de ce personnel qui, selon les différentes heures de la journée peut assurer des fonctions différentes.

Le travail à temps partiel

(annualisé ou non).

Avec la connaissance des taux moyens d'occupation et des jours de forte activité, l'utilisation du personnel à temps partiel se généralise. Les salariés à temps partiel sont comptabilisés dans l'effectif au prorata de leur temps de présence par rapport à la durée légale du travail. Le budget de certaines entreprises alloue un crédit d'heures annuel à un service (ex. : gouvernante générale) qui est utilisé en fonction des besoins jusqu'à épuisement.

Le travail temporaire

Pour faire face à une augmentation du taux d'occupation, l'hôtelier qui a besoins de personnel pour un temps limité peut s'adresser à des agences d'emploi temporaire ou faire appel à des employés en extra.

Le code du travail précise que l'on ne peut faire appel à ces salariés que pour l'exécution d'une tâche non durable et qui ne remplace pas un emploi lié à l'activité normale et permanente de l'entreprise utilisatrice.

EXEMPLES D'EFFECTIF DU PERSONNEL

En raison de la diversité du parc hôtelier, il est impossible de déterminer des normes exactes pour les besoins en personnel. Le calcul de l'effectif à mettre en place pour assurer une bonne prestation doit prendre en compte de nombreux paramètres : catégorie de l'hôtel, qualité de la clientèle, heures et jours de forte activité.

A titre d'exemples, nous donnons ci-après un calcul pour déterminer l'effectif du personnel d'étage et un calcul pour le personnel de la réception.

Calcul de l'effectif théorique par la méthode des rendements

Aux étages

Exemple de calcul pour déterminer l'effectif du personnel d'étage :

• nombre de femmes de chambre

1. Un hôtel de 200 chambres
2. Taux d'occupation moyen annuel : 60 %
3. Rendement par femme de chambre : 16 chambres, locaux communs et office compris à nettoyer par jour.
4. Durée hebdomadaire du travail : 39 heures (soit 22 jours travaillés).

Méthodologie

- Calcul du nombre de chambres à nettoyer par an :
  200 x 0,60 de taux d'occupation x 365 jours = 43 800 chambres
- Calcul du nombre de chambres à nettoyer par femme de chambre et par an :
  16 chambres x 22 jours travaillés x 12 mois = 4 224 chambres par an
- Calcul de l'effectif théorique
  43 800 : 4 224 = 10,36 personnes

Cette méthode est un repère quantitatif pour l'hôtelier, ensuite, celui-ci ajustera ce chiffre en fonction de ses besoins, le service qu'il veut fournir, selon ses choix financiers et aussi dans le cadre de la législation du travail (temps partiel, CDD, intérimaire, sociétés de services…).

A la réception

Pour la réception on peut partir aussi d'un rendement : le nombre d'arrivées et de départs effectués par un réceptionniste.

Dans les hôtels qui accueillent une clientèle d'affaires, on compte un réceptionniste pour 40 arrivées/départs.

Exemple pour un hôtel d'affaires

• Si l'hôtel enregistre en moyenne 120 mouvements par jour on aura besoin :

Méthodologie

- Calcul du nombre d'arrivées/départs à effectuer par an :
  120 x 365 = 43 800 mouvements
- Calcul du nombre d'arrivées/départ à effectuer par réceptionniste et par an :
  40 x 22 jours travaillés x 12 mois = 10 560 mouvements
- Calcul de l'effectif théorique
  43 800 : 10 560 = 4,14 personnes

Ce chiffre est à ajuster en fonction des services matin/soir, des autres tâches à effectuer et des heures et jours d'affluence.

- L'effectif théorique devient **effectif réel** après ces ajustements.
- L'effectif réel est le nombre de personnes embauchées pour un service donné. (L'effectif réel se retrouve sur la grille hebdomadaire des présences.)
- L'**effectif présent** est le nombre de personnes en service sur le poste de travail.

FICHE SIGNALÉTIQUE DE L'HÔTEL A

- Nom : Filiale d'un groupe hôtelier
- Situation : centre ville (Paris)
- Catégorie : 4 étoiles

Services hôteliers :·

- *Chambres* : 200 sur 5 étages avec décoration personnalisée, mini-bar, télévision et climatisation·
- *Linge* : en location, livré chaque jour sauf samedi et dimanche·
- *Accueil* :
  - Utilisation d'un logiciel hôtelier pour toutes les tâches de l'accueil
  - Réception, conciergerie assurés de jour et de nuit.

Activité de l'hôtel :

- *Taux d'occupation* :
  - Semaine : 75%
  - Week-end : 50%
- *Indice de fréquentation* : 1,3
- *Durée moyenne de séjour* : 1,4
- *Clientèle* :
  - affaires : 50%
  - touristique : 50%

Personnel :

- Durée du travail : 39 heures pour tout le personnel (pas de coupures)
- Repos hebdomadaire : 2 jours consécutifs
- Salaires : fixes pour tout le personnel

Commentaires :

L'hôtel possède un service de restauration et banquet important qui n'est pas pris en considération car l'évaluation du personnel concerne uniquement le département hébergement.

Effectifs du personnel :

- *Direction (5)* :
  - Directeur général
  - Directeur administratif
  - Directeur de l'hébergement
  - Directeur commercial
  - Directeur des relations humaines
- *Maintenance (8)* :
  - 1 Directeur technique
  - 1 Directeur adjoint
  - 1 Secrétaire à temps partiel
  - 5 Techniciens de maintenance
- *Gros travaux : appel à des entreprises extérieures*
- *Réception (12)* :
  - Présents en permanence une réceptionniste et un caissier
  - Qualification professionnelle Réceptionniste polyvalent
  - 1 Chef de réception
  - 1 Assistant
  - 2 Chefs de brigade
  - 5 Réceptionnistes
  - 2 Night-auditor 12 h = 4 jours et 3 jours de présence
  - 1 Apprenti
- *Réservations* (2)

• *Standard (2)* : 2 standardistes assurant une présence de 7h à 23 h30, service de nuit assuré par le Night

• *Conciergerie-hall (14)* :

- 1 Chef concierge
- 3 Concierges
- 1 Tournant-hall (concierge ou bagagiste)
- 1 Concierge junior
- 2 Concierges de nuit 12 h = 4 jours et 3 jours de présence
- 5 Bagagistes
- 1 Voiturier + éventuellement un extra ou 1 CDD

• *Etages (27)* :

- 1 Gouvernante générale
- 1 Assistante
- 2 Gouvernantes d'étage
- 1 Apprenti gouvernante
- 10 Femmes de chambre à temps complet
- 2 Femmes de chambre du soir
- 3 Femmes de chambre à temps partiel (169 h par mois)
- 2 Femmes de chambre en extra (15 vacations par mois)
- 4 équipiers pour les travaux suivants :
  • Gros nettoyages dans les chambres
  • Entretien des couloirs et des escalier
  • Transport du linge
  • Services des poubelles
- 1 lingère, remplacée le samedi et le dimanche par un équipier

• Nettoyage des lieux publics : entreprise de nettoyage de l'extérieur

EFFECTIF TOTAL DU DEPARTEMENT HEBERGEMENT : 70 personnes
Effectif total avec les services de restaurant : 140 personnes

Commentaires :

Il s'agit d'un hôtel de grand standing qui nécessite un personnel très qualifié.Standard de production en vigueur pour le personnel des étages :

• Femme de chambre du matin : 14 chambres
• Femme de chambre du soir : haute saison ; vérification du linge de toilette et couvertures, 100 chambres
• Le service des petits déjeuners est assuré par le service de restauration.

Fiche signalètique de l'Hôtel B

- Nom : Hôtel indépendant
- Situation : centre ville (Nice)
- Catégorie : 3 étoiles

Services hôteliers :
• *Chambres* : 116 chambres
• *Linge* : en location, livré chaque jour sauf samedi et dimanche
• *Accueil* : Utilisation d'un logiciel hôtelier pour toutes les tâches de l'accueil

Activité de l'hôtel :
• *Taux d'occupation* : 73%
• *Indice de fréquentation* : 1,65
• *Durée moyenne de séjour* : 2,5
• *Clientèle* :
- 30% hommes d'affaires
- 16% groupes,
- 54% individuels

Personnel :
• *Durée du travail* : 39 heures semaine (coupures)
• *Repos hebdomadaire* : 2 jours consécutifs
• *Salaires* : fixe pour tout le personnel

Commentaires :
L'hôtel ne possède pas de restaurant, le service des petits-déjeuners est assuré par des femmes de chambre.

Effectif du personnel :
• *Direction* : 1 Directrice
• *Maintenance* :
• *Gros travaux* : appel à des entreprises extérieures
• *Réception* :
- Présent en permanence un réceptionniste-caissier de 7 h à 23 h
- Polyvalence du personnel qui assure les fonctions de réception, caissier, information, standard
- 1 Chef de réception
assurent également les fonctions de la réservation, du commercial et du contrôle de l'entretien des chambres
- 1 Assistant
- 1 Chef de brigade
- 4 Réceptionnistes
- 1 Night-audit
• *Réservation* : 1
• *Conciergerie-hall* : 2 bagagistes
• *Etages* : 11
- Pas de Gouvernantes : contrôle assuré par le chef de réception ou son assistant
- 11 Femmes de chambre

POSSIBILITÉ DE FAIRE APPEL À DU PERSONNEL EN EXTRA EN CAS DE BESOIN

Commentaires :
• Horaires alternativement en continue ou en coupure
• Grande polyvalence du personnel
• Standard de production du personnel d'étages : entretien de 14 chambres par jour avec service des petits déjeuners

EFFECTIF TOTAL DU PERSONNEL : 23 personnes

Effectif du personnel en service

Il est très différent de l'effectif total du personnel de l'établissement. En effet, il est déterminé par les éléments suivants :

- jours de congés,
- absences pour maladie,
- accidents de travail,
- congés pour maternité...

A titre d'exemple, nous présentons un extrait de l'effectif du personnel de trois services différents d'un hôtel qui a un taux d'occupation constant tous les jours de la semaine.

PERSONNEL EN SERVICE

FONCTIONS	L	M	M	J	V	S	D
Réception de jour							
• *Chef de réception*	X	X	X	X	X	C	C
• *Assistant*	C	C	X	X	X	X	X
• *Réceptionniste-caissier*	X	X	C	C	X	X	X
• *Réceptionniste-caissier (temps partiel)*	X	X	X	X			
• *Réceptionniste-caissier*	C	C	X	X	X	X	X
Réceptionniste-caissier (temps partiel)	X	X			X	X	
EN SERVICE	4	4	4	4	4	4	4
Réception – nuit							
• *Réceptionniste-nuit (temps partiel)*	X	X	X	X			
• *Réceptionniste-nuit*	C	C	X	X	X	X	X
• *Réceptionniste-nuit*	X	X	C	C	X	X	X
EN SERVICE	2	2	2	2	2	2	2
Conciergerie							
• *Chef concierge*	X	X	X	X	X	C	C
• *Concierge*	C	C	X	X	X	X	X
• *Concierge (temps partiel)*	X	X				X	X
EN SERVICE	2	2	2	2	2	2	2

Partant de ces 3 exemples simples, il est facile d'envisager tous les cas de figure.

C = congé

Etablissement des horaires :
(compte tenu de la législation en vigueur appliquée à la profession, les horaires établis doivent être affichés dans le service – cf. tableau ci-dessous)

EXEMPLE D'HORAIRES DU PERSONNEL

PERSONNEL	Amplitude horaire (repas compris) ENTREE	SORTIE
Gouvernante de jour	8 h	16 h25
Gouvernante de garde	14 h30	22 h55
Valet de chambre	7 h	15 h25
Femme de chambre de jour	8 h	16 h25
Femme de chambre du soir	14 h30	22 h55
Femme de chambre de nuit	23 h	7 h25
Equipier de jour	7 h	15 h25
Equipier de nuit	14 h30	23 h55

Le temps du repas pris sur place égal à 45 minutes n'est pas inclus dans l'horaire de travail.

Aménagement des jours de repos :

Le roulement des jours de repas est fixé à l'avance. Il fait l'objet d'un planning qui est affiché dans les services.

EXEMPLE DE PLANNING SUR SEMAINE
Planning semaine du ... / ... / ...

EMPLOYES	LUNDI horaires	MARDI horaires	MERCREDI horaires	JEUDI horaires	VENDREDI horaires	SAMEDI horaires	DIMANCHE horaires	TOTAL Heures semaine
Valérie	CONGE	CONGE	7h – 13h	7h – 13h	7h – 13h	7h– 13h	7h – 13h	30h
Agnès	13h– 21h	CONGE	CONGE	9h – 17h	9h – 17h	7h – 16h25	7h – 16h25	39h
Claude	7h – 15h	13h – 21h	CONGE	CONGE	8h – 16h	8h –16h	8h – 17H25	39h
Patrice	8h – 16h	8h – 16h	8h – 16h	CONGE	CONGE	8h – 16h	13h – 22h25	39h
Bernard	7h – 15h	7h – 15h	15h – 23h	8h – 17h25	15h – 23h	CONGÉ	CONGÉ	39H
Denise	9h – 17h	9h – 17h	9h – 17h	9h – 18h25	15h – 23h	CONGE	CONGE	39h
Marc	CONGE	CONGE	7h– 15h	13h – 21h	15h – 23h	13h – 22h25	9h – 17h	39h
Joëlle	7h – 13h	7h – 13h				7h – 13h	7h – 13h	24h
Dominique	16h15 – 23h	16h15 – 23h	16h15 – 23h	16h15 – 23h	CONGE	CONGE	16h15 – 23h	32h
Christine	CONGE	7h – 13h	7h – 13h	7h – 13h	7h – 13h	7h– 13h	CONGE	30h

La durée des repas de 45 minutes est déduite de tous les horaires à l'exception de ceux des employés à temps partiel de 7h à 13h

Législation du travail

La convention collective nationale des hôtels, cafés et restaurants du 30 avril 1997 détermine les conditions de travail dans toutes les entreprises en France métropolitaine et les DOM.

La durée du travail

La durée légale du travail est fixée à 35 heures au 1er janvier 2000 pour les entreprises de plus de 20 salariés et au 1er janvier 2002 pour les autres.

La loi Aubry s'applique au secteur des cafés, hôtels, restaurants, sur la base de 39 heures et non 35 heures (circulaire du 28.05.1999).

Certaines chaînes hôtelières qui bénéficient d'accords d'entreprise plus favorables pratiquent la semaine de 35 heures par semaine.

Le temps de repas pris sur place n'est pas compris dans les horaires à condition que celui-ci soit au moins égal à ¾ d'heure ; dans le cas contraire, l'employé effectue une journée de travail continue et le temps du repas est inclus dans son horaire de travail.

L'amplitude de la journée de présence doit être fixée de telle façon que chaque employé dispose entre deux journées d'un repos ininterrompu de 11 heures consécutives au minimum et 12 heures pour les jeunes de moins de 18 ans.

EXTRAIT DE LA CONVENTION COLLECTIVE NATIONALE

du 30 avril1997

REPOS HEBDOMADAIRE POUR LES ÉTABLISSEMENTS PERMANENTS	Deux jours par semaine, consécutifs ou non, et lorsqu'il est fractionné, la demi-journée travaillée ne peut excéder 5 heures.
REPOS HEBDOMADAIRE POUR LES ÉTABLISSEMENTS SAISONNIERS (Durée d'ouverture n'excédant pas 9 mois par an, selon au décret du 02/08/1979)·	• Deux jours par semaine avec la possibilité d'un jour deux fois en plus par mois sans que le nombre de ces suspensions soit supérieur à trois jours par saison. • Les repos non pris sont compensés à la fin de la saison par journées entières.
CONTRAT DE TRAVAIL **Pour tous les salaries recrutés sous contrat à durée indéterminée**	Etablir un contrat de travail en deux exemplaires, dont l'un est remis au salarié
PERIODE D'ESSAI **La période maximale est déterminée par la convention collective et ne peut dépasser les durées suivantes.**	Cadres supérieurs : accord de gré à gré ; Cadres : 3 mois (renouvelable une fois) ; Agents de maîtrise : 2 mois (renouvelable une fois) ; Autres salariés : 1 mois (renouvelable une fois, sauf pour les salariés de niveau 1 échelon 1) cf grille de classification
PRÉAVIS ET DEMISSION La convention prévoit la durée du préavis que doit donner le salarié en cas de démission. Cette démission doit être confirmée par écrit. Ces délais varient en fonction de l'ancienneté et de la qualification du salarie	Sauf accord entre les parties, les parties, le préavis est fixé comme suit : Engagé depuis / - 6 mois / 6 mois à 2 ans / + de 2 ans **Cadres** / **1 mois** / **3 mois** / **3 mois** Maîtrise / 15 jours / 1 mois / 2 mois Employés / 8 jours / 1 mois / 2 mois
PREAVIS DE LICENCIEMENT La convention prévoit la durée de préavis à donner en cas de licenciement sauf en cas de faute grave ou de faute lourde	Engagé depuis / 6 mois / 6 mois à 2 ans / +de 2 ans **Cadres** / **1 mois** / **3 mois** / **3 mois** Maîtrise / 15 jours / 1 mois / 2 mois Employés / 8 jours / 1 mois / 2 mois
JOURS FERIES **Selon l'ancienneté chez le même employeur** : • 1 an d'ancienneté • après 1 an • après 2 ans	1 jour férié en plus du 1er mai 2 jours 3 jours
CONGES POUR EVENEMENTS FAMILIAUX **En plus des événements prévus par le code du travail il en est rajouté un :**	• 1 jour pour le décès d'un des grands –parents • 1 jour supplémentaire non rémunéré si l'événement se produit à plus de 500 km du lieu de travail du salarié

Nota : C'est l'employeur qui choisit le deuxième jour chômé parmi les 10 jours fériés du calendrier

* 1er janvier	* 14 juillet
* Lundi de Pâques	* 15 août
* 8 mai	* Toussaint
*Ascension	* 11 novembre

LES CONTRATS DE TRAVAIL

Le contrat de travail est une convention par laquelle une personne s'engage à fournir un travail pour une autre personne, et sous sa direction, moyennant une rémunération.

Tous les contrats de travail sont :
- soit à durée indéterminée,
- soit à durée déterminée.

Ces deux types de contrat sont réglementés pour leur temps de travail qui peut être :
- soit à temps plein,
- soit à temps partiel,
- annualisé par module.

DIFFÉRENTS TYPES DE CONTRAT DE TRAVAIL

TYPES DE CONTRAT	CARACTERISTIQUES
Contrat à durée indéterminée	• La durée du contrat n'est pas fixée à l'avance. • La démission de l'employé ou le licenciement par l'employeur peuvent y mettre fin.
Contrat à durée déterminée : - Il peut être renouvelé deux fois. - La durée totale ne peut dépasser 24 mois	• Durée limitée qui est prévue dans le contrat, sinon il est réputé à durée indéterminée • Emploi à caractère saisonnier • Surcroît exceptionnel d'activité • Remplacement temporaire d'un employé, maladie, maternité...
Contrat à temps partiel	• Horaire hebdomadaire inférieure au 4/5ème de la durée légale du travail • Horaire annualisé 1013 heures année avec durée du travail adaptée aux besoins de l'entreprise.
Contrat temporaire	• Besoins de personnel pour un temps limité • Personnel fourni par les agences d'interim • Personnel extra

Le contrat de travail est établi en deux exemplaires dont l'un est remis au salarié, un contrat non signé est considéré comme nul.

Cas particulier : tout contrat signé en France doit être rédigé en français mais si le salarié est étranger, il peut demander une traduction de son contrat aux frais de son employeur.

Exemple de contrat :

CONTRAT A DUREE DETERMINEE

ENTRE LES SOUSSIGNES :

L'hôtel ...., situé (adresse complète),
représenté par Monsieur ...., agissant en qualité de Directeur général,
d'une part,
Et
Monsieur ...., demeurant à ...., d'autre part.

IL A ETE CONVENU CE QUI SUIT :

Art.1 L'hôtel .... engage à compter du ... / ... / ...,
Monsieur .... qui accepte en qualité de ....
d'exercer (définition précise du travail à effectuer).

Art.2 Le présent contrat prend effet à compter du ... / ... / ...,
Pour une durée de ...., et prendra fin le ... / ... / ... .

Art.3 La période d'essai au cours de laquelle chacune des parties pourra rompre le contrat sans indemnité est fixée à (mois, semaines ou jours).

Art.4 Le renouvellement du contrat se fera sur accords des parties dans des conditions fixées au moment où le terme sera effectivement reporté.

Art.5 Monsieur ...., doit faire preuve de disponibilité chaque fois que le travail le nécessitera.

Art.6 A titre de rémunération Monsieur .... recevra un traitement fixe mensuel de ....(en chiffres et en lettres) Francs qui lui sera versé chaque fin de mois civil.

Art.7 Monsieur .... bénéficiera des lois sociales en faveur des salariés en matière de sécurité sociale et de régime de retraite complémentaire.

Fait en double exemplaire

A,........................... , le .... / .... / .... .

Signatures précédées de la mention
" lue et approuvée ".

L'intéressé

Le représentant de l'hôtel

AFFICHAGES DANS L'ENTREPRISE

La législation fait obligation à l'exploitant d'afficher à la vue du personnel un certain nombre de documents.

PRINCIPAUX AFFICHAGES DANS L'ENTREPRISE

OBJET DE L'AFFICHAGE	COMPÉTENCES	CONTENU DE L'ACTIVITÉ
Convention, Accord collectif de travail applicable à l'entreprise	Avis indiquant l'intitulé de l'accord, le lieu et les modalités de sa consultation	Lieux d'embauchage et de travail
Règlement intérieur	Texte intégral sauf si chaque salarié en a reçu un exemplaire	Lieux d'embauchage et de travail
Inspection du travail	Adresse et numéro d'appel de l'inspection du travail Nom de l'inspecteur compétent	Local normalement accessible aux salariés
Durée du travail	heures auxquelles commence et finit le travail heure et durée des repos	Lieux de travail Réception, Bureaux , Offices
Congés payés	Ordre et dates des départs	Lieux de travail
Service médical du travail	Adresse et numéro d'appel du médecin du travail ou du service médical	Local normalement accessible aux salariés
Services de secours d'urgence	Numéro d'appel des pompiers et du SAMU	Local normalement accessible aux salariés

GRILLE DE CLASSIFICATION DU PERSONNEL HÔTELIER

(La diversité des entreprises visées par la présente convention collective a créé l'obligation pour les parties de trouver un système de classification adaptable à tous les types d'entreprises concernées et à toutes les fonctions).

DÉFINITION GÉNÉRALE du niveau	COMPÉTENCES	CONTENU DE L'ACTIVITÉ
Niveau 1 : EMPLOYES	➤ Les emplois du niveau 1 n'exigent **pas une formation au-delà de la scolarité obligatoire,** ➤ Par contre, ils nécessitent d'acquérir par formation professionnelle interne et/ou par expérience les connaissances correspondant à la bonne exécution des tâches qui sont confiées au salarié.	Les tâches confiées au salarié sont caractérisées : • par leur simplicité, • par leur analogie, • par leur répétitivité en application des modes opératoires fixés.
Niveau 2 : EMPLOYES QUALIFIES	➤ Les emplois du niveau 2 exigent normalement un niveau de formation équivalent au **CAP ou BEP,** ➤ Ce niveau de connaissance peut être acquis : - par voie scolaire, - par voie professionnelle, - par une expérience professionnelle confirmée.	• Les tâches sont plus variées qu'au niveau 1 et plus complexes, • L'exécution des tâches, mode opératoire, application des produits et matériels se fait par référence à des instructions précises et déjà connues.
Niveau 3 : EMPLOYES QUALIFIES	➤ Les emplois du niveau 3 exigent normalement un niveau de formation équivalent au **Bac de technologie** ➤ Ce niveau de connaissance peut être acquis : - par voie scolaire - par une formation professionnelle interne équivalente - par une expérience professionnelle confirmée et réussie.	• Activités variées, complexes et qualifiées comportant des opérations à combiner ou des tâches différentes à organiser.
Niveau 4 : MAITRISE	➤ Les emplois du niveau 4 exigent normalement un niveau de formation équivalent au **BAC ou au BTS** ➤ Ce niveau de connaissance peut être acquis : - par voie scolaire, - par une formation professionnelle interne équivalente, - par une expérience professionnelle confirmée et réussie.	• Travaux d'exploitation complexes faisant appel : • A une certaine initiative, - au choix des modes d'exécution, - à la succession des opérations • Des connaissances professionnelles : - développées - ou étendues en raison du nombre et de la complexité des produits et/ou des services vendus, et/ou des moyens et méthodes employés sont nécessaires.
Niveau 5 : CADRES	➤ **Niveau BAC+3** acquis : - par voie scolaire et expérience contrôlée et confirmée dans la filière d'activité du poste considéré, - par une expérience confirmée et réussie complétant une qualification initiale au moins équivalente à celle du personnel encadré.	• Etendue à plusieurs aspects de l'organisation et de la gestion (en particulier la prévision et l'élaboration des programmes, leur réalisation ; le suivi, le contrôle et la gestion des écarts), • et aux relations internes et externes de l'établissement. • Assure la remontée systématique des informations utiles aux orientations concernant l'avenir de l'entreprise.

ANNEXE :

la recherche d'un emploi

Démarche

Pour un premier emploi ou pour un changement de poste, vous serez amenés à proposer vos services. Afin de communiquer correctement, vous aurez besoins de deux outils :
- le C.V (Curriculum Vitae)
- la lettre de motivation

Le C.V sert à obtenir un entretien : c'est la première impression que le recruteur se fera de vous et elle doit impérativement lui donner envie de vous rencontrer. Le C.V n'est pas seulement une liste de vos expériences, compétences, formations et hobbies mais il doit être aussi porteur d'un message : " voici les compétences et le savoir-faire que je peux apporter à votre entreprise ".

Pour accompagner votre C.V, vous allez joindre une lettre de motivation. Son but est d'accrocher l'intérêt du recruteur sur un mode plus personnel, en lui parlant de ce qui vous pousse à lui proposer vos services et en lui expliquant en quoi vous répondez aux besoins de son entreprise : c'est un peu le mode d'emploi de votre C.V.

Rédiger une lettre de motivation

Une lettre efficace complète l'information donnée dans le C.V, elle doit faire apparaître :

➤ Votre compréhension du besoin de l'entreprise,

➤ Vos atouts pour l'emploi visé,

➤ Votre motivation, c'est-à-dire les raisons précises pour lesquelles vous postulez aujourd'hui auprès de cette entreprise.

La lettre de motivation n'est pas une simple lettre d'accompagnement avec une formule polie :

➤ Il faut que votre lettre " parle " de vous et de votre candidature.

➤ Vous ne demandez pas un emploi mais vous offrez vos services.

➤ La lettre n'est pas jointe au C.V, c'est le C.V qui est joint à la lettre.

➤ Ecrivez à la main : le C.V doit être dactylographié, la lettre doit être manuscrite.

➤ Votre lettre doit donner envie au lecteur d'en savoir plus, donc de vous proposer un entretien.

➤ Votre lettre compte autant que le C.V parce qu'elle est personnalisée : elle doit donner une bonne image de vous.

Rédiger un C.V

Jean DESRUES ❶
23, rue de la Corderie
32 140 CLAMART, France
Tél : 01 41. 34. 44. 04
31 ans , Célibataire

CHEF DE RECEPTION ❷

• EXPERIENCE PROFESSIONNELLE ❸

❹

De 1998 à ce jour	*Chef de brigade* ❺ Hôtel Prince de Galles ****, 75008 Paris - Responsable de service à la réception - Chargé de l'organisation du travail de la brigade (5 personnes) - Chargé des relations avec le service des réservations
1996 - 1998	*Réceptionniste-caissier* Hôtel Plaza Athénée ****Luxe, 75008 Paris Responsable de l'accueil clientèle Responsable d'un poste à la caisse de l'hôtel
1994 -1996	*Assistant commercial* Langham Hilton Hôtel ****, LONDON, ENGLAND Chargé de la vente et de l'accueil des groupes
1992 - 1994	*Réceptionniste employé aux réservations* Hôtel de Paris, Société des Bains de Mer, MONACO Night audit pendant une année Chargé des plannings de réservations

• FORMATION ❻

1992 Maîtrise d'hôtellerie et de restauration, Université de Toulouse
1990 B.T.S hôtellerie-restauration lycée de Bordeaux

• LANGUES ETRANGERES ❼

Anglais courant, bonnes notions d'espagnol et d'allemand

• PRATIQUE DE L'INFORMATIQUE

Maîtrise des logiciels de bureautique
Maîtrise du logiciel Fidélio

• DIVERS ❽

Passionné de rugby et des sports de glisse
Pratique du surf et du snow board

❶ Les informations concernant votre état civil doivent être indiquées au début de votre C.V : Nom, prénom, adresse et numéro de téléphone sont obligatoires ; les autres peuvent être disposées dans la rubrique divers.

❷ L'accroche permet de délivrer un message simple et clair à l'attention du recruteur : elle doit inciter à poursuivre la lecture tout en indiquant clairement le poste que vous recherchez

❸ Cette rubrique est la plus importante : elle présente sur chaque période vos réalisations et résultats. Commencez par le dernier poste occupé, puis remontez chronologiquement le temps.

❹ Indiquez les dates de début et de la fin de vos différents postes. Les années suffisent. Si vous avez eu deux employeurs dans la même année, indiquez entre parenthèses le temps passé pour chaque emploi.

❺ Indiquez le poste que vous avez occupé et les tâches accomplies. Pour les établissements fréquentés, citez le nom, la localisation, le classement, la capacité, le taux d'occupation, le type de chambre

❻ Cette rubrique est réservée à votre formation initiale. Plus votre formation est longue, moins vous devez accorder d'importance à votre formation. Dans le cas particulier des jeunes diplômés ou des premiers emplois, la rubrique formation devient le principal atout. Elle doit apparaître avant l'expérience professionnelle qui, elle, reprendra en détail tous les stages effectués.

❼ N'indiquez que les langues que vous pratiquez réellement. Evitez la mention " lu, écrit, parlé ", préférez le niveau classé par ordre d'importance : " Notions ", " Connaissances moyennes ", " Pratique commerciale ", " Pratique professionnelle ", " courant ", " Bilingue ".

❽ Cette rubrique est très personnalisée, vous avez le loisir de parler un peu plus de vous et de vos goûts, à condition que ce soit un plus pour votre C.V et que cela intéresse le recruteur

Chapitre 8

La qualité de l'Accueil et du Service

La Qualité de l'accueil et du Service

chapitre 8

La notion d'accueil et de service

L'accueil

"L'accueil est l'ensemble des comportements, des techniques voire des politiques mis en œuvre pour établir une relation humaine de qualité avec le client, dans le but de satisfaire ses besoins, ses goûts, ses aspirations."

Le Service

Il existe de nombreuses interprétations possibles du concept de service.
Pourquoi le service est-il aussi difficile à définir ?

Le service s'achète, se vend mais :

- Il est intangible c'est-à-dire qu'il ne peut être ***ni pesé, ni mesuré***, il est plus émotionnel que rationnel ;
- On ne peut pas en donner un échantillon à emporter, à donner aux autres ;
- Le service ne peut pas être standardisé ;
- Contrairement aux produits en général, il est consommé en même temps qu'il est fabriqué. Donc les erreurs ne peuvent pas être corrigées avant la "livraison" au client ;
- Le service peut être perçu de différentes façons par le client selon son humeur, la circonstance.

La manière dont le service est perçu dépend de ce que les clients en attendent. Si le service que le client reçoit ne répond pas à ses attentes, il est fréquemment qualifié de ***mauvais service.***

Chaque client a ses propres besoins. Il y a ceux qui ont besoin d'être reconnus, d'être rassurés, ceux qui préfèrent la tranquillité ou au contraire tenir une conversation etc.

Une chose est certaine :
Un client évaluera le service selon ses propres critères.

Satisfaire les besoins du client : *telle est la définition d'un bon service.*

Le besoin d'accueil les attentes du client

Le premier contact du client avec le personnel de l'hôtel est déterminant. Il peut engendrer la confiance ou au contraire la méfiance voire la contrariété.
Quand un client arrive à l'hôtel, la plupart du temps l est dans de bonnes dispositions, mais parfois il est :

- fatigué par un long voyage,
- pressé, car il n'a pas de temps à perdre,
- inquiet, de savoir s'il aura une chambre agréable,
- désorienté, parce qu'il vient pour la première fois,
- contrarié, dans la perspective de devoir attendre ses bagages,
- etc.

Comment satisfaire les attentes concernant l'accueil

Voici quelques éléments de réponse pour pratiquer un bon accueil en prenant en compte les besoins du client

Etre vu ou reconnu

Regardez le visiteur, échangez un regard avec lui pour lui signifier que vous avez bien constaté son arrivée, même si vous êtes occupé avec un autre client.
Prononcez le nom du client au cours du dialogue cela personnalise la relation et valorise l'interlocuteur.
Notre propre nom est, paraît-il, un mot que nous aimons bien entendre.
En cas d'oubli ou d'hésitation, demandez : ***"Pouvez-vous me rappeler l'orthographe de votre nom ?"***

Etre accueilli

Prononcez quelques paroles de bienvenue sur un ton amical :
" Que puis-je faire pour vous ?", "puis-je vous aider?" etc.
Sourire avec plaisir, cela veut dire : ***"Je suis heureux de vous voir".***
Le sourire est un élément déterminant de l'accueil professionnel. Grâce à lui on passe de l'accueil indifférent à l'accueil personnalisé.

N'oubliez pas que :
Le sourire est le lubrifiant de la communication

Etre pris en charge sans trop attendre

Interrompez votre travail pour vous occuper de la personne qui vient d'arriver.
Il est certes désagréable d'interrompre une activité, mais le client n'est-il pas prioritaire par rapport à l'ordinateur ou à la fiche cardex qui m'occupait ?

le client ne me dérange pas dans mon travail, il est mon travail

Si vous êtes occupé avec un autre client ou au téléphone, faites patienter le nouvel arrivant par un signe de reconnaissance ou par quelques mots :
" Cela ne va pas être très long, nous allons nous occuper de vous..."

Savoir combien de temps il devra attendre

Chaque client a sa façon de vivre le déroulement du temps. Pour certain les secondes durent des minutes, les minutes durent des heures…
Prenez l'initiative d'indiquer la durée probable de l'attente :
à :
"Votre chambre sera prête dans un moment"
préférez :
"Votre chambre sera disponible dans 10 minutes."

Etre orienté

C'est le fléchage sous toutes ses formes :

➤ Signalisation extérieure par une enseigne visible.

➤ Signalisation intérieure permettant au nouveau client d'agir comme s'il était habitué. Au premier coup d'œil, il repère la réception, le restaurant, les ascenseurs, le bar etc..

➤ L'uniforme de l'employé, le badge permettent au client d'identifier le personnel d'accueil.

Indiquez verbalement la direction à prendre pour accéder aux chambres. Donnez précisément la route à suivre pour se rendre à une adresse en ville.

La qualité d'un premier contact est d'une grande importance pour la satisfaction du client. Cela se traduit par des gestes, des attitudes, mais surtout par un état d'esprit : la volonté de mettre le client au centre des préoccupations et de le recevoir comme un invité.

Etre rassuré

Certains clients ont besoin d'une attention particulière pour différents motifs :

➤ difficulté de compréhension de la langue pour les étrangers,

➤ mobilité réduite pour les personnes âgées ou handicapées etc..

Soyez attentif aux manifestations de gêne ou d'inquiétude et anticipez leurs besoins.

Se sentir à l'aise

Le client qui entre dans un hôtel n'aime pas forcément être assailli, c'est pourquoi le bureau de la réception doit être situé à une distance suffisante lui permettant de s'approprier l'espace.
L'aménagement de l'espace, le choix de la décoration et du mobilier, procurent une sensation de bien-être s'ils sont bien positionnés et en quantité suffisante etc..

Principaux éléments de la communication

La communication peut être verbale ou non verbale.

La communication verbale

Véhicule des messages exprimés dans un langage composé de mots, de phrases avec quoi le mode de transmission est oral, écrit, ou audiovisuel.

La communication purement verbale n'intervient que pour une faible part dans l'impression que les autres se font de nous. L'impact est le suivant :

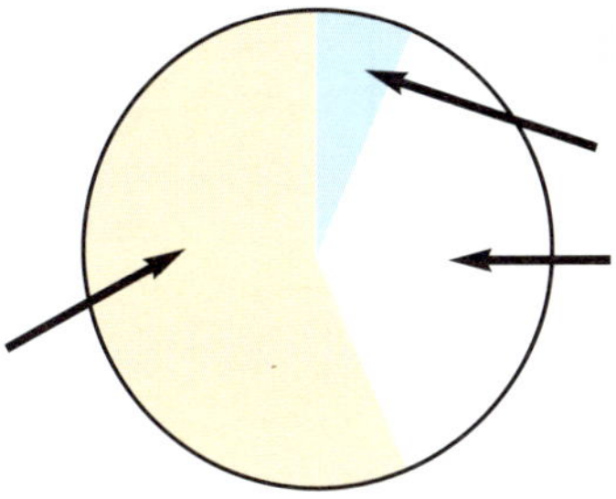

La communication non verbale

Véhicule des messages exprimés par les moyens suivants : le sourire, le regard, les gestes, la voix, le vocabulaire la tenue vestimentaire et corporelle.

Le sourire

Le sourire est primordial dans l'hôtellerie et la restauration comme en témoigne ce vieux proverbe chinois :

"L'homme qui ne sait pas sourire ne devrait pas tenir boutique"

Le sourire est une marque muette de bienvenue, qui calme et valorise la client. Il signifie :

➤ *"... Je suis heureux de vous recevoir...",*

➤ *"... Soyez le bienvenu "*

➤ *"... Je vous remercie d'avoir choisi notre établissement..."*

➤ *"... Je suis heureux de vous rendre service ...".*

Le climat de détente engendré par le sourire permet de créer un climat de confiance pour le client. Bien sûr le "sourire commercial" figé, crispé ne donne pas du tout le même résultat. Le sourire doit être naturel, spontané, c'est le rayonnement du cœur et de l'esprit.

Le regard

Le regard est un canal de communication qui établit le "contact" entre deux personnes. Au moment de la prise de contact, c'est le regard qui va créer sur le client une première impression, sympathique ou non.

Regarder un client c'est le reconnaître, même si on ne peut pas s'occuper immédiatement de lui parce qu'on est pris par d'autres clients, un regard souriant permet de rassurer le client, le message étant :

"Je vous ai vu, je fais l'impossible pour vous servir dans les meilleurs délais".

Les gestes

Les gestes traduisent et renforcent les messages que nous exprimons, ils doivent être naturels, spontanés afin d'exprimer la conviction et non l'ennui ou l'hésitation.

En présence des clients :

➤ il faut éviter d'avoir les bras croisés qui marquent une attitude réservée, les poings serrés dénotant l'irritation, la colère.

➤ Il faut préférer des gestes ronds, larges, comme les bras ouverts ou légèrement tendus signifiant l'ouverture d'esprit, des dispositions à l'accueil, la disponibilité pour rendre service.

La voix

La voix est caractérisée par :

Le ton qui doit s'adapter aux circonstances :

➤ pour l'accueil du client la voix s'efforcera d'être chaude, amicale, naturelle.

➤ utiliser un ton bas pour créer un climat de confiance.

➤ le ton sera légèrement plus élevé, la voix plus énergique, pour convaincre lors d'une vente par exemple.

Le débit qui conditionne la bonne compréhension du message : par exemple, une personne âgée appréciera un débit plus lent lui permettant de bien comprendre.

LE VOCABULAIRE

Dans l'accueil à l'hôtel les dix premiers mots sont plus importants que les dix mille qui suivent.

Le langage courant ou usuel combiné à un vocabulaire adapté à la profession est celui qui doit être utilisé dans le domaine professionnel. Il se caractérise par une expression correcte permettant de se faire comprendre clairement.

EN HÔTELLERIE CERTAINS MOTS DOIVENT ÊTRE ÉVITÉS

Les mots négatifs	*"Non..., ne... pas, pas du tout..., impossible..., jamais de la vie etc.".*	Ils créent un climat tendu et négatif pour le client. Il est préférable de poser des questions pour mieux comprendre le client et l'amener à dire " oui". *"Pensez-vous qu'il serait possible...", "Préférez-vous une chambre avec douche ?...*
Les mots agressifs	*"Personnellement j'estime..." "Croyez-en mon expérience..." "Je vais vous prouver que...", Vous avez tort..., c'est faux..."*	Le seul moyen de remporter une victoire dans une discussion, c'est de l'éviter, car l'homme que l'on cherche à convaincre contre son gré, ne changera pas d'avis.
Les mots trop techniques	*Préférez-vous une TWIN ou une DOUBLE ?*	Le client aura du mal à comprendre et sera mal à l'aise pour faire son choix. Sans compter que cela entraîne généralement des discussions interminables.

En résumé :

Les 6 mots les plus importants :	**Que puis-je faire pour votre service ?**
Les 5 mots les plus importants :	**Ai-je fait une erreur ?**
Les 4 mots les plus importants :	**Quel est votre avis ?**
Les 3 mots les plus importants :	**S'il vous plaît ?**
Les 2 mots les plus importants :	**Merci beaucoup**
Le mot le plus important :	**VOUS**
Le mot le moins important :	**MOI**

LA TENUE VESTIMENTAIRE ET CORPORELLE

La tenue vestimentaire et corporelle du personnel fait partie des premières impressions du client lorsqu'il pénètre dans un établissement, d'où l'attention particulière à porter sur l'aspect des personnes en contact avec le client :

- des vêtements adaptés à la fonction et au style de l'établissement,
- des vêtements fonctionnels, agréables à porter et à regarder,
- des vêtements faciles d'entretien et toujours propres, les chaussures en bon état, cirées,
- les vestes, pantalons, jupes doivent être propres, ne pas être déformés par des poches trop pleines avec tous les boutons bien cousus,
- les mains et les ongles propres et soignés,
- les cheveux doivent être d'aspect net et coiffés afin de rester en place pendant tout le service,
- pour les hommes le visage doit être rasé de près, la barbe est difficilement compatible avec les métiers de service en hôtellerie,
- le maquillage peut être discret tout en mettant la personne en valeur,
- pour les femmes les parties des jambes visibles doivent être épilées, les collants discrets ne doivent pas avoir "filés",
- le parfum fait partie des soins du corps mais celui-ci doit rester très discret,
- le port des bijoux doit rester limité (alliance, montre) et en tout cas être discret.

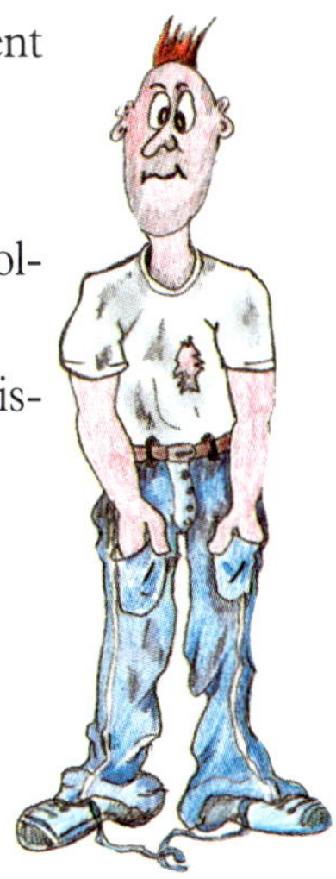

**La propreté
est le témoin du respect
de soi-même
et du client.**

Les différentes phases de l'accueil : une démarche relationnelle

Pour faciliter l'analyse de la qualité de l'accueil et du service, nous considérerons que tout échange entre le client et l'hôtelier constitue un processus relationnel qui peut être décomposé en quatre étapes :

1ère étape prendre **C**ontact : pour accueillir, se présenter,

2ème étape prendre en **C**harge : pour comprendre la demande qui est faite ou exprimer une demande, échanger des informations, proposer une solution adaptée.

3ème étape assurer la **C**ontinuité : pour argumenter, adopter une solution, formuler un accord.

4ème étape prendre **C**ongé : pour remercier, saluer.

La réussite successive de chacune de ces étapes est indispensable pour atteindre l'objectif final de la relation

Cette méthode des quatre **C** est applicable pour chaque relation conditionnée par un objectif à atteindre, par exemple :

- Réussir le prise de réservation d'une chambre par téléphone,
- Réussir l'accueil d'un client qui arrive à l'hôtel,
- Réussir une vente additionnelle (repas, garage etc.)
- Réussir à renseigner un client sur un horaire de transport,
- Réussir à satisfaire un client posant une réclamations,
- Réussir le départ d'un client.

Aborder les relations avec la clientèle selon cette méthode permet de fixer les objectifs à atteindre, d'être constant et efficace lors des contacts, d'améliorer les attitudes et le langage.

A titre d'exemple la situation **"Répondre au téléphone"** sera analysée dans le paragraphe suivant.

L'accueil au téléphone

Communiquer au téléphone

L'accueil téléphonique est caractérisé par un échange uniquement verbal sans le secours des regards, des mimiques, des gestes qui nuancent les paroles.

Une bonne relation dans la communication téléphonique résulte de la combinaison harmonieuse de plusieurs éléments :

La voix :

il est inutile de parler plus fort que d'habitude, mais il est indispensable d'articuler nettement et de parler plus lentement.

L'attitude physique :

la voix change selon la position du corps, une bonne tenue donne une voix nette. Les gestes ou mouvements intempestifs pour attraper un crayon, un papier, appeler quelqu'un, s'entendent.

Le sourire " s'entend " au téléphone, il rend la voix plus chaude et plus sympathique

L'expression et le ton :

Le sens des mots employés doit être bien maîtrisé afin de donner une forme correcte au message émis. Le ton laisse transparaître les sentiments : impatience, disponibilité, embarras, colère, vivacité, nonchalance, gaieté, indifférence etc..

Au téléphone l'indifférence peut être perçue de façon négative, le manque de chaleur risque de passer pour de la froideur, sinon de l'agressivité.

Le ton est souvent contagieux, morosité ou amabilité deviennent facilement communicatives.

Le contenu du message :

C'est l'information à transmettre, pour cela il est nécessaire de réunir tous les éléments utiles pour poser des questions ou fournir des renseignements précis.

Par exemple une fiche de commande pour prendre une réservation (cf chapitre 9 : la fonction réservation).

Analyse de la situation : répondre au téléphone

ETAPES	ACTIONS	CONSEILS
Etape 1 **Prendre Contact**	Décrocher à la 3ème sonnerie au plus tard	Interrompre toute conversation en cours
	Se présenter immédiatement.	*"Hôtel Trimaran, Cécile Dorin, Bonjour"*
Etape 2 **Prendre en Charge**	Identifier le correspondant et le saluer.	*"Bonjour Madame Jordan que puis-je faire pour vous ?"*
	Ecouter la demande du client.	*"Oui je comprends..." ; " Bien sûr..."*
	Questionner pour obtenir des précisions.	*"Votre séjour a lieu à quelle date ?"*
	Reformuler pour s'assurer de la bonne compréhension de la demande.	*" Vous pensez arriver vers 18 heures"*
Etape 3 **Assurer la Continuité**	Apprécier l'intérêt de l'appel.	Pour traiter le problème en direct ou mettre en communication avec la personne compétente.
	Prendre un message en cas d'absence du destinataire.	Pour éviter les oublis, utiliser un imprimé ad hoc.
	Faire une offre de service, proposer une solution répondant à la demande du client.	*"Notre mini-bus est disponible sur simple appel de votre part"*
	Obtenir l'accord du client.	*"Pouvez-vous confirmer par fax ?"*
Etape 4 **Prendre Congé**	Récapituler le résultat de l'entretien.	*Vous pouvez compter sur nous samedi à 18 heures 30"*
	Saluer et remercier le client.	*"Merci de votre appel, à bientôt Monsieur Bontan"*

sur le vif

Quelques phrases au téléphone pour :

Accueillir

" Hôtel Trimaran bonjour."
"Bienvenue à l'hôtel Trimaran".
"Hôtel Trimaran, Sophie à votre service, bonjour".

Faire patienter

"Merci de rester en ligne."
"Préférez-vous rester en ligne ou rappeler dans quelques instants ?"
"Monsieur Bosco est occupé pour l'instant, à quel numéro pouvons-nous vous rappeler?"
"Je vous mets en communication avec Monsieur Cabestan"

Informer

"C'est à quel sujet?"
"En quoi puis-je vous aider ?"
"Avez-vous de quoi noter ?"
"A quelle adresse puis-je vous envoyer ce document ?"
"Monsieur Genois est sorti, souhaitez-vous laisser un message ?"
"Toutes nos chambres sont occupées ce soir, souhaitez-vous faire une réservation pour une autre date ?"

Demander le nom

"A quel nom dois-je faire la réservation ? "
"Je crains de mal orthographier votre nom, pouvez-vous me l'épeler s'il vous plaît ?"
"Qui dois-je annoncer ?"

Prendre congé

"Ce sera fait, vous pouvez compter sur moi."
"Je vous remercie d'avoir appelé, je vous souhaite une très bonne journée."
"Merci de votre réservation, à bientôt le plaisir de vous recevoir."
"Merci de votre confiance."

Prendre un message

"Voulez-vous laisser un message ?"
"Voulez-vous qu'il vous rappelle ?"
"A quel numéro peut-on vous joindre ?"
"Soyez tranquille, nous ferons le nécessaire."
"Il aura votre message dès son retour."

Traiter les réclamations des clients

Les réclamations sont l'expression plus ou moins intense d'une revendication, fondée ou non, sincère ou non, issue d'un besoin non satisfait.

Le client a-t-il toujours raison ?

Pas toujours bien sûr, mais la véritable question n'est pas là.
L'important est de savoir s'il vaut la peine de lui donner raison.
Et là il faut répondre par l'affirmative.

RESTER CALME

- Il est rare qu'un client fasse calmement une réclamation.
- Sourire et rester maître de soi est le seul moyen de calmer le client.
- Faire asseoir le client... car il est plus difficile de se fâcher assis !

ÉCOUTER

- Surtout ne pas lui couper la parole.
- Compatir sincèrement et le laisser "vider son sac"
"Je me mets à votre place..."
"Vous faites bien d'attirer mon attention sur ce point..."

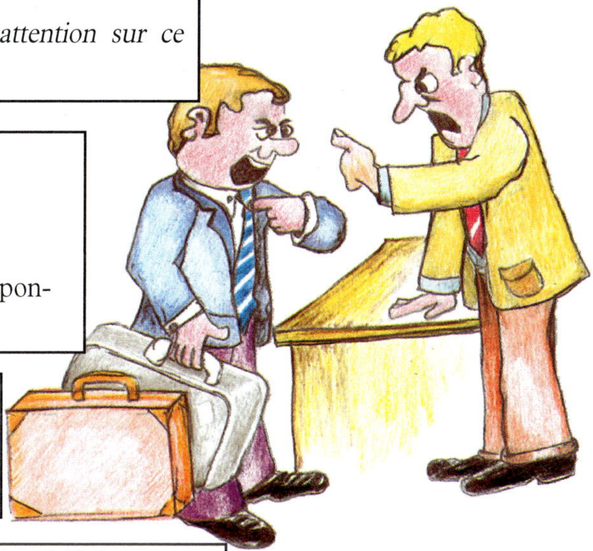

QUESTIONNER

- Pour l'aider à bien tout dire :
"Qu'est-ce qui ne vas pas ?"
"Quel est le problème ?"
"Puis-je vous aider ?"
- Pour établir avec précision les responsabilités

REFORMULER

- Pour faire sentir au client que sa réclamation est prise en charge :
"Je comprends, le café de votre petit déjeuner n'était pas bon".

EXPLIQUER

- Rapidement et reconnaître sa responsabilité.
- Présenter des excuses.
- Ne pas chercher à se justifier.
- Ne pas mettre en cause un collègue.

PROPOSER UNE SOLUTION

- En fonction de ce qui est possible demander au client sa solution et chercher avec lui un arrangement aimable.
- Ne promettre que ce que l'on peut tenir.
- Faire formuler un accord sur la solution retenue.

CONCLURE AIMABLEMENT

- Remercier le client de vous avoir fait part du problème qu'il a rencontré.
- S'assurer par la suite que le client est satisfait.

Les réclamations doivent inciter l'hôtelier à réfléchir sur la bonne qualité du produit et des services de son établissement.

Accueillir la clientèle internationale

Les informations contenues dans ce tableau n'ont qu'un caractère indicatif destinées à personnaliser l'accueil de la clientèle étrangère.

Ces données permettent de mieux appréhender le comportement et les habitudes des visiteurs étrangers mais attention toutefois de ne pas en faire trop rapidement des stéréotypes. La clientèle étrangère apprécie l'art de vivre français et vient aussi chercher un peu de dépaysement.

TYPES DE CLIENTÈLE	US ET COUTUMES	HÉBERGEMENT	PETIT DÉJEUNER
 Allemande	**Personnalité :** discrets, rigoureux, ponctuels et respectueux de l'environnement **Comportement :** Poignée de mains habituelle. Voix plus élevée. N'expriment pas toujours leur mécontentement.	**Chambre :** lits jumeaux ou grands lits avec deux matelas ; oreillers, couette **Sanitaires :** complet, toilettes séparées.	A partir de 7 heures Pain complet, céréales, charcuterie, œufs, fromage, beurre, confiture. Café, jus de fruits
 Britannique	**Personnalité :** sens de l'humour. Discrets, pragmatiques, traditionalistes. **Comportement :** Poignée de main seulement lors de la première rencontre. Flegmatiques, courtois, soigneux, indépendants. Madame ou monsieur est toujours suivi du nom de famille	**Chambre :** Préfèrent les oreillers aux traversins. Sont habitués aux draps, couvertures ou couettes **Sanitaires :** Le bain est préféré à la douche. N'utilisent pas le bidet. Prévoir un équipement pour le thé (tea-maker)	Entre 7 h 30 - 8 h 30 Copieux avec toasts, céréales, œufs au plat ou à la coque, beurre confiture, bacon, saucisses. Thé, lait, café, jus d'oranges
 Espagnole	**Personnalité :** Accueillants, francs, fiers, orgueilleux, indisciplinés, sens de la fête. **Comportement :** Dialogues directs, distance rapprochée entre deux interlocuteurs. Voix plus élevée Tutoiement facile	**Chambre :** Grands lits, draps et couvertures **Sanitaires:** Bain ou douche, Utilisent le bidet	8 h. - 9 heures Rien ou à la française ou beignet, jambon, Chocolat chaud, café A 11 h "en-cas" Café tapas
 Italienne	**Personnalité :** exubérants, conviviaux, fantaisistes, imprévisibles **Comportement :** contacts spontanés. Voix élevée, tutoiement. Poignée de main habituelle. Formules de courtoisie nombreuses.	**Chambre :** grand lit, draps, couvertures, oreillers. Préférence pour les chambres avec lits d'enfants ou chambres communicantes **Sanitaires :** bidet très utilisé	8 h. - 9 heures Léger : rien ou petits pains, croissants, brioche sans beurre. Café, thé, expresso, cappuccino.

TYPES DE CLIENTÈLE	US ET COUTUMES	HÉBERGEMENT	PETIT DÉJEUNER
Américaine 	Personnalité : conviviaux, pragmatiques aimant l'innovation. Comportement : Rapports très directs, contacts faciles. Décontractés Poignée de main réservée au milieu professionnel. La critique normale ne doit pas blesser.	Chambre : grand lit, oreiller rectangulaire. Sanitaires : douche, baignoire, WC, pas de bidet Equipement : adaptateur aux prises US. Chaînes TV internationales. Climatisation avec possibilité de réglage. Distributeur de boissons fraîches ou frigo, sachets de biscuits	7 h - 8 heures. Copieux : Saucisses, œufs, yaourts aromatisés, céréales, fruits, toasts. Jus d'oranges, café au lait, thé
Japonaise 	Personnalité : aiment l'ordre et l'exactitude, la propreté. Détestent l'imprévu. Comportement : Saluent en s'inclinant, la poignée de main est rare. Eviter le regard direct ou l'expression directe de son mécontentement jugé impoli. Ne jamais élever la voix.	Chambre : lits jumeaux, couvertures draps ou couettes, oreillers. Propreté irréprochable Sanitaires : baignoire (eau très chaude), brosse à dents et pâte dentifrice, peignoir. Equipement : distributeur de boissons fraîches ou frigo, sachets de biscuits. Chaînes TV internationales	Entre 6 h et 8 h. A l'anglaise ou continental assez couramment. Petit déjeuner traditionnel : riz, soupe de soja, algues séchées, œuf cru, poisson séché ou grillé, légumes. Café

Chapitre 9

La Fonction Réservation

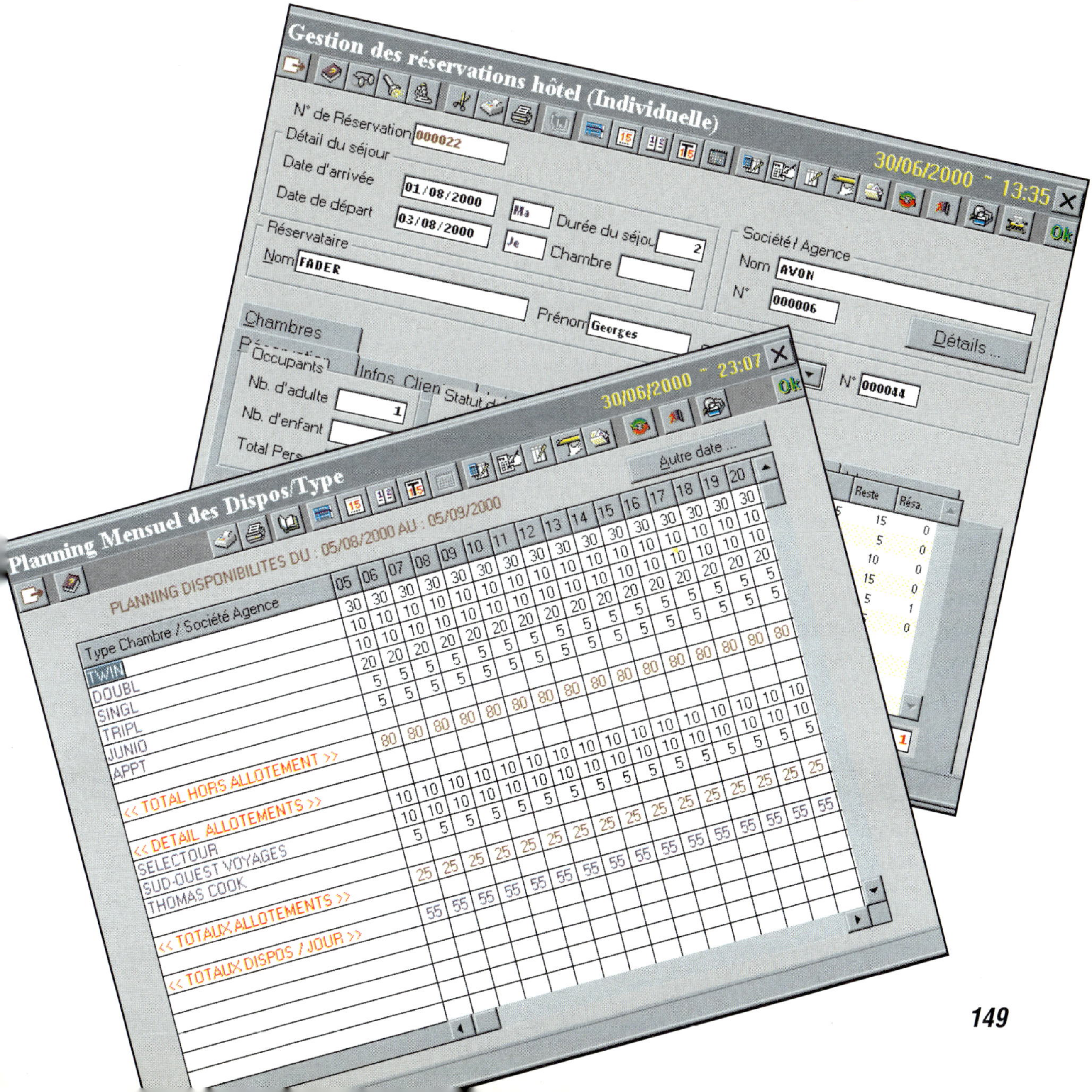

La Fonction réservation

chapitre 9

Pourquoi réserver ?

Qui réserve ?

Comment réserver

La procédure de réservation de chambre : client individuel

Réservation de chambres pour la clientèle de groupe

La gestion des réservations

L'organisation des réservations à l'hôtel devient un véritable enjeu économique pour l'hôtelier.

L'équipe des réservations assure une fonction " carrefour " au sein de l'entreprise.

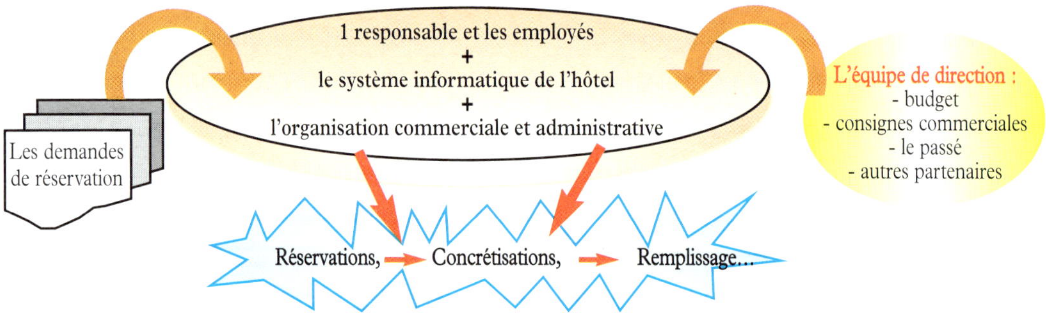

Pourquoi réserver ?

La fonction réservation est le point de départ de toute l'activité hébergement ; elle requiert une organisation méthodique, depuis l'arrivée des données jusqu'à leur archivage, en passant par l'exploitation des informations.

L'évolution du tourisme et le développement des moyens de transport favorisent les échanges, les déplacements et ont promu l'hôtellerie au rang d'industrie.

Très souvent, les voyageurs peuvent se présenter à toute heure du jour, avec l'espoir de trouver une chambre pour une ou plusieurs nuits. Les formalités de la réservation apparaissent donc inutiles.

Il en va tout autrement si le client souhaite se loger :

- pendant une période de pleine saison ou de manifestations importantes (expositions, salons, festivals)
- en retrouvant la chambre qu'il occupe habituellement et dont il a auparavant apprécié la superficie, le calme ou l'aménagement
- afin de pouvoir fixer à l'avance ses rendez-vous d'affaires.

Pour les deux partenaires, la réservation répond à un besoin de sécurité :

- pour le client, l'assurance de pouvoir se loger,
- pour l'hôtelier, la certitude d'une occupation maximale de ses chambres.

La gestion rigoureuse des réservations permet :

- de donner pleinement satisfaction au client,
- de vendre les chambres de façon optimale,
- de planifier l'activité des différents départements de l'entreprise (étages, réception, restaurant...),
- de prospecter auprès des agences et autres organismes de tourisme afin de commercialiser l'établissement.

Toutes ces raisons justifient l'importance de la fonction réservation dans les hôtels, quelle que soit leur capacité ou leur catégorie.

Qui réserve ?

Le client qui désire réserver une chambre peut le faire lui-même auprès de l'hôtelier ou bien charger un intermédiaire d'effectuer la réservation.

La demande directe

Cette catégorie concerne la clientèle individuelle privée et les sociétés qui n'utilisent pas d'intermédiaire pour réserver les services hôteliers

Les intermédiaires

Il s'agit de prescripteurs de services hôteliers auprès d'une clientèle privée individuelle et d'une clientèle de groupe. Ces intermédiaires représentent plus de 70 % des réservations.
Cette catégorie comprend principalement (cf chapitre 5) :

- **Le voyagiste ou tour-opérator** : entreprise commerciale fabriquant des produits touristiques qui incluent des prestations hôtelières.

Le voyagiste édite un catalogue des différents forfaits, séjours, voyages qu'il propose à travers les réseaux d'agences de voyages

- **L'agent de voyages** : il est intermédiaire prestataire ou revendeur de produits touristiques fabriqués par les voyagistes.
- **Les compagnies aériennes** qui réservent par le biais de leur propre centrale de réservation.
- **Les sociétés de services sur l'Internet** qui permettent à des hôtels indépendants d'accéder à Internet.
- **Les centrales de réservation** : organismes qui gèrent les demandes et les offres de chambres grâce à de puissants réseaux informatisés. Pour l'hôtelier qui adhère à une centrale c'est une possibilité supplémentaire de promouvoir son établissement et de réaliser un bon taux de remplissage des chambres.

SCHÉMA DU FONCTIONNEMENT D'UNE CENTRALE DE RÉSERVATION

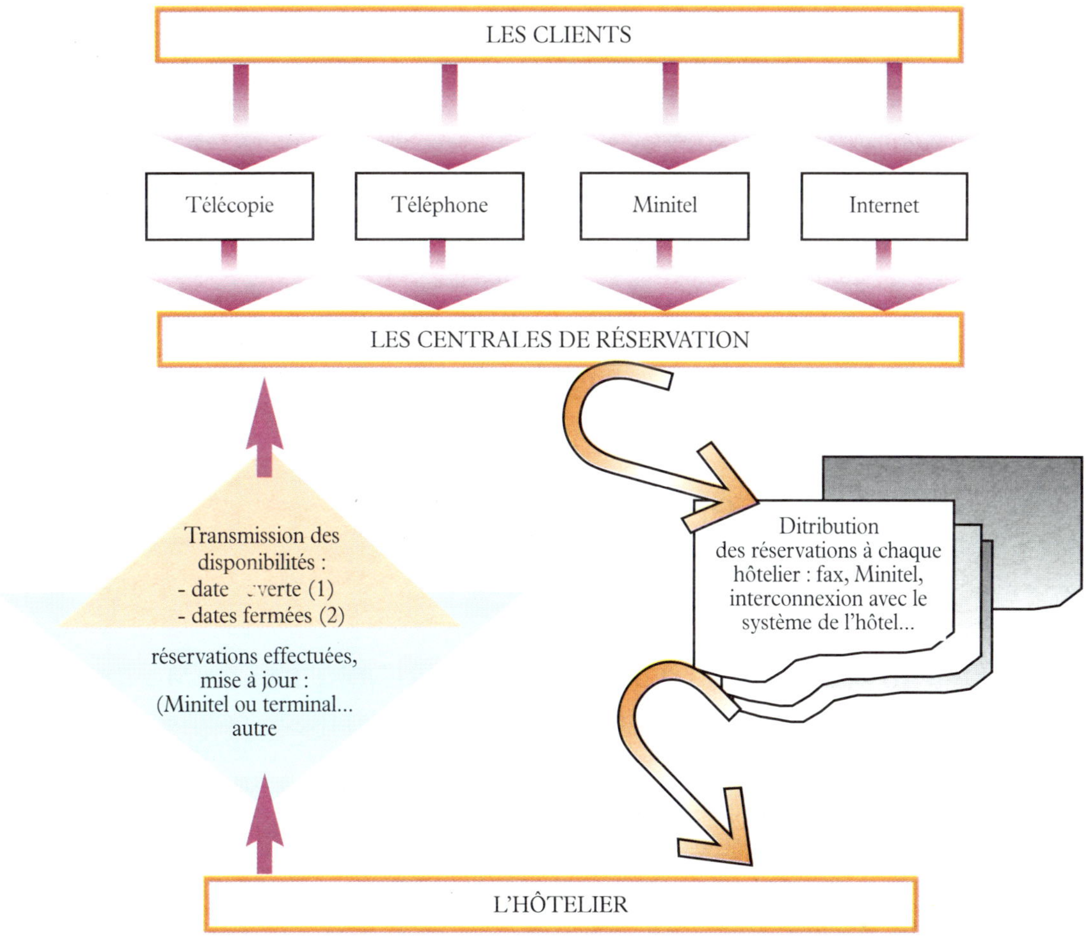

Comment réserver ?

LES MODES DE RÉSERVATION

Les contacts entre le client et l'hôtel peuvent s'effectuer soit oralement, soit par écrit, soit par télématique.
Voici les modes utilisés le plus couramment :

La visite

Deux cas de figure : le client se présente à l'hôtel ou bien un attaché commercial rend visite aux clients.

Le contact direct permet de donner aux clients tous les renseignements qu'ils souhaitent et obtenir de leur part une garantie écrite ou un versement d'arrhes.

Le téléphone

C'est le moyen le plus rapide utilisé actuellement.

Ce mode de réservation ne présente aucune garantie contractuelle pour les deux parties ; la confirmation écrite avec versement d'arrhes est indispensable dans la mesure où les délais le permettent.

Pour dynamiser ce mode de réservation, l'hôtelier peut souscrire un abonnement pour des lignes téléphoniques dont la tarification est avantageuse pour le client. *Voir encadré.*

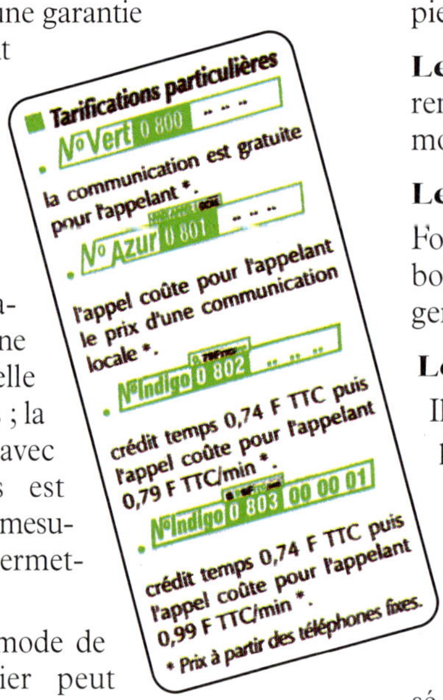

La lettre

La lettre est un bon moyen pour communiquer avec le client ; il présente les garanties nécessaires à la réservation et permet de promouvoir les ventes en joignant des supports publicitaires.

La télécopie ou fax

Permet de transmettre à distance, en quelques secondes, des documents écrits de toutes sortes (pages dactylographiées ou manuscrites ou plans) à partir de terminaux simples (les télécopieurs), sur le réseau téléphonique.

Le télex : de moins en moins utilisé, il est remplacé par le fax bien que ce dernier offre moins de garantie en cas de litige.

Le bon d'agence ou voucher

Fournis et envoyés par les agences de voyages, ces bons attestent d'un accord entre l'hôtelier et l'agence.

Le Minitel

Il est utilisé par les agences et les particuliers pour réserver auprès des centrales de réservation.

Le courrier électronique ou e-mail via Internet (cf chapitre 13 : La communication professionnelle)

L'Internet : moyen de plus en plus utilisé par les particuliers, les entreprises et les agents de voyages. La réservation se fait soit directement auprès de l'hôtelier soit par l'intermédiaire d'une centrale de réservation ou d'une société de services (cf chapitre 5).

La procédure de réservation de chambre : client individuel

EVALUER LES DISPONIBILITÉS

La consultation des plannings journaliers et mensuels permet de visualiser à tout moment les disponibilités.
Le tenue de ces plannings est expliquée dans le paragraphe “ Enregistrer la commande ” ci-après

PRENDRE LA COMMANDE

La qualité de la prise de commande conditionne le bon déroulement de l'accueil des clients le jour de leur arrivée et permet de gérer efficacement le planning d'occupation des chambres. Quel que soit le mode de réservation utilisé par le client il est indispensable d'établir une **fiche de réservation.**

La fiche de réservation

Le formulaire **fiche de réservation** est utilisé aussi bien pour prendre une réservation que pour la modifier ou l'annuler.

Qu'elle soit remplie manuellement ou saisie à l'écran d'un ordinateur la **fiche de réservation** comporte les zones de renseignements suivantes :

- les modalités de séjour (**en jaune sur l'exemple**)
- les coordonnées du client (**en bleu sur l'exemple**)
- Les conditions de réservation, de facturation avec les cordonnées de l'intermédiaire éventuel : société, agence, autre…(**en rose sur l'exemple**).
- Les informations pour les services internes de l'hôtel.

Les rubriques doivent être disposées en tenant compte du déroulement logique de la prise de commande afin d'éviter les oublis et d'accélérer la procédure.

La consultation du fichier cardex (manuel ou informatisé) permet de compléter la fiche s'il s'agit d'un client qui a déjà séjourné à l'hôtel (cf chapitre 10 "La fonction réception").

Cette **fiche de réservation** sera également utilisée pour modifier ou annuler une réservation.

Hôtel TRIMARAN BIARRITZ

Fiche de réservation

☒ Réservation ❒ Modification ❒ Annulation

Nom : *Estran Mr et Mme*
Adresse : *Rue des Pontons*
Code Postal : *64000* Ville : *Pau*
Tél. : *0559843226* Fax : */*

Intermédiaire : /
Facturation à : *Sté Moby Dick*
Bd Ferasse 64000 Pau
Tél. : *0559345000* Fax : *0559345001*

Tarif appliqué : *840, 00* FRF
128, 00 Euros

☒ Option
Date de rétrocession : *7 juin 20 - -*
❒ Confirmée le
Arrhes : FRF Euros
Versées le
❒ Lettre ❒ Fax
N° CB
Date d'expiration :

Arrivée le : *26 juin 20 - -*
Heure d'arrivée prévue : *26 juin 20 - -*
Durée du séjour : *3* Nuit(s)
Départ le : *29 juin 20 - -*

Nombre de personnes : *3*

Nombre chambres	1	1	
Catégorie	ODWC	XDWC	
FUMEURS (entouré)	NON ~~FUMEURS~~		
N° CHAMBRE(S)			

OBSERVATIONS :
petit chien

Réservation reçue le : *2 juin* par *Jean Vert*
Mode de réservation : *Téléphone* Enregistrée ☒ Contrôlée :

La confirmation de la réservation au client

On peut considérer qu'une réservation est ferme, lorsque l'hôtelier reçoit du client une lettre, une télécopie, des arrhes, ou son numéro de carte bancaire.

L'hôtelier doit accuser réception de la réservation en rappelant les modalités du séjour et dans certains cas joindre de la documentation sur l'hôtel voire la région d'implantation.

ENREGISTRER LA COMMANDE

Les plannings prévisionnels de réservation

La **fiche de réservation** étant remplie, il est nécessaire de planifier les réservations afin de connaître à tout instant les disponibilités de l'hôtel pour les jours et les mois à venir.

Il existe différents types de planning. Leur utilisation dépend de la structure et du caractère de l'établissement :

- hôtel de grande ou de petite capacité
- chambres de confort identique ou non
- établissement saisonnier ou permanent.

Le planning prévisionnel de réservation par numéro de chambre

Il convient parfaitement aux établissements de moins de 50 chambres à caractère saisonnier et dont le confort et l'orientation des chambres sont très diversifiés.

Ce type de planning permet de faire une gestion individualisée des chambres et des besoins des clients. Par contre son utilisation est fastidieuse voire impossible pour des établissements de grande capacité.

Le support utilisé peut être une simple feuille de papier, un planning métallique avec des fiches ou des bandes de papier interchangeables.

Utilisation : Le nom du client et la période de réservation sont inscrits directement sur le planning afin de " bloquer " les chambres louées pour la durée du séjour prévue.

Hôtel TRIMARAN BIARRITZ — **Mois de** *juillet*

Planning de réservation par numéro de chambre

N° chambre	Confort et orientation		Prix chambre Euros	1	2	3	4	5	6	26	27	28	29	30	31
101	XDWC	rue	60,00 €	Leroux						Estram					
102	XXBWC	mer	70,00 €		Arte										
103	ODWC	rue	68,00 €			Mulet				Lazou					
104	OXBWC	mer	76,00 €												
201	XDWC	rue	60,00 €	Halebas											
202	XXBWC	mer	70,00 €												
203	ODWC	rue	68,00 €	Astorg											
204	OXBWC	mer	76,00 €												
301	XDWC	rue	60,00 €												
302	XXBWC	mer	70,00 €												
303	ODWC	rue	68,00 €												
304	OXBWC	mer	76,00 €												

M.Lazou a réservé une chambre pour 3 nuits, équipée d'un grand lit, d'une douche et toilettes donnant sur la rue.

M.Astorg arrive le 1 et repart le 4 juillet (3 nuits)

Légende : XDWC 1 lit d'une personne avec douche et toilettes
XXBWC 2 lits d'une personne avec bain et toilettes
ODWC 1 grand lit pour 2 personnes avec douche et toilettes
OXBWC 1 lit d'une personne + 1 grand lit pour 2 personnes avec bain et toilettes

1 euro = 6,55957 francs français

Le planning prévisionnel de réservation par type de chambre

Ce type de planning est utilisé pour les hôtels de grande capacité.

Dans ce cas les chambres sont regroupées par type selon leur équipement.

Par exemple :

- type n° 1 chambre pour 2 personnes équipée d'1 grand lit et d'une salle de bains W.C.
- type n° 2 : chambre pour 2 personnes équipée de 2 lits jumeaux et d'une salle de bains W.C.
- type n° 3 : chambre pour 3 personnes équipée de trois lits d'une personne et d'une douche W.C. etc..

La gestion de ce planning doit permettre de connaître rapidement le nombre de chambres disponibles par type de chambres et selon les périodes demandées.

- Pour optimiser la gestion de ce type de planning, les hôtels de plus de 80 chambres ont recours à l'informatique.

Les réservations sont enregistrées dans l'ordinateur. Il est possible ensuite de visualiser les plannings aux dates souhaitées faisant apparaître : les chambres occupées, réservées avec option, réservées fermes, les contingents (allotement) alloués aux voyagistes(tour operator) etc..

Avec ce type de planning, l'affectation du numéro de chambre se fait le jour de l'arrivée du client selon les disponibilités qui seront confirmées par la gouvernante.

Exemple de planning de réservation par type de chambre réalisé avec un logiciel informatique

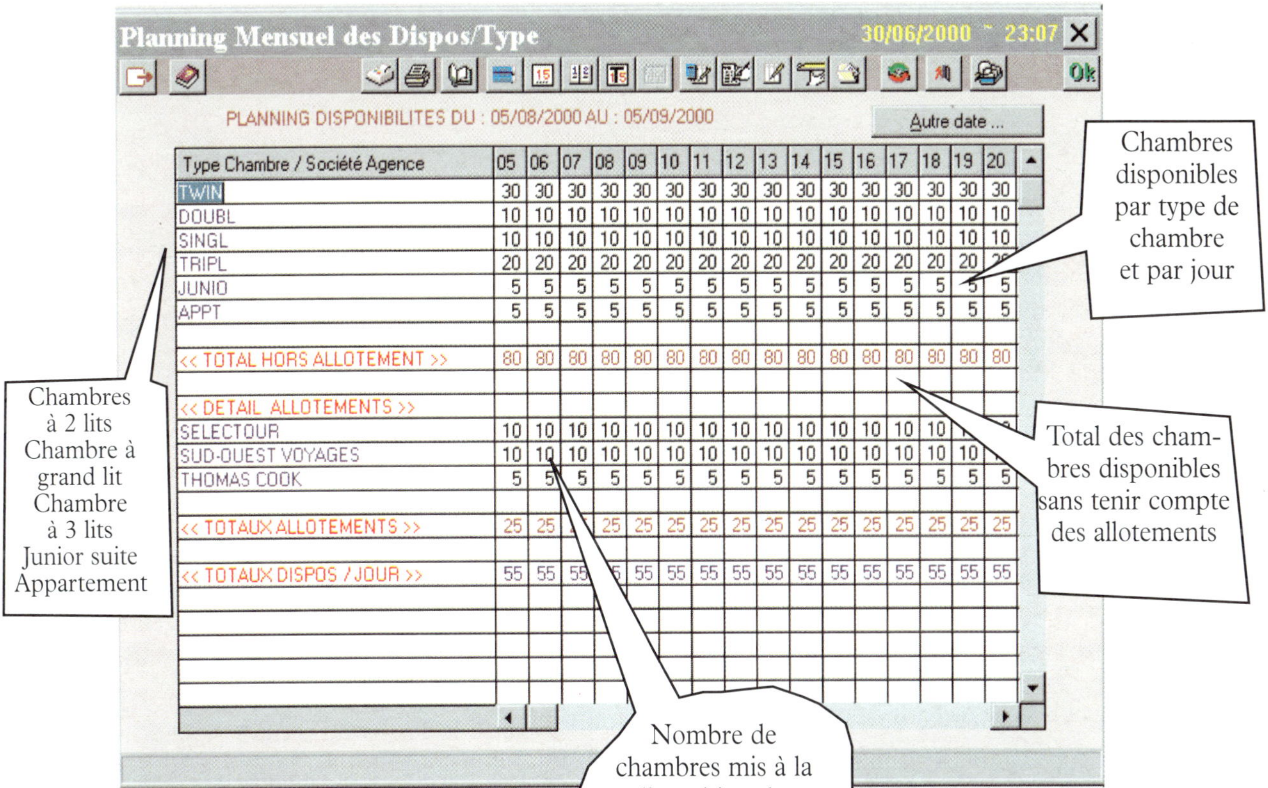

Type Chambre / Société Agence	05	06	07	08	09	10	11	12	13	14	15	16	17	18	19	20
TWIN	30	30	30	30	30	30	30	30	30	30	30	30	30	30	30	30
DOUBL	10	10	10	10	10	10	10	10	10	10	10	10	10	10	10	10
SINGL	10	10	10	10	10	10	10	10	10	10	10	10	10	10	10	10
TRIPL	20	20	20	20	20	20	20	20	20	20	20	20	20	20	20	[illegible]
JUNIO	5	5	5	5	5	5	5	5	5	5	5	5	5	5	5	5
APPT	5	5	5	5	5	5	5	5	5	5	5	5	5	5	5	5
<< TOTAL HORS ALLOTEMENT >>	80	80	80	80	80	80	80	80	80	80	80	80	80	80	80	80
<< DETAIL ALLOTEMENTS >>																
SELECTOUR	10	10	10	10	10	10	10	10	10	10	10	10	10	10	[illegible]	[illegible]
SUD-OUEST VOYAGES	10	10	10	10	10	10	10	10	10	10	10	10	10	10	10	[illegible]
THOMAS COOK	5	5	5	5	5	5	5	5	5	5	5	5	5	5	5	5
<< TOTAUX ALLOTEMENTS >>	25	25	[illegible]	25	25	25	25	25	25	25	25	25	25	25	25	25
<< TOTAUX DISPOS / JOUR >>	55	55	55	[illegible]	55	55	55	55	55	55	55	55	55	55	55	55

CLASSER LES RÉSERVATIONS

L'ensemble des documents relatifs à une réservation constitue le **dossier du client**.

Les dossiers sont classés par **ordre chronologique** c'est-à-dire par date d'arrivée et pour chaque date par **ordre alphabétique**.

Ce type de classement permet de retrouver facilement une réservation en cas de besoin pour une modification ou une annulation

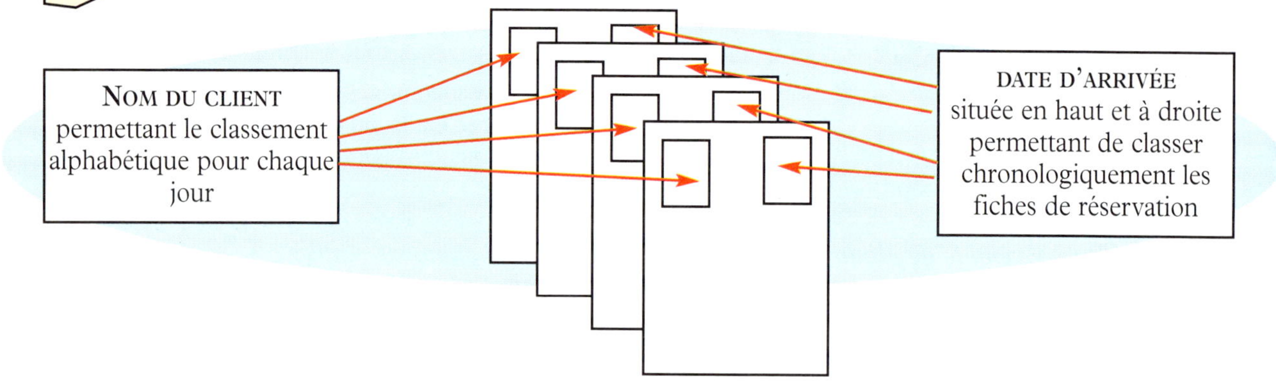

MODIFIER, ANNULER UNE RÉSERVATION

Les modifications et annulations sont possibles en fonction du délai qui reste à courir avant la date d'arrivée. Si l'hôtelier estime qu'il n'a pas le temps de relouer les chambres, il peut refuser ou retenir les arrhes versées à titre de dépôt de garantie. (voir paragraphe sur les arrhes dans ce chapitre).

Délais d'annulation généralement admis :

- 7 jours pour un hôtel en ville
- 14 jours en basse saison pour un hôtel en zone touristique
- 1 mois en haute saison

Les modifications

En cas de modification de réservation, la procédure est la suivante :

➤ établir une fiche de réservation en cochant l'option ❐ MODIFICATION, ou rectifier directement la fiche de réservation,

➤ mettre à jour les plannings d'occupation,

➤ joindre la modification au dossier du client et le reclasser.

Les annulations

La procédure est la suivante :

➤ établir une fiche de réservation, en cochant l'option ❐ ANNULATION, ou rectifier directement la fiche de réservation,

➤ sortir le dossier du client,

➤ mettre à jour les plannings d'occupation,

➤ transférer le dossier du client dans un classeur "ANNULATIONS".

Réservation de chambres pour la clientèle de groupe

ORGANISATION INTERNE

Dans les hôtels de grande capacité, la réservation des groupes est souvent rattachée à la fonction commerciale, car dans 90 % des cas la commande émane d'un intermédiaire (Voyagiste et agents de voyages). Pour chaque intermédiaire un contrat spécifique est négocié, les tarifs sont souvent différents d'un intermédiaire à l'autre et le montant des commissions peut varier du simple au double.

L'attaché commercial " chargé des groupes " au sein de l'établissement occupe un poste important car ce secteur d'activité génère souvent 60 % du chiffre d'affaires hébergement en période creuse. Ce poste est généralement occupé par un chef de brigade qui a les capacités commerciales requises et un bon sens de l'organisation.

Cependant l'attaché commercial " chargé des groupes " gère habituellement uniquement les groupes " tourisme " ou " équipages ". Dès qu'il s'agit de clientèle d'affaires (séminaire, location de salle ...), c'est le responsable du secteur banquets et conférences qui va négocier le prix de la chambre en fonction du chiffre d'affaires que représente la partie restauration. Le responsable des banquets s'informe des disponibilités de l'hôtel et ajustera le prix en fonction de la situation du planning d'occupation. Voir la méthode Yield Management au chapitre 5.

PROCÉDURE DE RÉSERVATION

Le déroulement de la procédure pour la réservation d'un groupe de clients suit le même processus que pour le client individuel.

- Evaluer les disponibilités
- Prendre la commande
- Enregistrer la commande
- Classer le dossier du client
- Mettre à jour ponctuellement les informations contenues dans ce dossier.

Cependant une réservation de clients en groupe comporte certaines spécificités qui entraînent l'élaboration d'une fiche de réservation plus complète afin d'enregistrer les réponses aux questions suivantes :

• Quel est l'organisme intermédiaire : agents de voyages, société, comité d'entreprise, autocaristes, tour-opérator ?

• Quelles sont les prestations à facturer à l'organisme qui règle la note ?

• Les extra sont-ils facturés directement à chaque client ?

• Le prix établi est-il par personne ou par chambre ?

• Y a-t-il des gratuités de prévues pour le chauffeur, les accompagnateurs ?

• Les prestations commandées sont-elles commissionnées ?

• La demande de réservation fait–elle partie d'un contrat de contingent ? (allotement)

• De quel type d'arrangement bénéficie le client ? chambre et petit déjeuner, ½ pension, pension complète, forfait résidentiel ? (Etablir une fiche de liaison pour les services de restauration)

• Quels sont les noms des clients qui occuperont les chambre ? (Etablir la rooming list)

Le contingent ou allotement est une accord passé entre un prestataire de service (agence, tour-opérator) et l'hôtelier qui met à sa disposition un quota de chambres que celui- pourra vendre à sa clientèle pendant une période définie. La période est assujettie d'une date de rétrocession : c'est l'échéance à laquelle le prestataire remet à la disposition de l'hôtelier les chambres qu'il n'a pas vendues dans ses réseaux de distribution.

Pour éviter de gros déboires et des conflits ultérieurs en cas d'annulation ou de modification importantes dans la réservation, l'hôtelier doit faire signer un **contrat de réservation** à son client qui indique les conditions générales de vente. Les rubriques essentielles du **contrat de réservation** sont :

➤ Coordonnées du prestataire de service : nom, adresse, numéros de téléphone etc.

➤ Les prestations commandées : dates de séjour, nombre de chambres, de personnes, prix etc.

➤ Arrhes : montant et date limite de versement en précisant que seul le versement des arrhes rend définitive la réservation.

➤ Frais d'annulation :

• Annulation moins de 24 heures avant la date de séjour prévue : facturation de (x) % du montant total.

• Annulation 8 jours avant la date prévue : facturation de (y) % ou non restitution des arrhes

➤ Garantie du nombre de chambres :

• Date limite de confirmation,
• Base facturation minimum
• Pourcentage de dédit n'entraînant pas de facturation.

➤ Modalités de paiement.

➤ Règlement en cas de litiges.

Signé par les deux parties, l'hôtelier en conservera un exemplaire dans le dossier du client.

Un code de bonnes pratiques signé entre l'AIHR (L'association Internationale des Hôtels et des Restaurants) et la FUAAV (fédération des Agences de Voyages) définit les relations commerciales entre les hôtels et les agents de voyages. Voir le chapitre 5.

La gestion des réservations

LE CONTRAT D'HÉBERGEMENT

Nature du contrat

La location de chambres étant une activité commerciale, chaque réservation engendre l'ouverture d'un contrat entre l'hôtelier et son client.
Le contrat d'hébergement est :

➤ synallagmatique : il prend appui sur des obligations réciproques,

➤ à exécution successive : il crée des obligations dont l'exécution s'étend sur une durée déterminée ou indéterminée ;

➤ consensuel : il repose sur le consentement des deux parties.

Le contrat peut être verbal ou écrit mais la forme écrite facilite l'administration de preuves en cas de litiges. (voir paragraphe précédent " contrat de réservation ")

Le respect du contrat par l'hôtelier

L'hôtelier doit mettre à la disposition du client les prestations réservées par celui-ci, en respectant les normes de confort et de propreté ainsi que le prix convenu lors de la réservation.

L'hôtelier ne peut pas refuser sans motif valable un client se présentant à la réception pour réserver une chambre sous peine de commettre un délit.

En cas de non paiement de la location, l'hôtelier a sur son client un droit de rétention c'est-à-dire qu'il peut garder les bagages si celui-ci ne paye pas. Il jouit également d'un privilège mobilier sur le prix de vente des bagages, qu'il soit ou non la propriété du client *(cf délit de filouterie : chapitre 12).*

Le respect du contrat par le client

Le client doit user de la chambre avec soin et diligence ; il doit se conformer au règlement intérieur affiché dans la chambre. Le client répond des dégâts qui lui seraient imputables, causés, par sa faute, son imprudence, ou sa négligence.

En contre-partie de l'usage de la chambre, le client s'engage à verser à l'hôtelier le prix de la location et des prestations annexes.

LA GESTIONS DES ARRHES

Ils représentent une somme d'argent versée par le client afin de garantir une réservation de chambre, de repas, de forfaits (séminaires, séjours, etc.).

L'hôtelier doit faire savoir à son client que les arrhes constituent un moyen de dédit. Pour cela deux conditions essentielles doivent être remplies :

- avoir demandé avec précision le montant des arrhes à verser,
- formuler clairement par écrit que les arrhes constituent un moyen de dédit et non pas un acompte.

La formule imprimée sur le courrier au client doit être :

D'après un usage constant de l'hôtellerie, toute réservation s'accompagne d'un versement d'arrhes constituant un moyen de dédit. Les sommes versées à ce titre seront remboursées en fin de séjour pour la période convenue.

De ce fait, lorsque le client annule le séjour ou l'écourte, les arrhes deviennent la propriété de l'hôtelier. En revanche, si l'hôtelier accepte une réservation et ne peut remplir ses obligations, il doit verser au client le double des arrhes reçues.

Aucun texte ne réglemente le montant des arrhes à verser. Il est d'usage de demander au moins le prix d'une nuitée ; cependant, le montant des arrhes varie selon les saisons et la durée du séjour.

MONTANT DES ARRHES EN FONCTION DES USAGES

	HAUTE SAISON	BASSE SAISON
Réservation pour un séjour inférieur à 15 jours	Sans pension ➤ 3 nuités Pension complète ➤ 4 journées	Sans pension ➤ 2 nuités Pension complète ➤ 3 journées
Réservation pour un séjour entre 15 jours et 1 mois	Sans pension ➤ 4 nuités Pension complète ➤ 5 journées	Sans pension ➤ 3 nuités Pension complète ➤ 4 journées

COMMENT LUTTER CONTRE LES "NO-SHOW"

Qu'est-ce qu'un no-show ?

Ce terme vient du verbe anglais " to show up " qui signifie " se montrer ". Un no-show est une personne qui a réservé une chambre mais qui ne se présente pas.

On comprendra aisément que l'hôtelier cherche par tous les moyens à éviter ce genre de situation. Pour cela, il doit prendre un certain nombre de garanties.

Il n'existe pas de règle absolue dans le traitement des "no-show" cependant l'application des procédures suivantes devrait limiter les effets du problème.

Etablir une fiche de réservation complète

Les renseignements qu'elle contient permet de contacter le client en cas de besoin et formalise certains aspects de la réservation (voir fiche de réservation dans ce chapitre).

Exiger une confirmation écrite

L'envoi d'un fax, d'une lettre, d'un télex, par le client, permet de responsabiliser un peu le client.

Demander des arrhes

Si le délai le permet, la demande d'arrhes doit être systématique surtout pour des réservation de longs séjours. Cependant il est délicat de demander le pré-paiement à des clients habitués. (voir le paragraphe " gestion des arrhes " pour les modalités d'application).

Fixer une heure limite d'arrivée

L'heure d'arrivée est fixée généralement entre 18 h et 20 h . Le délai passé, l'hôtelier est dégagé de ses obligations envers le réservataire et peut louer la chambre à un autre client.

Garantir la réservation par carte bancaire

Au moment de la réservation, il convient de demander au réservataire le numéro de sa carte bancaire ainsi que le délai d'expiration.

Certains organismes comme American Express, Eurocard et Diners Club garantissent le paiement de la première nuitée en cas de défaillance du client.

Cette pratique sensibilise le client sur la nécessité d'annuler sa réservation en cas d'empêchement.

Donner un numéro d'annulation

Pour éviter tout litige, l'hôtelier communique un numéro d'annulation au client. Les deux parties ont la preuve de l'appel téléphonique d'annulation.

Contrôler les réservations

Le contrôle permet d'écarter les réservations non confirmées par la vérification rigoureuse des plannings, des annulations et des confirmations.

Si les délais prévus par les options sur des réservations sont dépassés, il y a lieu de relancer le client afin d'obtenir une confirmation ou une annulation, et de mettre à jour les disponibilités.

Il faut veiller à ce que les contingents de chambres allouées aux agences, aux sociétés, et aux centrales de réservation soient compatibles avec l'activité de l'hôtel, et que les dates de rétrocession des chambres non vendues soient respectées afin d'optimiser les ventes. (voir chapitre "relations avec les agences de voyages).

LA SURLOCATION OU OVERBOOKING

La surlocation consiste à louer plus de chambres que l'hôtel n'en possède de disponibles afin de pallier aux défaillances des clients qui ne sont pas venus (No show) et essayer d'obtenir une vente optimale des chambres.

Cette pratique nécessite des calculs statistiques pour définir le nombre de réservations qui seront probablement défaillantes.

Les chiffres obtenus seront corrigés par rapport aux événements ponctuels qui risquent d'influencer le comportement de la clientèle (salons, manifestations diverses, taux de remplissage des hôtels concurrents).

La surlocation est dangereuse car on ne peut jamais être vraiment sûr du comportement des clients.

On peut se prémunir de ses aspects néfastes en vérifiant s'il est possible de reloger les clients en surnombre dans un hôtel voisin, mais l'impact commercial demeure souvent désastreux.

Certains hôteliers refusent donc la surlocation pour des raisons commerciales et préfèrent opter pour une grande rigueur en ce qui concerne la prise de réservations et la demande de garanties

Les points clés du déroulement d'une prise de réservation

sur le vif

La réservation doit être :
PRECISE
EFFICACE
AGREABLE

N'oubliez pas
que c'est la première impression de l'hôtel
que vous donnerez au client !

CE QUE VOUS DEVEZ FAIRE :

- Décrocher avant la 3ème sonnerie du téléphone,
- Énoncez un message d'accueil d'un ton enjoué suivi impérativement de votre prénom,
- Si vous êtes occupé(e), faîtes patienter si le délai est court (moins de 30 secondes) sinon proposer de rappeler l'interlocuteur,
- Mémorisez le nom du client ou du responsable de la société de l'agence qui vous appelle,
- Enregistrez les dates d'arrivées et de départ,
- Posez des questions pour mieux cerner les besoins du client et pouvoir faire des propositions de services annexes,
- Proposez au moins deux types de chambres avec le tarif correspondant,
- Donnez un descriptif des chambres et leurs périodes de disponibilités,
- Utilisez le nom de l'interlocuteur au minimum 2 fois pendant la communication,
- Demandez une confirmation écrite et/ou une garantie financière (N° de carte de crédit, chèque d'arrhes...),
- Reformulez l'ensemble de la réservation,
- Vérifiez si le client possède la carte de fidélité si ce n'est pas le cas, proposez la en expliquant les avantages,
- Saluez courtoisement le client en le remerciant de sa demande.

LE SOURIRE S'ENTEND AU TELEPHONE

Chapitre 10

La fonction Réception

Accueil du Client

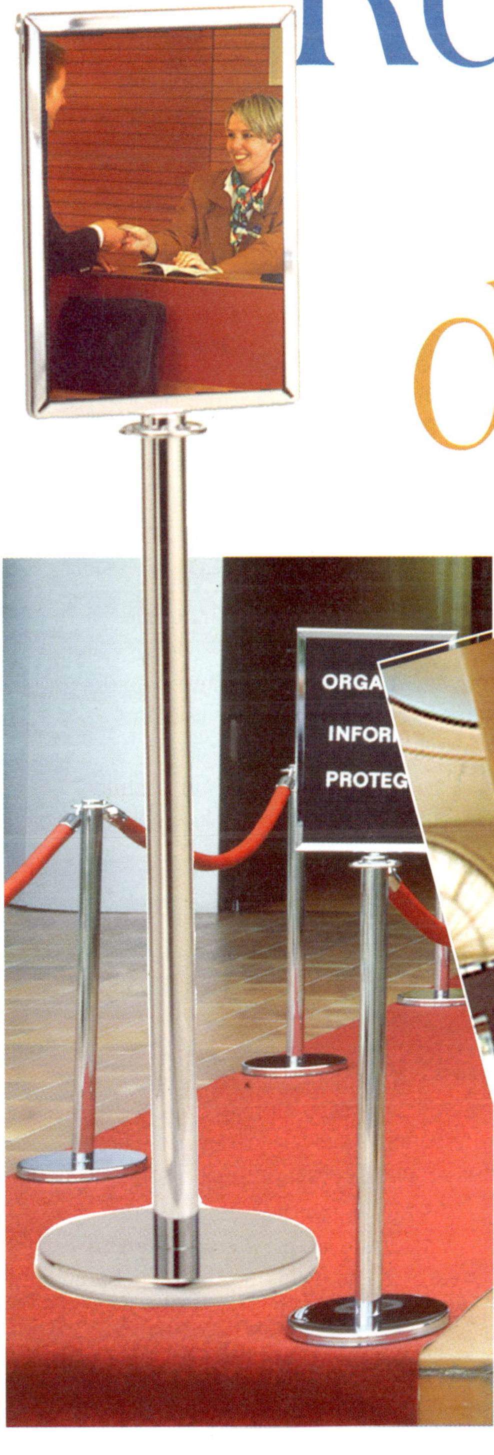

La fonction Réception - Accueil du Client

chapitre 10

La fonction **réception – accueil** se situe chronologiquement ainsi :

Vente des prestations de l'hôtel : Service commercial

Enregistrement et gestion des réservations : Service réservations

Accueil et service de la clientèle : Service réception - accueil

Le service réception - accueil doit, en bonne coordination avec les autres services, accueillir le client et effectuer la vente des chambres " au comptoir ".

Un client satisfait de l'accueil reçu lors de son premier séjour reviendra probablement. N'est-ce pas la meilleure forme de fidélisation ?

Mise en place du service réception

PRÉPARATION DES ARRIVÉES

- Editer la liste des arrivées du jour en cas de gestion informatisée, sinon établir manuellement cette liste.
- Editer ou extraire du fichier Cardex (voir plus loin) les fiches des clients devant arriver dans la journée.
- Classer par ordre alphabétique les fiches de réservation et/ou les dossiers des clients attendus : (fiche de réservation + courrier échangé + fiche Cardex).

Il reste à s'assurer que l'établissement est en mesure de fournir à chaque client l'hébergement promis.

Edition à l'écran de la liste des arrivées prévues

Liste des Arrivées / Client

Document édité le : 21/06/1999 à : 06:52

Date : **01/07/2000** — **Arrivées du Jour (Par Client & Non arrivé)**

Arrivées du : 01/07/2000

N° Résa	Arrivée	Départ le	Client (s)	Pers.	Statut	Chambre
000033	01/07/2000	07/07/2000	-FERMIN Jean	1	Confirmé	
000031	01/07/2000	03/07/2000	-GARCIN Paul	2	Confirmé	
000034	01/07/2000	11/07/2000	-LORNON Frédéric	3	Confirmé	
000030	01/07/2000	04/07/2000	-QUEYRY Georges	1	Confirmé	
000032	01/07/2000	02/07/2000	-SORIN Pierre	4	Confirmé	

Nombre de réservation(s) : 5 — **Nombre de Personnes : 7**

EVALUER LES DISPONIBILITÉS

Il suffit d'effectuer le calcul suivant :

Chambres en état de location − **Chambres en recouche** = **Chambres disponibles**

AFFECTER LES CHAMBRES RÉSERVÉES

La fiche Cardex permet de connaître les goûts du client et de lui offrir les prestations qu'il demande habituellement.

La liste des arrivées du jour sert de base de travail pour allouer les chambres :

- **Les chambres V.I.P.*(1)** font l'objet de contrôle minutieux de la part de la gouvernante et d'attentions particulières (fleurs, corbeille de fruits, boissons, ou autres attentions placées dans la chambre).
- **Les chambres répondant à un type particulier** sont les chambres soit communicantes, soit d'un confort spécial (vue mer, montagne, non fumeur, appartement), soit à un étage élevé, ou bien encore dont le nombre est limité.
- **Les chambres pour arrivées matinales** sont affectées à certains clients qui arrivent très tôt le matin (équipages de compagnies aèriennes) ; dans la mesure du possible, on leur permet de prendre possession de leur chambre dès leur arrivée.
- **Les chambres pour les groupes** sont généralement affectées à l'avance, sinon il est préférable de le faire très rapidement.
- **Les chambres non disponibles à la vente** sont les chambres en travaux (rénovation, réparations) ou bien les chambres réservées au personnel.

Sont attribuées en priorité les chambres correspondant aux trois premiers types de réservation. Au fur et à mesure des départs, on affecte celles des groupes.

Pour les groupes, il faut éviter de répartir les participants sur différents étages ce qui nuirait à la bonne marche du service notamment pour l'acheminement des bagages.

Dans les hôtels de grande capacité où l'équipement des chambres est standard, l'affectation des chambres qui ne font l'objet d'aucune demande particulière, se fait seulement au moment de l'arrivée du client.

Le nombre de chambres restant à louer s'obtient de la façon suivante :

Chambres disponibles − **Chambres réservées** = **Chambres restant à louer**

* *V.I.P. : Very Important Person*

PLANIFIER L'OCCUPATION DES CHAMBRES

Le **planning d'occupation journalière,** appelé aussi **Room-Rack,** permet de connaître à tout instant le nombre des chambres libres et occupées.

Il fournit également des indications précises en ce qui concerne :

- **les chambres** : leur numéro, leur type (confort, lits, vue), leur prix ;
- **les clients** : leur nom, le nombre d'occupants dans la chambre, leur nationalité, la date de départ et/ou la durée de séjour.

Selon la taille de l'établissement et le mode de gestion, il faut choisir un modèle adapté à la situation.

Le modèle manuscrit

Dupliqué sur une feuille de papier ordinaire, chaque page reproduit une journée du calendrier.
Ce type de planning a le mérite d'être facile à utiliser et peu coûteux. Cependant, ce système oblige l'hôtelier à recopier chaque jour le nom de ses clients.

Le matin, on inscrit en rouge le nom des personnes qui ont couché à l'hôtel la veille, puis au crayon mine, celui des clients attendus. Au fur et à mesure de leur arrivée, on surcharge à l'encre les noms correspondants.

Apparaissent nettement :

- les clients qui recouchent : couleur rouge,
- les clients arrivés : couleur noire,
- les clients attendus : *noms écrits au crayon mine,*
- les chambres libres : cases vides.

Extrait d'un Planning d'occupation journalière

JOURNÉE DU 20 DÉCEMBRE ...

JOURNÉE DU 19 DÉCEMBRE ...

JOURNÉE DU 18 DÉCEMBRE ...

N°#	Confort	Exposition	Nom Clients	Nb Pers.	Nationalité	Prix FRF	Date Départ
101	XXBWC	↕ Mer	*Dumont Émile*	1	F	300	21/12/..
102	XXBWC	Mer	*Vidal Marcel*	2	F	360	23/12/..
103	XXDWC	Mer	*Vignoli Angelo*	2	I	360	22/12/..
104	XXBWC	↕ Jardin	*Mercier Jacques*	2	F	340	26/12/..
105	XXDWC	Jardin					
106	XXBWC	Jardin	*Schmidt Paul*	2	D	340	28/12/..
107			*Gardo Emilio*	1	E	360	22/12/..
108	O BWC	Jardin					
109	O BWC	↕ Mer	*Marcillac Charles*	2	F	360	25/12/..
110	HANDI	Jardin	*Huntington Bill*	1	GB	300	27/12/..

Client en recouche

Client attendu

Client arrivé

- XX BWC : chambre à deux lits avec salle de bains et WC
- XX DWC : chambre à deux lits avec douche et WC
- O BWC : chambre à grand lit avec salle de bains et WC
- HANDI : chambre pour handicapé équipée d'une salle de bains et de WC

↕ Chambres communicantes

Italique : inscriptions manuscrites

Dans un hôtel de 40 chambres ou moins, le **planning d'occupation journalière** peut également servir de **planning d'occupation prévisionnelle.** Dans ce cas, une page correspond à une journée ; les feuilles peuvent être reliées dans un classeur.

Lors d'une réservation l'hôtelier inscrit le nom du client en affectant directement une chambre, et en reportant le nom sur chaque page correspondant aux dates de la réservation.

Le planning de type Whitney

Ce système classique, encore très utilisé, est cependant de plus en plus supplanté par l'informatique.

Sur un planning à gouttière placé à la vue des réceptionnistes sont indiqués le numéro, le confort, les prix des chambres (minimum et maximum).

Chaque rangée représente un numéro de chambre, la gouttière est prévue pour recevoir une étiquette (slip) qui renseigne sur l'occupant de la chambre et les modalités de son séjour.

Remplie le jour de l'arrivée du client, seule la partie haute de l'étiquette sera lisible une fois insérée dans la gouttière du planning.

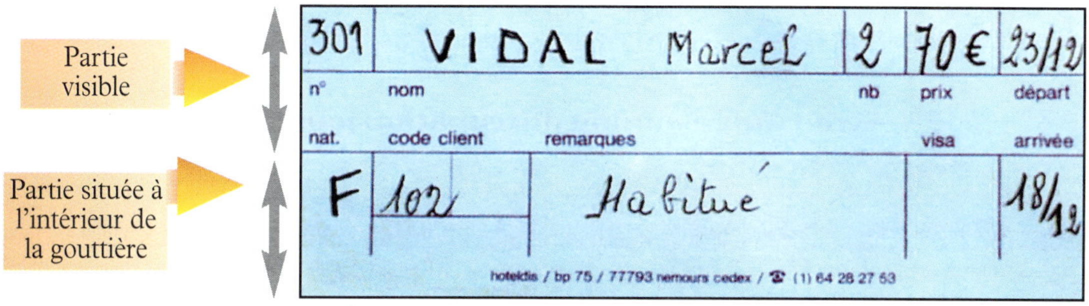

- La fichette ci-dessus signale que M. et Mme Vidal, de nationalité française, arrivés le 18 décembre, séjourneront dans la chambre 301 jusqu'au 23 décembre au matin.
- Le prix appliqué pour la location est de 70 par jour.
- Le code 102 correspond à la segmentation clientèle par exemple : client individuel

L'utilisation de mica de couleur permet d'établir un code interne à l'établissement afin de distinguer différentes situations quant au statut de la chambre (libre, occupée, hors service) ou bien la qualité du client (individuel, groupe, société, V.I.P. etc.).

Exemple de planning Whitney

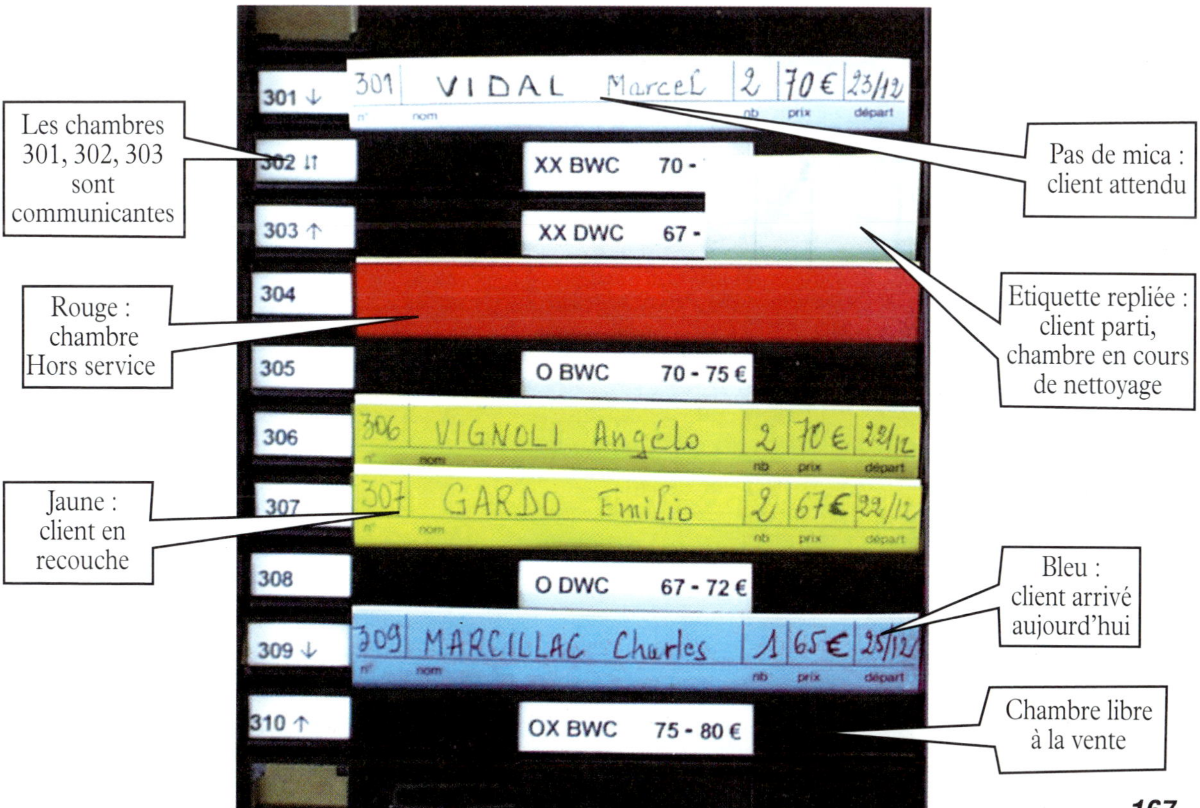

Exemple d'édition d'un planning géré par l'informatique

La gestion du planning d'occupation par logiciel informatique comporte de multiples avantages.

Il permet d'éditer selon les besoins :

- La liste des clients attendus,
- La liste des clients en départ,
- La liste alphabétiques des clients ou une liste avec N° de chambre,
- Etc.

Ecran d'un planning d'occupation journalière

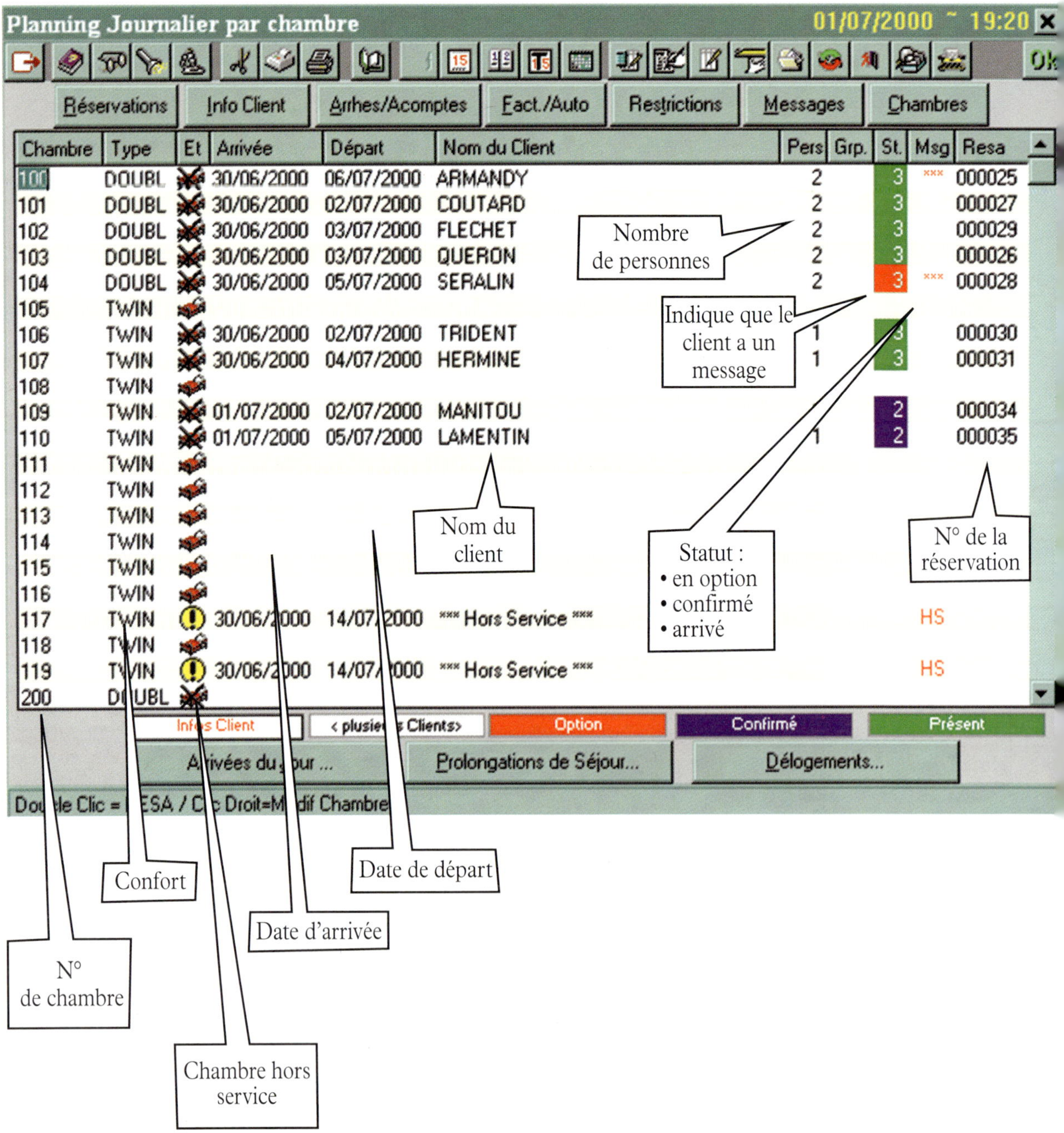

COMMUNIQUER AVEC LE SERVICE DES ÉTAGES

Contrôler l'état des chambres

L'occupation des chambres fait l'objet d'un contrôle sur place par le service des étages afin de vérifier l'exactitude des informations portées sur le planning d'occupation journalière.

La gouvernante établit un rapport qui sera confronté avec celui de la réception.

Exemple de rapport

N° Chambre	Service des étages	Service de réception	Service des étages	Observations
125	L	L	L	OK
127	O	L	O	Valises ?
129	L	O	O	OK
130	HS	L	HS	Fuite eau

Les abrévations pouvant être utilisées pour le rapport :

Chambre Libre	*L (libre) ou V (vacant)*
Chambre occupée par 1 personne	*O (occupée)*
Chambre occupée par 2 personnes	*O2*
Chambre en départ	*D*
Chambre Hors Service	*HS*
Chambre avec bagages non occupée et nettoyée à blanc	*SO (sleep out)*

Echanger les consignes

La réception indique au service des étages :

- Les chambres prioritaires
- Les chambres pour V.I.P.
- Les Day use
- etc.

La gouvernante indique au service réception :

- Les chambres à mettre en Hors Service
- Les chambres à réserver pour les groupes
- Les chambres prêtres en priorité
- Etc.

L'arrivée des Clients individuels

La majorité des arrivées des clients s'effectue pendant le service du soir entre 15 heures et 23 heures.

La première impression perçue à l'arrivée à l'hôtel influence durablement l'opinion du client, l'accueil sera courtois et l'enregistrement rapide.

LA PROCÉDURE D'ACCUEIL

En appliquant la méthode des 4 phases selon le principe des **4 C** étudié dans le chapitre 8 (Qualité de l'accueil et du service) lorsqu'un client se présente à la réception de l'hôtel pour prendre possession d'une chambre, la procédure sera la suivante :

QUE FAIRE ?	COMMENT FAIRE ?	POURQUOI FAIRE ?
Prendre Contact Saluer et souhaiter la bienvenue au client	Levez la tête à l'arrivée du client souriez Ne parlez jamais assis à un client. Prononcez une phrase d'accueil adaptée à la situation : *" Bonjour Madame, Monsieur, puis-je vous aider ? "* *" Bienvenue dans notre établissement, "*	Mettre en confiance le client qui découvre l'hôtel.
Prendre en Charge Questionner et écouter le client pour connaître ses besoins et ses attentes par rapport à l'établissement Reformuler les souhaits du client afin de s'assurer de la bonne compréhension de la demande	Si le client ne l'exprime pas spontanément, faites lui préciser si une réservation a été faite. *Client sans réservation* : Recueillez toutes les informations concernant sa demande. *Client avec réservation* : Sortez la fiche du client, assurez vous que les prestations réservées correspondent bien au désir du client (bon d'agence, fax...).	Pour engager la procédure correspondante : arrivée prévue ou client sans réservation (walk in) Pour s'assurer des disponibilités et affecter une chambre selon les souhaits. Pour lever toute ambiguïté et rassurer le client sur l'exécution conforme à sa réservation.
Assurer la Continuité Proposer une chambre au client qui corresponde à ses attentes	Faites remplir la fiche de police dans le cas d'un client étranger ou la fiche d'accueil dans tous les cas. Attribuez une chambre selon les disponibilités du planning d'occupation journalière. Enregistrez le numéro de la carte de crédit si ce mode règlement doit être utilisé (Carte bleue, American Express, Diners Club).	Pour informer les services de l'hôtel des arrivées des clients. Pour mettre à jour les documents de gestion interne à l'hôtel : => Ouverture du compte client => Mise à jour des états et des documents permettant le suivi du client (plannings, autorisation de débit etc.). Pour accélérer la procédure de départ et constituer une garantie de paiement.
Prendre Congé Vérifier que le client n'a plus besoin de nos services. L'assurer de notre disponibilité permanente en cas de besoin.	Remettez la clef au client, indiquez-lui le moyen d'accès à sa chambre. Faire la promotion des services de l'hôtel (ventes additionnelles). Souhaitez au client de passer un agréable séjour. Enregistrez le client et diffusez l'information dans tous les services de l'hôtel.	Pour lui faliciter le repérage des lieux. Augmenter son sentiment de bien-être et de sécurité.

LA MISE À JOUR DES DOCUMENTS

La fiche voyageur ou fiche de police

Chaque voyageur étranger passant la nuit dans un hôtel est tenu de remplir une fiche mentionnant son nom, sa qualité, son domicile habituel et le numéro de sa pièce d'identité.

Les fiches ainsi établies doivent être remises chaque jour aux autorités de police.

Cette fiche, théoriquement remplie par la clientèle étrangère, peut être utilisée pour la clientèle de passage, afin de se prémunir efficacement contre les problèmes de non paiement. En effet, l'hôtelier peut exiger de connaître l'identité du client qu'il accueille, dans la mesure où il lui fait crédit.

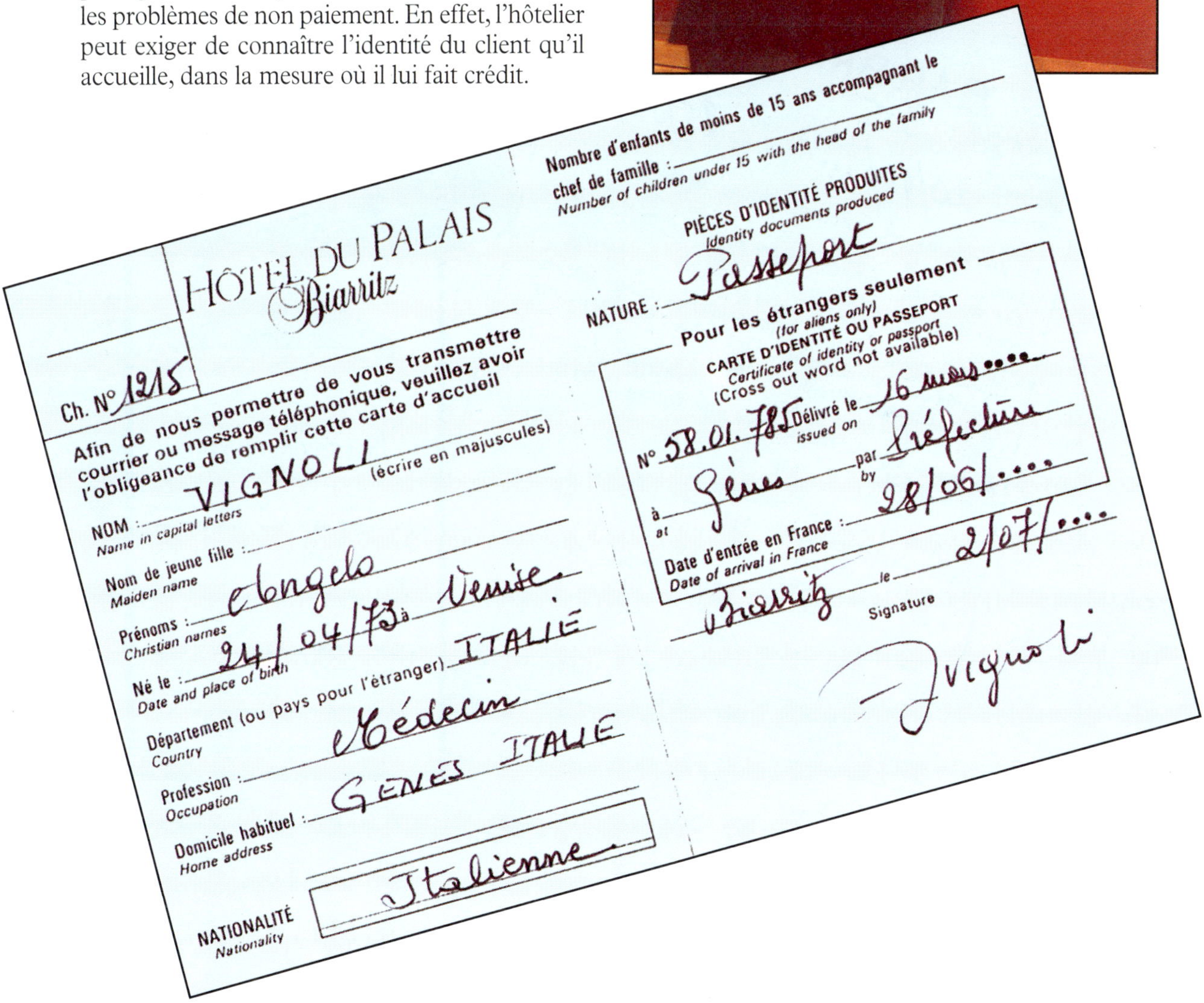

HÔTEL DU PALAIS
Biarritz

Ch. N° 1215

Afin de nous permettre de vous transmettre courrier ou message téléphonique, veuillez avoir l'obligeance de remplir cette carte d'accueil

NOM : VIGNOLI (écrire en majuscules)
Name in capital letters

Nom de jeune fille :
Maiden name

Prénoms : Angelo
Christian names

Né le : 24/04/73 à Venise
Date and place of birth

Département (ou pays pour l'étranger) ITALIE
Country

Profession : Médecin
Occupation

Domicile habituel : GENES ITALIE
Home address

NATIONALITÉ Italienne
Nationality

Nombre d'enfants de moins de 15 ans accompagnant le chef de famille :
Number of children under 15 with the head of the family

PIÈCES D'IDENTITÉ PRODUITES
Identity documents produced

NATURE : Passeport

Pour les étrangers seulement
(for aliens only)
CARTE D'IDENTITÉ OU PASSEPORT
Certificate of identity or passport
(Cross out word not available)

N° 58.01.785 Délivré le 16 mars ....
issued on

à Gênes par Préfecture
at by

Date d'entrée en France : 28/06/....
Date of arrival in France

Biarritz le 2/07/....

Signature
Vignoli

La fiche d'accueil

Ce document est remis au client en même temps que la clé de chambre ou la carte magnétique qui permet également d'ouvrir la porte.

Cette fiche d'accueil reprend l'identité du client, les modalités de son séjour ainsi que des informations concernant les services de l'hôtel.

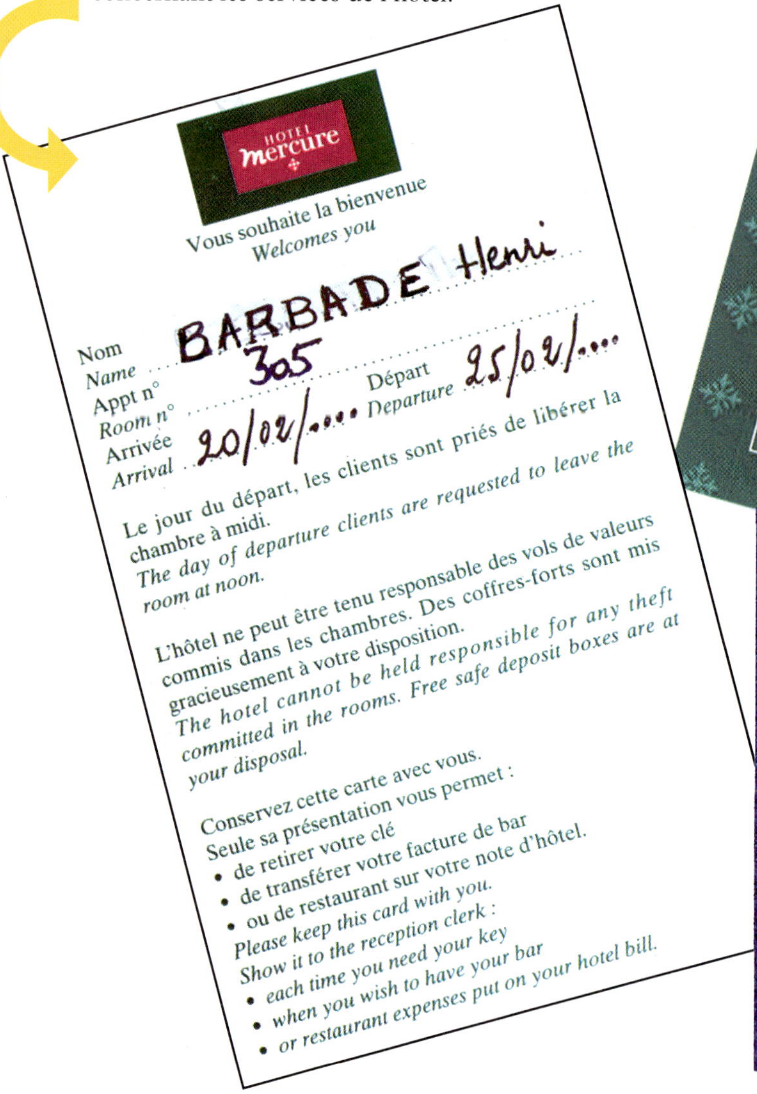

HOTEL mercure

Vous souhaite la bienvenue
Welcomes you

Nom
Name ...... BARBADE Henri

Appt n°
Room n° 305

Arrivée
Arrival ...... 20/02/....

Départ
Departure ...... 25/02/....

Le jour du départ, les clients sont priés de libérer la chambre à midi.
The day of departure clients are requested to leave the room at noon.

L'hôtel ne peut être tenu responsable des vols de valeurs commis dans les chambres. Des coffres-forts sont mis gracieusement à votre disposition.
The hotel cannot be held responsible for any theft committed in the rooms. Free safe deposit boxes are at your disposal.

Conservez cette carte avec vous.
Seule sa présentation vous permet :
- de retirer votre clé
- de transférer votre facture de bar
- ou de restaurant sur votre note d'hôtel.

Please keep this card with you.
Show it to the reception clerk :
- *each time you need your key*
- *when you wish to have your bar*
- *or restaurant expenses put on your hotel bill.*

Cartes magnétiques permettant d'ouvrir la porte de la chambre

Le fichier clients ou Cardex

Le fichier clients, que l'on appelle toujours Cardex, par commodité, même s'il est informatisé, est surtout utilisé dans les hôtels de catégorie 4 étoiles et 4 étoiles Luxe, ainsi que dans les établissements accueillant une clientèle de séjour.

Cette fiche de renseignements est un instrument de travail utile pour les informations qu'elle renferme. Elle permet d'améliorer et de personnaliser l'accueil en connaissant, par exemple, les habitudes de la clientèle, leurs goûts et leurs exigences.

Dans l'exemple de Cardex informatisé présenté ci-dessous, chaque onglet permet d'accéder à des renseignements concernant le client.

Un **fichier Cardex** tenu à jour est très utile pour :

- Personnaliser l'accueil du client lors de son arrivée,
- Analyser la segmentation de la clientèle qui fréquente l'hôtel,
- Fidéliser la clientèle par l'envoi de mailing à l'occasion de promotion ou d'évènements particuliers pouvant intéresser ceux-ci (voir chapitre 5 : la démarche commerciale).

Fichier Cardex

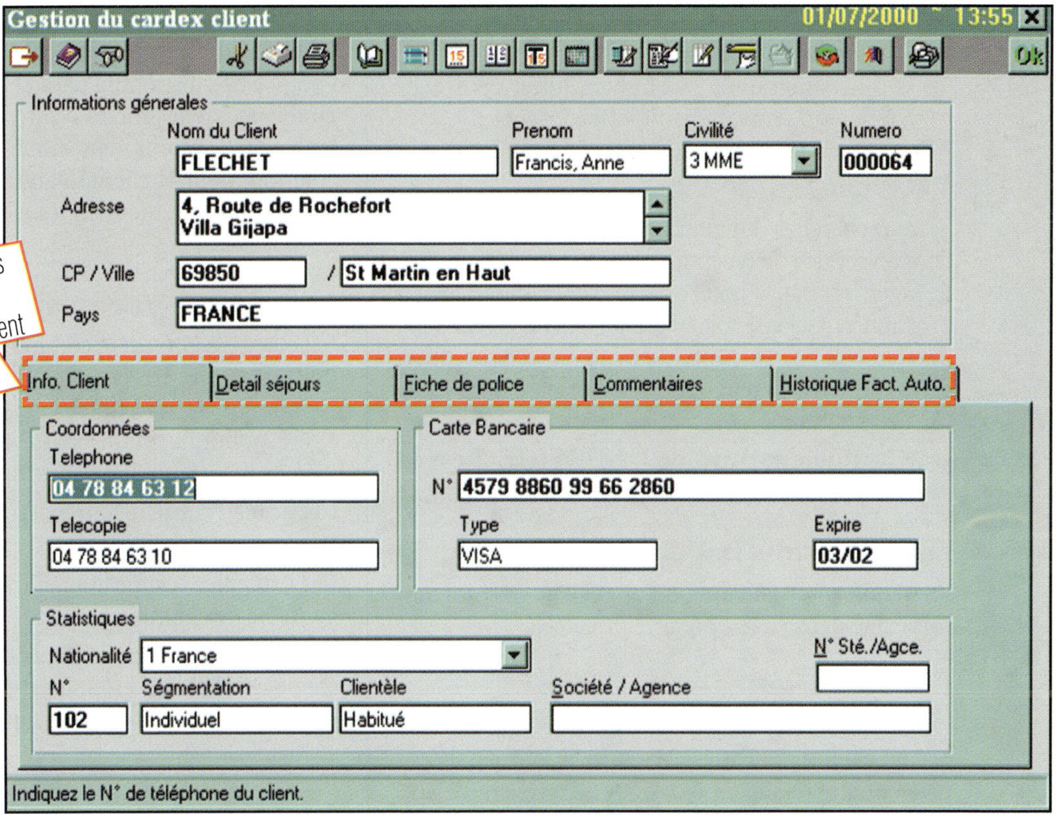

Ici apparaissent les rubriques :
➤ Informations client

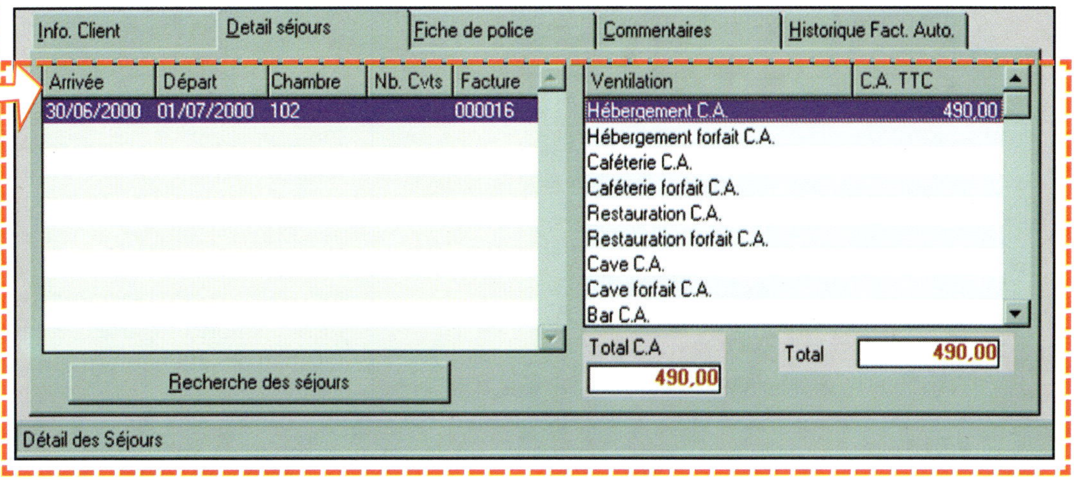

➤ Dates de séjour du client avec les dépenses effectuées par le client.

Ces renseignements sont mis à jour automatiquement à chaque départ du client

LES CAS PARTICULIERS

Le client prétend avoir une réservation

Un client peut se présenter à l'accueil en prétendant avoir effectué une réservation ; il n'y a pas de justificatif et il ne subsiste aucune trace sur la liste des arrivées du jour.
Dans le cas où l'hôtel a des chambres disponibles, procéder à l'affectation d'une chambre selon les souhaits du client.
Dans le cas où l'hôtel est complet, avertir le client du problème, faire des recherches après avoir demandé au client des détails sur la réservation qu'il a effectuée.

Causes possibles :

- Le nom peut s'orthographier différemment,
- le dossier peut être dans les " no-shows " de la veille (voir le paragraphe " Comment lutter contre les No-show " dans le chapitre précédent)
- la réservation est classée à une date différente,
- etc.

Si les recherches donnent raison au client, il appartient au service de réception de trouver une solution de logement dans l'hôtel ou dans un établissement à proximité. Quel que soit le résultat des recherches qui devront être brèves il appartient au service réception de tout mettre en œuvre pour aider le client à trouver une chambre.

Une attitude positive de " SERVICE " est la voie de la réussite pour l'établissement.

Le client sans bagage

La tradition hôtelière veut qu'un règlement comptant soit exigé dans ce cas précis.

Les " day used"

On appelle " day used " les chambres qui ne sont occupées que pour une partie de la journée et qui peuvent être relouées pour la nuit. Par exemple aux équipages de compagnies aériennes, aux entreprises qui utilisent la chambre comme bureau de recrutement.

Les arrivées matinales

En prévision d'une arrivée tôt le matin, certains clients préfèrent louer leur chambre depuis la veille (pré-enregistrement).
Le client ayant acquitté le prix de sa chambre, l'hôtelier ne peut pas disposer de celle-ci.

Le client d'agence

A son arrivée, le client présente un titre de réservation qui s'appelle selon le cas **bon d'agence ou bon d'hébergement (Voucher)**. L'hôtelier possède un exemplaire de ce bon qui a été envoyé par l'agence pour effectuer la réservation.
Les informations qui figurent sur ce bon doivent être conformes à l'exemplaire ayant permis la réservation. (type de chambre, dates d'arrivée et de départ, tarifs, prise en charge, prestations particulières). Voir le chapitre 5 : les réseaux commerciaux.

Le changement de date

Le client demande pour avancer sa date de départ : Il suffit de mettre à jour rapidement les plannings de réservation afin de libérer la période en question qui pourra faire l'objet d'une nouvelle réservation.

Le client demande pour prolonger son séjour : Si l'hôtel a des disponibilités à cette période il suffit de modifier les dates sur les plannings. Cependant la prolongation de séjour peut entraîner un changement de chambre pour le client. Dans ce cas, on propose au client un délogement en lui assurant le transfert de ses bagages.

Client V.I.P. Very Important Person

Un client est considéré comme V.I.P., lorsque sa position sociale représente un honneur ou un intérêt économique pour l'hôtel. C'est le cas d'une personnalité politique, d'un artiste renommé, d'un chef d'entreprise, d'un directeur d'agence de voyages etc..

Cet accueil consiste à préparer sa chambre avec des attentions particulières.

Par exemple : composition florale, corbeille de fruits, bouteille de champagne. etc..

La nature des produits dépend de la catégorie personnage V.I.P.. En effet, il est possible d'établir une hiérarchie dans l'importance des personnes accueillies.
Par exemple :

V.I.P. N° 1 client régulier / long séjour

V.I.P. N° 2 jeunes mariés / gagnants à un concours

V.I.P. N° 3 directeur d'agence / directeur de société ...

Pour un client V.I.P. l'accueil doit être personnalisé, c'est généralement le directeur de l'hôtel ou son adjoint qui reçoit le client pour lui souhaiter la bienvenue et l'accompagner jusqu'à sa chambre.
Les chambres V.I.P. sont bloquées en priorité le matin lors de la mise en place en réception. La préparation de la chambre est particulièrement soignée avec l'installation des attentions particulières prévues selon le cas.

L'arrivée d'un groupe de clients

La clientèle de groupe attend la même déférence et la même qualité d'accueil que la clientèle individuelle. Une bonne organisation est nécessaire pour réussir l'accueil d'un groupe de voyageurs.

Opérations préliminaires

Le dossier " client groupe " élaboré par le service des réservations est contrôlé le matin par le service réception afin :

- De recenser le nombre de chambres nécessaires,
- D'établir la liste des numéros de chambres à affecter en accord avec la gouvernante générale.
- De vérifier la liste des voyageurs (rooming-list),
- De faire éventuellement un pré-enregistrement. Il s'agit de préparer une enveloppe au nom de chaque membre du groupe avec à l'intérieur : la clé de la chambre, une carte de bienvenue ou un dépliant de l'hôtel, les bons d'échange pour les repas et autres prestations inclues dans le forfait.

L'accueil du groupe

Un hôtel ayant une activité groupe importante aura intérêt à prévoir un comptoir spécialisé pour l'accueil des groupes.

L'accueil des voyageurs doit s'effectuer de préférence dans un salon particulier de façon à ce qu'ils puissent se reposer pendant que la prise de contact s'effectue entre le responsable du groupe (Tour leader) et le service réception de l'hôtel.

La liste des voyageurs (rooming-list) est contrôlée avec le responsable du groupe et mise à jour si nécessaire.

Le plus rapidement possible, réceptionniste et responsable du groupe procèdent à la distribution des chambres. Il n'y a pas d'enregistrement individuel pour un groupe, les formalités étant faites par le responsable du groupe.

Le responsable du groupe explique clairement à l'ensemble du groupe comment accéder aux chambres et profite de l'attention des clients pour donner les consignes concernant l'acheminement des bagages, les repas, les excursions, l'heure de départ etc..

Si la distribution des bagages est prise en charge par le personnel de l'hôtel, ceux-ci sont stockés rapidement dans la bagagerie près de l'entrée de l'hôtel.

Aussitôt les chambres attribuées aux clients, les numéros des chambres sont inscrits sur chaque bagage. (cela implique que chaque bagage soit clairement identifié par une étiquette).

Les bagages seront acheminés par un monte-charge, puis distribués dans les chambres.

La mise à jour des documents

- La liste nominative des clients (rooming-list).
- Planning d'occupation journalière
- Planning des réservations,
- Facture globale au nom du groupe,
- Ouverture des factures d'extras pour chaque membre du groupe.

Le délogement d'un client

On désigne sous ce terme le changement de chambre d'un client pendant son séjour. Il nécessite le transfert d'une chambre à une autre chambre des bagages et des effets du client.
Le délogement doit en principe revêtir un caractère exceptionnel dans la mesure où il constitue un excédent de travail pour le personnel, et plus grave encore le risque de mécontenter le client.

Pourquoi déloge-t-on le client ?

Le délogement peut avoir lieu à l'initiative du client ou de l'hôtelier :

- Le client n'est pas satisfait de sa chambre (prix, confort, nuisances, situation),
- Le client souhaite prolonger son séjour, mais sa chambre est déjà réservée pour un autre client,
- Des incidents techniques rendent la chambre indisponible momentanément (fuite d'eau, panne d'électricité).

La procédure de délogement

La réception émet un bulletin de délogement, diffusé dans tous les services, afin de permettre la transmission des informations et l'imputation correcte des prestations.

Le délogement peut se faire sur le même étage ou sur un étage différent. Il est nécessaire de prévenir le client et de fixer une heure à sa convenance. Pour le service des étages, le délogement est considéré comme un départ et une nouvelle arrivée. La gouvernante supervise l'opération et tient la réception au courant de l'évolution du délogement. Elle fait éventuellement appel à un bagagiste pour transporter les valises, tandis que la femme de chambre dispose les objets personnels du client dans sa nouvelle chambre.

Le bulletin de délogement peut s'accompagner de changements de conditions, concernant notamment le confort et le tarif de la chambre.

BULLETIN DE DELOGEMENT

CARLTON
INTER·CONTINENTAL
CANNES

N° 2668

Changement de chambre ou de prix

Date 4 juillet 20..

Nom du client MARCILLAC Charles

N° Chambre		Prix		Nombre Client	
de	à	de	à	de	à
1310	1621	210€	230€	2	2

Remarques			Bagages
Réception	Approuvé	Caissier	Faire le transfert entre 12H et 14H

La mise à jour des documents

Le délogement implique la correction de plusieurs documents à la réception.

Les nouvelles coordonnées du client sont alors modifiées sur :

- le planning d'occupation,
- le planning de réservation (mis à jour quand le client souhaite prolonger son séjour),
- la main-courante et la facture,

Le départ d'un Client

La préparation des départs

Un état journalier des départs est préparé et communiqué aux services de l'établissement et plus particulièrement au service caisse et au service des étages.

L'heure limite de libération des chambres est généralement fixée entre 12 heures et 14 heures. Au-delà, l'occupation des chambres entraîne des difficultés dans l'organisation du service des étages pour le nettoyage et la remise en état des lieux.

La procédure de départ

La dernière impression du client est primordiale, il doit conserver en mémoire l'image d'un séjour agréable.. Indépendamment des tâches relevant de la fonction caisse (voir chapitre 12), en appliquant la méthode des **4 C** les principales phases de la procédure de départ sont les suivantes :

QUE FAIRE ?	COMMENT FAIRE ?	POURQUOI FAIRE ?
Prendre Contact Saluer avec bienveillance pour disposer favorablement le client.	Si vous n'étiez pas en face du client, tournez-vous vers lui et regardez le client dans les yeux. Saluez le client par son nom si vous le connaissez " *Bonjour Monsieur Fader* ".	Pour montrer votre disponibilité vis-à-vis du client. Pour valoriser le client, lui montrer que vous le reconnaissez.
Prendre en Charge S'inquiéter de la satisfaction du client à la fin de son séjour. Recueillir les dernières informations pour compléter la facture (cf chap. 12) Questionner le client pour déceler les besoins ponctuels en rapport avec son départ de l'établissement	Demandez au client son numéro de chambre. Si le client a déposé sa clé sur le comptoir : " *vous étiez bien à la chambre ...* ". Demandez au client : => s'il a consommé des boissons du mini-bar. => s'il a bien pris son petit déjeuner. => s'il a besoin d'aide pour transporter ses bagages, ou obtenir un moyen de transport ou des renseignements horaires.	Pour pouvoir traiter rapidement le départ Pour montrer votre attention Pour facturer les consommations de mini-bar depuis le dernier relevé Pour vérifier l'enregistrement de cette prestation Pour faire le nécessaire auprès du service conciergerie.
Assurer la Continuité Satisfaire les besoins ponctuels du client en apportant les renseignements souhaités ou des solutions aux problèmes évoqués lors de la phase précédente.	Editez la note et présentez-la au client " *votre note s'élève à .....* " en énumérant les principaux postes de dépenses (Voir procédure technique au chapitre 12). Encaissez ou faites signer la note en proposant un stylo si besoin Renseignez le client sur l'horaire souhaité, l'information demandée.	Pour aller vite et aider le client à comprendre sa note. Pour éviter au client d'avoir à chercher. Pour rassurer le client à propos des formalités de départ.
Prendre Congé Remercier le client pour son séjour dans l'établissement.	Remettez un dépliant et/ou une carte de l'établissement. Souhaitez un bon voyage. Saluez le client : " *j'espère Madame, Monsieur que vous avez passé un agréable séjour chez nous, au plaisir de vous accueillir à nouveau* ".	Pour promouvoir l'hôtel et faciliter la future réservation du client. Pour faire sentir au client qu'il est un personnage important et que l'établissement est toujours honoré de sa visite, sans tomber dans l'obséquiosité.

Cette procédure met en œuvre à la fois une technique et un état d'esprit qui permettent d'assurer le bon déroulement du départ du client. Chaque client est un cas particulier auquel doit s'adapter le comportement du personnel de la fonction réception-accueil.

La procédure de départ pour la clientèle de groupe s'adresse plus particulièrement au responsable du groupe. Les formalités se trouvent simplifiées du fait du règlement direct des frais de séjour par l'organisateur du voyage ou par le chef de groupe. Seules les prestations (extras) non prévues dans le forfait sont payées individuellement par chaque client.

L'acheminement des bagages doit être minutieusement organisé afin d'éviter des incidents entraînant la responsabilité de l'établissement.

La mise à jour des documents

Le départ des clients entraîne les tâches suivantes :

- la mise à jour du planning d'occupation journalière,
- la vérification du retour des clés de chambre,
- la mise à jour des fiches Cardex, (automatique si la gestion est informatisée)
- le classement des dossiers " clients individuels " ou " clients groupe ".

La fonction **réception-accueil** est une véritable plaque tournante dans l'organisation du séjour des clients.

De ce service dépendent l'occupation maximale des chambres et la vente des services annexes.

C'est par lui que s'effectue généralement le premier et le dernier contact des clients avec l'hôtel. Il lui appartient donc de donner une image de marque favorable.

Ce service occupe un poste d'observation privilégié. Mieux que tout autre, il perçoit la satisfaction ou le mécontentement des clients.

C'est pourquoi le personnel de la fonction réception-accueil participe pour une grande part à la réussite des objectifs de l'établissement.

Chapitre 11

La Fonction information sécurité et conciergerie

La fonction information sécurité et conciergerie

chapitre 11
Le besoin d'informations
Le besoin d'appartenance
Le besoin d'attention
Le besoin de sécurité
Comment répondre aux besoins de la clientèle

Le client attend d'un hôtel plus que le gîte et le couvert. En effet, si le premier rôle d'un hôtel est de répondre aux besoins physiologiques du client : boire, manger, dormir selon le meilleur rapport qualité - prix, la clientèle a également des besoins que l'hôtelier doit s'efforcer de satisfaire :

Le besoin d'informations : que ce soit pour affaires ou tourisme, le client éprouve dans un environnement nouveau l'utilité de renseignements pour organiser son séjour.

Le besoin d'appartenance : l'hôtel fonctionne comme un domicile. Il est la représentation du standing et des valeurs du client, aussi doit-il trouver des services qui le confortent et le valorisent.

Le besoin d'attention : c'est par des "services plus" que l'hôtelier contribuera à procurer la satisfaction maximale au client.

Le besoin de sécurité vient au second rang des préoccupations pour le client après les besoins physiologiques. Indépendamment des dispositions internes à l'établissement pour mettre en confiance le client, il existe des mesures légales en matière de sécurité que l'hôtelier est tenu de respecter.

Le rôle de cette fonction est :

- d'assurer la sécurité physique du client et de ses biens ;
- de lui faciliter son installation et son départ pour garer son véhicule, transporter ses bagages ;
- d'apporter une aide permanente à la clientèle en lui procurant des renseignements sur les activités de l'établissement ou de son environnement ;
- de réserver ou louer des services pour le compte du client.

Cette liste non exhaustive de tâches est assumée par l'ensemble du personnel hôtelier, cependant les établissements de grande capacité et de grand standing créent un **service spécialisé appelé service du hall ou conciergerie afin de répondre pleinement à la demande des clients.**

Ainsi le client est vu, reconnu, accueilli, pris en charge, informé, orienté et rassuré. **(cf chapitre 8)**

Le besoin d'informations

L'information se situe non seulement à l'extérieur mais aussi à l'intérieur de l'hôtel afin de signaler au client sa présence et ses possibilités.

LES INFORMATIONS OBLIGATOIRES

Un arrêté du 18 octobre 1988 précise les modalités d'affichage des prix dans les hôtels et dans les autres établissements d'hébergement.

NATURE ET CONTENU DE L'INFORMATION

- Prix minima et maxima pour chaque catégorie de chambre :
  - en location,
  - en pension, en ½ pension
- Prix du petit déjeuner
- Précisions sur les périodes de haute et basse saisons avec les tarifs correspondants

EMPLACEMENT DE L'INFORMATION

- Extérieur de l'hôtel (façade)
- A la réception,
- A la caisse

RÈGLES À RESPECTER

- Lettres et chiffres d'un centimètre minimum pour l'affichage à l'extérieur et à la réception
- Panonceau de 12 cm sur 8 cm minimum dans les chambres

LES INFORMATIONS FACULTATIVES

Elles contribuent à rendre le séjour du client plus agréable.

La signalisation externe à l'hôtel

EMPLACEMENT

La bonne signalisation apporte non seulement une aide appréciable pour guider le client mais constitue aussi une forme de publicité qui renforce l'image de marque de l'hôtel.
- Variables selon la catégorie et l'implantation de l'établissement,
- Axes routiers, parkings, gares routières, gares de chemin de fer, aéroports…

NATURE ET OBJECTIF DE L'INFORMATION

- Annoncer l'existence de l'établissement, sa nature : hôtel, restaurant, résidence hôtelière…,
- Indiquer le classement officiel,
- Guider par une signalisation adéquate le client jusqu'à l'établissement.

RÈGLES À RESPECTER

- Afficher un logo original qui identifie l'établissement,
- Rédiger une annonce simple et de qualité.

La signalisation interne à l'hôtel

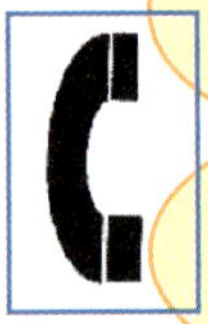

EMPLACEMENT	• Dans le hall d'accueil, dans les locaux communs
NATURE ET OBJECTIF DE L'INFORMATION	• Orienter la clientèle vers les différents services et locaux de l'établissement : bar, restaurant, chambres, restaurants…
RÈGLES À RESPECTER	• Panneaux, icônes, pictogrammes qui constituent un langage universel.

L'information sur les services

La connaissance des services qu'il peut utiliser rend le séjour du client plus agréable.

EMPLACEMENT	• Généralement dans la chambre.
NATURE ET OBJECTIF DE L'INFORMATION	• Favoriser la fréquentation des services annexes, bar, restaurant • Augmenter le chiffre d'affaires.
MOYENS UTILISÉS	• Brochure ou document cartonné rédigé en plusieurs langues.

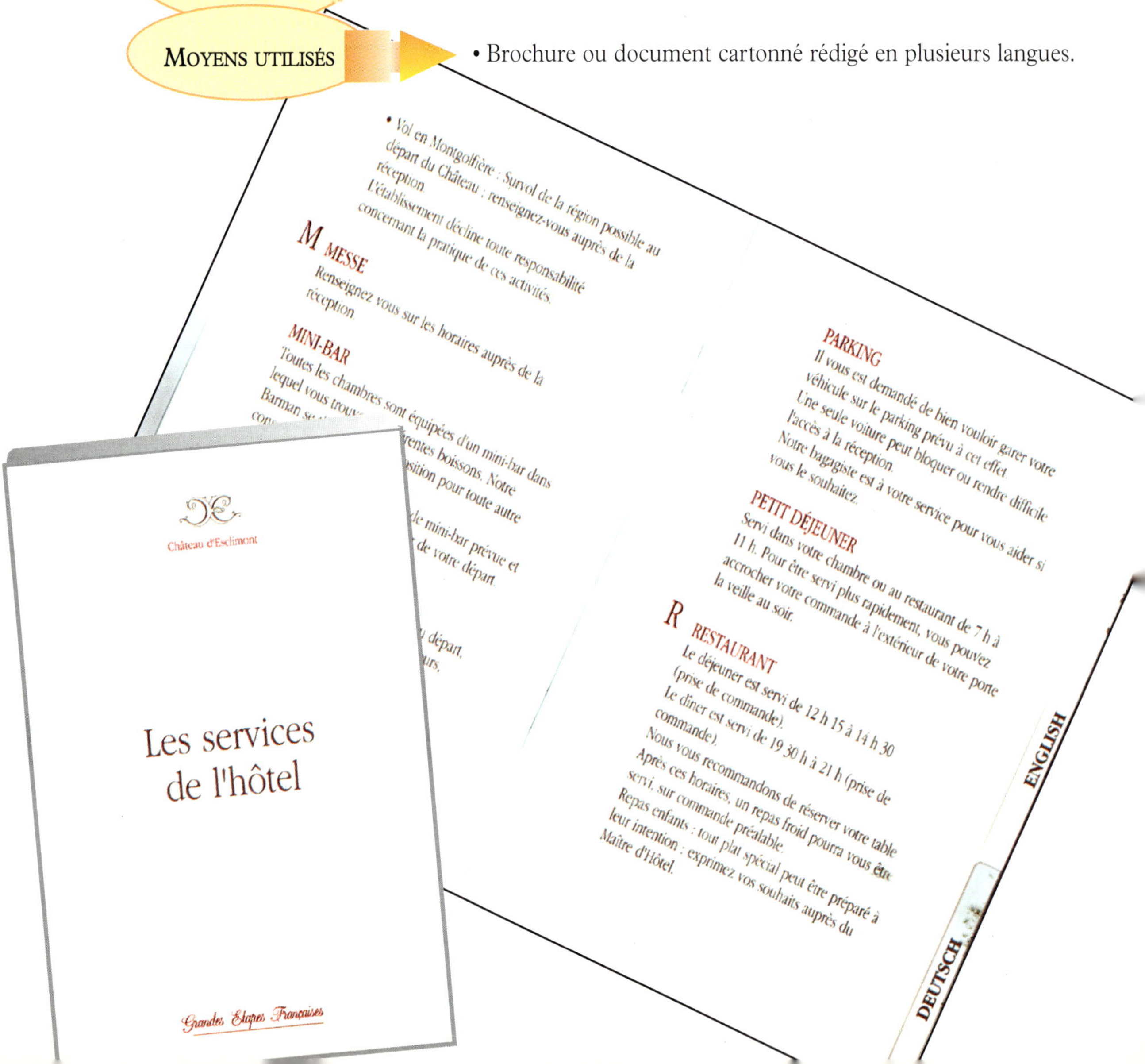

Toutes les clés de la ville

Votre hôtel MERCURE est heureux de vous accueillir dans sa ville et d'avoir l'occasion de vous la faire découvrir.
N'hésitez pas à nous poser vos questions, nous sommes "incollables"!!!

Le meilleur itinéraire pour votre rendez-vous de demain matin, le distributeur bancaire automatique le plus proche, la boutique pour ramener "un petit quelque chose" avant de rentrer, l'exposition à ne pas manquer, le circuit touristique qui convient à vos goûts...
Et bien d'autres choses encore...

Vous informer, vous conseiller, c'est notre façon de vous accueillir.

Le besoin d'informations sur l'environnement de l'hôtel

COMMUNICATIONS EXTERNES →
- Transports de proximité : stations de taxis, transports en commun, gares…
- Plan de la ville ou du quartier
- Accès aux axes internationaux : autoroutes, aéroports…

LES CURIOSITÉS LOCALES →
- Monuments historiques,
- Musées,
- Quartiers intéressants

LES CENTRES D'ACTIVITÉS OU D'AFFAIRES PROCHES →
- Banques, galeries commerciales, boutiques…

LES ANIMATIONS PERMANENTES OU OCCASIONNELLES →
- Programmes artistiques,
- Expositions,
- Salons, foires,
- Stades

LES LIEUX DE CULTE →
- Eglises, temples…

LES SERVICES TECHNIQUES ET PUBLICS →
- Hôpitaux, cliniques,
- Médecins, dentistes, pharmaciens,
- Agences et guides de voyages, location voitures,
- Horaires SNCF et avions.

Le besoin d'appartenance

Dans la prestation hôtelière, à l'hébergement et la restauration s'ajoutent des services supplémentaires qui contribuent au bien-être du client.

LE COURRIER →
- Comme chez lui, le client reçoit chaque jour son courrier qui lui est distribué par le concierge.

LES MESSAGES →
- Les messages personnels et internes à l'hôtel (cocktail d'accueil…) sont transmis au client.

LES RÉVEILS →
- Réveil automatique
- Et /ou selon le vœu du client par téléphone.

SOFITEL

Le besoin d' attention

LES BAGAGES

• La prise en charge à l'arrivée et au départ du client est toujours appréciée

LE PARKING ET LE GARAGE

• Généralisation de ce complément de prestations à toutes les échelles de la gamme et plus particulièrement en centre-ville.

LES DÉBOURS

• Il s'agit d'une prestation exceptionnelle des hôtels haut de gamme dans lesquels le service de la conciergerie règle pour le compte du client ses frais.

Exemples :
- service postal,
- teinturerie assurée en dehors de l'hôtel,
- taxis réglés à l'arrivée pour des clients démunis de monnaie locale,
- billets de voyage ou de spectacle.

LES JOURNAUX

• Echantillon représentatif de quotidiens disponibles à l'accueil
• Et/ou distribution dans la chambre selon le ou les choix du client.

LE CENTRE D'AFFAIRES

• Destiné essentiellement à la clientèle d'affaires qui a la possibilité d'utiliser un service de secrétariat et de communication : fax, E. Mail, Internet, dactylographie, traduction....

LES VITRINES ET BOUTIQUES

• Elles occupent souvent des espaces mal utilisés et permettent à la clientèle d'acquérir des objets de première nécessité, d'effectuer de menus achats ou des emplettes de luxe (vitrine Cartier à l'hôtel Ritz, Paris).

LES UNITÉS COMMERCIALES COMPLÉMENTAIRES

• Ces départements opérationnels mettent en valeur le produit et répondent aux besoins des clients en leur évitant des déplacements, attentes...

Exemples :
- salon de coiffure,
- boutique de fleurs,
- kiosque à journaux,
- agence de voyages,
- salle de cinéma

LES RÉSERVATIONS

• Places de théâtre,
• Réservations de billets d'avion et de train,
• Réservations dans des hôtels de la ville ou des hôtels pour un prochain séjour...

Le besoin de sécurité

LES LIEUX →
- Hall,
- Etages,
- Chambres

LES OBJETS →
- Surveillance et contrôle des personnes,
- Systèmes de fermeture des portes,
- Biens du client,
- Sécurité incendie.

Comment répondre aux besoins de la clientèle ?

LE RÔLE DE LA CONCIERGERIE

Cette fonction est plus ou moins importante selon le standing et la capacité de l'hôtel. Elle est remplie par le concierge et selon le standing et la capacité de l'hôtel, on y trouve aussi les emplois suivants :

- bagagiste,
- voiturier,
- chasseur,
- groom,
- employé du vestiaire.

Voir dans le chapitre 7, fiches emplois suivantes :
- Responsable du hall,
- Employé du hall

Ce service très **polyvalent** contribue au confort et au bien-être du client pendant son séjour à l'hôtel.

LES HOMMES AUX CLÉS D'OR :

Ils sont l'âme des grands hôtels, des palaces, ceux qui , de nuit comme de jour répondent aux moindres désirs des clients.
Une place pour Rolland-Garros ? la liste des restaurants à la mode ? ..." les clés d'or " savent tout, peuvent tout ou presque.

La manipulation des bagages

Elle exige beaucoup de soin et d'attention afin d'éviter les pertes ou les détériorations dont l'hôtelier serait responsable.

Exemple de système d'organisation visant à éviter les erreurs de distribution

❶ Le bagagiste intervient à l'occasion de :
- l'arrivée,
- délogement,
- départ.

❷ fixation du ticket A sur les bagages

❸ Remise au client du ticket B portant le même numéro que le ticket A

❹ Le réceptionniste porte le numéro de la chambre attribuée au client lors des opérations d'accueil sur ce ticket B qu'il fait parvenir au bagagiste.

❺ Le bagagiste peut alors porter les colis dans la chambre du client.

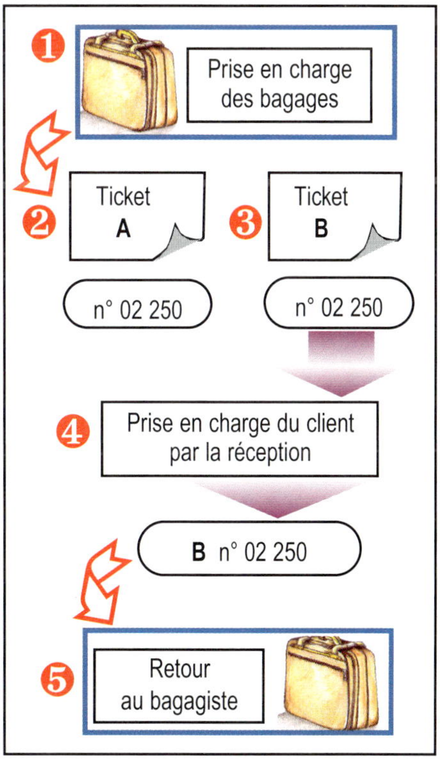

Commentaire : le dépôt des bagages

• Parfois, le client ne désire pas se charger de la totalité de ses bagages et laisse ceux-ci en dépôt à l'hôtel pendant un temps déterminé.

• Le client, lors du dépôt des bagages, reçoit un bulletin de dépôt numéroté qu'il remettra à l'hôtelier au moment où il les reprendra.

Cf. exemple de bulletin de dépôt ci-contre :

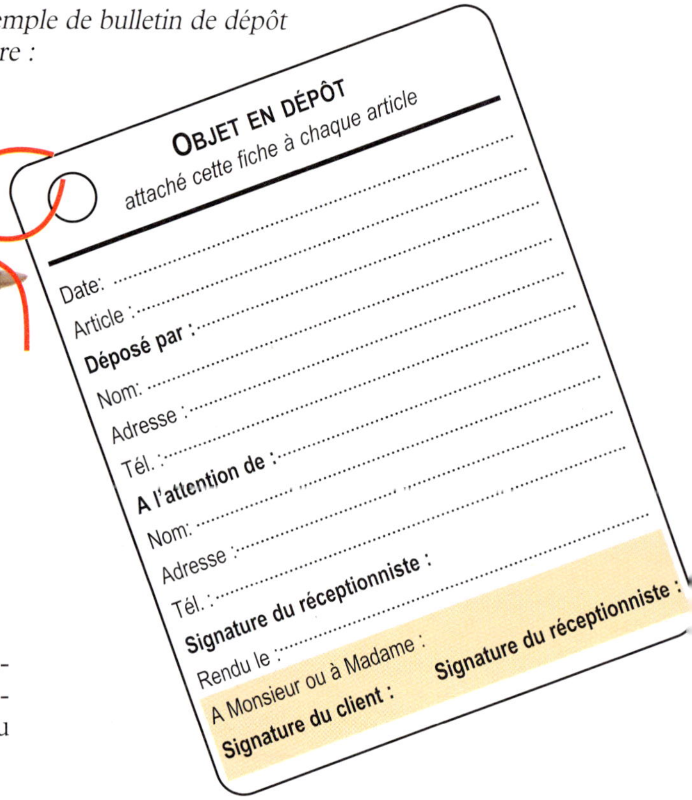

OBJET EN DÉPÔT
attaché cette fiche à chaque article

Date: ....
Article : ....
Déposé par : ....
Nom: ....
Adresse : ....
Tél. : ....
A l'attention de : ....
Nom: ....
Adresse : ....
Tél. : ....
Signature du réceptionniste :
Rendu le : ....
A Monsieur ou à Madame :
Signature du client : **Signature du réceptionniste :**

Le courrier

A l'aide des listings remis à jour en permanence et qui lui sont fournis par la réception, le concierge est constamment tenu au courant de la situation de la clientèle :

- présente,
- à venir
- en départ

ce qui lui permet de préparer la répartition du courrier.

LES CLIENTS PRÉSENTS →

• Indiquer le n° de la chambre sur le courrier.
➢ Le distribuer dans la chambre,
➢ Et/ou le remettre au client lors de son passage

LES CLIENTS À VENIR →

• Le classer par date et par ordre alphabétique
• Le remettre au destinataire dès son arrivée

LES CLIENTS PARTIS →

• Réexpédier le courrier si le client en a fait la demande
• Garder la trace de cette réexpédition à l'aide de fiches personnalisées.

Exemple de fiche de réexpédition de courrier :

Recto

Hôtel : ....

Fiche de réexpédition du courrier

Nom : ....

Prénoms : ....

Faire suivre

A partir du : ....

Jusqu'au .... inclus

A l'adresse suivante :

....

Les télégrammes me seront expédiés :

- A mes frais par voie télégraphique (1)
- Gratuitement par voie postale (1)

Date : ....

Signature :

(1) rayer la mention inutile

Verso

Dates : / Objets Réexpédiés :	26/06	28/06			
Lettres :					
Télégrammes					
Paquets					
Colis postaux					
Signatures					

CLIENTS INCONNUS

• Conserver ce courrier quelques jours (éventuelle arrivée du client) avant de le remettre au facteur.

Les messages

Ils doivent être transmis dans les plus brefs délais au client.

Pour éviter les erreurs d'interprétation, utiliser les fiches messages.

Plusieurs cas de figures :

- dans la chambre, appareil téléphonique spécialement équipé d'un voyant appel,
- remise directe au client lors de son passage.

M ....Appt N° ....

MESSAGE REÇU

Le .... à ....h ....

M ....

Adresse : ....

....

Tél. : ....

o	A téléphoné	*called*
o	Est passé à l'hôtel	*came to visit you*
o	Veuillez l'appeler	*please call back*
o	Rappellera	*will call again*

Message : ....

....

....

Les recommandés

• Après accord de l'administration des postes, les recommandés remis par le facteur sont inscrits sur un registre spécial qui est émargé par le client.

Exemple de registre des recommandés clients

Date :	Numéro de chambre :	Nom :	Provenance :	N° d'ordre	Emargement Du client
18 / 06	224	Plessis	Lille	3250	
19 / 06	332	Armand	Marseille	3251	

Exemple d'avis de réception destiné au client

HÔTEL ....

AVIS DE RÉCEPTION :

Monsieur, ...
Madame, ...
est avisé(e) qu'un
- télégramme
- message
- pli recommandé
- paquet

Arrivé à .... heures se trouve à sa disposition au bureau du concierge

Date : *Signature :*

Les opérations postales courantes

• Expédition plusieurs fois par jour du courrier déposé par les clients dans la boîte aux lettres de l'hôtel,

• Eventuellement selon l'organisation interne de l'hôtel, expédition des messages téléphoniques, télécopies…

Le traitement des débours

Les frais nommés débours payés par le concierge pour le compte du client lui sont remboursés en fin de journée par le caissier qui les inscrit sur la note.

La surveillance du hall

Contrôle des mouvements de la clientèle
Contrôle et annonce des visites

Commentaire : la prostitution dans l'hôtellerie

• L'article 335 du Code pénal prévoit de lourdes peines à l'égard des hôteliers qui acceptent ou tolèrent habituellement la présence d'une ou plusieurs personnes se livrant à la prostitution à l'intérieur de l'établissement ou ses annexes, ou y recherchant des clients en vue de la prostitution.

• Le délit d'aide à la prostitution prévoit le retrait définitif de la licence et la fermeture définitive de l'établissement.

La surveillance des clés

Dans les hôtels munis de clés métalliques, le concierge est chargé de leur surveillance :

- remise au client à son arrivée,
- dépôt par le client à chaque sortie,
- **bien prêter attention à ne remettre les clés qu'aux occupants réels**.

CONTRÔLE ET SÉCURITÉ

L'hôtelier doit prendre des dispositions afin d'éviter l'accès des différents services et en particulier des chambres et appartements à des personnes étrangères à l'établissement.

Le système de fermeture des chambres

Plusieurs systèmes sont utilisés pour garantir le maximum de sécurité aux clients.

le système traditionnel

DESCRIPTIF DE LA CLÉ

• Chaque clé correspond à une serrure unique.
• Pour éviter qu'elle soit emportée par mégarde, la munir d'un porte-clés encombrant portant l'adresse de l'hôtel pour un retour éventuel.

OUVERTURE ET CONDAMNATION DE LA PORTE PRINCIPALE

• Chaque porte est munie d'une serrure de sécurité et d'un entrebâilleur qui permettent de condamner de l'intérieur.
• **Ouverture** : uniquement à l'aide de la clé et non du bouton de poignée.
• **Fermeture**: mécanisme de sécurité enclenché par la simple action de fermer la porte.

PORTES DE COMMUNICATION

• Ouvertes uniquement lorsque plusieurs chambres sont louées à la même personne ou famille.

UTILISATION DES PASSE-PARTOUT

• **Passe-partout général**
- Direction,
- Gouvernantes,
- Chef de réception,
- Service de maintenance,
- concierge

• **Passe-partout partiel**
- Femmes de chambre
- Equipiers

CONTRÔLE DES PASSE-PARTOUT

• Remis au personnel exécutant à la prise de son service et rendus lors de son départ
• Prêts et restitutions consignés sur un registre.

Le système de clé à carte perforée

Ce système nécessite une serrure spéciale qui ne peut s'ouvrir qu'à l'aide d'une carte perforée unique.
La carte perforée remise au client est établie à l'aide d'une carte matrice (un exemplaire pour chaque serrure).

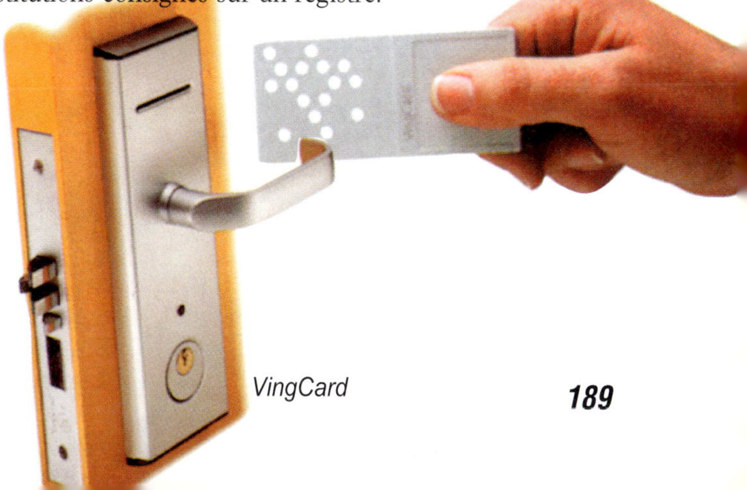
VingCard

Autre système de serrure : la serrure à carte magnétique

Ce système qui représente un investissement important équipe aujourd'hui un très grand nombre d'hôtels de chaînes et d'hôtels indépendants de toutes tailles.

DESCRIPTIF DU SYSTÈME

• Encodage d'une carte magnétique pour la durée du séjour à la réception grâce à un système informatique

UTILISATION

• **Validité dans le temps** : la chaîne de caractère encodée sur la piste magnétique permet de donner à son porteur un accès limité dans le temps.

• **Validité dans l'espace** : notion de restriction d'accès en fonction du porteur : carte programmée pour l'accès à la chambre, au parking, aux zones de conférence... et accès du personnel aux locaux qui lui sont autorisés.

• Toute nouvelle carte, introduite dans une serrure autorisée, " écrase " définitivement la validité de la carte précédemment émise.

• Même utilisation des **passe-partout** que dans le système traditionnel.

• Chaque femme de chambre possède une " carte- clé " lui donnant uniquement accès aux chambres dont elle est responsable et elle ne peut pas ouvrir les portes qui sont verrouillées de l'intérieur par les clients.

AVANTAGES DU SYSTÈME

• **Pour le client, sentiment d'une plus grande sécurité** :
- pas de double,
- impossibilité de faire réaliser une autre clé à l'extérieur,
- il n'est plus obliger de remettre sa clé à la conciergerie mais la garde sur lui.

• **Pour la direction, meilleure maîtrise du contrôle des chambres**

• **En cas de panne du système** : l'hôtelier met en service les cartes d'urgence préalablement encodées et stockées en lieu sûr.

• **En cas de perte ou de vol** : la carte–clé ne peut être utilisée par une autre personne car le numéro de la chambre n'y est pas inscrit, de sorte que le client peut quitter sa chambre sans rendre la clé.

LE VOL

L'étendue des responsabilités quant aux biens est définie par une réglementation :

La loi n° 73-1141 du 24 décembre 1973, résultant d'une convention européenne signée par la France, a modifié les articles d'origine du Code Civil relatifs à la responsabilité spécifique des hôteliers.

-Art. 1952 (Loi n° 73-1141 du 24.12.73 - art. 1er) :

" Les aubergistes ou hôteliers répondent, comme dépositaires, des vêtements, bagages et objets divers apportés dans leur établissement par le voyageur qui loge chez eux ; le dépôt de ces sortes d'effets doit être regardé comme un dépôt nécessaire".

-Art. 1953 (Loi n° 73-1141 du 24.12.73 - art. 2) :

"Ils sont responsables du vol ou du dommage de ces effets, soit que le vol ait été commis ou que le dommage ait été causé par leurs domestiques et préposés, ou par des étrangers allant et venant dans l'hôtel".

Cette responsabilité est illimitée, nonobstant toute clause contraire, au cas de vol et de détérioration des objets de toute nature déposée entre leurs mains ou qu'ils ont refusé de recevoir sans motif légitime

OBLIGATIONS

• Les vêtements, bagages et objets de diverses valeurs apportés par le voyageur sont considérés comme des dépôts nécessaires que l'hôtelier n'a pas le droit de refuser sauf s'il s'agit d'objets encombrants ou dangereux.

RESPONSABILITÉ GÉNÉRALE DE L'HÔTELIER

• L'indemnisation à la charge de l'hôtelier est de :

- 100 fois le montant quotidien de la location si le vol a été commis dans les locaux loués ou les dépendances de l'hôtel,
- 50 fois le montant quotidien de la location si le vol concerne des objets laissés dans les véhicules stationnés sur le parking dont l'hôtel a la jouissance privative.

RESPONSABILITÉS PARTICULIÈRES

• Si un dépôt a été fait dans le coffre de l'hôtel et a fait l'objet d'un reçu, la responsabilité de l'hôtelier est illimitée.

• Si la négligence du client (clé laissée sur la porte de la chambre, voiture non fermée sur le parking...) peut être démontrée, la responsabilité de l'hôtelier est atténuée voire supprimée.

• Un panonceau indiquant la non-responsabilité de l'hôtelier en cas de vol est sans valeur légale.

Fichet - Bauche

Chapitre 12 La Fonction Caisse

chapitre 12

Le rôle et les activités de la caisse

LE RÔLE DE LA CAISSE

Seuls quelques hôtels de très grand confort ont gardé un service caisse indépendant où l'on trouve la brigade suivante :
chef caissier
caissier matin, soir
contrôleur de nuit (night auditor)

Les activités de la caisse sont permanentes dans un hôtel, à tout instant les clients peuvent demander leur note ou avoir besoin de certains services : règlements, change, coffres etc..

Le rôle de la caisse à l'hôtel est important dès la réservation lors de la réception des arrhes et bien après le départ du client lors de l'encaissement des règlements débiteurs.

La caisse est un des secteurs de l'hôtel qui a subi de grandes modifications depuis 20 ans avec l'informatisation de la main-courante (comptes clients, débiteurs, arrhes) et des différentes opérations de caisse.

Celà a entraîné la disparition du service caisse au profit d'une polyvalence accrue des réceptionnistes même dans les hôtels de grande capacité : exemple l'hôtel Méridien Etoile (500 chambres).

LES TÂCHES DU CAISSIER

La caisse de l'hôtel est le lieu d'activités multiples liées au séjour des clients et aux services rendus.

L'essentiel des tâches

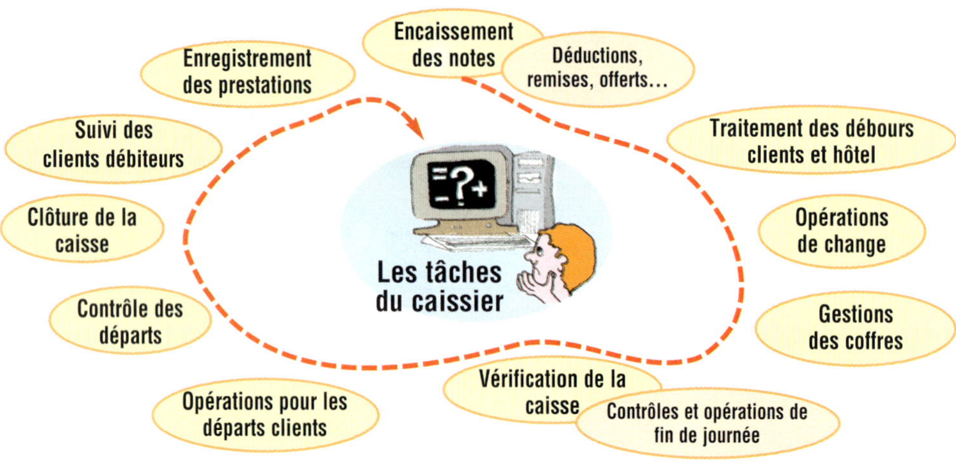

LES DOCUMENTS DE LA CAISSE

En raison de son caractère financier la caisse utilise un certain nombre de documents et de pièces comptables ayant une valeur fiscale et juridique.

L'essentiel de ces documents

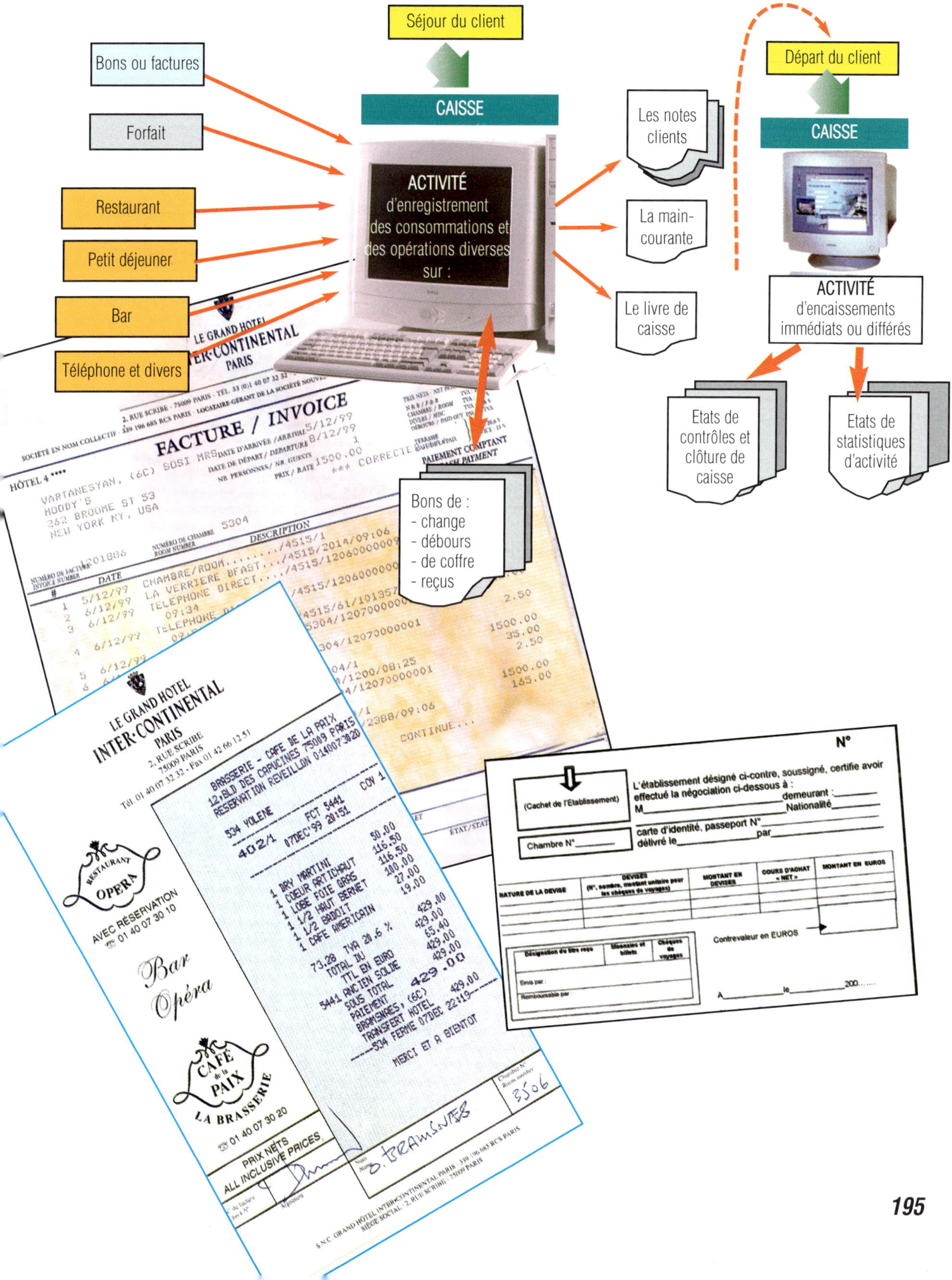

Pourquoi tenir des documents ?

(note client, main-courante, bons, reçus…)

La facturation et le contrôle des ventes comportent certaines caractéristiques :

DU POINT DE VUE DE L'ENTREPRISE

Le client peut consommer, acheter des services et des prestations à crédit.

En effet, puisque le client réside à l'hôtel, on ne lui demande généralement pas de payer comptant.

• L'hôtel va alors «ouvrir», à la réception, un compte pour le client afin de pouvoir présenter une facture en fin de séjour.

• Comme toute entreprise, un hôtel doit également tenir des livres comptables. Ils montrent la situation financière de l'entreprise.

• En ce qui concerne les ventes, l'entreprise a besoin d'enregistrements détaillés qui permettent les analyses de la composition et de l'évolution des ventes.

DU POINT DE VUE DU CLIENT

• Le client qui séjourne à l'hôtel a le droit de connaître à tout moment la position de son compte.

• Pour contrôler ce compte il a besoin d'indications identifiant les montants qui lui sont facturés, (date et nature des prestations consommées).

• Au moment du règlement, il a besoin et il a droit aux quittances (bons, factures, reçus…) de toutes les transactions effectuées, qu'elles soient consommations ou règlements.

La caisse lui délivrera un reçu à tout moment.

DONC

LES PRINCIPES QUI EN DÉCOULENT

L'entreprise doit tenir :

• une **comptabilité des clients** d'un accès rapide à chaque compte individuel. Elle permet l'établissement des notes/clients ;

• une **comptabilité des recettes** donnant un accès rapide aux résultats des ventes (chiffre d'affaires).

La solution

Une méthode tenant ces deux comptabilités simultanément, avec une technique d'enregistrement simple et sûre :

C'est la main-courante

+

des systèmes de contrôle et de clôture pour connaître la position des comptes des clients. Ces contrôles seront proches du rythme de vie de l'hôtel, ils sont le plus souvent journaliers.

☞ **La loi n'exige qu'une clôture annuelle des comptes.**

Vocabulaire

Le service qui s'occupe de la comptabilité des prestations vendues aux clients et de l'encaissement des notes est nommé Caisse Hôtel, que cette fonction dépende ou non de la Réception.

La fonction en charge de cette comptabilité se nomme main-courante, quel que soit le moyen technique utilisé (système manuel ou informatisé).

La facture ou la note du client

LES DISPOSITIONS LÉGALES

La réglementation concernant la délivrance des notes dans les hôtels et les restaurants remonte à l'arrêté du 11 juin 1967.

"Toute prestation de service doit faire l'objet, dès qu'elle a été fournie et avant son paiement, de la délivrance d'une note lorsque son prix est supérieur à 100 F (15 €) de T.V.A. comprise. La note est établie en double exemplaire, l'original ou le double est remis au client, l'autre exemplaire est conservé pendant 3 ans."

Les hôteliers sont dans l'obligation de remettre à chaque client une note détaillée comportant les mentions suivantes :

la catégorie de classement de l'établissement ou de la chambre s'il est différent

La date et le lieu d'exécution de la prestation

La date de la rédaction de la note

L'HÔTEL MASSENA NICE

FACTURE : 152758 DU 27/06/99 PAGE 1

ARRIVEE LE 25/06/99 Chambre 322

Le numéro de la ou des chambre(s) louée(s)

Madame & Monsieur

Le nom du client sauf si celui-ci s'y oppose (arrêté du 6 février 1981)

La raison sociale et l'adresse de l'hôtel et le N° de TVA intracommunautaire,

58, rue Gioffredo
06000 Nice - France
Tél. 33(0)4 93 85 49 25
Fax. 33(0)4 93 62 43 27
info@hotel-massena-nice.com
www.hotel-massena-nice.com

la durée de location ou du séjour,

DATE	NATURE PRESTATION		Débit	Crédit
25/06	HEBERGEMENT		890,00	
25/06	TAXE SEJOUR		14,00	
25/06	GARAGE		80,00	
25/06	PETIT DEJEUNER		160,00	
26/06	TELEPHONE		10,50	
26/06	PRESSING		610,00	
26/06	HEBERGEMENT		890,00	
26/06	TAXE SEJOUR		14,00	
26/06	GARAGE		80,00	
26/06	PETIT DEJEUNER		160,00	
	TVA 5.5%	1 687,20	92,80	
	TVA 20.6%	912,51	187,99	
	HORS TVA	28,00		

TOTAL (HORS TAXE 2 627,71) NET A PAYER 2 908,50 F 443,40 €

Le libellé et le prix de chaque prestation fournie doivent être indiqués clairement. On autorise des abréviations si celles-ci sont compréhensibles

Avez-vous déposé votre clé ? *Have you left your key?*

Le montant de la facture en euro, les prix mentionnés sont toujours TVA comprise (taxe sur la valeur ajoutée).

HOTEL CONSEIL
S.A. au capital de
1 887 500 F
R.C.S. Nice 86 B 796
SIRET 339 054 942 0018
N.A.F. 55 1C
FR 433 390 549 42

PRIX NET T.V.A. COMPRISE

La mention "prix nets" (ou " service compris ")

De plus le décret du 17/07/1992 stipule :

➤ Les factures doivent être numérotées et datées et faire apparaître le taux de taxe sur la valeur ajoutée (T.V.A.) légalement applicable

➤ Une note distincte doit être établie pour les prestations de restauration. Le total pourra être repris sur la note d'hôtel lorsque le règlement des notes d'hôtel et de restaurant a lieu simultanément.

L'hôtelier doit refuser d'établir une facture d'un montant supérieur au montant réglé par le client en acceptant, il s'expose aux sanctions pénales et fiscales prévues en la matière pour la complicité de fraude.

Exemple : une facture libellée de façon globale, telle que :
6 repas complets ⟶ TOTAL 105 €,
n'a aucune valeur sur le plan fiscal.
Seule pourrait être acceptée la mention
“ 6 menus à …15,5 € ” par exemple

➤ Si il veut éviter les problèmes d'impayés, l'hôtelier a intérêt à réclamer le paiement à la semaine lorsque le séjour du client dépasse sept jours (cf. délit de filouterie).

• **La prescription des créances** d'hôtellerie et de restauration est acquise après un délai de six mois à compter du jour de l'échéance de la créance. Si l'hôtelier ne réclame pas ou omet de réclamer une note d'hôtel pendant ce délai de six mois, il ne dispose plus de recours pour obtenir le paiement de la note.

Le délit de filouterie et de grivèlerie

Selon l'article 401 du code pénal et le nouveau texte du 22 juillet 1992, est passible de “filouterie” “quiconque sachant qu'il est dans l'impossibilité absolue de payer se sera fait attribuer une ou plusieurs chambres dans un hôtel et les aura effectivement occupées, toutefois l'occupation du logement ne devra pas avoir excédé une durée de 10 jours...”... “Il convient donc de présenter au client en main propre la note des prestations qui lui ont été fournies avant le 10ème jour, et que son montant sera réglé le jour même...”.

La main-courante

DÉFINITION DE LA MAIN-COURANTE

Le mot “ main-courante ” fait allusion à l'époque où “ l'employé aux écritures ” faisait courir sa main chargée d'un porte-plume le long des colonnes et des lignes du livre sur lequel étaient notées les dépenses des clients.

La main-courante est un journal auxiliaire des ventes.

TRACE DE MAIN

JOURNEE DU 6 NOVEMBRE 200...

PARTIE : gestion commerciale

N° CH	NOMS CLIENTS	NBRE PERS	C.HAMBRES LOUEES			C.A HEBER	
			INDIV	STE	GRPE	IND.IV	ST
101	LAVIGNE	1	1			~~50~~	
103	METZ	2	2			100	
125	ALBANO	1	1			60	
128	CEZAC	1	1			50	
203	STARING	1		1			
207	TARDY	1		1			
306	CHOPIN	1	1			42	
BAR COMPTANT							
RESTAURANT CPT							
TELEPHONE CPT							
			TOTAL ⟶			302	

\+

TO

Quel que soit le système utilisé, manuscrit, électronique, informatique, la main-courante doit permettre :

- de connaître de façon permanente la position des comptes des clients présents à l'hôtel,
- de centraliser et de suivre l'évolution des ventes journalières réalisées dans chaque secteur d'activité,
- d'enregistrer les règlements,
- d'établir la note du client.

Les systèmes informatiques et électroniques permettent l'imputation simultanée des dépenses dans les comptes de ventes et sur la facture du client alors que le système manuel implique deux écritures séparées (une écriture sur la note du client, une écriture sur la main-courante)

COURANTE MANUSCRITE (en euro)

Paiements immédiats

• Paiements différés
• offerts

	PARTIE : gestion des ventes						PARTIE : gestion des encaissements				ENCAISSEMENTS			
€	PETIT DEJ.	BAR	REST.	TEL	DIV.	TOTAL JOUR	REPORT DE LA VEILLE	DÉBOURS	TAXE SÉJOUR DÉDUCTIONS REMISES	TOTAL GENERAL €	ESPÈCES	CHÈQUES	D. diver…	A REPORTER
	7	11				~~68~~	120	5		193	193			
	12		45			157				157				157
	7			10		77	100			177				177
	7	13	30		8	108		6		114			114	
	5		51	11		103	95			198		198		
	4		48	13		105				105				105
	7	12	28		7	96	102			198				198
		15				15				15	6	9		
			450			450				450	120	210	120	
				25		25				25	25			
										A	-	B	=	C
…	49	51	652	59	15	1 204								

A reporter sur la main courante du lendemain dans la colonne "REPORT DE LA VEILLE"

\+ + + + +

S VENTES PAR SECTEUR

" TOTAL JOUR" de la dette de l'ensemble des clients
=
" TOTAL JOUR" des ventes de tous les secteurs

ANALYSE DU TRACÉ

Les informations traitées en main-courante peuvent être regroupées en trois parties distinctes selon leur nature.

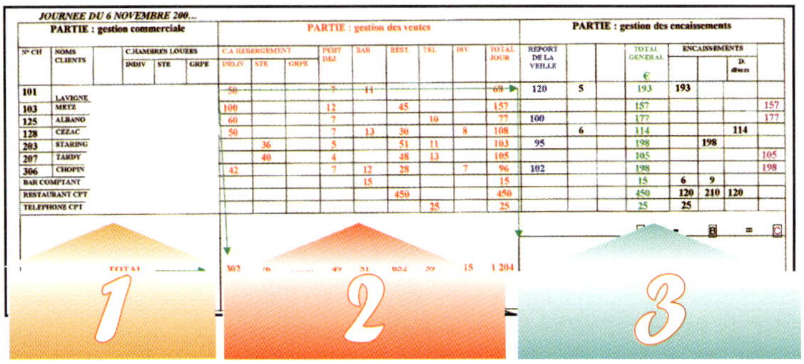

JOURNEE DU 6 NOVEMBRE 200...

PARTIE : gestion commerciale						PARTIE : gestion des ventes									PARTIE : gestion des encaissements							
N° CH	NOMS CLIENTS		CHAMBRES LOUEES			C.A HEBERGEMENT			PETIT DEJ	BAR	REST	TEL	DIV	TOTAL JOUR	REPORT DE LA VEILLE			TOTAL GENERAL €	ENCAISSEMENTS			
			INDIV	STE	GRPE	INDIV	STE	GRPE													D. divers	
101	LAVIGNE					50			7	11				68	120	5		193	193			
103	METZ					100			12		45			157				157				157
125	ALBANO					60			7			10		77	100			177				177
128	CEZAC					50			7	13	30		8	108		6		114			114	
203	STARING						36		5		51	11		103	95			198		198		
207	TARDY						40		4		48	13		105				105				105
306	CHOPIN					42			7	12	28		7	96	102			198				198
BAR COMPTANT										15				15				15	6	9		
RESTAURANT CPT											450			450				450	120	210	120	
TELEPHONE CPT												25		25				25	25			
TOTAL						302	[illegible]		[illegible]	[illegible]	[illegible]	[illegible]	15	1 204								

Partie gestion commerciale

Les informations concernent généralement :

- L'identité du client (nom de famille, société, etc.)
- Le nombre de personnes (adulte, enfants, etc.)
- La date d'arrivée, la date de départ,
- Le ou les numéros de chambres occupées
- Les conditions de séjour (location simple, demi-pension, soirée étape, forfait etc.)
- Les tarifs spéciaux, les réductions accordées,
- La catégorie de clientèle (individuelle, groupe, etc.).

Partie gestion des ventes

Cette partie de la main-courante comprend :

- la ventilation des ventes du jour selon leur nature et les secteurs d'activité de l'établissement,
- le chiffre d'affaires de la journée par totalisation des colonnes.

La ventilation des ventes

Les informations concernent toutes ventes selon leur nature et les secteurs d'activité de l'établissement hôtelier, les prestations de base et annexes :

Exemple :

- La location de chambres, de salons
- Les services de petits déjeuners, thé…
- Le ou les restaurants,
- Le ou les bars
- Le service communication (téléphone, télécopie…)
- Le service de nettoyage des vêtements des clients,
- Le garage /parking,
- Les ventes diverses (vitrines, cartes postales…).

➤ *Certains secteurs d'activité tels que restaurants, bars, établissent dans le service même une facturation détaillée des dépenses effectuées par les clients. Dans ce cas, seul le montant total est reporté en main-courante hôtel, ces différentes factures seront présentées conjointement aux clients lors du règlement.*

☞ La ventilation et le regroupement du chiffre d'affaires dépendront de l'analyse souhaitée par l'hôtelier et du type d'exploitation de l'établissement. Plus elle est détaillée et plus l'hôtelier disposera d'éléments pour gérer son établissement.

☞ Une main-courante manuscrite est limitée par l'espace nécessaire au tracé de nombreuses colonnes de ventilation, par contre le nombre de totalisateur des systèmes électroniques et informatiques permettent de faire une gestion à l'article avec regroupement des ventes sur plusieurs niveaux d'analyse : par catégorie de chambre, par segmentation de clientèle, etc. .

Le chiffre d'affaires de la journée

Le résultat est obtenu de deux manières :
☞ en additionnant les ventes de tous les secteurs d'activité,
☞ en additionnant les dépenses de tous les clients pour la journée (ventes au comptant et ventes à crédit).

Ventes du jour = Total dépenses clients du jour

soit

CHIFFRE D'AFFAIRES DU JOUR = TOTAL DÉBITS CLIENT DU JOUR

les débours et la taxe de séjour, ne font pas partie du chiffre d'affaires de l'exploitation ; ils devront être comptabilisés à part et feront l'objet d'un contrôle spécifique.

3 Partie gestion des encaissements

Cette partie fait la synthèse de ce qui est dû : colonne A
de ce qui est encaissé : colonne B
et de ce qui est à reporter : colonne C

A		B		C
TOTAL CUMULE DES DÉBITS CLIENTS	-	TOTAL DES CRÉDITS CLIENTS DU JOUR (encaissements)	=	TOTAL DES DÉBITS CLIENTS À REPORTER
Ce total est égal à la somme du chiffre d'affaires du jour + le report des débits de la veille + les débours et taxes de séjours du jour		Ce total est égal à la somme des encaissements + les remises, les commissions + les offerts.		Ce total est obtenu par la différence entre les deux rubriques précédentes et sera reporté sur la journée suivante

TOTAL DES DEBITS CLIENTS " A REPORTER " = REPORT DES DEBITS DE LA VEILLE

LES TECHNIQUES D'ENREGISTREMENT

Technique d'enregistrement et de contrôle des débits/clients sur la main-courante

Les débits sont les dépenses du client : prestations consommées par le client (chambres, repas...) et donc les recettes générant du chiffre d'affaires pour l'hôtelier.

Saisir des prestations ou des prix préalablement programmés peut paraître simple. Mais du fait de la diversité des opérations, de la décentralisation des services, les erreurs dans les enregistrements sont fréquentes.

Les principes

1. L'enregistrement des ventes se fait simultanément sur la main-courante et sur la note client à partir

- des documents contractuels de la commande des chambres ou des forfaits (tarifs convenus, fiches de réservation, contrats...) ;
- de la preuve de la consommation de la prestation, (bons ou tickets de caisse ou factures signées des clients) ;
- des récapitulatifs de ventes des services émetteurs : standard, restaurant, conciergerie ...
- autres...

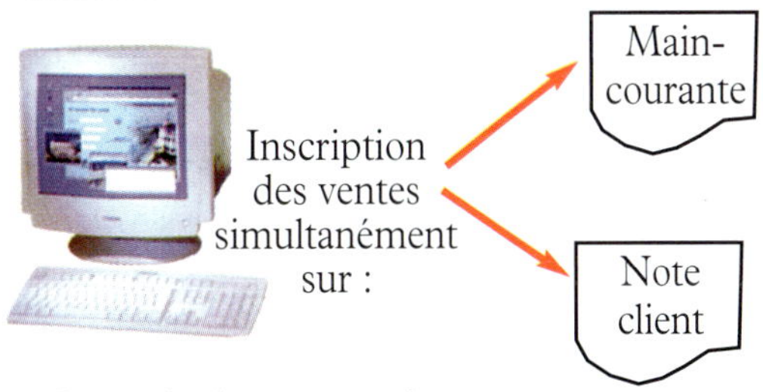

2. Contrôle de ces enregistrements

Il faut appliquer un des principes fondamentaux du contrôle interne : toujours obtenir deux sources d'information qui puissent se comparer et se vérifier entre elles (voir tableau p. suivante).

Les différents types de DÉBITS à enregistrer

TYPES DE PRESTATIONS	SOURCES	SUPPORTS	CONTROLES
Hébergement **ou** **Location** **des chambres**	- de la réservation - de la réception : lors d'un changement de tarif - après l'arrivée d'un client (location/client sans réservation)	• pré-enregistrée à l'arrivée ou à la réservation dans le système informatique • fiche d'arrivée avec les conditions de séjour • dossier client avec document contractuel : bon d'agence, courrier etc.,	• Comparer l'égalité des recettes hébergement (de la main-courante) et les notes clients • Rechercher les erreurs dans les dossiers clients.
Arrangements **Forfaits** C'est la vente d'un ensemble indissociable de prestations pour un prix global.	- de la réservation - de la réception	idem	- idem contrôle de l'enregistrement des prestations hors forfait : **extra** Voir le cas des arrangements ci-dessous
Restauration Bar	Elles concernent les différents points de vente de restauration : - Les petits déjeuners - Le grill, le restaurant gastronomique - Le bar, la discothèque Les banquets etc. Ces différents points de vente sont souvent équipés d'une caisse et/ou ordinateur, relié à la caisse centrale de l'hôtel.	Bons ou relevés, listings ou transferts par informatique des notes de la restauration vers la caisse hôtel.	Comparer les récapitulatifs des recettes de chaque point de vente autonome pour : • Contrôler les enregistrements des ventes effectuées sur la main-courante hôtel. • Etablir un contrôle entre les encaissements réellement reçus et les décomptes théoriques de la caisse. • Contrôler les ventes au comptant et les ventes à crédit (débiteurs divers).
Prestations annexes Il s'agit des ventes effectuées par l'hôtel qui constituent des suppléments aux prestations de base en hébergement et en restauration : Téléphone, mini-bar, pressing, garage, loisirs, souvenirs etc.	- Réception - Conciergerie - Service des étages	• relevé des ventes, bons ou factures signées, fiches mini –bar etc. ; • liaison télématique entre le téléphone et l'ordinateur hôtel : le compte client est automatiquement débité du coût des communications • Idem pour certains mini-bars	• Vérifier que le total des recettes ventilées par secteur correspond bien aux totaux des différents récapitulatifs des ventes ou relevés des marchandises consommées (mini-bar)
Débours clients Frais payés par l'hôtel pour le compte des clients	- de la réception, la conciergerie, la gouvernante. Toutes les factures concernant les débours clients sont inscrites au débit du compte clients mais n'entrent pas dans le chiffre d'affaires de l'hôtel.	bon de débours signé par le client	total du relevé de débours = total débours de la main-courante

TYPES DE PRESTATIONS	SOURCES	SUPPORTS	CONTROLES
Taxe de séjour (uniquement pour les communes touristiques) La taxe de séjour est un impôt prélevé par certaines communes sur les voyageurs qui séjournent dans leur circonscription.	Le montant, par jour et par voyageur, est fixé par arrêté municipal et varie selon les communes.	Nuitée client	La taxe de séjour est imputée au débit du compte des clients qui y sont assujettis mais ne fait pas partie du chiffre d'affaires de l'hôtel Contrôle de fin de journée
Recettes au comptant Les recettes au comptant sont des ventes effectuées dans les différents services de l'établissement et payées immédiatement par les clients résidents ou non-résidents	- Bar - Restaurant - etc.	Notes, tickets, relevé, transfert automatique etc.	Bordereaux récapitulatifs ou des factures. Ces recettes sont centralisées en main-courante hôtel. L'enregistrement de ces ventes est enregistré dans un seul compte qui fonctionne exactement comme un compte client : - il est débité des recettes ventilées selon leur nature - et crédité aussitôt des versements effectués à la caisse de l'hôtel selon les modes de règlement utilisés.

DOCUMENT

LE CAS DES ARRANGEMENTS

Les arrangements qui incluent uniquement des prestations d'hébergement et de restauration – c'est le cas des pensions et des demi-pensions -, appellent une attention particulière pour l'enregistrement.

◆ L'enregistrement **global** peut être pratiqué si le forfait comprend au moins 1 nuitée + 1 petit déjeuner + 1 repas, et que ces prestations se suivent dans le temps. Exemples : 1 dîner + 1 chambre + 1 petit déjeuner ou 1 chambre + 1 petit déjeuner + 1 déjeuner.

Du point de vue fiscal, l'hôtelier a intérêt à enregistrer et **déclarer globalement** les recettes de pensions et demi-pensions car le taux de TVA sur ces forfaits est nettement plus favorable que les taux appliqués aux recettes **ventilées** selon leur nature.

Les recettes des arrangements en pension et demi-pension sont imposées de la façon suivante :

- ¾ de la recette au taux réduit de 5,5% sur le prix de vente hors taxes,
- ¼ de la recette au taux normal de 20,6 % sur le prix de vente hors taxes,

◆ Actuellement le régime d'imposition générale valable pour tous les hôtels, sauf ceux classés quatre étoiles luxe, est le suivant :

- taux réduit 5,5% sur les recettes hors taxes d'hébergement,
- taux normal 20,6% sur le montant hors taxes des recettes restauration et des recettes annexes.

Exemple

Le prix de pension par personne sur la base de l'occupation d'une chambre pour 2 personnes est de 152 € TTC.

La décomposition du prix est la suivante :
- Chambre = 61 € TTC
- Petit déjeuner = 18 € TTC
- Restauration = 73 € TTC

Enregistrement global
3 / 4 = 114 X 5,5 / 105,5 = 5,94 €
152 X 1 / 4 =38 X 20,6 / 120,6 = 6,49 €
Montant total de la TVA : **12,43 €**

Enregistrement ventilé
Recette hébergement : 61 x 5,5 / 105,5 = 3,18 €
Recette restauration : 91 x 20,6 / 120,6 = 15,54 €
Montant total de la TVA : **18,72 €**

La différence entre ces deux calculs s'élève à : 18,72 – 12,43 = 6,29 €

Comme la part du prix de pension attribué à la restauration représente toujours plus du quart de celui-ci, l'enregistrement global permet de payer moins de TVA. que dans le cas d'une ventilation réelle des prix.

Cependant en pratiquant l'enregistrement global du forfait, l'analyse de l'activité par secteur est fausse et ne permet pas la conduite clairvoyante de l'entreprise.

Au contraire, la ventilation des prix de pension permet :

• d'établir de façon réfléchie le prix de composante du forfait et non de manière intuitive donc aléatoire ;

• de suivre les coût de revient de chaque secteur d'activité et d'en contrôler les fluctuations.

L'idéal consiste à pratiquer l'enregistrement global en comptabilité et à ventiler les recettes des forfaits sur un document de gestion extra-comptable.

Technique d'enregistrement et de contrôle des CRÉDITS/clients

Les crédits sont les règlements totaux ou partiels des clients qui viennent en déduction de leur dette ou soldent la note du client.

La gestion des encaissements

L'enregistrement des encaissements sur la main-courante permet de constater les règlements immédiats ou les encaissements différés et par différences les sommes encore dues par les clients.
La note peut être soldée :

- par des paiements immédiats : espèces chèques, cartes de crédit.

- par des paiements différés : la facture ou note du client est traitée en compte **“ clients débiteurs ”**.

Si aucun règlement n'est intervenu dans la journée, le total général sera inscrit en “ **à reporter** ” pour le lendemain.

Les opérations qui viennent en déduction de la facture

Pour des raisons commerciales, l'hôtelier peut parfois accorder des **remises** au client.

A la suite d'erreurs d'imputation, il est nécessaire de corriger le montant de la dette des clients ; pour cela, on effectue des **déductions**.

Les **commissions** représentent la rémunération des services d'un intermédiaire entre l'hôtelier et le client : agences de voyages.

Ces trois enregistrements constituent des crédits qui viennent diminuer la dette des clients envers l'hôtel. Ces opérations ne sont effectuées qu'après un accord écrit d'un responsable (bon de déduction, bon de remise, contrat agences…).

Contrôle
Vérifier que le total de ces crédits inscrits en main-courante correspond à la somme du relevé des ces opérations.

Les offerts

Les **offerts** sont des repas, des consommations ou autres prestations données gratuitement au client à des fins commerciales. La comptabilisation des offerts est obligatoire.

• Ils sont enregistrés comme une prestation classique au prix de vente.

• Ils portent la signature de la facture offerte par le responsable de service.

• On solde le compte client par le compte des offerts.

Du point de vue comptable, les offerts constituent des frais et sont valorisés au coût de revient pour être comptabilisés en dépenses d'exploitation.

Les encaissements

Pendant son séjour à l'hôtel, le client vit à crédit ; il ne réglera ses dépenses qu'au moment de son départ.

Les prestations fournies (chambres, forfaits, repas etc.), doivent être rapidement comptabilisées afin de permettre que la facture soit prête et exacte à tout moment de la journée.

Les encaissements à l'hôtel se différencient de ceux des autres commerçants par le fait qu'ils peuvent s'opérer en plusieurs temps :

ETAPES	OPÉRATIONS
Avant l'arrivée du client	
• les arrhes (voir chapitre 9 sur les réservations) :	• enregistrement des arrhes encaissées • délivrance d'un reçu d'arrhes qui accompagne la lettre de confirmation
A l'arrivée et durant le séjour du client	
• les acomptes et versements partiels Lorsque le client n'offre pas de garanties suffisantes (cartes bancaires, bagages...), l'hôtelier peut lui demander un versement préalable sous forme d'un " acompte ". Il en est de même pour les règlements de " note de semaine " qui ont pour effet d'éviter le délit de " filouterie ". Ce versement en cours de séjour fait l'objet d'une opération de caisse.	• enregistrement des acomptes et des règlements partiels en caisse. • délivrance de la facture intermédiaire non soldée en guise de reçu
Au départ du client	
Règlement des notes Les moyens de paiement pour régler les notes sont nombreux. L'hôtelier n'est pas tenu de tous les accepter. Il acceptera en priorité ceux qui lui garantissent un maximum de sécurité. Un choix s'impose donc en fonction du type d'établissement et de la clientèle. Pour chacun des modes de paiement, il faut procéder à des vérifications bien précises destinées à éviter les malversations.	• encaissement et contrôle selon le mode de paiement • remise de l'original de la facture au client
Après le départ du client	
Les paiements différés Des raisons commerciales amènent l'hôtelier à accepter de différer l'encaissement de la facture pour des entreprises, agences, organismes publics etc..	La procédure paiement différé est la suivante : **Etape 1** : quand le client quitte l'établissement, le montant de sa facture, après vérification et signature du client, est **viré au débit** du compte **débiteurs divers** qui regroupe les clients de même nature (agences, sociétés, individuels etc.). **Etape 2** : ce compte sera ensuite crédité lors du règlement.

Les principaux moyens de paiement

NATURE DU PAIEMENT	CARACTÉRISTIQUES	Observations
Espèces : les euros	Selon la loi, le seul moyen libératoire immédiat pour s'acquitter d'une dette est le paiement en espèces. Le règlement s'opère en monnaie ayant cours légal dans le pays ou en monnaie étrangère dont la contre-valeur est calculée au cours du jour, à condition que l'hôtelier soit autorisé à effectuer des opérations de change.	1 euro = 6, 55957 francs pour convertir un montant du franc à l'euro, on divise le montant par ce taux qui ne peut être ni arrondi, ni tronqué Exemple : $\frac{339 \text{ francs}}{6{,}55957}$ = 51,68022 euros soit 51, 68 euros. - le montant est arrondi à 2 chiffres après la virgule : - en arrondissant au centième supérieur si la 3ème décimale est égale ou supérieure à 5.
Devises	Monnaie étrangère hors zone euro. • Voir paragraphe le change	Favorise le séjour des touristes étrangers
Chèques de voyage ou Traveller- Chèque	**Le chèque de voyage en euros** Délivré en euros par la banque à son client contre un prélèvement immédiat sur son compte, ce qui constitue une garantie. Il est émis en chiffre rond. Le voyageur est tenu d'apposer sa signature une première fois en présence du banquier et une deuxième fois devant le caissier de l'hôtel qui reçoit le chèque en paiement de la note. Ces deux signatures doivent être identiques.  **Le Traveller-chèque** Rédigé comme le chèque de voyage, mais en monnaie étrangère, s'utilise de la même façon .	Si le client a déjà contresigné le chèque ou si un doute persiste quant à la similitude des signatures, il convient de faire signer le chèque à nouveau au verso et de comparer la nouvelle signature avec celle figurant déjà dans le coin supérieur gauche. Noter le N° de passeport au dos du chèque.
Le chèque bancaire (euros)	Ce mode de paiement (qui n'est pas libératoire de la dette), nécessite certaines vérifications afin d'éviter les impayés, un chèque bancaire ou postal doit porter certaines mentions obligatoires.  Il est recommandé de comparer la signature avec celle déposée sur la carte d'identité ou le passeport du client, et de relever au dos du chèque le N° de pièce d'identité.	Il est possible légalement de refuser les chèques comme moyens de paiement, dans ce cas, l'information doit être affichée à la vue des clients
Bon d'agence	Voir tableau	Il appartient au caissier de les distinguer et de les traiter en fonction de leur particularité

Nature du paiement	Caractéristiques	Observations
Cartes bancaires (C.B)   "l'ordre d'engagement de payer donné au moyen d'une carte de paiement est irrévocable. Il ne peut être fait opposition au paiement qu'en cas de perte ou de vol de la carte, de redressement ou de liquidation judiciaire" Art.2).	La Carte Bancaire (C.B) ou carte de paiement permet de régler des achats : de biens et prestations de services. Il existe 2 types de cartes : 1. **la carte de débit**, délivrée par les banques Ces paiements sont effectués dans la limite du **plafond convenu**, le cas échéant, entre l'établissement émetteur (la banque) et le titulaire du compte (l'hôtelier), selon les conditions et procédures en vigueur chez les commerçants adhérents. Tout commerçant qui décide d'accepter comme mode de règlement telle ou telle carte doit passer un contrat d'adhésion avec sa banque et les autres organismes financiers (Américan Express, Diners Club…) et reverser une commission à la société émettrice entre 2 et 6 % suivant le volume du chiffre d'affaires. **Les cartes les plus utilisées sont :** • CARTE BLEUE, VISA, PREMIER, EUROCARD, MASTERCARD (régies par le G.I.E. C. B) • AMEX (Américan Express) • DINERS (Diners club) • J.C.B (Japan Crédit Bureau) 2. **La carte de crédit** proposée par des organismes financiers et qui permet de régler des achats dans des endroits précis. Elle est souvent dite " carte privative " ; le fait de régler un achat avec une carte de crédit enclenche une procédure de crédit avec des paiements échelonnés et bien sûr des intérêts à acquitter (ex : PASS, AURORE, COFINOGA, …)	Utilisation en hôtellerie En hôtellerie les cartes sont utilisées dans 4 circonstances : **1. Moyen de paiement** Règlement de la note **2. Garantie de réservation de la chambre** N° donné au moment de la réservation  **3. Départ express** Si le client le désire, pour lui faire gagner du temps au moment du départ. L'hôtelier est habilité à établir sa facturation après le départ du client à partir de son n° de carte. **4. Facturation de " no show "** Cette facturation est également pratiquée par les hôtels qui utilisent la carte bancaire comme garantie de réservation de chambre.
Chèques vacances 	L'Association Nationale pour les Chèques Vacances (A.N.C.V) gère et distribue les chèques vacances. Cet organisme fournit aux employeurs les chèques à remettre aux employés en contrepartie de leur épargne. Les chèques vacances sont présentés sous forme de coupures. L'hôtelier a la possibilité de rendre la monnaie. Après l'encaissement, les chèques sont revêtus du cachet de l'hôtel et expédiés à l'A.N.C.V accompagnés d'un bordereau où figure le n° d'agrément	Les chèques vacances sont utilisés et remboursés dans les conditions prévues par l'ordonnance n° 82 283 du 26/03/82 et le décret n° 82 719 du 06/08/82. L'hôtelier doit obtenir l'agrément de l'A.N.C.V. L'A.N.C.V. perçoit 1% pour les frais de gestion.
Ticket restaurant	Le ticket restaurant a une valeur marchande pré-imprimée. Le client peut payer avec des tickets. L'hôtelier envoie un bordereau récapitulatif accompagnant tous les tickets reçus à un organisme payeur. Celui-ci rembourse l'établissement déduction faite d'une commission.	Exemple : ticket restaurant, chèque de table…

Les procédures d'encaissement

NATURE DU PAIEMENT	CONDITION D'ACCEPTATION	OPÉRATIONS À EFFECTUER VÉRIFICATIONS	DOCUMENTS À ÉTABLIR OU À ÉDITER EN FIN DE SERVICE
ESPÈCES	aucune	Vérifier la concordance avec la note. Recompter sur le comptoir avec le client. Vérifier l'état des billets et le graphisme.	Bordereau de remise d'espèces
CHÈQUE	Pièce d'identité	Vérifier le nom à l'aide de la pièce d'identité. Vérifier montant en chiffres et en lettres. Vérifier s'il s'agit d'une banque connue et l'état du chèque.	Bordereau de remise de chèques
CHÈQUE DE VOYAGE	Pièce d'identité ou passeport Seconde signature conforme à la première	Faire apposer la seconde signature par le client au moment du paiement. Vérifier la correspondance avec la facture. **Attention aux chèques de valeur différente !**	Si devises étrangères : - Bordereau de remise de devises
DEVISES	Passeport ou carte d'identité	**Attention au change et à la monnaie !** Donner l'original du bordereau de change au client. Accepter uniquement les devises en billets.	Bordereau de remise de devises
CARTE DE PAIEMENT	**Vérifier** : Date de validité Signature N° ne figurant pas sur la liste d'opposition  Terminal de paiement, Talento, de Dassault A.T.	**Système électronique** T.E.P avec n° confidentiel du client, l'autorisation de dépassement du plafond se fait automatiquement. Donner le ticket avec la note soldée. **En manuel** Etablir une note de débit avec l'empreinte de la carte à l'aide de " l'adressographe " Demander et apposer un n° d'autorisation, si dépassement de plafond autorisé, sur la facturette. Faire signer la liasse de la facturette au client et lui donner son double accroché à la note soldée. 	Bordereau de remise de cartes de paiement 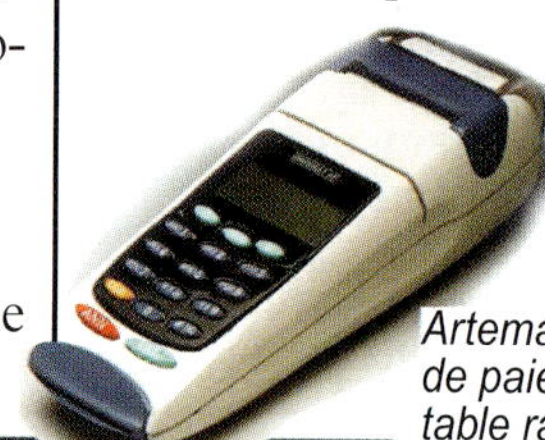 Artema, termina de paiement po table radio DEC de Dassault A.T Terminal Artema avec affichage en euros.
BON D'AGENCE	Original donné par le client à son arrivée	Vérifier la nature et la valeur du bon Encaisser soit les extra, soit le montant de sa facture moins la valeur du bon. Faire signer l'original de la facture si bon Plein Crédit.	Courrier envoyé à l'agence avec la facture et l'original du bon pour régularisation.

DOCUMENT L'ENCAISSEMENT DES BONS D'AGENCE

NOM DU BON	CARACTÉRISTIQUES	SOMME DUE PAR LE CLIENT À LA CAISSE	RELATION AGENCE / HÔTEL
Bon de simple recommandation	Preuve de réservation Sans valeur marchande	L'intégralité de la facture	Commission due par l'hôtelier sur les prestations réservées
Bon de dépôt ou de " déposit "	Valeur déterminée versée par le client à titred'acompte à l'agence	Montant de la facture moins le dépôt indiqué sur le bon	Encaissement du déposit moins la commission
Bon de forfait couvrant un séjour déterminé	Les prestations indiquées sont prises en charge par l'agence (ex : chambre, petit déjeuner)	Montant des prestations hors forfait (extra)	L'hôtelier envoie la facture à l'agence déduction faite de la valeur de la commission
Bon plein crédit	Couvre la totalité des prestations ou sous certaines conditions	néant	idem

Les sorties de caisse :

LES DÉBOURS

(Dépenses et avances de fonds)

Certains paiements peuvent être effectués par le caissier. Il s'agit en général que de petits montants, car au-delà c'est le service comptable qui établit un chèque.

Il existe deux sortes de décaissements :

1. Le débours hôtel
2. Le débours client

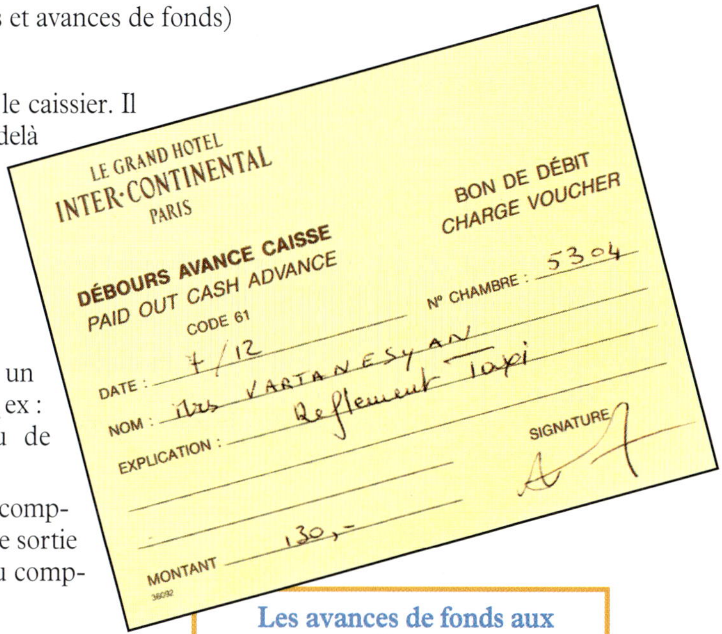

Le débours client

Il correspond soit à une avance d'argent soit à un achat fait par l'hôtelier pour le compte du client ex : journaux, fleuriste, billets de spectacle ou de transport….

Le débours client n'est pas soumis à TVA. Il est comptabilisé directement sur la facture du client. Une sortie de caisse est pratiquée afin de pouvoir payer au comptant l'achat effectué par l'hôtel.

Le débours hôtel

Il est une sortie d'espèces qui permet de régler les petites dépenses de l'hôtel (factures au comptant). Il permet également de régler, dans certains cas, en espèces les acomptes pour le personnel.

Ces sorties d'argent doivent être justifiées par :
- des factures ou tickets de caisse pour les débours hôtel,
- des bons de débours pour les débours clients.

Les avances de fonds aux clients

Le caissier peut être habilité, après accord de la direction, à faire exceptionnellement des avances de fonds aux clients qui en font la demande Le versement de ces sommes donne lieu à l'établissement d'un reçu et d'une écriture comptable.

Les autres fonctions de la caisse

LE CHANGE

Afin de favoriser le séjour des touristes étrangers, l'hôtelier qui présente de sérieuses garanties peut être autorisé à effectuer des opérations de change, ce qui lui permet d'accepter des devises étrangères en paiement d'une note d'hôtel.

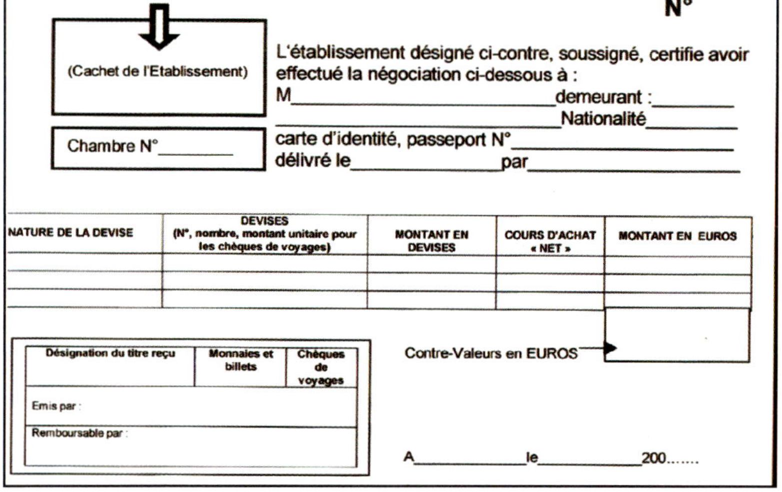

N°

(Cachet de l'Etablissement)

Chambre N°_______

L'établissement désigné ci-contre, soussigné, certifie avoir effectué la négociation ci-dessous à :
M_______________________demeurant :_______
_______________________Nationalité_______
carte d'identité, passeport N°_______________
délivré le_____________par_______________

NATURE DE LA DEVISE	DEVISES (N°, nombre, montant unitaire pour les chèques de voyages)	MONTANT EN DEVISES	COURS D'ACHAT « NET »	MONTANT EN EUROS

Contre-Valeurs en EUROS

Désignation du titre reçu	Monnaies et billets	Chèques de voyages
Emis par :		
Remboursable par :		

A__________le__________200……

Carnet de change : modèle de feuillet de reçu

Les opérations de change à l'hôtel : la réglementation

1. Le change à " sens unique "

ou changeur occasionnel (le plus courant), il s'agit exclusivement de l'achat de devises à une clientèle étrangère en règlement de prestations de service.

Obligations

a) Reprise des devises étrangères en règlement de la facture du client
b) Cession des devises encaissées à l'établissement bancaire du choix de l'hôtelier dans un délai de 3 mois
c) Affichage de manière lisible du tableau de change
d) Etablissement d'un reçu ou bordereau de change numéroté en 3 exemplaires

- Pas de vente de devises
- pas de transaction en dehors du règlement de la note.

2. Le changeur manuel

ou bureau de change

Les hôtels qui ont opté pour la formule de " change à double sens " (achat et vente) doivent :

a) En faire la demande auprès de la Banque de France
b) Obtenir une caution bancaire à la hauteur de 5 653 euros (250 000 francs)
c) Faire une déclaration d'ouverture auprès des douanes et obtenir un N° d'identification
d) Tenir un registre de transactions dans un ordre chronologique (manuel ou informatique)
e) Adresser tous les 20 du mois à la Banque de France la balance des paiements
f) Afficher de manière visible les tableaux d'achat et de vente des devises
g) Plafond de règlement : 15246 € (100 000 francs)

L'hôtelier sous-traite généralement ce service à une agence bancaire implantée dans l'hôtel (grands hôtels)

Hotel Sofitel
PARIS FORUM RIVE GAUCHE

ACHATS DE DEVISES
025903

1 Date
2 N° de caissier

	MONNAIE	Quantité 6	Taux hôtel 7	Montant F.F. 8
5 Espèces	Dollar U.S.			
	Dollar Canada			
	Livre G.B.			
	Deutsch Mark			
	Franc Suisse			
	Franc Belge			
	Franc C.F.A.			
	Yen			
	Lire Italie			
	Pesetas			
	Florin			
	KR. Suède			
	KR. Danemark			
		11 Total espèces		
12 Travellers Chèques	Dollar U.S.			
	Dollar Canada			
	Livre G.B.			
	Deutsch Mark			
	Franc Suisse			
		13 Total Travellers		
		14 Total Général		

REMPLIR OBLIGATOIREMENT POUR ACHAT DE DEVISES EN
1) ESPÈCES POUR UNE VALEUR SUPÉRIEURE A 2.000 F.F.
2) TRAVELLERS CHEQUES

NOM - NAME
NATIONALITÉ - NATIONALITY
N° PASSEPORT
SIGNATURE N° CHAMBRE - ROOM N°

Tableau de change (change simple)

Affichage obligatoire à la caisse

COURS DE CHANGE
COURS D'ACHAT

Pays	Devises	Billets	Chèques de voyages
Communauté européenne	1 Euro	6,5597 FRF	5,5597 FRF
Etats-Unis	1 US $	6,20 FRF *	6,20 FRF
Grande Bretagne	1 GBP £		
Japon	100 yens		
Suisse	100 CHF		
Canada	1 US$ canadien		

Achat de devises étrangères exclusivement en règlement d'une facture de prestations dues dans l'établissement
Change allowed for payement of invoice only

* Une tolérance permet à l'hôtelier d'appliquer une commission de 3%. Le cours affiché sera donc de 6,01FRF en précisant le taux de commission.

LE DÉPÔT DES VALEURS : LES COFFRES-FORTS

Pour répondre au besoin de sécurité des clients, les hôteliers doivent mettre à leur disposition des coffres-forts pour les dépôts d'argent ou de valeurs (voir chapitre 11 La réglementation).

Différentes possibilités s'offrent à l'hôtelier, il peut proposer :

Le coffre général ou collectif : c'est le coffre-fort de l'hôtel lorsque celui-ci n'en dispose pas pour sa clientèle.

Le coffre à compartiments : dans un lieu discret, à proximité de la caisse ou de la réception ces coffres-forts sont mis à la disposition de la clientèle en location ou gracieusement.

Il comporte des compartiments individuels avec 2 clés :

- Clé n°1 pour le caissier
- Clé n° 2 pour le client

Chaque visite au coffre par le client nécessite l'intervention du caissier ou du personnel de réception accompagné d'une signature sur la carte de coffre.

Le coffre individuel : scellé dans la chambre ; avec clé, carte ou code à 4 chiffres, donne plus de liberté au client – n'enlève en rien la responsabilité de l'hôtelier.

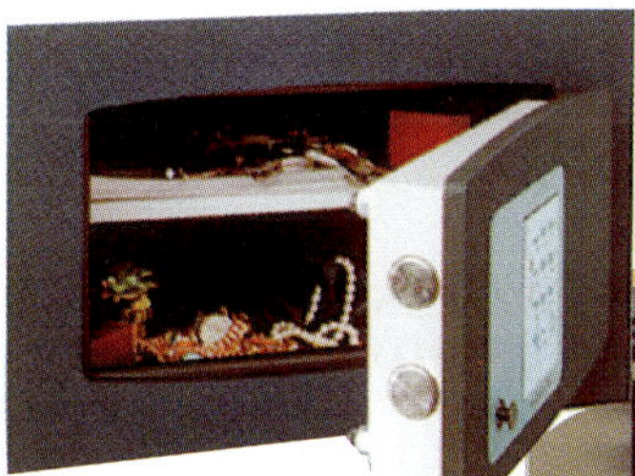

COFFRE- CONFIDENT FICHET-BAUCHE

COFFRE-FORT CARAT - FICHET

novotel **novotel paris les halles**

REMISE DE COFFRE / *SAFE DEPOSIT RECORD CARD*

Je soussigné M. .... chambre n° .... reconnais avoir en sa possession la clé du coffre n° .... mis gracieusement à sa disposition, et autorise la Direction de l'hôtel de procéder à l'ouverture de ce coffre (1 mois après mon départ) en cas de non restitution de la clé, ou sur ma demande en cas de perte de clé.
Les frais d'ouverture de coffre sont de .... F.

I the undersigned Mr .... room n° .... occupying free of charge the safe n° .... agree with the managment of the hotel to open the safe (one month after my departure's date) in case I leave the hotel without returning the key.
For the lost of the key, I agree to pay the amount of ....

SIGNATURE DATE

Date .... Nom .... N° Ch ....

Je reconnais par la présente avoir ouvert mon coffre aux dates ci-après et en avoir trouvé le contenu selon mon dépôt.
I hereby acknowledge that I entered my safe deposit box on the dates shown below, and I found all properties stored, to be in order.

Date	Heure *Time*	Signature du client *Signature of guest*	Signature employé *Signature of employe*

Je reconnais par la présente avoir libéré mon coffre de son contenu trouvé intact et dégage entièrement l'hôtel de toute responsabilité.

I here by acknowledge that all properties stored in this safe deposit box has been withdrawn in therefrom and found to be in order and liability of said hotel is hereby released.

Signature Employé

CARTE DE DÉPÔT COFFRE RECTO/VERSO

1. Procédure de dépôt au coffre avec coffre collectif

MATÉRIEL

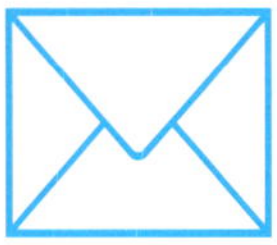

Enveloppe de papier fort

Reçu de dépôt

Livre des dépôts clients

OPÉRATIONS

- Remettre au client l'enveloppe pour y déposer les valeurs.
- Le client place ses valeurs, clôt lui-même l'enveloppe et signe à l'endroit de la fermeture.
- Remettre au client le reçu avec la mention suivante "reçu d'objet, pour une enveloppe fermée et paraphée".
- Inscrire le dépôt avec n° d'ordre dans le livre des dépôts.
- Placer l'enveloppe dans le coffre général de l'hôtel.

2. Procédure de dépôt au coffre avec coffres-forts à compartiments

MATÉRIEL

Fiche de dépôt au coffre

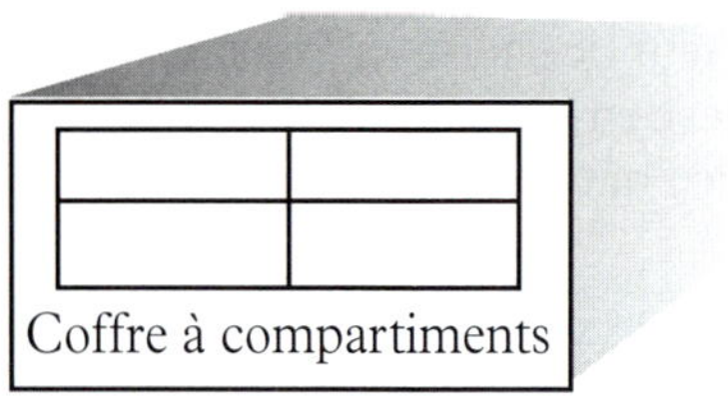

OPÉRATIONS

1. Demande du coffre par le client
- Enregistrement de la demande sur la fiche et dépôt de la signature du client
- Remise de la clef au client
- Information sur la facture du client du service coffre

2. Ouverture du coffre
- En présence du client le caissier fait usage de la clé n°1
- Le client "seul" utilise son coffre avec la clé n°2
- Le client signe sa fiche en présence du caissier

3. Fermeture du coffre
- Le caissier donne à nouveau un tour de clé n°1 sur le compartiment concerné
- Classement de la fiche

La clôture du jour

La clôture de la journée comprend essentiellement des activités de vérifications et production de documents.

Ce sont :

• **Les opérations de fin de journée** avec le livre de caisse et les contrôles des encaissements

• **L'analyse de l'activité** avec la feuille de situation qui analyse la fréquentation et l'occupation de l'hôtel

LES OPÉRATIONS DE FIN DE JOURNÉE

Elles ont pour but d'arrêter les **comptes clients** et les **chiffres d'affaires** par période de 24 h.

Cet arrêté de fin de journée permet :

- d'effectuer le **contrôle des enregistrements**
- d'obtenir un rapport quotidien de l'activité de l'entreprise appelé couramment : **feuille de situation ou " daily report ".**

Cette clôture a lieu selon l'organisation de l'hôtel **à minuit** ou à **midi**. Souvent à midi pour les entreprises de petite capacité. Dans ce cas la clôture est sous la responsabilité du chef de réception. A minuit dans les autres entreprises où la clôture est effectuée par le contrôleur de nuit (night auditor).

Avant de procéder à la clôture des comptes il faut s'assurer que toutes les ventes et autres opérations effectuées au cours de la journée ont bien été enregistrées.

On contrôle alors :

• la **facturation** des conditions journalières d'hébergement (vérification des imputations automatiques en cas d'utilisation d'un système informatique) ;

• les enregistrements **des ventes au comptant ou à crédit** des différents secteurs d'activité (téléphone, bar, etc.) ;

• la mise à jour des **notes clients** ;

• la mise à jour des **comptes débiteurs** divers et **arrhes.**

> Ces opérations de fin de journée sont effectuées manuellement ou automatiquement selon le système de main-courante utilisé.

Les différents totaux obtenus permettent d'avoir :

- un contrôle sur les encaissements
- un contrôle sur les prestations.

Comment procéder ?

Le contrôle sur les encaissements est effectué à partir du **livre de caisse** ou **journal de caisse**. Celui-ci montre les trois encaissements et la possibilité de décaissement de la journée.

Encaissements du jour
Encaissements des débiteurs divers
Encaissements d'arrhes
Décaissements de débours

Livre de caisse (extraits)

Date : **27/05/97** — **EDITION DU DETAIL DES REGLEMENTS**

Par type de paiement

CARTES VISA

Client		Facture N°	Resa. N°	Débiteur N°	Chambre N°	Service	Règlement
Arrhes/Acomptes Recu							
JACOB	FRED		000013			**Matin**	1 000,00
Sous Total	**Arrhes/Acomptes Recu**						**1 000,00**

Client	Facture N°	Resa. N°	Débiteur N°	Chambre N°	Service	Règlement
Facturation Hotel						
VAL/RENARD/PERSAN	000001	000001		305	**Matin**	1 000,00
Sous Total **Facturation Hotel**						**1 000,00**

TOTAL VISA **2 000,00**

Les contrôles d'encaissements

L'enregistrement des encaissements ne pose pas de problème particulier, cependant il est préférable de les ventiler selon les modes de règlements afin d'établir **un premier contrôle :**

Contrôles d'encaissements à effectuer à chaque fin de service :

Prélever de sa caisse le montant des espèces annoncé par le livre de caisse.

Vérifier que le fond de caisse a la même valeur que celui du début de journée.

Totaliser le montant des chèques pour le comparer au montant annoncé par le journal de caisse.

Totaliser les tickets de justificatifs d'encaissement par carte de crédit et les contrôler avec l'édition du journal de caisse.

Contrôler les encaissements par virement bancaire à partir du relevé de banque.

Totaliser le montant des Traveller checks et le change en devises pour le comparer au montant annoncé par le journal édité.

Remettre l'enveloppe de caisse à la caisse générale (comptabilité).

Remettre les pièces justificatives aux services concernés : débiteurs divers, contrôle etc..

Les contrôles d'encaissements

INVENTAIRE PHYSIQUE DE LA CAISSE	=	MONTANT DES ENREGISTREMENTS MACHINE OU LIVRES
Décompte des espèces Décompte des chèques etc.	=	Total des espèces Total des chèques etc.

*Bordereau de caisse
- Relevé
- Enveloppe

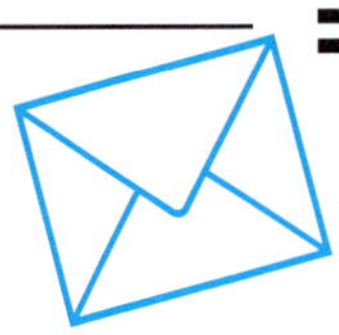

* Main-courante
- feuille journalière ou
- bande de contrôle ou
- listings informatiques

Ce relevé doit s'effectuer pour chaque caisse des différents points de vente et bien sûr au niveau de la caisse générale et centralisatrice.

Le contrôle de fin de journée doit présenter l'égalité suivante :

ENCAISSEMENTS DE LA MAIN-COURANTE DU JOUR + ENCAISSEMENTS D'ARRHES + ENCAISSEMENTS DES DÉBITEURS DIVERS	=	ESPÈCES + CHÈQUES + VIREMENTS + COMMISSIONS BANCAIRES ET AGENCES

Contrôle du solde à reporter

En fin de journée la caisse doit vérifier :

REPORT DE LA VEILLE
+ CHIFFRE D'AFFAIRES
– ENCAISSEMENTS DU JOUR
– AUTRES CREDITS
= NOUVEAU SOLDE CLIENTS A REPORTER

Lorsque les contrôles sont terminés, il faut procéder à la fermeture définitive de la journée en cours et à l'ouverture de la prochaine journée de “ main-courante. ”

Cela consiste :
• à mettre à zéro tous les comptes de débits et de crédits du jour (ventes, clients, règlements, etc.)
• à changer la date du système
• à enregistrer le report à nouveau si celui-ci n'est pas fait automatiquement.

HCM	SOLDES DE CAISSE DU 25/06/1999	EDITE LE 27/06/1999 à 17:30	PAGE 1

SITUATION NETTE

	ANCIEN SOLDE	MONTANT JOUR	NOUVEAU SOLDE
SOLDE DEPOT (arrhes) DONT POINTAGE PART.	693 394,05 1 902,00	-2 900,00	690 494,05 1 902,00
SOLDE DEBITEUR CLIENT BRUT SOLDE DEBITEUR CLIENT NET SOLDE CARTES CREDIT SOLDE DEBITEURS + CCR	1 283 909,70 1 282 007,70 211 868,80 1 495 778,50	-31 208,00 -31 208,00 48 584,50 17 376,50	1 252 701,70 1 250 799,70 260 453,30 1 513 155,00
SOLDE RECOUCHANTS	161 985,00	-18 189,00	143 796,00
SOLDE VOYAGEURS	1 657 763,50	- 812,50	1 656 951,00

CLIENTS PRÉSENTS PLUS DÉBITEURS — CLIENTS PRÉSENTS

ANALYSE DE L'ACTIVITÉ

L'opération de clôture fournit une **analyse commerciale de l'activité.**

En gestion des ventes, si la définition de prévision occupe une grande place, l'établissement d'un suivi régulier et d'une analyse précise des résultats est indispensable, en mettant en évidence les écarts entre les prévisions et les résultats réels.

L'analyse quotidienne des ventes porte essentiellement sur les chiffres d'affaires réalisés pour chaque secteur d'activité, accompagnés de statistiques commerciales révélatrices.

Ces comparaisons n'ont qu'un objectif :
- suivre et comprendre précisément l'activité de l'établissement,
- situer la fréquentation et l'occupation de l'hôtel par rapport aux concurrents.

Par rapport à ses concurrents

Cette comparaison doit se situer à plusieurs niveaux :

1. Interne : comparaison à l'année N-1 comparaison au budget.
2. Local : les hôteliers de la même catégorie de la zone de chalandise
3. La ville : à l'aide de statistiques fournies par le syndicat hôtelier de la ville soit du CDT (Comité Départemental du Tourisme)
4. Région : à l'aide de documents comme ceux de l'observatoire du tourisme ou du CRT ou de sociétés de consultants privés.
5. National : deux possibilités :

- Organismes publics : INSEE, Banque de France CEPME,
- Les organismes privés : KPMG, Howarth and Howarth.

Le rapport d'activité ou la feuille de situation

La feuille de situation montre par trois tableaux bien distincts les éléments :

1. Analyse des chiffres d'affaires par secteur d'activité et évaluation des performances en rapport soit à la chambre vendue, soit au client présent, et/ou année n-1, budget etc.

2. Statistiques d'occupation

Nombre de chambres louées
Nombre de chambres disponibles,
Nombre d'arrivées clients
Chiffre d'affaires hébergement.

Ces chiffres permettent d'obtenir les statistiques suivantes :

- Taux d'occupation (TO)
- Indice de fréquentation (IF)
- Durée moyenne de séjour (DMS)
- Prix de vente moyen d'une chambre (PMC)
- Recette moyenne par chambre louée
- RevPAR (chiffre d'affaires par chambre construite)

3. Analyse de la fréquentation

En fonction d'une segmentation de clientèle définie (voir démarche commerciale), il est intéressant de situer chacun de ces segments en TO, IF, DMS, PMC, et par rapport aux chiffres d'affaires autres qu'hébergement.

Les ratios courants en hôtellerie

Les méthodes de calcul des statistiques hôtelières

TAUX D'OCCUPATION (T.O.) = $\dfrac{\text{nombre de chambres louées x 100}}{\text{Nombre de chambres disponibles}}$

TAUX DE FRÉQUENTATION (T.F.) = $\dfrac{\text{Nombre de clients logés x 100}}{\text{Nombre de clients logeables}}$

INDICE DE FRÉQUENTATION (I.F.) des chambres = $\dfrac{\text{Nombre de clients logés}}{\text{Nombre de chambres louées}}$

DURÉE MOYENNE DE SÉJOUR (D.M.S.) (sur une période donnée) = $\dfrac{\text{Nombre total de nuitées clients}}{\text{Nombre d'arrivées clients}}$

PRIX DE VENTE MOYEN D'UNE CHAMBRE (P.M.C. ou R.M.C.) = $\dfrac{\text{Chiffre d'affaires location H.T.}}{\text{Nombre de chambres louées}}$

DÉPENSE MOYENNE PAR CLIENT ET PAR JOUR (D.M.C.) = $\dfrac{\text{Chiffre d'affaires H.T. total du jour}}{\text{Nombre de nuitées clients}}$

RATIO ÉCONOMIQUE HÉBERGEMENT = $\dfrac{\text{Chiffre d'affaires réalisé H.T.}}{\text{Chiffre d'affaires théorique H.T.}}$

TAUX D'INDISPONIBILITÉ = $\dfrac{\text{Chambres indisponibles x 100}}{\text{Chambres totales de l'hôtel}}$

Rev P.A.R. (Revenue Per Available Room) ou (Prix Moyen Par Chambre Construite) = $\dfrac{\text{P. MC x T.O}}{\text{Nombre de chambres contruites}}$

ou

$\dfrac{\text{Chiffre d'affaires hébergement H.T.}}{\text{Nombre de chambres construites}}$

Sur la feuille de situation on trouve aussi :

• la récapitulation journalière des nuitées et des arrivées. La Direction du Tourisme demande à tous les hôteliers de lui communiquer mensuellement une " **statistique de fréquentation de l'hôtellerie** " sur laquelle ils dénombrent, par nationalité les étrangers ayant fréquenté leur établissement ;

• les mouvements de trésorerie, la séparation des mouvements de trésorerie selon leur nature, crédits (banque, caisse) et débits (règlements différés), permet des flux de trésorerie au niveau de l'exploitation.

Le rapport de situations journalière et mensuelle est essentiel pour permettre le suivi de l'activité de l'entreprise au jour le jour et pouvoir réagir rapidement. Ce rapport s'utilise avant tout comme document d'analyse et doit permettre de s'interroger sur les raisons d'une mauvaise activité ou d'une amélioration de l'activité.

Exemple de feuilles de situation

Hôtel Trimaran - Statistiques journalières du .... Editées le ....

RUBRIQUES	JOURNEE	CUMUL MOIS	CUMUL ANNEE	BUDGET MOIS	CUMUL BUDGET	EC. MOIS	EC.CUMUL
HEBERGEMENT	52 210,00	1 293 467,00	7 104 105,72	1 337 160,83	6 561 715,83	-3,27%	8,27%
SUP.HEBER		390,00	6 362,00				
RSV HEBERGEMENT		-4 374,45	-13 842,50				
TOTAL HEBERGEMENT	52 210,00	1 289 482,55	7 096 625,22	1 337 160,83	6 561 715,83	-3,57%	8,15%
MOYENNE PAR CHAMBRE	543,85	582,69	533,06	557,73	496,44	4,47%	7,38%
AR.PETIT_DEJ.	2 020,00	39 610,00	248 784,00	50 000,00	330 000,00	-20,78%	-24,61%
CAFETERIE Supl.PDJ	25,00	1 726,00	18 096,00	4 166,67	43 166,67	-58,58%	-58,08%
PETIT DEJEUNER	- 350,00	64 665,00	309 896,50	54 166,67	259 166,67	19,38%	19,57%
TOTAL PETIT DEJEUNER	1 695,00	106 001,00	576 776,50	108 333,33	632 333,33	-2,15%	-8,79%
MOYENNE PAR PERSON[illegible]	10,34	30,15	27,80	30,12	30,50	,09%	-8,84%
MOYENNE PAR PR[illegible]	17,12	37,13	35,[illegible]	30,12	30,50	23,27[illegible]	[illegible]4%
MINI_BA[illegible]	[illegible]00	13 302,00	[illegible]	[illegible]	111 265,00	[illegible]	[illegible]
BAR	[illegible]	2 105,00	[illegible]	[illegible]	25 666,67	[illegible]	[illegible]
T[illegible]	[illegible]	15 407,00	[illegible]	[illegible]	136 931[illegible]	[illegible]	[illegible]
[illegible]	[illegible]	4[illegible]	[illegible]	[illegible]	[illegible]	[illegible]	[illegible]

Suivi des débiteurs divers

ou "comptes en ville" ou "city ledger"

PROCÉDURE

Suivi des règlements différés ou comptes débiteurs divers

Le suivi de ces comptes demande une organisation rigoureuse pour maintenir une saine trésorerie, éviter les retards de paiement et garder de bonnes relations commerciales. L'informatique permet les relances automatiques des statistiques et des ratios indicateurs de suivi.

Exemple d'entreprise

Le processus, dans le temps, est le suivant :

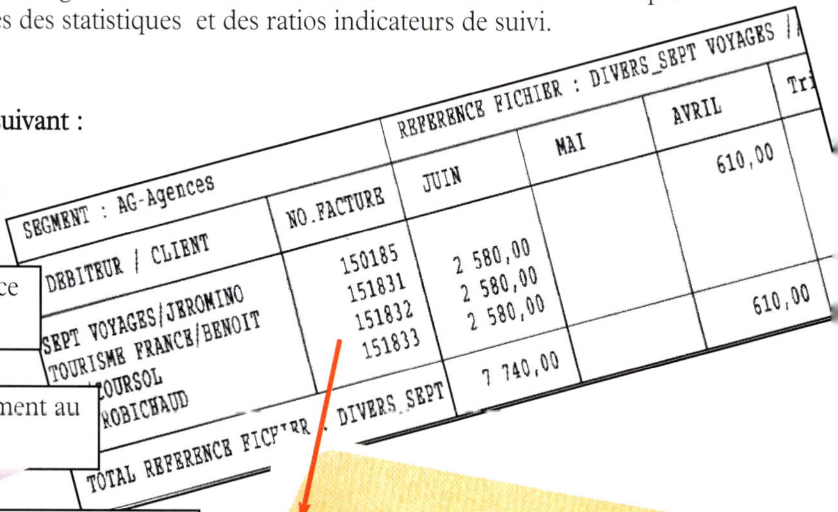

SEGMENT : AG-Agences — REFERENCE FICHIER : DIVERS_SEPT VOYAGES

DEBITEUR / CLIENT	NO.FACTURE	JUIN	MAI	AVRIL	Tr
SEPT VOYAGES/JEROMINO	150185			610,00	
TOURISME FRANCE/BENOIT	151831	2 580,00			
[illegible]OURSOL	151832	2 580,00			
ROBICHAUD	151833	2 580,00			
TOTAL REFERENCE FIC[illegible] : DIVERS_SEPT		7 740,00		610,00	

Solder la facture en débitant le compte débiteurs divers

J — Vérifier la facture débitrice avec la prise en charge

Envoyer immédiatement au payeur

Comptabiliser la créance dans une balance par "Antériorité"

Débiteurs divers : balance par "antériorité"

Suivi par échéancier de cette créance

Si non paiement à :

J + 15 — 1ère lettre de courtoisie informant que le réglement est exigible à la réception

J + 30 — Envoi d'une seconde lettre plus ferme expliquant la procédure judiciaire qui serait intentée si le réglement n'intervient pas rapidement

J + 60 — Lettre de mise en demeure avec accusé de réception

Récupération ultime de la créance soit :
- faire appel à un homme de loi qui se chargera de la récupérer (huissier, avocat)
- demander le recouvrement de la créance au tribunal du commerce
- faire appel à une société de contentieux qui moyennant une cotisation annuelle et un pourcentage, se chargera de récupérer la.créance.

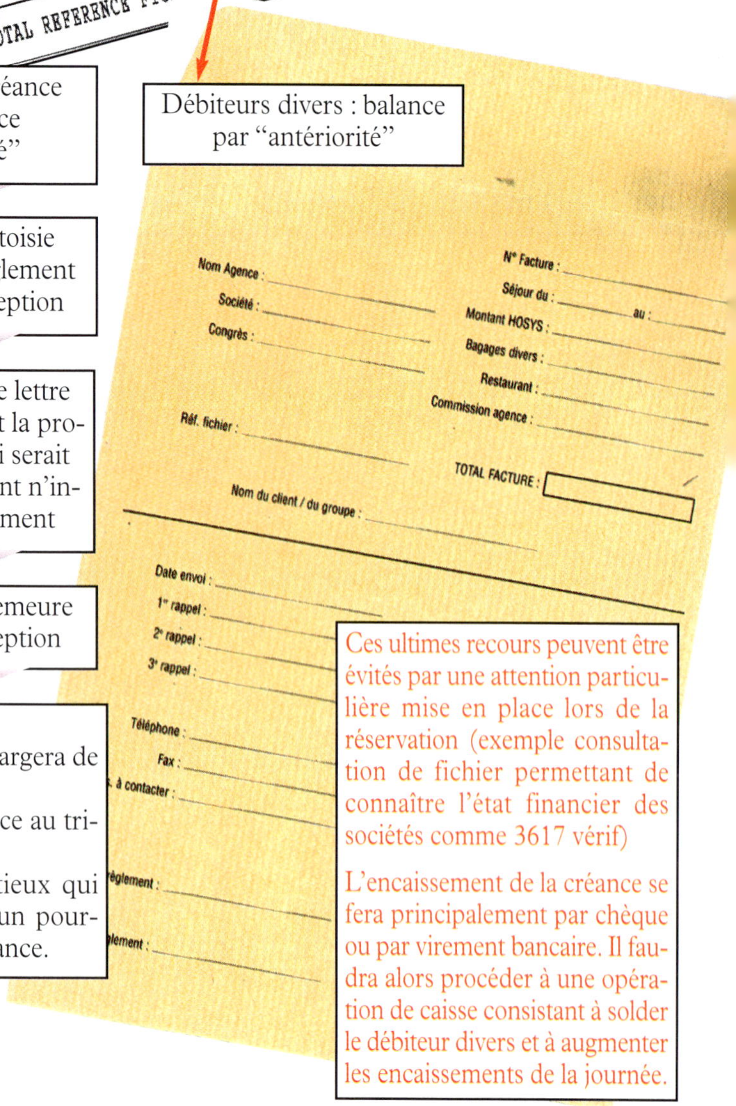

Ces ultimes recours peuvent être évités par une attention particulière mise en place lors de la réservation (exemple consultation de fichier permettant de connaître l'état financier des sociétés comme 3617 vérif)

L'encaissement de la créance se fera principalement par chèque ou par virement bancaire. Il faudra alors procéder à une opération de caisse consistant à solder le débiteur divers et à augmenter les encaissements de la journée.

Le départ du client

sur le vif

PROCÉDURE TECHNIQUE DE CAISSE CLIENT

Client Individuel

Opérations	Observations
Accueil du client	Attitudes et comportement suivant les normes de l'hôtel
Vérification du dossier	Conditions de séjour, infos de dernière minute, bon d'agence, prise en charge etc.
Dernières prestations consommées	Téléphone, mini-bar, suppléments divers
Edition de la facture	Facture
Vérification par le client	Explications, vérifications et/ou signature… Justificatifs de consommation
Confirmation du montant	Après déduction ou en devises ou facture corrigée Edition de la facture extra si c'est le cas…
Demande du mode de règlement	Modes de règlement acceptés par l'hôtel
Règlement	Voir tableau des procédures d'encaissement
Enregistrement du règlement	Procédure interne à l'hôtel + transfert débiteurs si c'est le cas
Libération de la chambre	
Prise de congé	Bagagiste, clé, taxi etc. info satisfaction → fiches
Classement du dossier / facture et documents de caisse	Suivant l'organisation

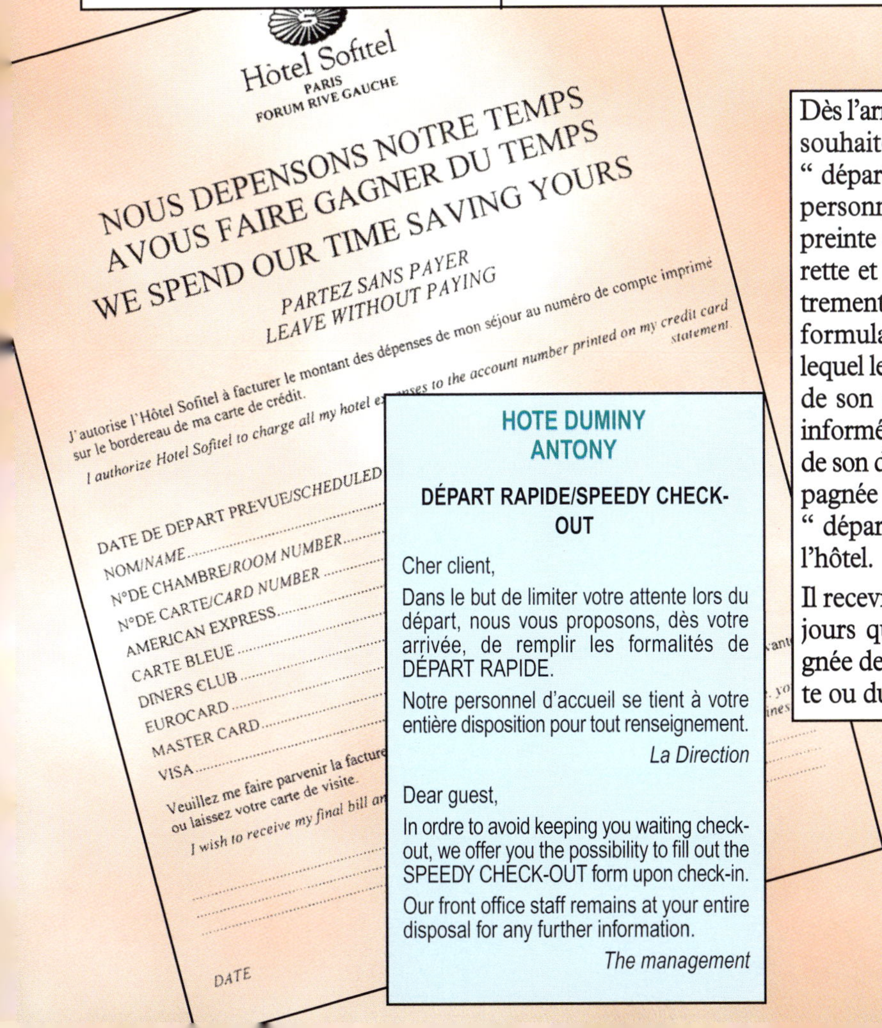
Hôtel Sofitel
PARIS
FORUM RIVE GAUCHE

NOUS DEPENSONS NOTRE TEMPS
AVOUS FAIRE GAGNER DU TEMPS
WE SPEND OUR TIME SAVING YOURS

PARTEZ SANS PAYER
LEAVE WITHOUT PAYING

J'autorise l'Hôtel Sofitel à facturer le montant des dépenses de mon séjour au numéro de compte imprimé sur le bordereau de ma carte de crédit.
I authorize Hotel Sofitel to charge all my hotel e[...]nses to the account number printed on my credit card statement

DATE DE DEPART PREVUE/SCHEDULED…
NOM/NAME…
N°DE CHAMBRE/ROOM NUMBER…
N°DE CARTE/CARD NUMBER…
AMERICAN EXPRESS…
CARTE BLEUE…
DINERS CLUB…
EUROCARD…
MASTER CARD…
VISA…

Veuillez me faire parvenir la facture…
ou laissez votre carte de visite.
I wish to receive my final bill a…

DATE

HOTE DUMINY
ANTONY

DÉPART RAPIDE/SPEEDY CHECK-OUT

Cher client,

Dans le but de limiter votre attente lors du départ, nous vous proposons, dès votre arrivée, de remplir les formalités de DÉPART RAPIDE.

Notre personnel d'accueil se tient à votre entière disposition pour tout renseignement.

La Direction

Dear guest,

In ordre to avoid keeping you waiting check-out, we offer you the possibility to fill out the SPEEDY CHECK-OUT form upon check-in.

Our front office staff remains at your entire disposal for any further information.

The management

Le départ express

Dès l'arrivée du client il lui est demandé s'il souhaite bénéficier de la procédure de " départ express ". Dans l'affirmative, le personnel de réception reproduit l'empreinte de la C.B du client sur une facturette et la lui fait signer ou pré-enregistrement sur T.E.P (et/ou lui remet un formulaire de " départ express ", par lequel le client s'engage à accepter le débit de son compte). Le client est également informé qu'il devra déposer, au moment de son départ, la clé de sa chambre accompagnée dudit formulaire dans une boîte " départ express " placée dans le hall de l'hôtel.

Il recevra sa note détaillée dans les 3 ou 4 jours qui suivent son départ, accompagnée de l'exemplaire client de la facturette ou du ticket de carte bancaire.

Cette procédure de départ rapide est un gain de temps pour le client et pour le personnel de la caisse et permet de gérer les attentes au départ.

Chapitre 13

La Communication Professionnelle

chapitre 13

L'outil informatique
Services télématiques
Le téléphone à l'hôtel
Correspondance à l'hôtel

L'outil informatique

Le matériel informatique

Le **scanner** à plat permet la numérisation des images, la reconnaissance des textes qui pourront être utilisables avec l'outil informatique

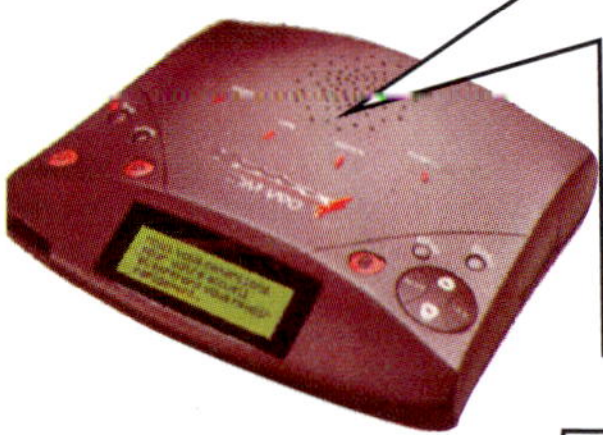

Le **modem** permet d'accéder à Internet via une ligne téléphonique. Selon les options, il peut aussi servir de fax, de téléphone et répondeur.

La taille d'un **moniteur** dépend de son utilisation :
15 pouces et une résolution de 800 x 600 sont suffisants pour la bureautique
17 pouces et une résolution de 1024 x 768 procurent plus de confort.
19 pouces et une résolution de 1600 x 1200 sont utiles pour les travaux de précision.

Le **CD-Rom** d'une capacité de 650 Mo est remplacé par les DVD dont la capacité peut dépasser les 15 Go

Le **disque dur**, unité de stockage principale des données informatiques, conditionne les performances globales de l'ordinateur. Une bonne capacité est de 10 Go

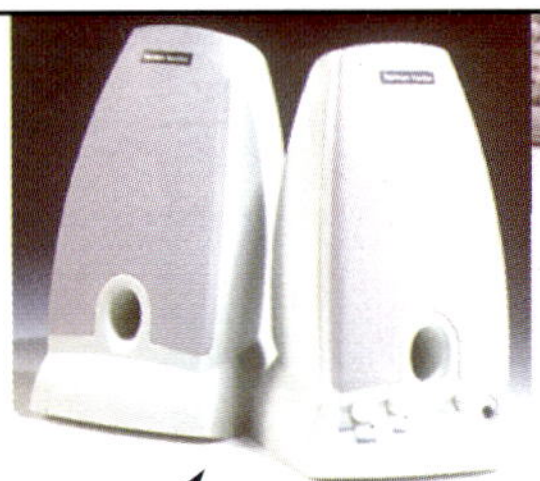

Lecteur de disquette : taille 3'1/2, capacité 1,44 Mo ou 2, 88 Mo

L'**unité centrale** est composée d'une carte mère sur laquelle sont implantés le processeur et la mémoire vive (RAM), dont dépendent les performances de l'ordinateur

Reliées à la carte son, les **enceintes** permettent de profiter pleinement des jeux, des films sur DVD-Rom et des CD Audio

Les **imprimantes** de prédilection pour la bureautique sont à technologie laser ou jet d'encre. Les imprimantes à aiguilles dites matricielles sont utilisées pour leur rapidité et surtout elles permettent d'imprimer en double sur du papier listing auto-carboné.

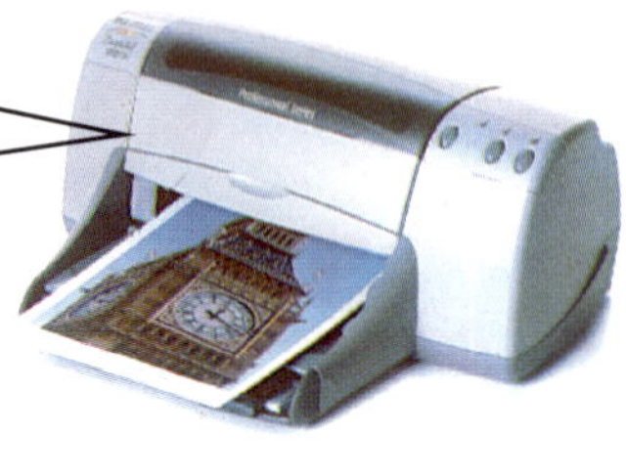

Petit Lexique

Octet : unité de mesure informatique qui correspond à un caractère, un signe, ou un chiffre. Une page dactylographiée au format A4 contient environ 1 500 caractères.

Ko : kilo octet est égal à 1000 octets

Mo : mégaoctet est égal à 1 000 000 d'octets

Go : gigaoctet est égal à 1 000 000 000 d'octets

Le processeur : est l'unité de calcul et de traitement des données, plus sa vitesse d'horloge (mesurée en Mégahertz) est élevée, meilleure sera la puissance du PC.

La mémoire vive ou RAM (en anglais Random Access Memory) permet de stocker temporairement les instructions et les données traitées par le processeur. Les temps d'accès à cette mémoire sont beaucoup plus rapides que l'accès au disque dur, c'est pourquoi la quantité de RAM (mesurée en Mo) accélère la vitesse d'exécution du processeur. Quand on éteint l'ordinateur, le contenu de la mémoire est effacé, il faut donc " enregistrer " son travail sur une disquette ou le disque dur.

Disquette et disque dur : appelés aussi mémoire de masse servent à stocker les programmes et les données informatiques.

CD Rom : en anglais Compact Disc Read Only est le support privilégié pour les programmes. Les graveurs de CD Rom permettent d'enregistrer des données sur ces disques.

DVD : en anglais Digital Versatil Disc, compatible avec les CD Rom sa capacité 20 fois plus importante permet de stocker par exemple une encyclopédie ou un jeu qui est 10 fois plus riche en éléments sonores et visuels que ceux présentés sur CD Rom.. Le DVD vidéo remplace peu à peu les cassettes vidéos grâce à son formidable espace de stockage et à la qualité de l'image numérique.

Les logiciels de bureautique

Traitement de texte

Le traitement de texte est constitué par l'ensemble des techniques qui permettent d'automatiser les différentes opérations de saisie, d'élaboration, de correction, de diffusion de textes écrits. *Exemple* : Word.

Tableur, grapheur

Le tableur est une feuille de calcul électronique qui permet de présenter sous forme de tableaux et de graphiques des données économiques. Les fonctions mathématiques, logiques, statistiques, financières intégrées au logiciel en font un outil puissant d'aide à la décision pour les problèmes de gestion de l'entreprise. *Exemple* : Excel, Lotus, Quattro Pro.

Base de données

Les logiciels de base de données permettent de constituer des fichiers dont l'utilisation est très performante grâce au tri, à la modification, à l'extraction des informations. Associée à un logiciel de traitement de texte, elle permet de réaliser des publipostages. *Exemples* : Access, Oracle.

Intégrés

Un logiciel intégré regroupe plusieurs fonctions comme le traitement de texte, le tableur / grapheur, la base de données, la publication assistée par ordinateur. *Exemples* :Works, Office, WordPerfect Suite.

P.A.O. Publication assistée par ordinateur

La P.A.O. permet de réaliser des productions intégrant du texte, des photos, des graphiques, des schémas. Les illustrations peuvent être réalisées à l'aide de photos numérisées au scanner ou prises avec un appareil de photo numérique. *Exemple* : Publisher, Printmaster.

Pré.A.O. Présentation assistée par ordinateur

La Pré.A.O. permet d'élaborer une suite de diapositives qui illustre un exposé, un cours, ou bien constitue une présentation de photos commentées appelée diaporama. Ces diapositives défilent sur le moniteur de l'ordinateur et peuvent être projetées sur un écran ou transférées vers un téléviseur.
Exemple : PowerPoint, Freelance graphics.

Les services télématiques

Protocole : Convention définissant la manière dont les données informatiques doivent être échangées. Deux ordinateurs utilisant le même protocole de communication parlent la même langue.

La télématique est l'ensemble des techniques qui utilisent simultanément l'informatique et les télécommunications pour transmettre et traiter des données par l'intermédiaire de réseaux, des textes, des images, des sons.

L'INTERNET

Définition

Internet est le nom générique d'une infrastructure de communication. C'est le regroupement de milliers de réseaux informatiques utilisant le même protocole pour échanger des données.

Comment se connecter à Internet ?

L'accès à Internet consiste à mettre en relation son ordinateur et les ordinateurs connectés à Internet. Il faut :

1 micro-ordinateur multimédia avec une bonne capacité de mémoire vive (RAM) et un disque dur de taille conséquente afin de pouvoir télécharger des applications et sauvegarder des fichiers contenant du texte, des images, du son.

1 accès à un réseau de télécommunication : Un abonnement classique au Réseau Téléphonique Commuter suffit ; cependant la vitesse de communication est beaucoup plus rapide avec le réseau Numéris ou bien avec le Câble.

1 modem : placé entre l'ordinateur et la prise du réseau, il est spécifique à chacun des réseaux cités ci-dessus. Plus il est rapide et plus la communication se fait vite et bien. Il faut choisir un modem ayant au moins une vitesse de transfert de 56 600 bit/s.

1 abonnement à un fournisseur d'accès Internet (F.A.I.) : c'est le prestataire de service qui assure l'accès au réseau Internet. A la souscription, il fournit un kit de connexion qui installe les logiciels de navigation, de messagerie et permet de paramétrer l'ordinateur afin qu'il soit reconnu par le réseau. Il est important de s'assurer que la connexion proposée soit facturée au prix d'une communication locale.

Navigateur : Logiciel qui permet de consulter les sites Internet (surfer sur le Web). Netscape, Internet Explorer sont les plus répandus.

Modem (abréviation de **Mo**dulateur **Dém**odulateur)

Les services Internet

Le courrier électronique ou e-mail

C'est le service de base qui a contribué au succès de l'Internet.

Un logiciel de messagerie permet de rédiger, d'expédier, de recevoir, de réexpédier, de classer des messages.

Le courrier électronique est basé sur le principe du client - serveur. En effet un message n'est pas envoyé directement à son destinataire. Il est conservé sur le serveur de son fournisseur d'accès jusqu'à sa récupération.

Rapide, le courrier électronique est aussi économique, quelle que soit la destination du message, on ne paye que l'acheminement des données vers le fournisseur d'accès (Coût d'une communication locale).

L'échange de messages se fait entre utilisateurs disposant d'une adresse électronique.

Exemple d'adresse électronique : Douartou.Marlène @wanadoo.fr

World wide web

" La toile d'araignée mondiale ". Le Web est l'illustration parfaite de ce qu'est le multimédia, à savoir la mise sur un même support du texte, de l'image et du son. Il permet à toutes les machines connectées au réseau Internet de présenter et d'accéder à des informations. La lecture de pages Web repose sur un mode de navigation " hypertexte " : un système de liens symbolisés par des mots. Les pages Web sont hébergées sur des serveurs et regroupées sur des sites qu'on appelle, quoi de plus naturel, des sites Web.

Pour accéder à un " site Web " il suffit de taper son adresse dans la ligne prévue dans le navigateur. L'écran ci-contre est la page d'accueil du site des hôtels de Paris dont l'adresse est : **http://www.paris-hotel.com**

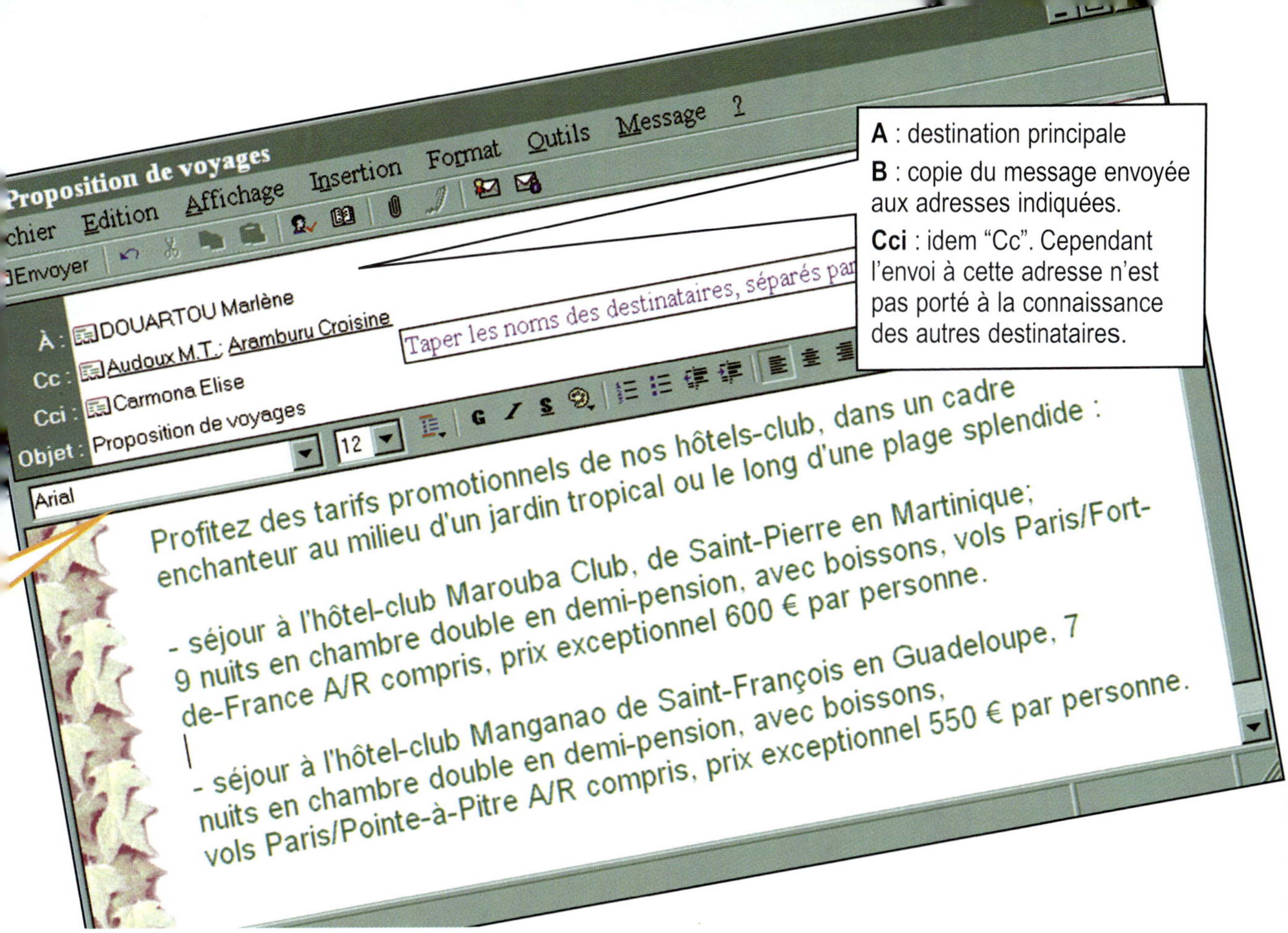

A : destination principale

B : copie du message envoyée aux adresses indiquées.

Cci : idem “Cc”. Cependant l’envoi à cette adresse n’est pas porté à la connaissance des autres destinataires.

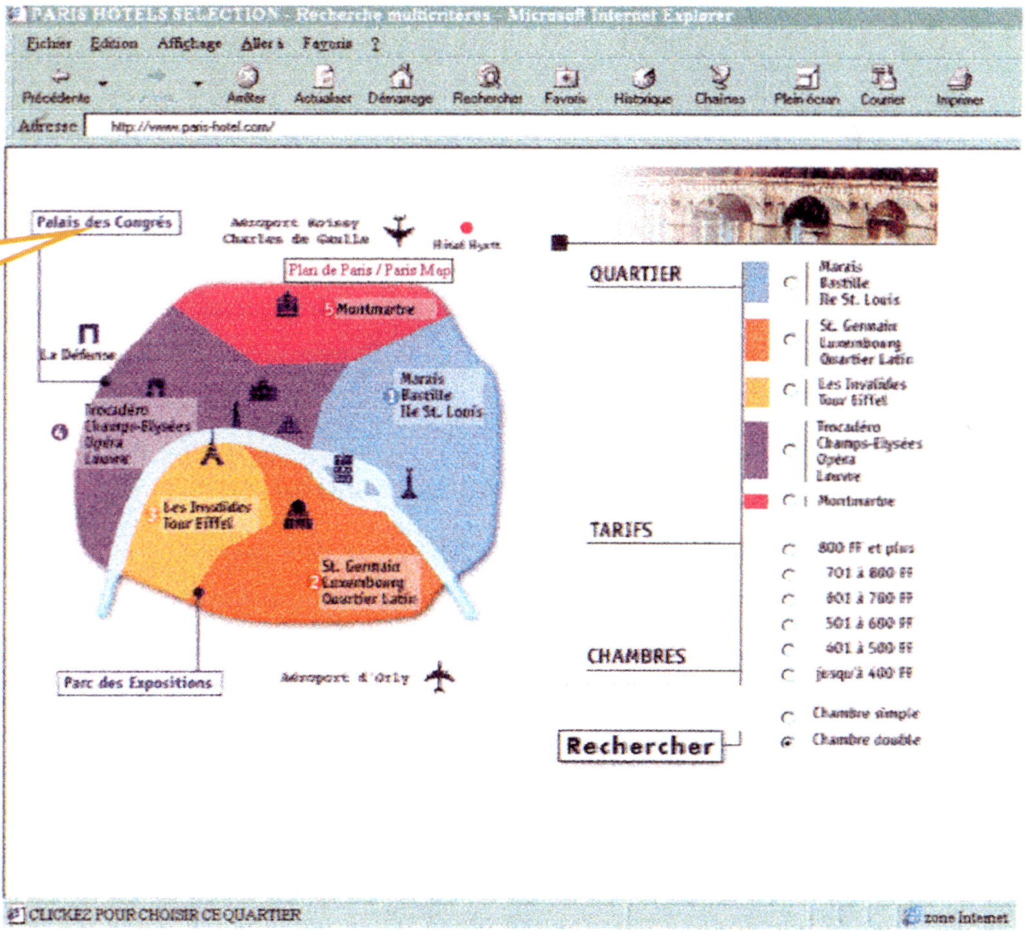

Les forums de discussion (newsgroups) :
Les forums sont des conférences thématiques qui réunissent des individus partageant les mêmes centres d'intérêt. L'accès nécessite un abonnement gratuit.

Les discussions en direct (IRC Internet Relay Chat)
C'est un lieu de discussion en direct, par écrans interposés : vous tapez une phrase et tout le monde peut la lire au même moment. Le principe est un peu celui des radios amateurs, des CB et des messageries de Minitel.

Le transfert de fichiers (FTP File Transfer Protocol)
C'est un service gratuit de transfert et de manipulation de fichiers. Il complète celui offert par le web. Il est particulièrement bien adapté au transfert de gros dossiers de par sa robustesse : si la connexion est interrompue au beau milieu d'un téléchargement, le logiciel FTP saura le reprendre exactement là où il s'était arrêté.

LE MINITEL

Le Minitel® est un terminal Vidéotex, dont la marque est déposée par France Télécom. Il est raccordé à la ligne téléphonique de l'abonné. Il se compose d'un écran, d'un clavier et d'un Modem.

Les principales fonctions du Minitel sont les suivantes.

Consulter l'annuaire électronique

- **3611** donne accès à l'annuaire téléphonique du réseau national. Les trois premières minutes de consultation sont gratuites.
- **3617 I** donne accès aux coordonnées des abonnés du téléphone des pays européens et des Etats-Unis
- **3615 ou 3617 QUIDONC** : permet d'obtenir les coordonnées d'un particulier ou d'une entreprise à partir de son numéro de téléphone ou de fax.

Accéder aux services TELETEL

Les services Télétel permettent à l'utilisateur de s'informer et de faire des transactions. Quelques exemples de serveurs :

- **3615 Maldives** communique des informations sur les croisières, les excursions aux îles Maldives
- **3616 ou 3615 Leshuttle** informe sur les services, les tarifs et les réservations dans les trains du tunnel sous la Manche

Télétel est un moyen de communication qui permet à tout utilisateur de Minitel d'accéder à des services hébergés par des ordinateurs appelés centres serveurs.

- **3615 Mercure, 3615 Resinter** sont des exemples de serveurs permettant de réserver des chambres d'hôtel.
- **3615 OU 3616 Interflora** permet de commander l'expédition de fleurs par le réseau Interflora.
- **3615 Pizzahut** permet de commander la livraison à domicile de pizzas.
- **3616 Bonvin** présente un catalogue de vins français avec la possibilité de commander en direct.

La dernière génération de Minitel permet le paiement sécurisé par carte bancaire.

Envoyer des messages

- **3618** permet d'établir une communication de Minitel à Minitel.
- **3617 Coupdefil** permet l'envoi de photocopies, de courrier ou de messages téléphonés par Minitel
- **3615 Minitelnet, 3615 Wanadoo** permet d'utiliser le courrier électronique (e-mail) sur l'Internet en créant sa propre boîte aux lettres.

LA TÉLÉCOPIE OU FAX

La télécopie permet de transmettre à distance sur le réseau téléphonique, des documents écrits de toutes sortes (plans, graphiques, pages dactylographiées ou manuscrites) à partir de terminaux simples : les télécopieurs. La télécopie emprunte le réseau téléphonique commuté ou le réseau Numéris.

Fonctionnement :

- Introduire le document à transmettre dans le chargeur du télécopieur,
- Composer le numéro de télécopie du correspondant en France ou à l'étranger,
- Appuyer sur la touche " envoi " ou " émission " lorsque l'on perçoit la portance (sonnerie continue) de l'appareil appelé.

Avantages :

- Service permanent 24 heures sur 24 heures, même en l'absence du destinataire,
- L'utilisation du télécopieur est très simple et ne nécessite aucune compétence particulière de la part de l'utilisateur,
- Gain de temps et d'argent du fait de la transmission rapide du texte manuscrit ou dactylographié sans nouvelle frappe

Un micro-ordinateur équipé d'un modem et d'un logiciel adapté peut servir de télécopieur. Tout type de document, conçu sur micro-ordinateur, à l'aide des logiciels de bureautique peut être expédié comme une télécopie, soit en temps réel soit en différé à une heure programmée. Les textes ou images digitalisées à partir d'un scanner sont également utilisables. Les messages reçus, peuvent être affichés à l'écran, imprimés, enregistrés sur le disque dur, modifiés pour être réexpédiés.

Le téléphone à l'hôtel

L'hôtelier doit avant tout rechercher une solution globale intégrée visant à :

- offrir un meilleur service à la clientèle,
- augmenter l'efficacité du travail des différents postes de l'hôtel,
- supprimer les pertes et les coulages au niveau des dépenses,
- rentabiliser l'investissement dans l'optique d'un profit réel.

Pour cela il faut tenir compte :

- des besoins de la clientèle et des services de l'hôtel,
- des normes de classement,
- des équipements téléphoniques et autres dispositifs disponibles sur le marché.

Les besoins des clients et des services de l'hôtel

La clientèle a de nouvelles exigences en matière de communication :

- accès direct de la chambre au réseau national et international des télécommunications,
- réception directe des appels venant de l'extérieur sans passer par un opérateur,
- accès au réseau télématique grâce au Minitel ou à Internet
- mise à disposition de télécopieur, de micro-ordinateur avec modem, outils de visioconférences etc.

Pour cela, l'hôtel devra disposer :

- d'un système de discrimination d'accès pour les postes de l'installation et d'un système de condamnation des lignes dès le paiement des notes par les clients.
- d'un système capable de gérer la facturation d'une manière autonome en calculant le prix à payer par le client.

Les normes de classement hôtelières, rappelées dans le paragraphe ci-dessous, sont obsolètes par rapport aux besoins de la clientèle qui eux sont en phase avec l'évolution technologique des télécommunications.

Le téléphone et les normes de classement hôtelière

Les obligations minimales en matière d'équipement téléphonique selon les catégories d'hôtel sont résumées dans le tableau page suivante.

Description des aménagements	Catégories					
	Sans★	★	★★	★★★	★★★★	★★★★L
Une cabine téléphonique fermée et insonorisée à la disposition de la clientèle (cabine type outlec tolérée en métropole pour les catégories sans étoile, une à deux étoiles et dans les DOM pour toutes les catégories	☎	☎	☎	☎	☎	☎
Un poste téléphonique par étage (sauf aux étages où toutes les chambres disposent d'un téléphone).		☎	☎	☎	☎	☎
Un standard téléphonique et le téléphone intérieur dans toutes les chambres. Le téléphone intérieur dans les chambres peut être remplacé par un système d'appel pour les hôtels une étoile.		☎	☎	☎	☎	☎
Un téléphone avec accès au réseau dans toutes les chambres.			☎	☎	☎	☎

Le fonctionnement du téléphone

La technologie du téléphone utilise les réseaux suivants :

Le réseau téléphonique commuté (R.T.C.) : les signaux émis par la voix circulent sous forme analogique, par propagation d'ondes électriques, sur des câbles ou par ondes radio. C'est ce type de réseau qui équipe encore la majorité des postes téléphoniques domestiques. Pour transmettre des données numériques sur le R.T.C. il est nécessaire d'avoir recours à un modem (modulateur démodulateur) qui les traduit en signaux analogiques . Moins performant que le Numéris il sera peu à peu remplacé par celui-ci ou bien par la transmission par satellites.

Le réseau numérique à intégration de services, appelés NUMERIS (R.N.I.S.) : les informations (sons, textes, fichiers informatiques, images) sont codées en mode binaire et transportées sur des réseaux numériques par des câbles à fibre optique. C'est un réseau à haut débit qui permet la transmission rapide des données.

Le réseau GSM : utilisé par le téléphone cellulaire mobile. La communication émise en ondes radio est captée par un relais qui assure la liaison avec le réseau public.

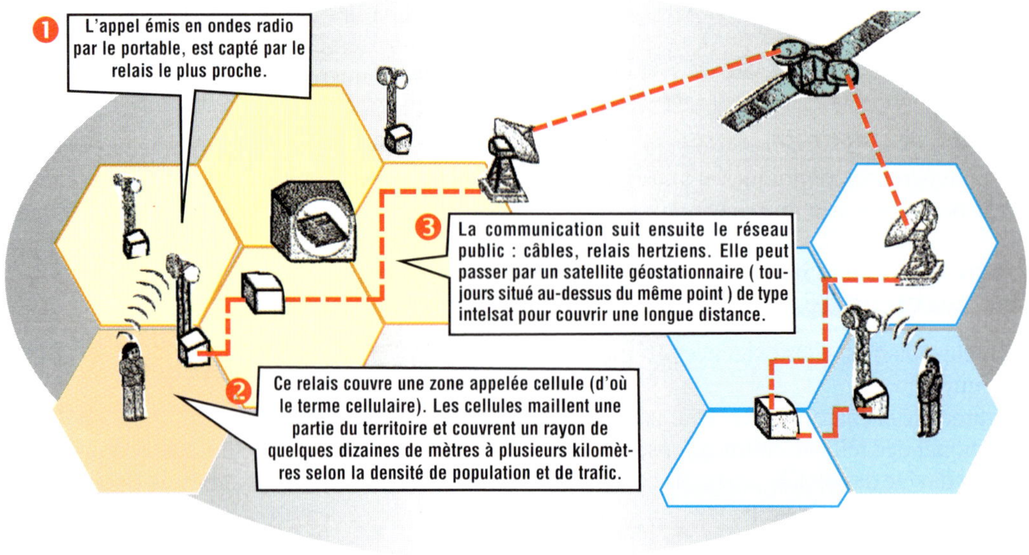

Le réseau IRIDIUM : la transmission relayée par 66 satellites géostationnaires, permet de communiquer de n'importe quel point du globe sans installation fixe. Les satellites assurent la retransmission vers les réseaux conventionnels. Actuellement d'un coût encore élevé, c'est le téléphone de demain.

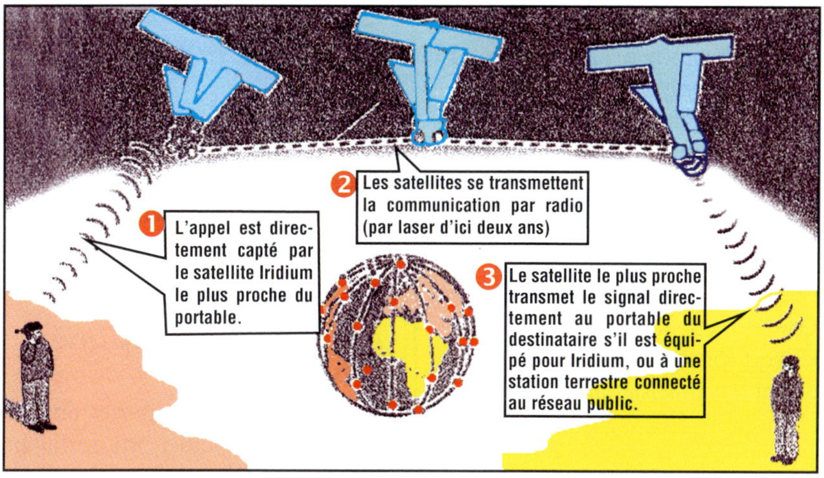

Les services téléphoniques

Accès direct : appel automatique d'un poste vers un autre poste ou vers un numéro du réseau.
S .D.A. : La Sélection Directe à l'arrivée permet au client de recevoir directement les appels venant de l'extérieur sans passer par une opératrice..

Signal d'appel : pendant une conversation, un signal sonore annonce un autre appel : on peut mettre en attente le premier interlocuteur pour établir la communication avec le deuxième.

Transfert d'appel : en cas d'absence, de déplacement, les appels sont systématiquement dirigés vers un autre poste ou un autre numéro de téléphone.

Réveil automatique : le client programme lui-même sur le clavier de son téléphone l'heure à laquelle il souhaite être réveillé. La sonnerie du téléphone se déclenche à l'heure programmée.

Numéro vert : la communication est payée par le destinataire ; cette opération publicitaire a pour but de provoquer des appels.

Conversation à trois : ce service permet d'établir une communication entre vous-même et deux autres interlocuteurs, quelle que soit leur localisation, en France ou à l'étranger.

La Conférence Téléphone : service sur abonnement permettant de réunir une centaine de personnes, qu'elles soient en France ou à l'étranger, par l'intermédiaire d'un téléphone classique, d'un téléphone mobile ou d'un publiphone. L'abonné dispose d'un numéro permanent qu'il communique aux différents intervenants en précisant le jour, l'heure de la Conférence Téléphone. Au jour et à l'heure convenus, l'organisateur ouvre la conférence Téléphone en composant le numéro suivi du code d'identification.

La Visioconférence est un moyen de communication complet qui associe la transmission du son à celle de l'image entre plusieurs salles et permet de se réunir sans se déplacer. Elle permet à chaque participant de voir et d'entendre à chaque instant le ou les conférenciers intervenant dans l'une ou l'autre des salles. La visioconférence emprunte le réseau Numéris.

La vidéotransmission est un moyen de communication collective, qui consiste à transmettre à distance des images de qualité TV, filmées en directe, d'une manifestation, vers autant de points de réception que l'on souhaite, en France ou à l'étranger. Dans chaque lieu de réception, les spectateurs peuvent dialoguer en direct avec le lieu d'émission grâce à une liaison " retour son "

Outils associés au téléphone

Le répondeur, enregistreur permet de diffuser un message aux correspondants et éventuellement d'enregistrer le message laisser par ceux-ci.

Le serveur vocal audiotel : ce service interactif permet de diffuser des informations préenregistrées à tous les demandeurs. Par exemple : appeler le service de sa banque afin de connaître la position de son compte, s'informer sur les conditions météo etc..

Le compteur de taxes permet l'enregistrement des durées de communication de chaque poste afin de facturer au client ou de contrôler les consommations des services de l'hôtel.

La radio messagerie : l'émetteur transmet un signal, avec un message écrit qui s'inscrit sur le récepteur du destinataire. Par exemple : Eurosignal, Alphapage, Tam-tam

La facturation du téléphone à l'hôtel

Depuis l'arrêté du 31 octobre 1994, le principe de la liberté du prix est applicable à tous les services de télécommunication : téléphone, Minitel, télécopie, télex.. Le prix est fixé librement par l'hôtelier de la même façon qu'il décide du prix de la chambre ou des consommations qu'il vend dans son établissement.

Cependant l'hôtelier doit obligatoirement informer les clients :

• de l'identité de la personne responsable dans l'établissement auprès de laquelle les utilisateurs peuvent obtenir de l'aide pour le fonctionnement des appareils ou adresser d'éventuelles réclamations

• des modalités de tarification, par affichage, de manière lisible et visible à proximité immédiate de chaque installation. Cela implique pour les hôteliers un affichage dans chacune des chambres équipée d'un téléphone ou autre appareil relié au réseau de télécommunication.

L'hôtelier a le choix de l'unité de base pour vendre sa prestation.

Le prix T.T.C. pratiqué pour le téléphone

Dans ce cas, le plus simple est d'utiliser l'impulsion téléphonique telle qu'elle est fixée par France Télécom.

Le prix est fixé selon les destinations et il doit être affiché en distinguant les destinations locales, grandes distances, et internationales en heures pleines. L'affichage devra comporter aussi l'existence d'éventuelles réductions horaires.

Il est obligatoire d'indiquer que les appels des numéros suivants : 15 (SAMU) 17 (Police) 18 (Pompiers) sont acheminés gratuitement par France Télécom.

Le prix de l'impulsion sera fixé librement par l'exploitant *xx,xx euros* par impulsion France Télécom.

Le prix T.T.C. pratiqué pour les autres prestations

La minute peut être utilisée comme unité de base du calcul de la vente d'une prestation Minitel *xx,xx euros* la page en émission, *xx,xx euros* la page en réception.

Le prix T.T.C. pratiqué pour le forfait

L'affichage doit comporter obligatoirement l'application d'un éventuel prix forfaitaire pour la mise à disposition d'un appareil de télécommunication.
Ce forfait peut être appliqué pour la mise à disposition en chambre d'un téléphone à télécarte ou dans les cas où le téléphone normal est utilisé pour l'appel des numéros verts, ou pour les communications facturées directement par France Télécom au compte personnel du client (carte pastel, carte France direct, ...).

La délivrance d'une note.

Les établissements qui mettent à la disposition de leur clientèle un téléphone à titre privatif ont l'obligation de délivrer une note si la somme est supérieure ou égale à 15,25 euros T.T.C.. En dessous de cette somme, la note n'est délivrée que sur demande du client.

Celle-ci doit comporter :
• la date,
• le nom,
• l'adresse de l'établissement,
• le montant du forfait de mise à disposition,
• et le décompte détaillée des prestations.

Cette note n'est pas obligatoire lorsqu'il s'agit d'un appareil à encaissement automatique (point phone, téléphone à carte bancaire ou à carte France Télécom, télécopie ou Minitel équipé d'un monnayeur).

Les clients assujettis à la T.V.A. pourront récupérer la taxe supportée sur les factures des télécommunications. C'est pourquoi l'hôtelier a obligation de faire apparaître le montant et le taux de la T.V.A. sur les notes de téléphone remises aux clients au moment du règlement.

La correspondance à l'hôtel

Traitement du courrier

Le courrier est un moyen de communication très fiable car la lettre commerciale est une preuve écrite valable en cas de différends.

Le code du commerce précise que les lettres reçues et les doubles des réponses des lettres commerciales doivent être conservés pendant dix ans.

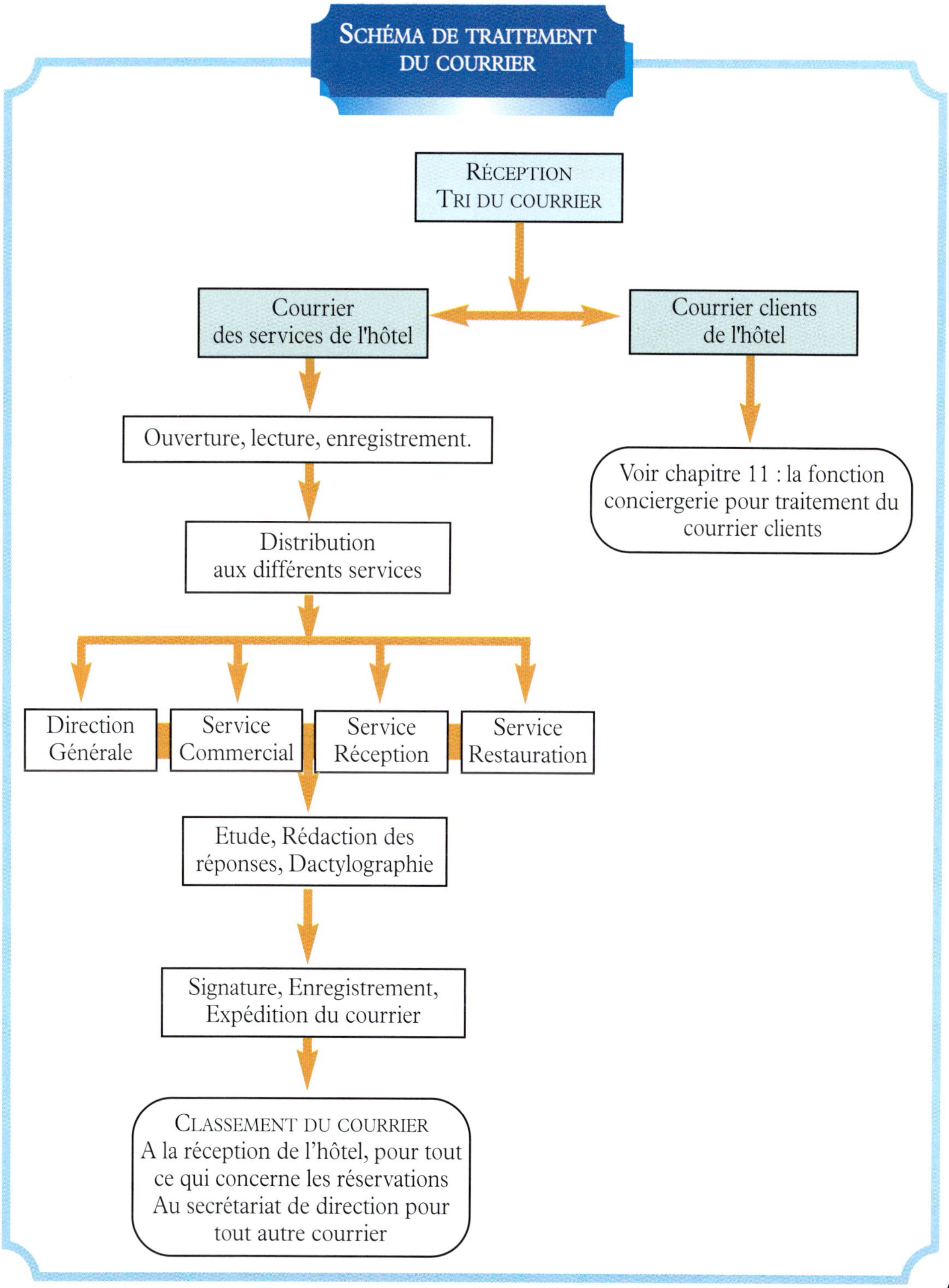

La réception du courrier

Une lettre est ouverte dès son arrivée et marquée à l'aide d'un " composteur " précisant la date de réception.

REÇU LE ....

Le courrier reçu ou en départ est enregistré sur un livre de mouvement du courrier qui permettra de faciliter les recherche en cas de besoin.

La distribution du courrier

Selon l'objet de la lettre celle-ci est remise au service concerné afin d'établir la réponse si nécessaire.
Le service de la réception ou la conciergerie de l'hôtel sont chargés de distribuer le courrier aux clients de l'hôtel. (voir le chapitre 11 La fonction conciergerie)

La préparation du courrier

Dès sa réception, la lettre est étudiée par le Chef de service et la réponse est préparée, soit de façon privilégiée si le cas traité est particulier ou délicat, soit en utilisant un modèle de lettre-type complété par les renseignements appropriés.

La lettre est dactylographiée en plusieurs exemplaires :
• un original sur papier à en-tête de l'hôtel, destiné au correspondant,
• un double au moins, destiné au dossier client.

Le classement du courrier

Il est de règle de conserver les lettres reçues ainsi que les lettres envoyées. Lorsqu'il s'agit d'une réponse, le double de celle-ci est toujours agrafé à la lettre d'origine.

PRINCIPALES RÈGLES DACTYLOGRAPHIQUES

Utilisation des majuscules

On met une majuscule :

• aux noms propres ou considérés comme tels, noms géographiques, noms de peuples, etc.

• à Monsieur, Madame, etc. suivi d'un nom propre, ou même dans la correspondance s'ils sont seuls.

La majuscule est obligatoire :

• après les deux points, lorsque l'on rapporte les paroles de quelqu'un, il faut alors précéder le texte cité de guillemets,

• au début des titres commerciaux et administratifs (Monsieur le Directeur),

• dans les locutions remplaçant les noms propres dans la désignation de sociétés, enseignes, etc. (Société des Houillères de...),

• dans les mentions qui précèdent les signatures (Le Chef du Service des Ventes...).

En principe, ne pas écrire les noms propres en majuscules, surtout lorsque ces noms comportent des caractères accentués ou pourvus de cédilles.

Espacements relatifs aux signes

Pas d'espace avant ni après pour :

• le trait d'union,

• la barre de fraction,

• l'apostrophe.

Pas d'espace avant, un espace après pour :

• les signes de ponctuation représentés par un graphisme simple : point, virgule.

Un espace après le tiret signalant un paragraphe.

Un espace avant, un espace après pour :

• les signes de ponctuation représentés par un graphisme double : point-virgule, deux points, point d'exclamation, point d'interrogation.

• les signes arithmétiques : (+) (=) (-) (:)

• les signes spéciaux &, %.

Pas d'espace après la virgule ou le point séparant la partie entière et la partie décimale d'un nombre.

Pas d'espace avant pour le tiret de coupure de mot en fin de ligne.

Pas d'espace avant les points de suspension.

Règles concernant les guillemets et parenthèses :

• *Parenthèses*
  • pas d'espace à l'intérieur,
  • un espace à l'extérieur de ces signes.

• *Guillemets, tirets tenant lieu de parenthèses*
  • avec ou sans espace à l'intérieur,
  • un espace à l'extérieur des signes.

Coupures de fin de lignes

Couper les mots entre deux syllabes, entre deux consonnes doublées (travail-leur)

Ne pas couper :

- un nom propre (patronyme ou nom de pays) sauf s'il s'agit d'un nom composé,
- une abréviation,
- entre deux voyelles (sauf lorsque la première appartient à un préfixe),
- après un apostrophe,
- un mot composé ailleurs qu'au trait d'union,
- sur plus de trois lignes consécutives.

Ne pas séparer :

- l'initiale d'un prénom du nom propre,
- M., Mme, Mlle et similaires en abrégé, du nom qui suit,
- un nombre de l'unité à laquelle il se rapporte (chiffres arabes ou romains), si cette unité est écrite en abrégé,
- la partie entière et la partie décimale d'un nombre,
- le quantième et le mois, le mois et le millésime.

Ne pas rejeter l'abréviation "etc." à la ligne.

RÉDACTION DE LA LETTRE

Le style

La correspondance est " l'image de l'entreprise " ; une lettre mal présentée, sale ou avec des fautes de frappe est du plus mauvais effet auprès de la clientèle ; c'est la raison pour laquelle il faut apporter le plus grand soin à la rédaction et à la présentation de la lettre.

Les principales qualités d'une lettre commerciale hôtelière sont les suivantes :

- la précision (ne confirmez pas une chambre pour le 6 juin, mais pour le jeudi 6 juin),
- la concision (n'écrivez que ce qui est nécessaire, bannissez le style télégraphique ou "pompeux"),
- la clarté (donnez des précisions au client pour éviter tout malentendu ultérieur).

Abréviations pour les titres de civilité

• Monsieur	M.
• Madame	Mme
• Mademoiselle	Mlle
• Messieurs	MM. ou MM
• Mesdames	Mmes
• Mesdemoiselles	Mlles
• Maître (pour notaire ou avoué)	M^e
• Docteur	Dr
• Directeur	Dir
• Président	Pt
• Inspecteur	Ins

Les titres de civilité ne s'abrègent que s'ils sont suivis d'un nom de personne ou de sa qualité.

Par exemple :

Nous avons rencontré M. et Mme Arnaud ; la parole est à M. le Trésorier.

Le plan de la lettre

L'introduction

La prise de contact avec le destinataire de la lettre rappelle éventuellement une correspondance, une conversation, ou une communication téléphonique.

Le début de la lettre est adapté à un cas particulier.

Il faut employer des mots " percutants "afin de retenir l'attention du client.

LETTRE DE PRISE DE CONTACT

- " Nous vous serions reconnaissants de bien vouloir nous faire savoir... "
- " Pourriez-vous avoir l'obligeance... "

LETTRE RÉPONSE

- " Nous vous remercions de votre lettre du ... nous informant... "
- " Nous avons pris bonne note de votre lettre du ... et... "
- " Avec plaisir, nous accusons réception de votre lettre du ... et vous en remerçions vivement. "
- " C'est avec la plus grande attention que nous avons pris connaissance de votre lettre du ... "

CONFIRMATION D'UNE LETTRE SANS RÉPONSE

- " Nous nous permettons de vous rappeler notre lettre du ... "
- " Dans une récente lettre, dont copie ci-jointe, nous vous prions de ... "
- "Vous trouverez ci-inclus un duplicata de notre lettre du ... "

Le développement

Le motif de la lettre doit être exposé sans perte de temps.

Le développement peut compter plusieurs idées ; par exemple, pour une réservation, il faudra indiquer le confort, l'exposition, le type de chambre, son prix et la durée du séjour.

CORRESPONDANCE A PROPOS DE RÉSERVATIONS DE CHAMBRES

- " ... vous informons que... "
- " .... avons le plaisir de confirmer... "
- " ... vous confirmons votre réservation comme suit ... "
- " ... sommes heureux de vous informer que nous avons pu modifier votre réservation... "
- " ... avons le regret de vous informer que... "

TYPES DE CHAMBRE.

- " ...chambre(s) à grand lit avec bains... "
- " ...chambre à deux lits du vendredi 22 juillet au dimanche 24 juillet ... "

EXPOSITION / CONFORT

- " ... toutes nos chambres sont situées ... et donnent sur... "
- " ... les chambres sont pourvues de... "
- " Pour tout autre détail, vous trouverez en annexe le prospectus de notre hôtel... "

PRIX.

- " ... notre prix par personne et par jour comprend... "
- " ... un supplément de ... euros est compté pour... "
- " ... les réductions pour les enfants ne sont pas accordées en haute saison... "

CAS SPÉCIAUX

- " ... notre hôtel est complet/fermé pour la période durant laquelle vous désirez séjourner chez nous..."
- " ...nous serions heureux de vous recevoir à partir du ... jusqu'au ... "
- " ... en raison du grand nombre de réservations à la période désirée, nous vous demandons... "

La fin ou la conclusion

Entre le développement et la formule de politesse, il ne faut pas oublier la fin ou conclusion qui permet de proposer des solutions et de donner au client les dernières informations de la lettre.

DEMANDE DE GARANTIES.

- " ...les réservations étant très nombreuses durant cette période, nous vous prions de nous verser xxx,xx euros à titre d'arrhes, somme qui sera déduite de votre note. "
- " ...nous réservons les chambres habituellement jusqu'à ... (18 h) "

FINALES.

- " Nous espérons avoir le plaisir de vous accueillir bientôt et vous prions d'agréer... "
- " Nous regrettons vivement de n'avoir pu donner suite à votre demande. "
- " Nous sommes heureux de vous réserver les chambres demandées et dans l'attente de votre confirmation écrite, nous vous présentons... "
- " En vous remerciant de l'intérêt que vous portez à notre hôtel... "
- "En vous assurant que nous ferons tout notre possible pour rendre votre séjour agréable... "

Les formules de politesse

C'est la prise de congé.
Elle est conditionnée par le début de la lettre, car elle reprend, entre virgules, le titre de civilité. Exemple :
début de la lettre, "Monsieur, "
formule de politesse, "Veuillez agréer, Monsieur,... "

A UN SUPÉRIEUR

- "Veuillez agréer, M..., l'expression de mes sentiments respectueux et dévoués. "

A UN ÉGAL

- " Recevez, M..., l'assurance de mes sentiments les meilleurs. "
- " Je vous prie de recevoir, M..., l'expression... "

A UN CLIENT

- "Veuillez agréer, M..., l'expression de nos sentiments très dévoués. "

A UN FOURNISSEUR.

- "Veuillez agréer, M..., nos salutations distinguées. "

A UN MINISTRE

- "Veuillez agréer, Monsieur le Ministre, l'assurance de ma très haute considération. "

D'UN HOMME À UNE FEMME.

- " Je vous prie d'agréer, Madame, l'expression de :
- mes sentiments respectueux
- mes respectueuses salutations
- mes hommages respectueux. "

D'UNE FEMME À UN HOMME.:

- " Je vous prie d'agréer, Monsieur, l'expression de mes salutations distinguées. "

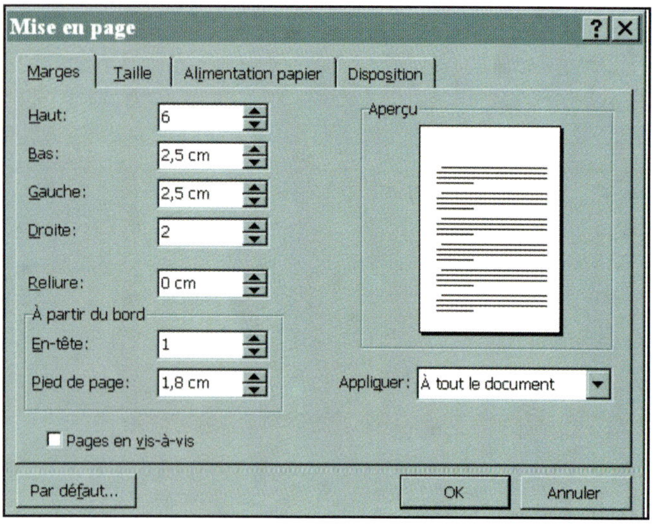

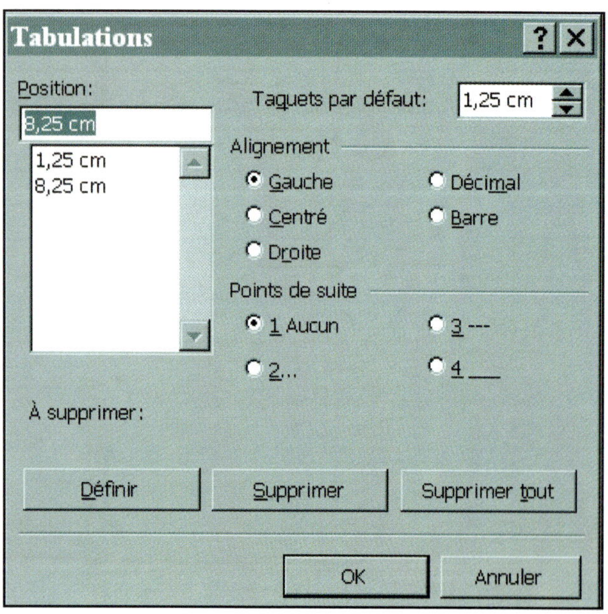

PRÉSENTATION D'UNE LETTRE

Des usages se sont établis quant à la présentation de la lettre commerciale et ont abouti à une normalisation du format du papier (A4 = 21 cm x 29,7 cm) et de la disposition du contenu de la lettre " simple ". Norme NF Z 11 001

Mise en pages sur ordinateur

❶ A l'aide du traitement de texte les marges seront définies en utilisant la commande " Mise en page " de la rubrique " Fichier " du menu.

L'en-tête de page mesure 6 cm de haut maximum. Cet espace est utilisé pour inscrire le nom de l'expéditeur. En plus de la dénomination sociale, la forme juridique et le montant du capital social, les entreprises ont l'obligation de mentionner le lieu et le numéro d'immatriculation au Registre du commerce. Le pied de page peut être utilisé pour recevoir ces informations.

❷ L'adresse du destinataire ou " suscription " doit être positionnée à 6 cm du haut de la feuille et à 8,5 cm de la marge afin d'apparaître clairement en cas d'utilisation d'enveloppe à fenêtre au format commercial. La mise en place de deux tabulations : une à 8,5 cm l'autre à 1,25 cm pour l'alinéa permet d'automatiser les retraits de début de ligne et d'avoir un alignement vertical parfait.

❸ La rubrique " Nos Réf. : " est appuyée sur la marge de gauche et se situe à 10 lignes en dessous de l'en-tête de page La rubrique " Vos Réf. : " est deux lignes au-dessus . La rubrique " Objet : " deux lignes en dessous. L'objet de la lettre fait référence au document motivant la correspondance.

❹ Lieu de rédaction et date sont situés respectivement sur la 10 et 11ème ligne, et alignés à 8,5 cm de la marge. L'utilisation des tabulations mises en place permet l'alignement vertical sans risque d'erreur.

❺ Alinéa : chaque début de paragraphe est décalé de la marge de 1,25 cm par rapport au corps de la lettre. La tabulation mise en place facilite cette opération.

❻ Prévoir un double interligne entre chaque paragraphe.

❼ La rubrique " P.J. " (pièces jointes) est rajoutée en cas de besoin.

❽ La signature donne une valeur juridique à la lettre. Elle est précédée du titre ou de la qualité de l'auteur ; son nom en toutes lettres permet de personnaliser la correspondance. Le nom et la qualité de l'auteur sont alignés verticalement avec l'adresse du destinataire soit 8,5 cm de la marge à gauche.

La disposition " à l'américaine " se caractérise par un blocage à gauche pour toutes les rubriques y compris le texte du corps de la lettre. Cette disposition se justifie par le fait que les enveloppes normalisées, aux U.S.A. ont la fenêtre à gauche et non pas à droite comme en France.

DISPOSITION D'UNE LETTRE A LA FRANÇAISE

HOTEL TRIMARAN
13, rue Dogommer
13000 MARSEILLE

SARL au capital de 35 000 €
R.C. Marseille N° 12345678

❶ *6 cm*

1ère ligne ← *8,5 cm de la marge* →

❷ Madame Hélène GANDIN
24, place du Fournil

75001 PARIS

8ème ligne Vos Réf. :
Courrier du 9/05/..
10ème ligne Nos Réf. : ❸
YL/GC 99-145
12ème ligne Objet :
Tarifs haute saison

❹ Marseille,
Le 12 mai ....

❺ Madame,

❻ Nous vous remercions pour votre demande d'informations concernant la location de nos chambres pour cet été.

Veuillez trouver, ci-joint, le dépliant et les tarifs de notre établissement pour la période à laquelle vous souhaitez séjourner.

❶ *2,5 cm* → L'hôtel dispose d'une navette gratuite pour votre transfert depuis l'aéroport. ❶ *2cm*

En raison du grand nombre de réservations pour la période désirée, nous vous recommandons de faire votre réservation le plus tôt possible. Vous aurez ainsi l'assurance de disposer du confort et de l'exposition que vous désirez.

Nous espérons avoir le plaisir de vous accueillir bientôt dans notre établissement et vous prions d'agréer, Madame, l'expression de nos sentiments dévoués.

❽ Le Directeur,

Antoine Faro

❼ P.J. :
1 dépliant
1 tarif haute saison

❶ *2,5 cm*

Téléphone : + 33 (0)4 91 41 91 40 Télécopie : +33 (0)4 91 41 91 41
e-mail : Trimaran.hotel@lemel.fr

PRÉSENTATION DE L'ENVELOPPE

La présentation de l'enveloppe fait également l'objet d'une normalisation bien précise. Aligner l'adresse au 1/3 de la largeur de l'enveloppe environ. Frapper la 1ère ligne de l'adresse à la moitié de la hauteur de l'enveloppe environ.

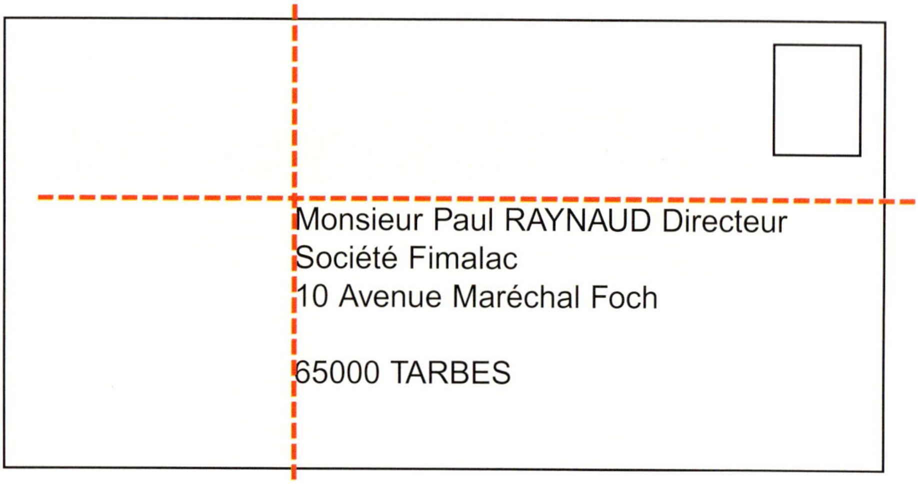

1ère ligne	Qualité, Nom, prénom du destinataire ou raison sociale de l'entreprise,
2ème ligne	Qualité, Nom, prénom du destinataire ou raison sociale de l'entreprise,
3ème ligne	Désignation du bâtiment, de l'escalier, N° boîte postale
4ème ligne	N° dans la voie, nom de la voie,
5ème ligne	N° de code postal et nom du bureau distributeur. Cédex

En prenant connaissance de la réponse donnée à sa demande écrite de renseignements en vue d'une éventuelle réservation, le client se forge une première opinion de l'attitude de l'hôtelier à son égard. A tort ou à raison, il juge déjà l'accueil qui lui sera réservé, donc la qualité des services de l'établissement.

En bref, respectez-vous les " 10 commandements " suivants...

1. Les réponses sont-elles rapides ?

2. Donnent-elles au destinataire le sentiment qu'il est une personne importante ?

3. Le ton paraît-il aimable sans être familier ?

4. Donnent-elles une impression de sincérité ?

5. Répondent-elles aux questions posées ?

6. Envoient-elles ce qui est demandé

7. Donnent-elles des instructions précises sur ce que doit faire le destinataire ?

8. Le papier à lettre est-il de bonne qualité et sa personnalisation une réussite ?

9. Sont-elles bien dactylographiées et signées à la main ?

10. AIMERIEZ-VOUS RECEVOIR LA LETTRE QUE VOUS VENEZ D'ENVOYER?

LES MESSAGES ÉCRITS INTERNES À L'HÔTEL

Tous les documents utilisés pour la communication interne à l'établissement doivent porter les mentions de présentation suivante :

Nom de l'entreprise, service émetteur, destinataire, date, nature du document et titre, signataire

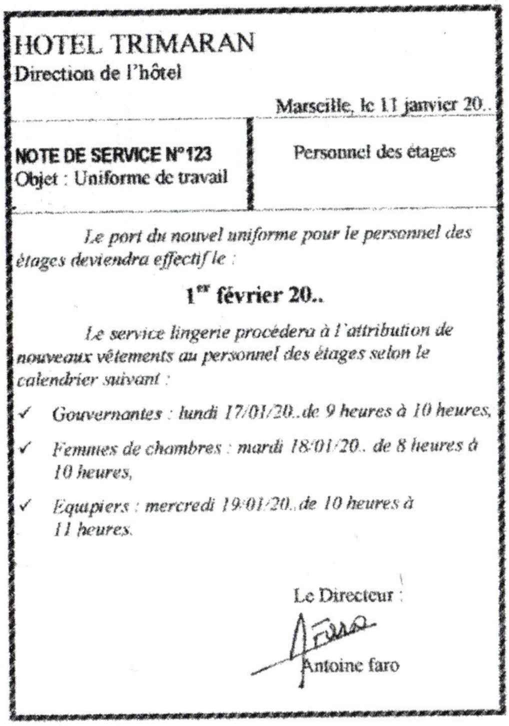

HOTEL TRIMARAN
Direction de l'hôtel

Marseille, le 11 janvier 20..

NOTE DE SERVICE N°123
Objet : Uniforme de travail

Personnel des étages

Le port du nouvel uniforme pour le personnel des étages deviendra effectif le :

1er février 20..

Le service lingerie procédera à l'attribution de nouveaux vêtements au personnel des étages selon le calendrier suivant :

✓ *Gouvernantes : lundi 17/01/20.. de 9 heures à 10 heures,*
✓ *Femmes de chambres : mardi 18/01/20.. de 8 heures à 10 heures,*
✓ *Equipiers : mercredi 19/01/20.. de 10 heures à 11 heures.*

Le Directeur :

Antoine faro

Note de service

Une note de service donne un ordre à un ou plusieurs subordonnés et a pour but d'en obtenir l'exécution correcte, dans le délai fixé. Elle est rédigée pour demander l'exécution d'un travail ou le respect d'un règlement.

Exemples : Le respect de l'uniforme fourni par l'hôtel, la préparation d'une manifestation particulière au sein de l'hôtel.

La présentation de la note de service et de la note d'information comporte les mentions obligatoires suivantes :

• Nom de l'entreprise, service émetteur, destinataire(s),
• Objet ou titre, numéro d'ordre (au moins pour les notes de service),
• Date d'émission, signature (nom, fonction).

Par contre il n'y a pas de formule de politesse.

Note d'information

Une note d'information transmet au personnel une information concernant le fonctionnement de l'entreprise. Elle porte généralement sur l'organisation de l'entreprise, ses résultats ou ses objectifs de l'entreprise.

Exemples : La mise en place de nouveaux horaires de travail, la publication des résultats de l'activité de l'hôtel.

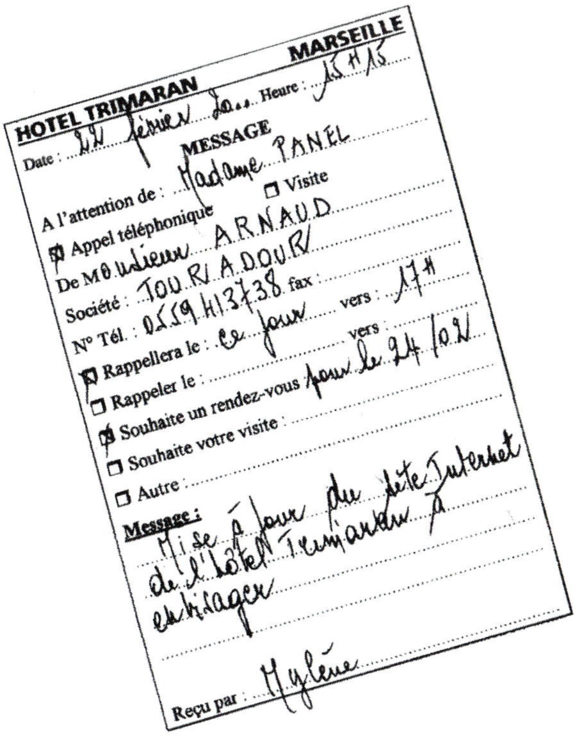

HOTEL TRIMARAN MARSEILLE
Date : 24 février 20.. Heure : 15 H 15
MESSAGE
A l'attention de : Madame PANEL
☒ Appel téléphonique ☐ Visite
De M0nsieur ARNAUD
Société : TOURADOUR
N° Tél. : 05 59 41 37 38 fax :
☒ Rappellera le : ce jour vers : 17 H
☐ Rappeler le : vers :
☒ Souhaite un rendez-vous pour le 24/02
☐ Souhaite votre visite :
☐ Autre :
Message : Mise à jour du site Internet de l'hôtel Trimaran à envisager
Reçu par : Mylène

Message téléphonique

L'utilisation d'un imprimé facilite la prise des messages et permet de transmettre des informations sans oubli ou déformation du message.

Instructions

Les instructions donnent des directives pour l'exécution d'un travail. Elles standardisent les modes opératoires ce qui améliore l'efficacité et la qualité du travail. Elles facilitent l'insertion d'un nouvel employé.

La rédaction des instructions adopte un style clair et précis qui peut être présentée sous forme de schéma ou avec des photos.

Exemples : Utiliser le standard téléphonique, remplir la feuille de situation journalière de l'activité de l'hôtel.

Consignes

Les consignes précisent la conduite à suivre dans une certaine circonstance. Elles permettent de s'assurer que, dans une circonstance donnée, tous les employés adopteront le comportement adapté à la situation.

Ce document contient des directives dans l'ordre chronologique d'exécution, il peut inclure des dessins, des plans d'évacuation par exemple.

Exemples : Consignes en cas d'incendie, consignes pour l'accès aux vestiaires du personnel.

Compte rendu

Le compte rendu destiné à un responsable présente le résultat d'un travail ou d'une observation. Il doit être rédigé au présent pour rendre l'exposé plus vivant. Il faut éviter le style télégraphique et les abréviations qui peuvent gêner la compréhension.

Exemples : Compte-rendu d'une réunion, rédaction d'un rapport d'une note de synthèse.

Chapitre 14

La Fonction entretien des Étages

La fonction entretien des étages

chapitre 14

Sous la terminologie " étages ",
on regroupe l'ensemble des locaux suivants :

L'entretien et la maintenance de ces locaux sont sous la responsabilité de la gouvernante d'hôtel ou d'un responsable.

L'équipe de travail est généralement composée de :

- **gouvernante générale**
- **assistante**
- **gouvernante d'étages**
- **gouvernante du soir lieux public**
- **1ère femme de chambre**
- **femme de chambre**
- **valet**
- **équipier**
- **lingère**

La fonction de l'entretien des étages comprend deux phases distinctes :
- la préparation avant l'arrivée du client,
- l'entretien de la chambre pendant son séjour.

On peut parler de chaîne d'activités se décomposant comme suit :
- nettoyage et entretien de la chambre,
- préparation de la chambre,
- réparation, maintenance,
- service clientèle.

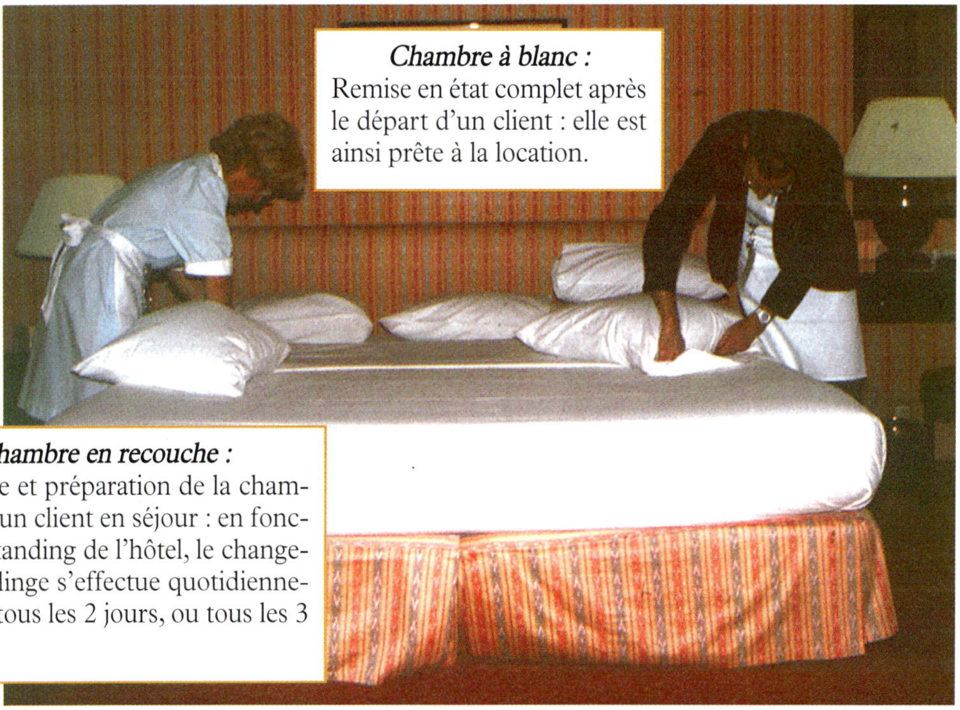

Chambre à blanc :
Remise en état complet après le départ d'un client : elle est ainsi prête à la location.

Chambre en recouche :
Nettoyage et préparation de la chambre pour un client en séjour : en fonction du standing de l'hôtel, le changement du linge s'effectue quotidiennement ou tous les 2 jours, ou tous les 3 jours.

Organisation du travail

L'organisation du service des étages dépend :

- de la structure de l'établissement :	•·établissement de faible capacité	(< 50 chambres)
	•·établissement de capacité moyenne	(50 à 100 chambres)
	•·établissement de grande capacité	(> 150 chambres)
- du type de la clientèle :	• clientèle d'affaires, • clientèle de loisirs, • clientèle familiale	
- de la durée de son séjour :	• départs, arrivées	
- du produit commercial :	• hôtel de grand standing, • résidence de vacances, • hôtellerie économique.	

LES DIFFÉRENTS MODES D'ORGANISATION

Plusieurs choix s'offrent à l'hôtelier pour assurer l'entretien : faire appel à du personnel permanent, une entreprise de nettoyage ou à la formule mixte associant un personnel permanent et une entreprise de sous-traitance ou du personnel intérimaire.

MODE	DESCRIPTION	AVANTAGES	INCONVÉNIENTS
Personnel permanent	• Il fait partie de l'équipe permanente de l'hôtel, • A contrat à durée indéterminée, temps complet ou partiel,	• Connaissance de l'hôtel, • Connaissance de la clientèle, • Connaissance des procédures d'entretien de l'hôtel, • Régularité dans la qualité et le service, • Culture d'entreprise : responsabilisation, motivation plus facile à faire passer, • Polyvalence possible (lingerie...), • Pérennité de l'image de marque	• Souci de recrutement, • Formation, • Peu de flexibilité par rapport au taux d'occupation, • Gestion sociale : - congés, - maladies • Coût des produits et du matériel d'entretien
Entreprise de nettoyage	• Prestation définie par un cahier des charges (nettoyage des chambres et des locaux), • Nombre d'employés variable en fonction du taux d'occupation ***(attention au délit de marchandage)***	• Lors d'une ouverture alors que le T.O est inconnu, limite les risques qui sont principalement supportés par la société • Contrat de résultat • Flexibilité par rapport au taux d'occupation • Détermination du coût réel de l'entretien (gain économique) • Pas de gestion du personnel • Pas d'achat de produits et de matériel d'entretien • Formation assurée par l'entreprise prestataire	• Turn-over du personnel • Cahier des charges très précis • Nécessité de contrôle • Qualité de la prestation souvent inégale en lien avec les cadences imposées • Peu de souplesse en dehors du cahier des charges • Partenariat parfois difficile • Aucune possibilité de choisir les exécutants • Personnel souvent d'origine étrangère (problèmes de compréhension en cas de dialogue avec le client voire avec les autres membres de l'équipe)
Formule mixte	• Personnel fixe corres-pondant à un taux d'occupation moyen : <u>Ex</u> : 30 à 40% • Personnel à effectif variable (intérim ou sous-traitance) pour faire face à la fluctuation du taux d'occupation	• Base de compétence professionnelle stable grâce au personnel permanent. • Une forme d'encadrement par le personnel permanent auprès du personnel intérimaire. • Ajustement des besoins en personnel en fonction de l'activité.	• Cohabitation des différents types de personnel • Difficulté de gestion des deux formules • Pour une homogénéité de la qualité : - contrôle, - formation

EVITER LE DÉLIT DE MARCHANDAGE !

Sous-traiter la prestation nettoyage ne prive pas l'hôtelier d'un certain nombre d'obligations. **L'hôtelier contracte pour une prestation (nettoyage d'une chambre) et non pour une vacation (personnel)** : le prêt de main d'œuvre est interdit par le code du travail donc la subordination ne doit par être constatée. L'hôtelier ne peut donc intervenir dans le travail du personnel de la société de sous-traitance, par contre il peut être "responsable" si le sous traitant paie son personnel à un coût horaire inférieur au SMIC et s'il ne s'acquitte pas de ses charges

L'entretien d'une chambre en sous-traitance

Quelques précautions à prendre

- Faire appel à une société uniquement spécialisée en hôtellerie ou possédant un département hôtellerie.
- S'assurer des prestations offertes par la société de nettoyage (rapport d'étage individuel journalier, un cahier de liaison entre l'agence et l'hôtel, des fiches états des lieux et des fiches techniques méthodes, par exemple).
- Personnel ayant l'expérience du secteur hôtelier et ayant suivi une formation.
- Mise en place d'un contrôle qualité très précis.
- Etablir des règles précises dans le cahier des charges (tenues des femmes de chambre ; en cas de contact avec les clients, ce qu'il faut faire o u ne pas faire ou dire...), en particulier dans les hôtels 4* qui craignent parfois pour leur image de marque.

- Le nettoyage en interne est préférable si l'hôtel :

- est de petite capacité (polyvalence du personnel),
- connaît une occupation linéaire,
- possède des chambres non-standardisées.

Le prix de revient d'une chambre en sous-traitance

	1 étoile	2 étoiles	3 étoiles	4 étoiles
Surface (m^2)	9	12	15	> 20
cadence : chambre par heure	5	4	3	2
prix de revient de base entretien par chambre hors tout (1)	**1 (3)**	**1,25**	**1,7**	**2,5**
OPTIONS				
Encadrement	0,2	0,3	0,5	0,7
Matériel (aspirateurs, balais...)	0,03	0,03	0,04	0,07
Produits d'entretien	0,025	0,037	0,05	0,07
Uniforme de travail	0,02	0,037	0,04	0,07
prix de revient entretien des chambres prestation globale (2)	1,275	1,65	2,35	3,4

(1) Prix de revient à la chambre de l'entretien sans encadrement (voir délit de marchandage), hors produits d'entretien, hors matériel, hors uniforme, hors encadrement sur la base d'une chambre 2 personnes.

(2) Ce coût indicatif n'inclut pas d'autres options telles la vitrerie, les circulations, le comptage du linge...

(3) Compte tenu de la fluctuation des tarifs, il convient de donner une valeur à 1. Ex : 25 F.

Les effectifs

Le nombre de postes de travail dans ce service dépendra de **trois facteurs** :

TAUX D'OCCUPATION

• Critère de détermination en fonction duquel on effectue les ajustements, il dépend de l'activité commerciale et peut :
- être constant sur l'ensemble de la semaine,
- présenter des écarts, en particulier pour les week-ends.

• En conséquent, il est difficile de planifier avec précision les effectifs du personnel.

NIVEAU DE PRESTATION

• A l'origine des normes de production,
• Facile d'en mesurer l'impact sur le personnel

SURFACES ET ÉQUIPEMENTS

• Hall d'entrée,
• W.C. séparés,
• Dispersion des chambres,
• Surface de la chambre,
• Balcons, terrasses,
• Dressing,
• Qualité des matériaux et des revêtements,
• Mobilier (quantité, style...),
• Décoration et accessoires (luminaire, rideaux, tableaux...),
• Produits d'accueil et fournitures (sacheries linge, sacs...).

Tous ces critères vont permettre de déterminer le nombre de chambres à faire par jour et par femme de chambre. Ce nombre de chambres va fixer l'effectif (voir chapitre 7).

Tâches inhérentes à la femme de chambre déterminant le temps par chambre :
- temps moyen : 20 min (1)
- préparation du chariot, entretien de l'office et des locaux communs, manipulation du linge, autocontrôle (parfois) correspondent à 45 min voire 1 heure par jour.

(1) Le temps moyen inclut la durée d'une chambre à blanc et en recouche qui n'est pas la même (écart variable)

Schéma du temps moyen consacré au nettoyage des chambres

Le travail en ménage c'est-à-dire deux personnes par chambre tend à régresser au profit d'autres organisations : *cf chapitre sur les méthodes de travail*

A titre d'exemple, quelques standards de production :

• Hôtel type palace :	10 à 13 chambres/ jour, quelquefois avec valets,
• Hôtel de grand standing :	15 à 17 chambres/ jour,
• Hôtel confort :	18 chambres,
• Hôtel économique :	20 chambres

PLANNING DES TÂCHES

1) Dès le début de la journée, le personnel d'étages doit être informé du travail qu'il aura à effectuer. Grâce aux informations provenant de la réception, le travail des femmes de chambre pourra s'organiser. Ce travail de préparation et de distribution est effectué soit par la gouvernante , soit par un responsable.

Extrait d'une liste détaillée du statut des chambres donnée par la réception tous les matins

Etage 1 : 27.03.200.					6 heures 45			
N° Chb	*Type*	*Etat*	*Nom du client*	*Type client*	*Date arrivée*	*Nb personnes*	*Nb nuits*	*Date départ*
100	Triple	Occupé sale	Dupont	Indiv.	26.03.200.	1	22	17.04.200.
102	Triple	Départ attendu	Martin	indiv.	25.03.200.	1	2	27.03.200.
104	Triple	Départ attendu	Smith	groupe	22.03.200.	1	5	27.03.200.
106	Grand lit	Occupé sale	Berger	indiv	.26.03.200.	2	4	30.03.200.
107	Twin	Départ attendu	Johns	groupe	21.03.200.	1	6	27.03.200.
108	Handicapé	Départ attendu	Dupuy	indiv.	26.03.200.	1	1	27.03.200.

Processus

NATURE DES INFORMATIONS DONNÉES PAR LA RÉCEPTION →
- Numéros des chambres qui sont libérées ou le seront éventuellement au cours de la matinée
- Les arrivées prévues
- Les délogements

RÉPARTITION DU TRAVAIL PAR LE RESPONSABLE DES ÉTAGES →
- Préparation du listing pour chaque femme de chambre
- Répartition équitable des chambres en recouche, à blanc
- Remise des consignes particulières pour la journée : V.I.P, chambre en priorité, groupes, lit de bébé…

EXÉCUTION DES TÂCHES PAR LES FEMMES DE CHAMBRE →
- Travail en fonction de la sortie des clients : recouche avant 13 h.

UTILISATION DES INFORMATIONS PAR LA RÉCEPTION →
- Communication par les femmes de chambre des numéros des chambres nettoyées au fur et à mesure
- Remise à jour de la situation de l'hôtel (planning) en fonction de la libération des chambres et des évènements.

2) Ensuite, on établit les fiches de travail destinées aux femmes de chambre d'après le statut.

Exemple de fiche de travail d'une femme de chambre

Date : 27 /03/200.				Nom : Suzy	
Chambres	Blanc ou Recouche	Observations	Chambres	Blanc ou Recouche	Observations
102	B	TV HS	201	B	
103	B		203	B	
104	B		204	R	Télécommande TV
105	R		205	R	
106	R		206	R	
107	B		207	B	

Produits et matériel d'entretien

PRINCIPE GÉNÉRAL DE NETTOYAGE

1er rôle : nettoyer, c'est éliminer les salissures apparentes et détruire et réduire les micro-organismes :
- propreté visible
- propreté invisible

2ème rôle : préserver la santé, le bien-être des personnes et favoriser l'esthétique (éclat, brillance, aspect neuf).

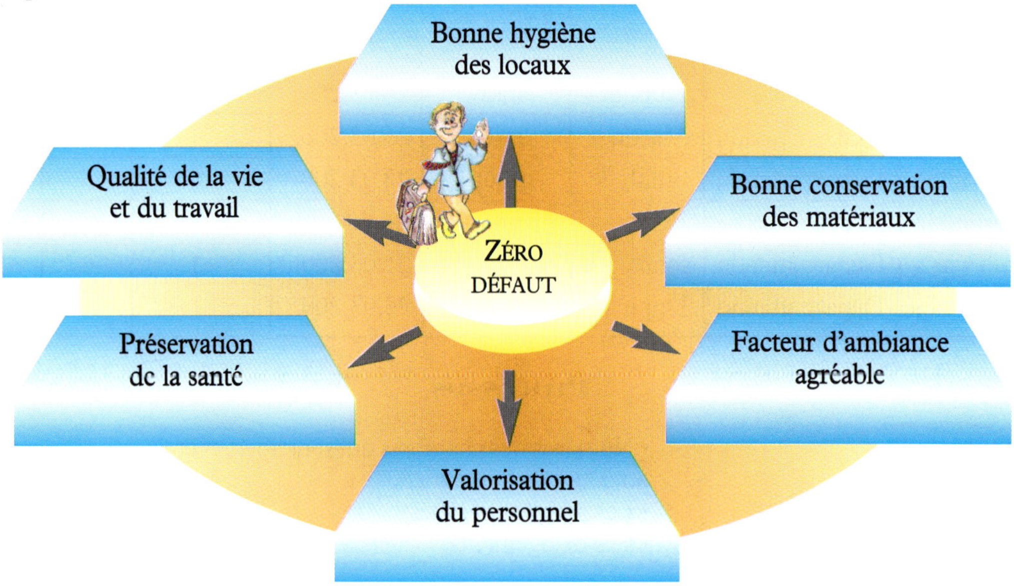

Les 4 facteurs qui interviennent dans les opérations de nettoyage :

T.A.C.T = Temps | Action mécanique | Concentration chimique | Température

La diminution d'importance ou l'absence d'un facteur doit être compensée par l'augmentation d'un ou plusieurs autres si l'on veut maintenir la qualité finale du nettoyage. Cette interdépendance est représentée par le cercle de Sinner.

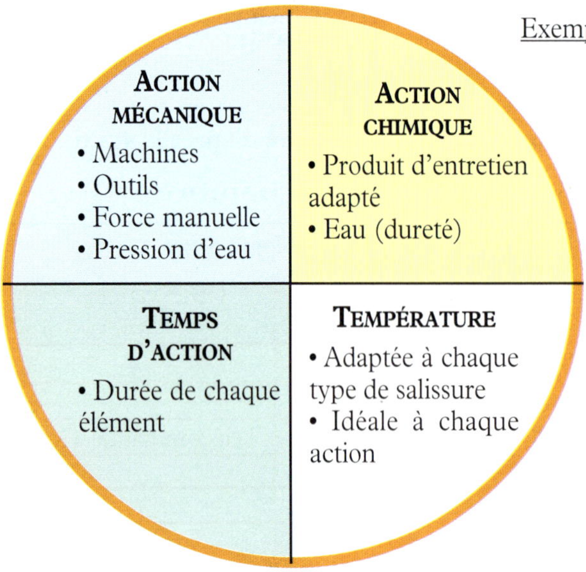

<u>Exemple</u> : **Nettoyage d'une baignoire =** salissures grasses

- action chimique importante : besoin de détergent
- action mécanique faible : ne pas trop frotter, action de l'eau
- temps d'action : au moins 15 min
- température de l'eau : 25 à 30°C

LES PRODUITS D'ENTRETIEN

Actuellement, les fabricants mettent à la disposition des hôteliers des produits et des matériels adaptés à leurs exigences :

Caractéristiques des produits d'entretien :

• Polyvalence évitant la multiplicité des produits et répondant à différents besoins, exemples : détergent/détartrant, détergent/désinfectant...,

• Produits ne nécessitant pas de rinçage et facilitant la distribution ainsi que le dosage : économie, contrôle des coûts,

• Sécurité pour le personnel (non allergique, non agressif pour la peau...) et le client (odeurs, résidus...),

• Désodorisation (odeur de tabac ...),

• Simplification de leur emploi pour le personnel (formation permanente par un système de couleurs). ——→ Affichettes ECOLAB

L'alcool à brûler
Interdit dans les étages ! Produit très inflammable, sécurité incendie

L'eau de Javel
Déconseillée dans les étages !
- risque d'émanations toxiques si elle est mélangée avec un détartrant ;
- taches de décoloration, odeur...

Les différents types de produits

Caractéristiques	Qualités	Destination du produit
Produit à base de détergent non moussant • Ph neutre • Alcool ou vinaigre pour les produits à vitres	• Dégraisse, nettoie, fait briller sans rincer	Surfaces modernes (y compris certaines peintures) vitres, miroirs, chromes
• Produit détergent polyvalent puissant • Lutte contre les traces de calcaire • Détartrant et désodorisant W.C.	• Répand une odeur fraîche de longue durée (assainisseur d'ambiance) • Détruit les mauvaises odeurs et purifie l'atmosphère, • Nettoyeur bactéricide	Hygiène des sanitaires
• Produit de nettoyage et protection (par pulvérisation : spray) • À base cires ou d'encaustiques	• Rapide, à effet immédiat pour enlever les poussières • Odeur de cire ou autre parfum, • Brillance, évite le réencrassement • Protecteur , nourrit le bois	Entretien du mobilier
• Détergent désinfectant sans rinçage pour les tapis et moquettes, • 2 temps : - détachage quotidien sans rinçage, - shampoing moussant pour nettoyage en profondeur	• Antistatique, • Retardataire d'encrassement, • Séchage quasi - instantané, • Action chimique très rapide	Traitement des sols : Salle de bains, Moquette

LE PETIT MATÉRIEL DE NETTOYAGE

Le petit matériel accompagne la femme de chambre ou l'agent d'entretien partout dans son travail.

Il doit être :

• groupé, facile à transporter et accessible

• adapté à chaque fonction pour des raisons d'hygiène : emploi de lavettes ou chiffonnettes non tissées ou en peau synthétique utilisées humides ou sèches pour dépoussiérer (idem pour les éponges),

• Certains fournisseurs proposent des gammes avec un code couleurs qui permettent au personnel de distinguer et d'affecter les lavettes à un secteur précis de travail,

Exemple de code couleurs marque ***Villéda*** ® :

- bleue pour les travaux d'intérieur (mobilier, portes, fenêtres),
- verte pour les sanitaires (émail - inox, consoles, lavabos, tablettes…),
- rouge pour les sanitaires

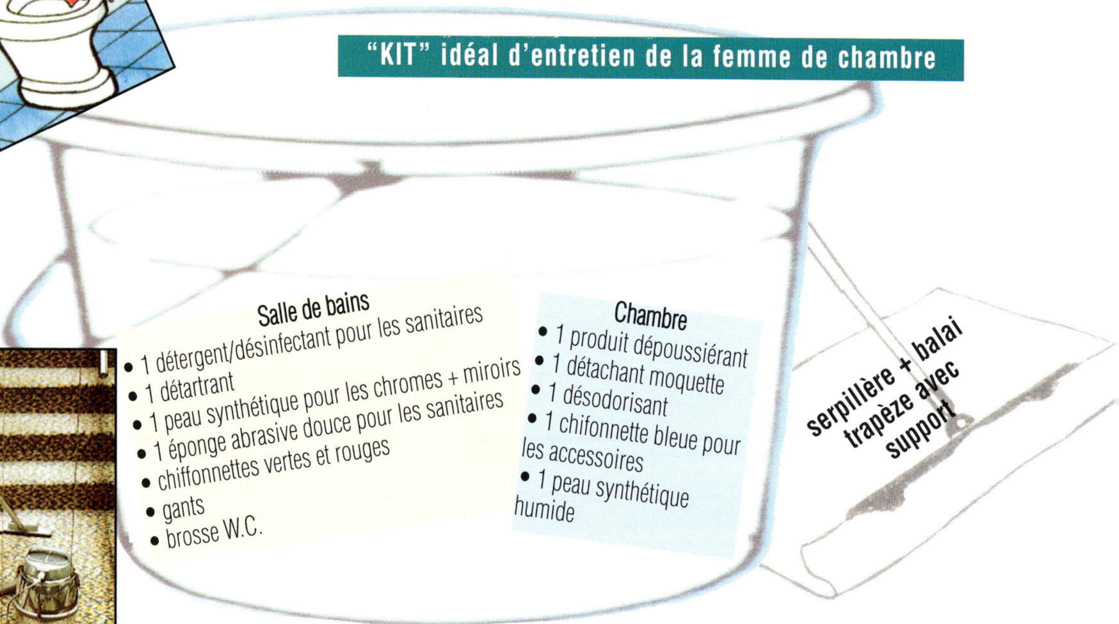

DOC. NILFISK

Le matériel de nettoyage

Pour faciliter le travail et pour gagner du temps, les hôtels et les collectivités procèdent à une mécanisation de plus en plus poussée.

Matériel électrique

Aspirateurs

• Balai ou à traîneau conviennent pour revêtements de sol, sièges, teintures et moquettes
• Aspirateurs batteurs particulièrement étudiés pour l'entretien des moquettes et tapis
• Aspirateurs industriels de nettoyage par le vide utilisés dans les collectivités importantes

Matériel de transports

Chariots

• Partenaire idéal qui accompagne la femme de chambre et permet le transport :
• Robuste, maniable, silencieux
• Beau, propre, bien organisé, image de marque de l'hôtel

L'entretien des chambres

LES GRANDES ÉTAPES DE L'ENTRETIEN DE LA CHAMBRE

Il s'agit d'une procédure de référence qui tient compte du principe de la marche en avant et des règles d'hygiène pour :
• limiter la contamination indirecte par les matériels et le linge,
• assurer un nettoyage et une désinfection efficace par l'utilisation des produits adaptés et en parfait état d'entretien ainsi que d'une méthode adaptée : T.A.C.T. (Température, Action mécanique et Concentration du produit, Temps de contact).

Phase	Explication	Commentaire
Positionner le chariot	• Mettre le chariot le long du mur près de la porte d'entrée de la chambre.	• Pour faciliter la circulation dans le couloir • Pour surveiller les effets du chariot
Entrer dans la chambre	• Vérifier le N° figurant sur la porte et celui de la liste de travail. • Frapper avec les doigts. • Ouvrir la porte avec le passe. • Entrer dans la chambre calmement et dire : “ peut-on faire la chambre ? ”·	• Par sécurité • Pour éviter d'abîmer la porte •·Pour avertir le client de son entrée • Pour ne pas déranger un client qui n'aurait pas entendu.
Vérifier la chambre de façon générale	• Vérifier l'électricité en allumant et en éteignant toutes les lampes. • Aller à la fenêtre, tirer les rideaux et ouvrir la fenêtre. • Mettre le régulateur de température en position basse.·	• Si une ampoule ne fonctionne pas, il faut la changer. • S'il y a quelque chose de plus grave, avertir la gouvernante. • Pour aérer la chambre • Pour mieux voir le travail à faire. • Pour économiser l'énergie.
Préparer le travail	• Enlever les déchets de la chambre. • Vider les poubelles. • Sortir le linge sale de la chambre. • Sortir le linge sale et les poubelles de la salle de bains. • Préparer les surfaces de la salle de bains avec les produits pour laisser agir.·	• Par hygiène • Pour respecter le principe de la marche en avant.
Commencer le travail dans la chambre	• Faire le lit. • Faire la salle de bains. • Dépoussiérer et nettoyer le mobilier et les accessoires. • Passer l'aspirateur.·	• Pendant ce temps, la chambre s'est aérée.
Achever le travail dans la chambre·	• Fermer la fenêtre et régler la température. • S'assurer que tout est bien en place. • Remettre tout le matériel sur le cha-riot. • Passer à la chambre suivante.	• Pour la qualité de la prestation. • Pour faciliter le travail dans la chambre suivante.

PROCÉDURE DE BASE POUR FAIRE UN LIT AVEC 1 OU 2 PERSONNES

Fournitures : 2 draps, taies d'oreiller, 1 alèse éventuellement.

DÉFAIRE LE LIT

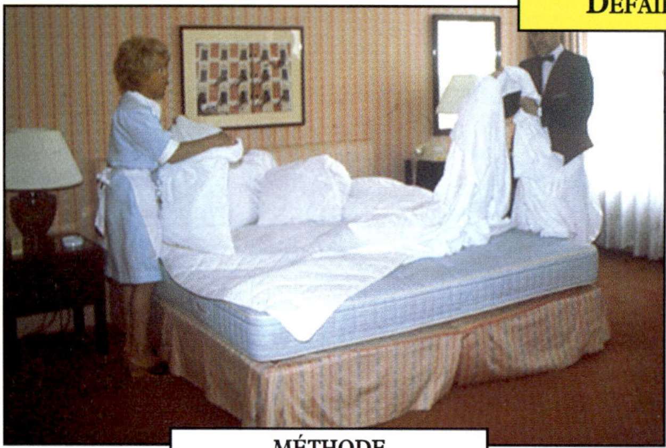

MÉTHODE	COMMENTAIRE
• Se mettre au pied du lit.	
• Retirer le couvre-lit en le pliant puis le poser dans un endroit propre (non contaminant).	• Pour réutilisation rapide
• Retirer la couverture de la même manière que le dessus-de-lit.	• Pour réutilisation rapide
• Retirer les deux draps ensemble et les laisser provisoirement sur le lit.	• Pour ramasser tout le linge en même temps
• Retirer les taies des oreillers et poser les oreillers sur la couverture.	
• Changer l'alèse au moindre doute.	• Par mesure d'hygiène

Suivant l'organisation de l'établissement, le ling sale est torsadé pour fa liter le comptage en fin de journée

RETIRER TOUS LES PRODUITS SALES

• Prendre le linge sale et le déposer dans le chariot à linge sale.	• Pour se laver les mains (ou les gants) : mesur d'hygiène
• Vider les poubelles.	
• Passage à la salle de bains pour préparer les produits.	

APPORTER LE LINGE PROPRE DANS LA CHAMBRE

• Poser le linge sur un endroit propre.	• Pour éviter la contamination
• Poser éventuellement l'alèse sur le lit.	
• Repositionner le matelas.	• Pour l'esthétique du lit

TIRER LE LIT

• Se placer au milieu du lit.	• Par commodité
• Se baisser (plier les genoux).	• Pour éviter la fatigue
• Tirer le lit d'environ 40 cm.	• Pour dégager le mur et faciliter la circulation

DEPUIS LE PIED DU LIT :
1. Pose du drap de dessous

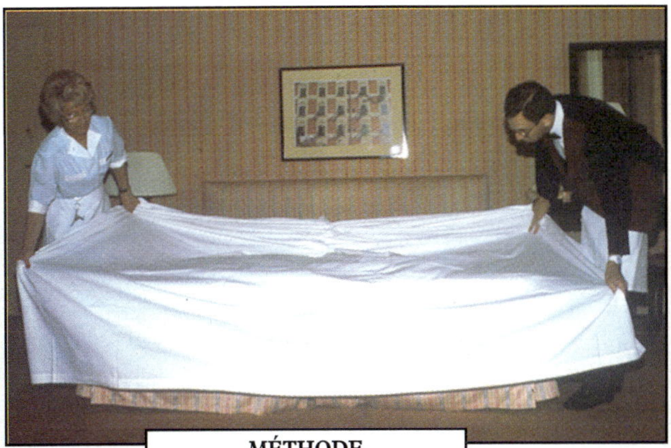

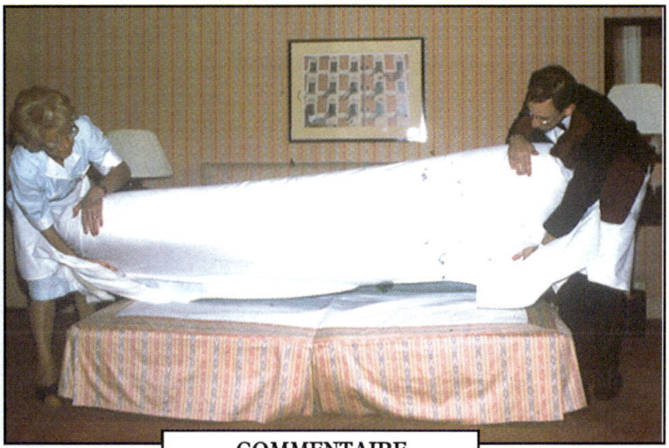

MÉTHODE	COMMENTAIRE
• Prendre le drap propre, par les angles d'un petit côté, l'endroit vers le haut.	• Du linge bien plié peut éventuellement être encore taché ou troué
• Le lancer vers la tête du lit en vérifiant la propreté et équilibrer le drap sur le lit en se guidant à partir du pied.	• Pour l'esthétique du lit
• Border uniquement le pied du lit et faire les angles.	

2. Pose du drap de dessus

• Prendre le 2ème drap par les angles d'un petit côté l'endroit vers le bas.	• Pour que le retour du drap soit à l'endroit
• Le lancer vers la tête en vérifiant la propreté et en l'équilibrant avec le drap de dessous.	
• Le 1er pli transversal doit être à l'aplomb du bord du lit, border et faire les angles.·	• Pour avoir un retour suffisant au retour à la tête du lit • Pour l'esthétique du lit.

3. Pose de la couverture

• Mettre la couverture en procédant comme pour les draps, bien équilibrée de chaque côté.	• Pour l'esthétique du lit
• Le bord supérieur de la couverture devra être au ras de la tête du lit.	• Pour avoir un bord de retour bien net
• Border le pied et faire les angles.	• Pour l'esthétique du lit • Pour le confort du client, les draps et la couverture doivent être bien à plat sous le matelas.

MÉTHODE	COMMENTAIRE

4. Pose du couvre-lit

• Prendre le couvre-lit et bien l'équilibrer sur le lit, le bord devant être au ras du sommier. → • Pour l'esthétique du lit

• Déplier le couvre-lit en se rendant à la tête du lit et prendre au passage le(s) oreiller(s).· → • Pour la suite du travail

5. Pose des taies

• Prendre une taie d'oreiller, la déplier pour vérifier la propreté et la poser sur le lit.

• Prendre un oreiller, le plier en 2 dans le sens de la longueur et le maintenir plié avec la main. → • Pour le mettre plus facilement dans sa taie.

• Le mettre dans sa taie en l'enfonçant jusqu'au fond.

• Bien positionner les angles et retirer la main.

DEPUIS LA TÊTE DU LIT :
1. Finir le lit et border

• Poser le(s) oreiller(s) sur le lit. → • Pour faire disparaître les plis

• Ajuster le couvre-lit en habillant les oreillers avec le retour, lisser avec la main.

• Ne pas repousser le lit.. → • Pour laisser le passage pour faire les poussières passer l'aspirateur.

LES GRANDES ÉTAPES DE L'ENTRETIEN DE LA SALLE DE BAINS ET DES TOILETTES

Procédure de base

Phase	Explication	Commentaire
Préparation du travail	• Allumer la lumière. • Sortir de la salle de bains tout le linge sale et ranger les affaires du client (si recouche). • Isoler le linge propre restant. • Pulvériser les produits adaptés sur les émaux, les céramiques murales. les faïences, les pare-douches : - produit anticalcaire sur robinetterie, - produit détartrant spécial toilette dans les toilettes…	• Pour éviter de mouiller les affaires du client, • Pour des raisons d'hygiène • **Pour les laisser agir**
Entretien préliminaire du lavabo	• Pour laver les accessoires sur une surface propre	
Lavage des accessoires	• Suivant les hôtels, les verres à dent sont nettoyés par la femme de chambre avec un produit à base d'acide acétique ou échangés propre contre sale.	• La 2ème méthode offre le plus de garanties au client et une meilleure hygiène
Entretien : - Baignoire, - Lavabo, - Faïences murales, - Bidet	• Nettoyer avec les éponges ou lavettes spécifiques. • Rincer à l'eau chaude si possible. • Essuyer avec un chiffon en latex artificiel ou des chiffonnettes. • Faire briller les chromes.	• Séchage plus rapide • Pour l'hygiène • Pour l'entretien (éclat du neuf)
Entretien du miroir 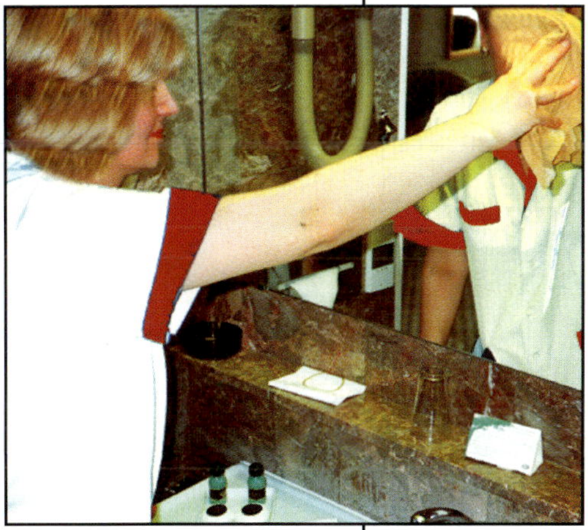	• Vaporiser le produit spécifique sur le miroir à une distance de 20 cm. • Faire briller avec une chiffonnette. • Veiller à ne laisser aucune trace.	• Pour une meilleure répartition du produit • Pour une meilleure netteté et esthétique
Entretien de la cuvettes des toilettes	**Travail en deux temps** : • Nettoyage de la cuvette avec le détartrant spécial et une brosse. • Nettoyage avec d'autres lavettes de l'extérieur des abattants, de la chasse d'eau et des chromes et sécher	• Pour une meilleure répartition du produit • Pour une meilleure netteté et esthétique

Phase	Explication	Commentaire
 Présentation générale de la salle de bains	• Installer du linge propre en nombre suffisant. • Réinstaller les affaires du client si en recouche. • Remettre des produits d'accueil : bains moussants, savonnettes, verres à dent, cendriers. • Vérifier le papier hygiénique : toujours prévoir un 2ème rouleau. • Vérifier la présence du sachet hygiénique et des mouchoirs en papier sinon les remplacer.	• Pour le bien-être du client • Pour éviter les réclamations • Elément d'agrément • Pour éviter les désagréments
Entretien du sol	• Aspirer le sol. • Laver le sol en commençant derrière la porte. • Nettoyer en commençant à partir du mur vers le centre. • Terminer devant la porte.	• A cause des cheveux et des particules diverses • Pour ne pas laisser de saletés contre les plinthes • Pour ne pas à avoir à rentrer de nouveau
Terminer le travail	• Remettre la corbeille dans la salle de bains. • Eteindre la lumière et laisser la porte entrouverte. • Ranger tout le matériel sur le chariot.	• Pour faciliter l'aération • Pour faciliter le travail dans la chambre suivante.

Ne pas oublier

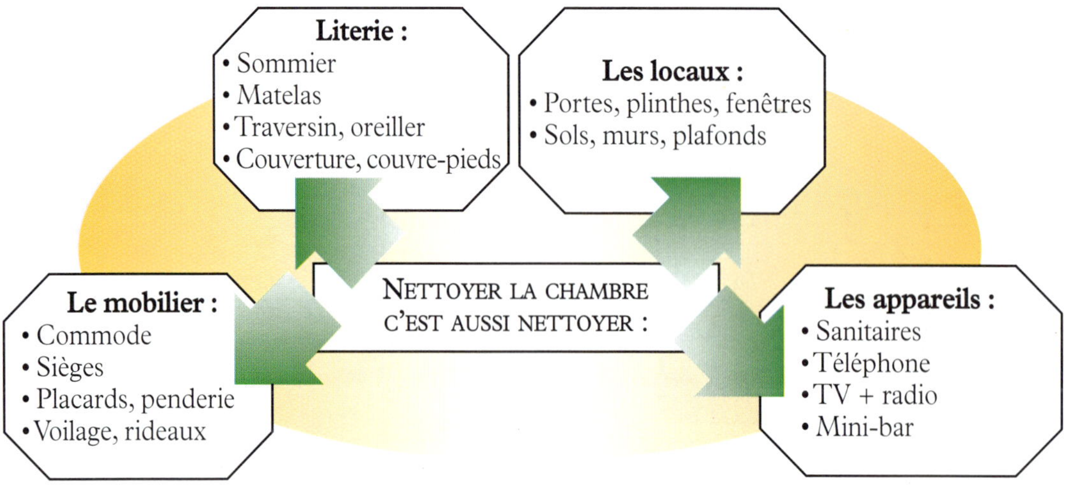

LES PLANS D'ENTRETIEN

Entretien journalier
Dépoussiérage
Détachage
Traces de doigt
Traces de chaussures

Entretien périodique
A partir d'un planning
Cf. tableau
Nettoyage à fond

Fréquence des plans d'entretien

Quotidiennement les chambres à blanc ou en recouche,
Hebdomadairement selon un plan déterminé, exemple ci-dessous :

Planning de ménage des chambres :

Lundi	Portemanteaux
Mardi	Les aérations (salle de bains – W.C .– chambres)
Mercredi	Le tour des baignoires, les tableaux, les interrupteurs
Jeudi	Aspirer sous les lits, nettoyer les plinthes, les portes intérieures
Vendredi	Détartrer la faïence, nettoyer les tuyauteries (salle de bains – W.C.), les placards
Samedi	Nettoyer : les lampes, les huisseries, les aérations des couloirs, les portes d'entrée
Dimanche	Nettoyer les plinthes des couloirs, aspirer les escaliers et nettoyer les rampes

Planning de ménage du hall :

Lundi	Détartrer les W.C., nettoyer les cendriers à fond
Mardi	Nettoyer les extincteurs, les tableaux
Mercredi	Nettoyer les portes de W.C.
Jeudi	Nettoyer les plinthes du hall et des W.C.
Vendredi	Nettoyer les poubelles à fond
Samedi	Nettoyer les murs des W.C.
Dimanche	Nettoyer les tuyauteries des sanitaires

AUTRE ORGANISATION : LE TRAVAIL SÉQUENTIEL

Actuellement une nouvelle méthode de travail se développe pour garantir un maximum d'hygiène au client et respecter les directives concernant le croisement du propre et du sale.

Pour garantir la propreté, cette méthode consiste à réaliser le travail en 2 phases distinctes, à l'aide des 2 chariots (méthode cad'hygiène) :

1ère PHASE CHARIOT "SALE"

- Evacuation du linge sale et de tous les objets sales.
- Application des produits de nettoyage de la salle de bains.
- Renettoyage de la salle de bains.

Doc Caddie

2ème PHASE CHARIOT "PROPRE"

- Mise en place de produits propres : linge, papeterie, produits d'accueil.
- Réfection du lit et de la chambre.
- Présentation finale de la chambre.

Doc Caddie

Dans le même état d'esprit l'office d'étage doit répondre aux mêmes critères

OFFICE D'ETAGE RESPECTANT LA MARCHE EN AVANT
(conçu pour la rénovation de l'hôtel Meurice à Paris):

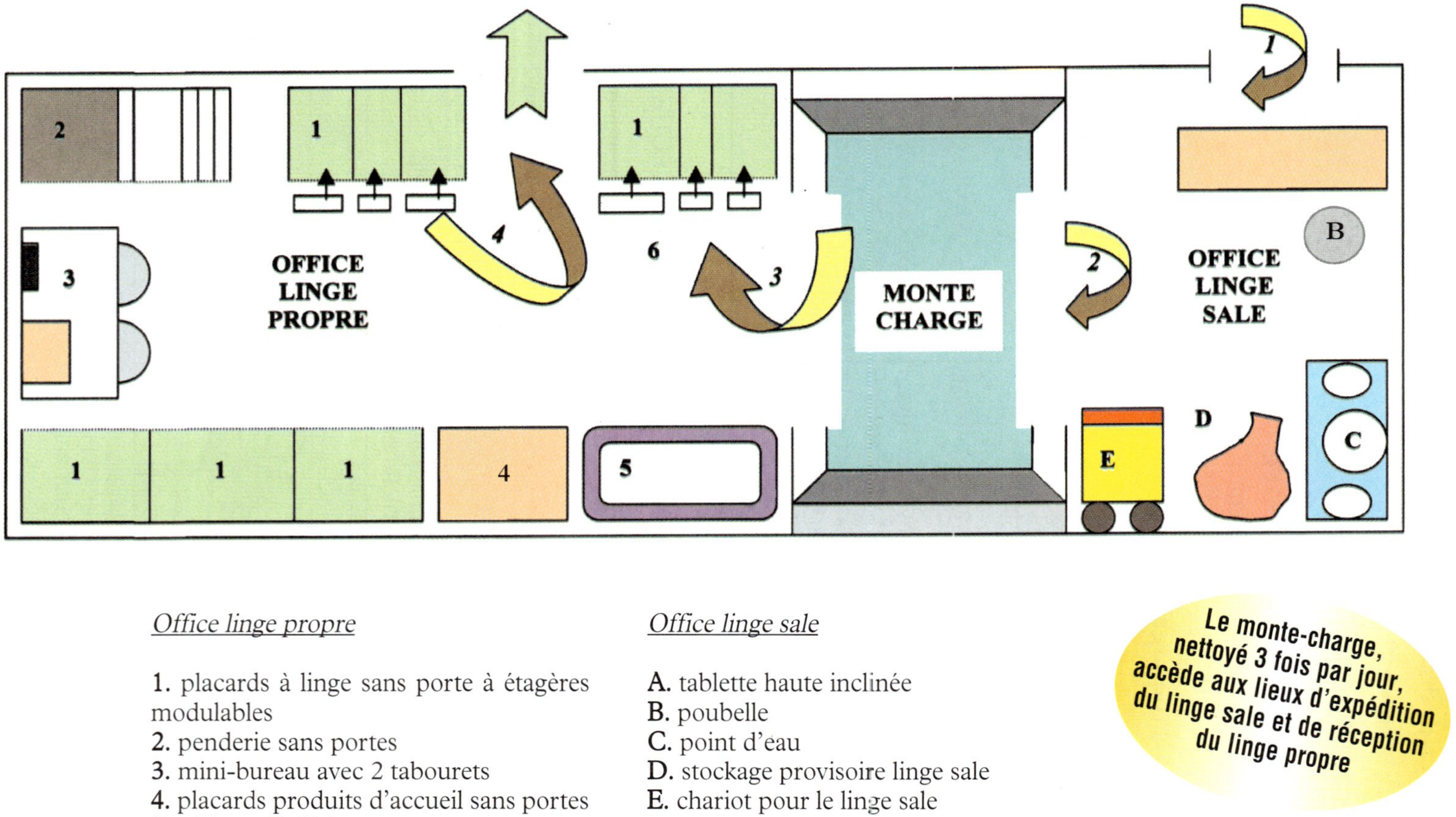

Office linge propre

1. placards à linge sans porte à étagères modulables
2. penderie sans portes
3. mini-bureau avec 2 tabourets
4. placards produits d'accueil sans portes
5. tableau d'affichage
6. chariots se glissant sous les étagères

Office linge sale

A. tablette haute inclinée
B. poubelle
C. point d'eau
D. stockage provisoire linge sale
E. chariot pour le linge sale

Les activités spécifiques à la femme de chambre

En dehors de sa fonction d'entretien des locaux, le savoir-faire de la femme de chambre, c'est aussi :

1. Constater les détériorations ou disparitions après le départ du client
2. Récupérer les objets oubliés. *Cf. procédure*
3. Préparer les chambres V.I.P. *Cf. procédure*
4. Service de la couverture et préparation de la chambre pour la nuit *Cf. procédure*
5. Collecter et distribuer la blanchisserie et le pressing du client *Cf. procédure*
6. Surveillance des personnes dans les couloirs : signaler les anomalies au responsable.
7. Améliorer le confort des clients : planche dans le lit, oreiller supplémentaire, berceau, sets pour animaux...
8. Assurer les délogements.

IMAGE DE MARQUE DE L'HÔTEL

TRAITER LE CAS DES OBJETS OUBLIÉS PAR LES CLIENTS

Tout objet laissé involontairement à l'hôtel par un client doit être conservé par l'hôtelier.

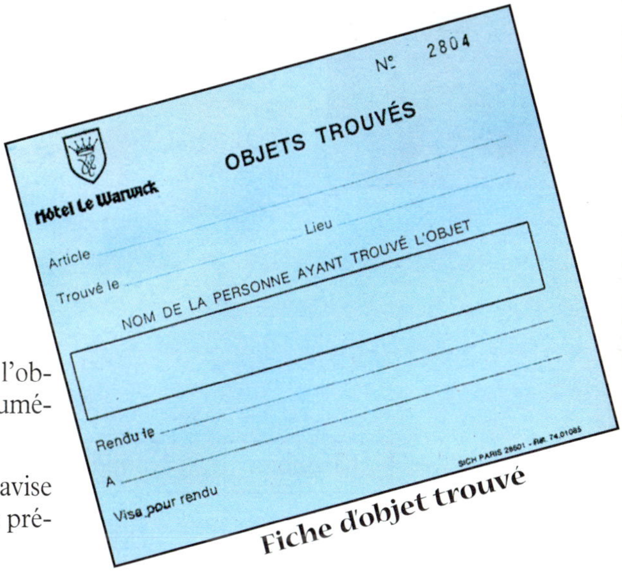

N° 2804

Hôtel Le Warwick

OBJETS TROUVÉS

Article .... Lieu ....

Trouvé le ....

NOM DE LA PERSONNE AYANT TROUVÉ L'OBJET

Rendu le ....

A ....

Visa pour rendu

SICH PARIS 28501 - Réf. 74.01085

Fiche d'objet trouvé

Procédure

- **DÉCOUVERTE DE L'OBJET** → • Placer provisoirement l'objet dans un sac avec le numéro de la chambre
- **INFORMER LES RESPONSABLES : GOUVERNANTE OU RÉCEPTION** → • Pour que la réception avise le client s'il est toujours présent dans l'hôtel.
- **REMETTRE L'OBJET À UN RESPONSABLE** → • La gouvernante est généralement responsable des objets oubliés. • Parfois ils sont stockés à la réception.
- **ENREGISTRER L'OBJET** → • Dans tous les cas, l'objet est placé dans un sac spécial avec une étiquette agrafée portant un numéro d'ordre. • Cet objet est enregistré dans le livre des objets trouvés.
- **ATTENDRE LA RÉCLAMATION DU CLIENT** → • Quel que soit l'objet ou sa valeur il est préférable de ne pas prendre l'initiative de prévenir le client (risque de situation délicate sur le plan privé. • Si le client en fait la demande, l'hôtel assure l'expédition et le registre est mis à jour.
- **CAS PARTICULIER** → • Les objets de grande valeur : bijoux, documents, argent sont déposés dans le coffre de l'hôtel. • Les denrées périssables ne sont pas conservées longtemps.

TRAITER LES CLIENTS V.I.P.

Un accueil particulier et personnalisé est réservé par l'hôtelier à certains de ses clients ; cette prestation valorise l'entreprise.

QUI SONT LES V.I.P. ?

- Les clients fidèles
- Les personnalités (art, politique, hommes d'affaires)
- Les fournisseurs d'affaires : voyagistes, sociétés
- Les jeunes mariés
- Les lauréats de concours
- L'invité d'un particulier ou d'une société.

COMMENT PRÉPARER L'ACCUEIL. ?

Dans la chambre :
- Corbeille de fruits, petits fours, chocolats, spécialités régionales
- Eau fraîche, champagne, vin régional
- Cadeaux : livres, jouets, parfums
- Places de spectacle
- Fleurs… aménagements spéciaux.

Dans la salle de bains :
- Produits d'accueil différents
- Objets de toilette : trousse de courtoisie, eau de toilette, kit de rasage…
- Ajout de linge, chaussons, peignoirs…

TECHNIQUE DE TRAVAIL

- La réception déclenche la commande de préparation auprès de la gouvernante et du room-service.
- Selon les instructions (fiche technique), la femme de chambre prépare la chambre.
- La gouvernante supervise et complète la préparation.

Modèle de bon V.I.P.

Chambre	Nom du client	Observations
1500	Michaël	• Carte privilège • Buffet breakfast - Eau + chocolat
3503	Berger	• Carte privilège • Demande de chambre calme - Eau + fruits
4509	Smith	• Ancien client très régulier - Champagne + petits-fours
5538	Dupont	• Carte privilège • Chambre fumeur, Figaro + Herald Tribune - Eau + vin rouge + fruits
2201	Johns	• Lune de miel - Champagne + fleurs - Trousse de courtoisie + parfum
3604	Martin	• Anniversaire • Buffets petit déjeuner - Champagne

PRÉPARER LA CHAMBRE POUR LA NUIT : "FAIRE LA COUVERTURE"

LE MESSAGE DE CE SERVICE

- Bienvenue,
- Vous êtes notre hôte.
- Nous veillons sur vous.
- Nous vous donnons le meilleur de nous-même.
- Bonne nuit.

ORGANISATION

Personnel : équipe du service du soir
Chambres :
- Toutes les chambres des clients présents ou attendus
- Les chambres des clients désignés (V.I.P, clients recommandés)
- Les chambres à service différencié : étages spéciaux (top club), suites et appartements
- Eventuellement à la demande du client (fiche de demande dans la chambre).

HORAIRES

- Le service de la couverture s'effectue vers l'heure du dîner.

TECHNIQUE DE TRAVAIL

Chambre :
- Retirer le couvre-lit et le ranger.
- Déborder la couverture et le drap de dessus sur une longueur de 40 cm, sur le côté extérieur du lit.
- Réaliser un triangle avec l'ensemble draps + couverture.
- Rentrer la partie froissée sous le matelas.
- Replacer l'oreiller.
- Disposer sur l'oreiller la fiche de commande du petit déjeuner et les confiseries.
- Etaler soigneusement sur le lit les vêtements de nuit du client, plus éventuellement les chaussons au sol.
- Remettre de l'ordre dans la chambre.
- Régler la climatisation.
- Tirer les rideaux pour qu'il règne une obscurité totale.
- Allumer la lampe de chevet.
- Régler la radio sur une douce musique d'ambiance.

Salle de bains :
- Changer les serviettes utilisées.
- Vérifier l'état de propreté des sanitaires.
- Vider la corbeille.

ATTENTIONS SPÉCIALES

- Dans certaines régions, service d'eau glacée ou plateau de courtoisie, eau chaude pour thé, café…

Présentation du lit la couverture faite

3 configurations :

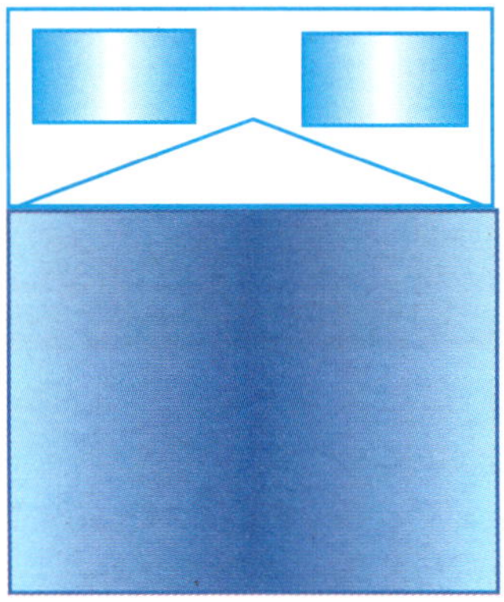

Chambre à grand lit

Faire l'angle des deux côtés

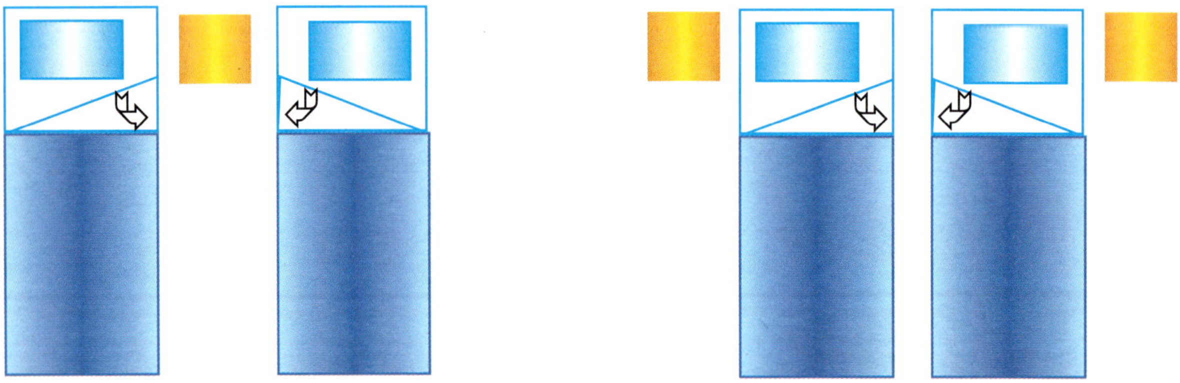

Chambre à 2 petits lits

LES PRESTATIONS PARTICULIÈRES

Le client peut demander des services personnels tels que blanchissage, pressing, prêt de matériel.

Le blanchissage et le pressing

- Le client dépose son linge dans un sac à linge mis à disposition dans la chambre et remplit l'imprimé.
- La femme de chambre collecte les sacs dans la chambre et au retour du linge propre le dépose dans la chambre du client.
- La prestation est portée sur la note du client.
- La facturation est fonction de la rapidité de l'exécution (service normal ou service express).

Le prêt de matériel

Différents matériels peuvent faire l'objet d'une demande : fer et planche à repasser, transformateur de courant, éventuellement sèche-cheveux, matériel de bureau.

Le prêt de matériel fait l'objet d'un bon qui permet d'en vérifier le retour lorsque le client quitte l'hôtel.

Il peut également demander un supplément de prestation tel que linge, cintres, planche dans le lit, oreillers, couvertures, savon, produits d'hygiène, porte-bagages supplémentaire.

Le contrôle des chambres

Vérification des chambres

Le contrôle s'effectue lorsque la chambre est entièrement remise en ordre. Il dure quelques minutes (5 à 10 minutes).

Cette vérification concerne plus particulièrement le nettoyage mais aussi la disposition des meubles, l'état des sanitaires, des lumières, du téléphone, de tous les appareils susceptibles d'être utilisés par la clientèle.

L'objectif prioritaire de l'hôtelier est de tendre ver le zéro défaut afin de limiter les plaintes et les réclamations de la clientèle et respecter la promesse commerciale..

Le contrôle qualité vise aussi à maintenir le produit chambre en bon état de fonctionnement et contribue ainsi à la pérennité des investissements.

L'inspection de la chambre

C'est un contrôle plus approfondi et systématique qui s'effectue une ou deux fois par an et qui a pour but d'examiner en détail toutes les points de la chambre et de son sanitaire : ameublement, literie, murs, plafonds… Cette visite permet le nettoyage à fond de la chambre, la « révision » du fonctionnement de tous les équipements, éventuellement d'effectuer des « rafraîchissements » et d'envisager des travaux.

L'inspection est effectuée soit par la gouvernante, soit par un membre de la direction et fait l'objet d'un rapport.

LES DOMAINES DE CONTRÔLE

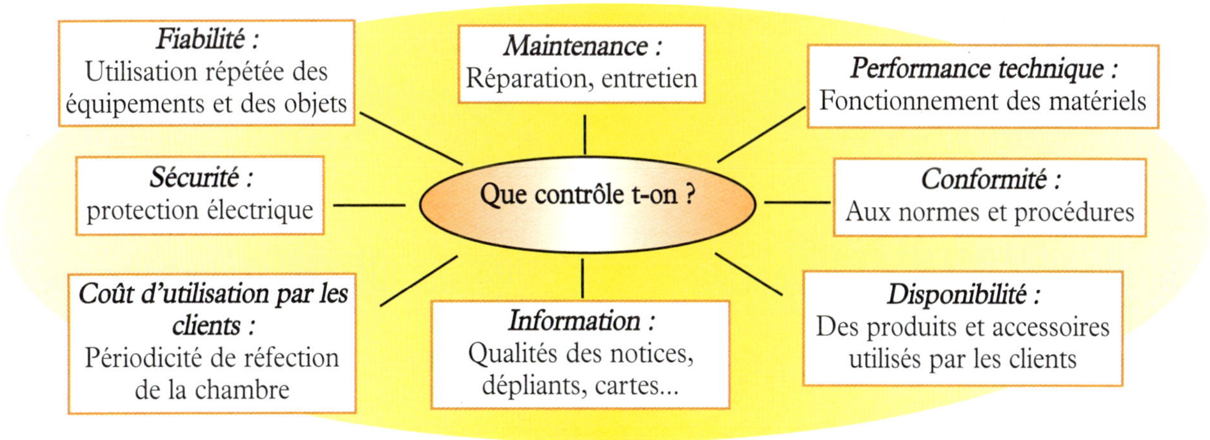

DIFFÉRENTS TYPES D'ORGANISATION DE CONTRÔLE

Tous les hôteliers n'ont pas la même conception du contrôle des chambres aussi adoptent-ils une organisation qui leur est propre.

Différents systèmes de contrôle

Technique	Qui contrôle ?	Quoi ?	Documents utilisés
Système classique	• Gouvernante d'étage • 1ère femme de chambre • Responsable de l'hôtel	• Les chambres faites "à blanc" en recouche • En travaux • Destinées aux V.I.P. • Lieux publics	• Fiche contrôle, • Rapport de la gouvernante
Auto-contrôle	• Femme de chambre	• Les chambres faites "à blanc" ou en recouche et autres lieux dont elle a la responsabilité	• Fiche d'autocontrôle,
	• Gouvernante ou responsable	• Contrôle ponctuel et aléatoire	• Fiche de performance (intéressement)
Contrôle mixte	• Cohabitation des deux systèmes en fonction de la nature du personnel en activité : permanent, entreprise extérieure, mais aussi du type de recrutement.		

LES OUTILS DU CONTRÔLE

Des documents sont mis en place pour aider le personnel à contrôler les chambres , ils permettent un meilleur suivi des opérations et dans le cas de l'autocontrôle de calculer l'intéressement.

Fiche de contrôle détaillée utilisée par la gouvernante ou lors d'inspections approndies

Chambre n°312			FICHE DE CONTROLE OU D'INSPECTION		
Entrée	**Observations**	**N° du bon**	**Chambre (suite)**	**Observations**	**N° du bon**
• Porte d'entrée	*Serrures à réparer*	3179	• Lits et literie	*Tour de sommier à changer*	
• Porte de communication			• Table de chevet		
• Murs			• Sièges		
• Plafonds			• Secrétaire		
• Moulure en bois			• Commode		
• Serrures			• Table		
• Verrous			• Coiffeuse		
• Placards	*A déplacer*	3720	• Doubles rideaux		
• Moquette			• Voilages		
• Electricité			• Moquette		
• Porte-bagages			• Fenêtres		
• Portemanteaux			• Joints métalliques		
• Aspect général			• Stores extérieurs		
Chambre					
• Porte de la chambre	*Traces de doigt*		• Appareils d'éclairage		
• Murs			• Téléphone		
• Plafonds			• Télévision		
• Moulures et bois			• Annuaire		
• Meuble de rangement			• Sous-main		
			• Aspect général		
• Placards			• Mini-bar		
Inspection faite le :			**par :**	**Siganture :**	

Fiche d'autocontrôle
remplie par la femme de chambre en charge de cette activité

FICHE D'AUTOCONTRÔLE DES CHAMBRES

NOM : DATE :

Chambres	102	103	104	105	106	107	108	109
La porte d'entrée est propre et fonctionne bien.								
Le miroir de l'entrée est propre et sans trace (applique allumée).								
Les chaises, le téléphone et les abat-jour sont propres et bien disposés.								
Les lits sont bien faits et le dessus-de-lit sans tache.								
Le rideau est propre, bien accroché et bien mis derrière le canapé.								
La moquette est bien aspirée et sans tache.								
La salle de bains est impeccable et les produits d'accueil bien disposés.								
Les toilettes sont impeccables.								
Il n'y a pas de mauvaise odeur dans la chambre.								
Le point du jour :								

Les autres formes de contrôle

LES COULOIRS

- Propreté
- Sécurité : liberté d'accès
- Evacuation des objets encombrants : plateaux, tables des petits déjeuners…
- Vérification des portes coupe-feu…

LES LIEUX PUBLICS

- Locaux d'accueil : hall, salons…,
- Sanitaire, vestiaire, cabine téléphonique,
- Espace forme, piscine,
- Espace affaires…

SURVEILLANCE DES CHAMBRES NE PAS DÉRANGER

- 1er temps (vers 15h) proposer au client de lui faire sa chambre
- 2ème temps, en l'absence de signes ou de consignes du client, et après plusieurs appels téléphoniques pénétrer dans la chambre avec un responsable (possibilité client malade).

VÉRIFICATION ET CONTRÔLE DE FIN DE SERVICE

- Du matériel d'entretien et des chariots
- Des placards à linge (stock inventaire)
- Réserves de couvertures et d'oreillers

Maintenance des locaux

Deux types de réparation sont à envisager : celles qui ont un caractère d'urgence et celles qui peuvent attendre un certain temps.

CARACTÈRE D'URGENCE

QUI DÉCLENCHE ?

- La femme de chambre et la gouvernante pour les réparations urgentes
- La gouvernante ou des responsables pour les travaux importants après une inspection ou un dégât.

MÉTHODE

- **En cas d'urgence** : par téléphone suivi d'un bon de travaux, la réparation est effectuée dans la journée
- **Réparation importante** : la chambre est mise hors service pendant toute la durée des réparations.

Bon de réparation

Demande de réparation N° 3179	DEMANDE DE RÉPARATION N° 3179 A remplir par le Service demandeur et à adresser au service entretien	ACCUSE DES TRAVAUX N°3179 A remplir par le service entretien et à retourner au demandeur
Local : .... Description des travaux : .... Date : .... Heure :	Date : .... Service demandeur : .... Local : .... Description des travaux : .... Réparé par : .... Durée d'exécution date : .... heure : .... (ne rien inscrire dans ce cadre) Nom du demandeur: .... Signature :	Service demandeur : .... Durée d'exécution : .... Terminé le : .... Observations : .... date : .... **Le chef du service entretien :**

RÉNOVATIONS IMPORTANTES

Procédure

QUI DÉCLENCHE LA DEMANDE DE RÉNOVATION ?

- Programmation de rénovation et d'amélioration du produit hôtelier.
- Rénovation de fond à des périodes déterminées (5 ou 10 ans)

PÉRIODICITÉ

- A la suite d'un dégât (inondation, destruction par accident)
- Amélioration du produit : étage affaires, création d'appartements ou de suites
- Chambre hors service ou étage fermé.

ORGANISATION

- Entreprise extérieure ou atelier de l'hôtel
- Stockage du mobilier conservé, vente ou élimination du mobilier et des matériels déclassés
- Nettoyage complet et stockage des tissus d'ameublement.

DÉMÉNAGEMENT ET RÉAMÉNAGEMENT

- Supervisé par la gouvernante
- Ces chambres en travaux sont vérifiées tous les jours afin de vérifier les délais.

LA JOURNÉE TYPE D'UNE FEMME DE CHAMBRE

sur le vif

Horaire des lieux	Détail des tâches	Documents	Utilité
7 h 30 Préparation du travail ***lieu* : bureau de la gouvernante**	• Accueil auprès de la gouvernante : fiches de travail, clefs, consignes	Clé traditionnelle Carte magnétique 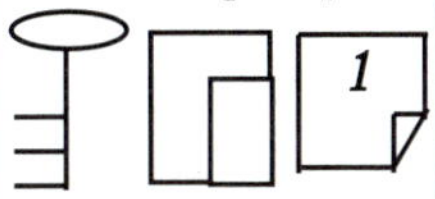	**Connaître les chambres à nettoyer, les consignes particulières**
Mise en place du chariot (peut être réalisé la veille) ***lieu* : office d'étage**	• Rangement sur le chariot propre : linge, produits d'accueil, produit d'entretien		**Prévoir le stock nécessaire pour travailler dans de bonnes conditions**
7 h 45 : Travail dans les étages ***lieu* : les chambres**	• Nettoyage chambre en recouche ou en départ (avant 13h) – et autocontrôle • Eventuellement, enregistrer au fur et à mesure la progression du travail, ***Règles à respecter* :** • Ne jamais mélanger les produits d'entretien. • Connaître parfaitement les produits et leur usage. • Contrôler le temps de contact des produits utilisés. • Respecter scrupuleusement les étapes de nettoyage de chaque chambre. • S'interdire de nettoyer et/ou d'essuyer les surfaces avec le linge client. • Ne pas poser la literie à même le sol. • Ne jamais mélanger le linge propre et le linge sale. • Respecter le planning d'entretien de la literie. • Maintenir les éléments du mobilier et les surfaces de la chambre et de la salle de bains dans un état de propreté absolue. • Contrôler systématiquement son travail en fin de nettoyage.		**Suivre son travail** **Passer les consignes à la gouvernante**
16 h : Fin de journée ***lieu* : étages**	• Ranger le chariot, produits d'accueil, produits d'entretien. • Compter le linge sale et établir le bon (suivant les hôtels)	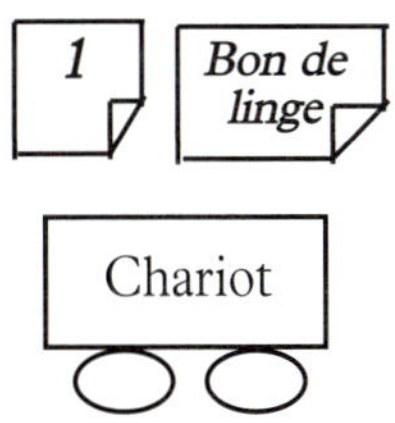	**Pour éviter pertes et disparitions** **Contrôle du linge**
16 h 15 : Départ ***lieu* : bureau de la gouvernante**	• Rendre les clés (signatures), rendre la fiche de travail, les objets trouvés. • Passer les consignes	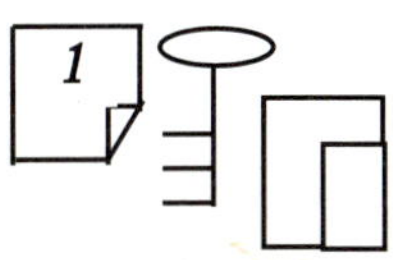	**Meilleure coordination entre les équipes**

sur le vif

LA JOURNÉE TYPE DE LA GOUVERNANTE

HORAIRE DES LIEUX	DÉTAIL DES TÂCHES	Documents	UTILITÉ
7 h 00 Prendre connaissance des mouvements *lieu* : **réception**	• Lire le cahier des consignes. • Prendre connaissance des départs, arrivées, recouche, V.I.P, priorités.	Listing de la réception  Cahier des consignes Ou intranet 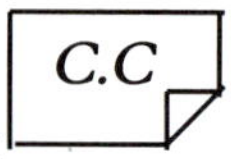	Connaître les consignes et les événements, Permet de connaître la situation du jour et de répartir le travail
Préparation du travail des femmes de chambre *lieu* : **bureau de la gouvernante**	• Noter sur cette fiche les chambres en départ et occupées (statut des chambres).	Fiche de la femme de chambre 	Meilleure organisation du travail Outil pour la femme de chambre
7 h 30 : Accueil des femmes de chambre *lieu* : **bureau de la gouvernante**	• Remise des clés, de la fiche de consignes (VIP) • Distribution du travail.	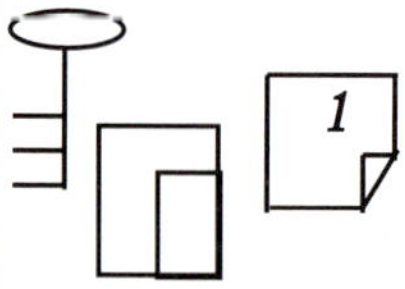	Contrôle de sécurité Mise en route de la journée
9 h 00 : Rapport d'étage* (éventuellement) *lieu* : **bureau de la gouvernante**	• Contrôle des chambres par rapport à la situation de la réception (rapport des différences)	Rapport d'étage Ou intranet (réseau interne) 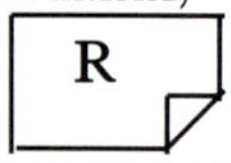	Connaître la situation réelle de l'hôtel Outil de travail de la réception
Jusqu'à 16 h 00 : Encadrement et contrôle des chambres *lieu* : **étages**	• Préparation des V.I.P, et service "plus". • Vérification des chambres vacantes et en recouche • Supervision travaux et réparation… contrôle des chambres bloquées • Relation avec la réception • Service clienty. Fleurs etc.	Listing des préparations 	Suivi du travail des femmes de chambre Contrôle des chambres, Réparations
Travaux de fin de service *lieu* : **bureau de la gouvernante**	• Récupération des clés, des fiches de travail • Prise des consignes • Enregistrement des objets trouvés • Commandes particulières	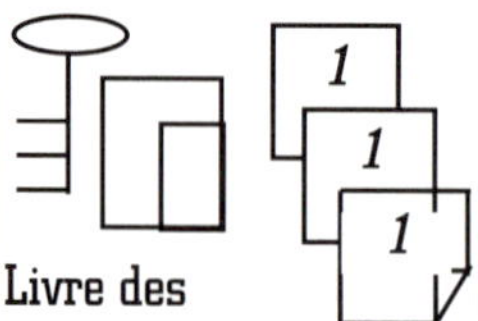 **Livre des objets trouvés** 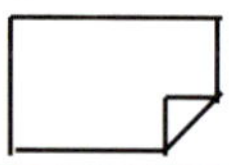	Faire le bilan de l'activité du jour Transmettre les consignes dans les services Prendre des décisions

* Le rapport d'étages : c'est un document destiné à la réception qui présente la situation réelle d'occupation des chambres. La gouvernante le remplit à partir des indicateurs de la femme de chambre. Il est transmis par informatique à la réception et permet d'ajuster le planning.
Dans les hôtels de grande capacité, il se fait deux fois par jour : ex : 9h 30 – 15h 30

Chapitre 15

La Fonction Lingerie

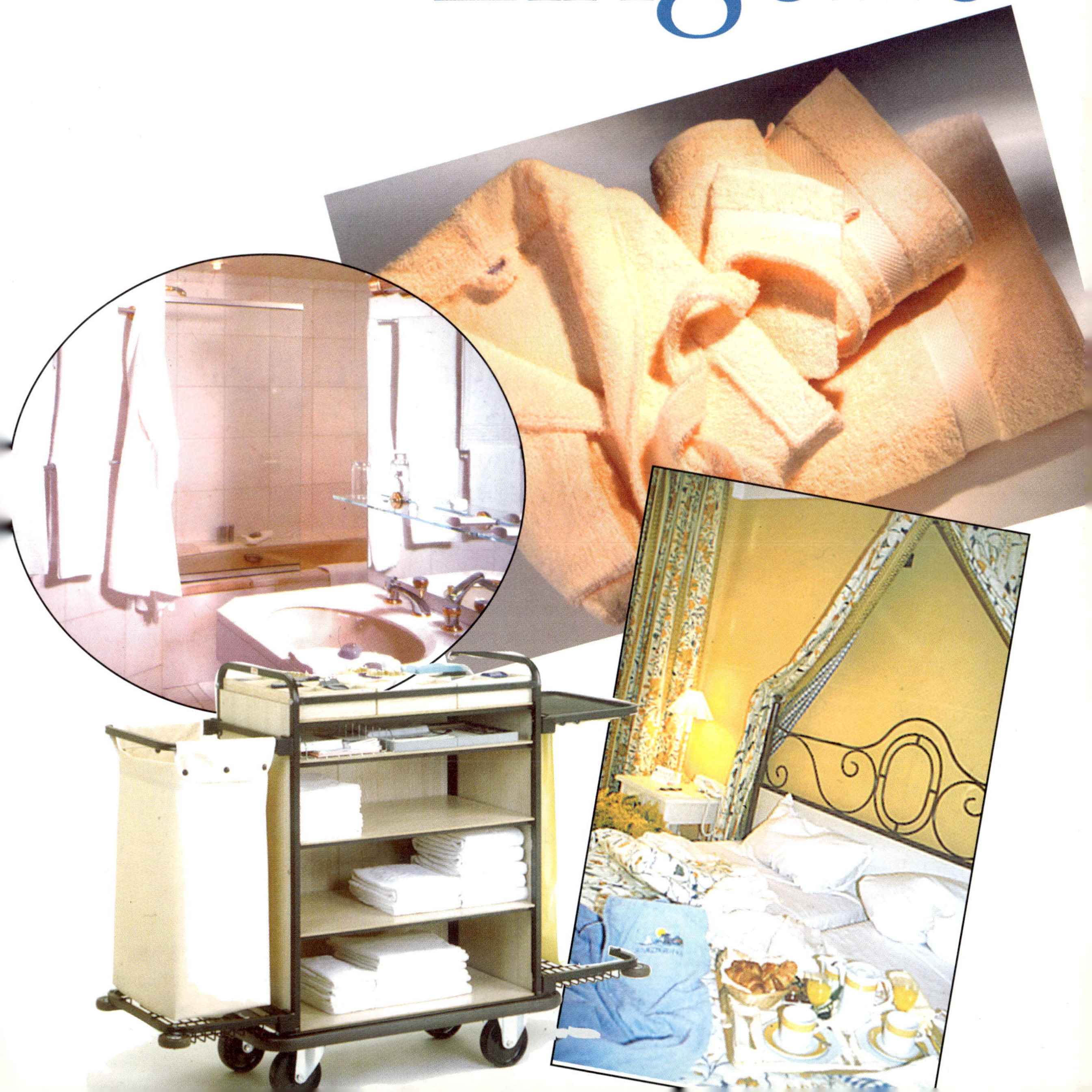

La Fonction Lingerie

chapitre 15

Le linge représente la matière essentielle dans le prix de revient de la nuitée et un coût non négligeable en restauration.

La gestion du linge pose le problème des choix à opérer par la direction et des services à installer dans l'entreprise.

Avant tout achat et toute installation, la direction doit :

- choisir une politique d'investissement : linge en propriété ou en location,
- choix d'un système de blanchissage,
- déterminer les besoins en linge de l'établissement.

Choix d'une politique d'investissement

L'achat du linge représente une immobilisation importante.

Deux solutions peuvent être envisagées :

- le stock de linge appartient à l'hôtelier,
- le linge est loué à une entreprise spécialisée.

Le linge en propriété

AVANTAGES

- Choix d'une qualité convenant au standing de l'établissement,
- Personnalisation du linge (monogramme de l'hôtel brodé ou tissé),
- Le logo tissé permet de suivre la durée de vie du linge.

INCONVÉNIENTS

- Investissement important
- Renouvellement permanent du stock,
- Difficultés en cas de changement de coloris ou de textiles.

Le linge en location

AVANTAGES

- Coût adapté au taux d'occupation
- Aucune sortie de trésorerie importante,
- Aucun entretien, ce qui allège le travail de la lingerie,
- Possibilité de changer de gammes, de coloris.

INCONVÉNIENTS

- Difficulté de choisir une qualité de textile bien précise,
- En cas de linge personnalisé : coût plus élevé et obligation d'un contrat longue durée.

Choix d'un système de blanchissage

L'hôtelier propriétaire de son linge peut envisager deux solutions : laver son linge dans son établissement ou le confier à un blanchisseur.

Dans le cas de la location, l'entretien est assuré par le loueur.

Le tableau ci-après résume les avantages et les inconvénients de chacune des solutions.

TYPE DE BLANCHISSAGE	AVANTAGES	INCONVÉNIENTS
Blanchissage dans l'établissement	➤ Stock réduit ➤ Pertes faibles ➤ Prolongation de la durée du linge ➤ Possibilité : - d'utiliser un linge d'hôtel personnalisé, - de traiter le linge des clients et du personnel sans augmentation sensible du prix de revient.	➤ Frais élevé d'installation et d'entretien de la buanderie ➤ Obligation de faire procéder au raccommodage ➤ Prix de revient du blanchissage très élevé par suite : - des frais d'exploitation, - de l'amortissement du linge et du matériel. ➤ Frais de personnel important. ➤ Difficulté d'évaluer les coûts avec précision.
Blanchissage à l'extérieur	➤ Suppression des soucis : - d'installation et d'entretien de la buanderie, - de recrutement et de surveillance du personnel. ➤ Possibilité d'utiliser un linge personnalisé	➤ Stock de linge important ➤ Frais de livraison en fonction de la distance ➤ Nécessité d'un contrôle constant : - des livraisons, - de l'usure, - de la netteté du linge. ➤ Obligation du raccommodage ➤ Prix de revient encore difficile à évaluer (calcul complexe de l'amortissement du linge).
Location du linge	➤ Absence de stock personnel ➤ Suppression du contrôle de l'usure et du service de raccommodage ➤ Linge prêt à l'emploi ➤ Calcul très exact du prix de revient.	➤ Inexistence des services de location hors des centres importants ➤ Nécessité du contrôle : - des livraisons, - de la netteté du linge. ➤ Prix de revient élevé.

Détermination des besoins

Tout dirigeant d'entreprise hôtelière doit calculer aussi exactement que possible la quantité de linge qui doit être mise en service.

MODE DE BLANCHISSAGE À PRENDRE EN COMPTE

- A l'intérieur de l'entreprise (buanderie)
- A l'extérieur (blanchisserie), délais de livraison imposant un stock plus important.

FACTEURS À PRENDRE EN COMPTE

- **Nature de la clientèle** : passage, séjour
- **Fréquentation** : permanente, saisonnière.

L'HÔTELIER PROPRIÉTAIRE DE SON LINGE DOIT ÉVITER :

- Des stocks trop importants inutiles et coûteux
- Un réassortiment rapide et onéreux.

Composition du stock

Distinguons le linge utilisé dans les étages et celui qui est destiné au restaurant et à l'office.
Nous nous bornerons à une simple énumération.

LINGE D'HÔTEL

Draps	• De différentes dimensions, • En prévoir deux par lit
Taies d'oreiller	• Leur nombre est lié à celui des clients : on considère qu'il faut un oreiller par personne.
Sous-taies	• Théoriquement, le nombre de sous taies utilisées dans les chambres est le même que celui des taies d'oreillers. Mais lors de la constitution globale du stock, on tiendra compte du fait que le change des sous-taies s'effectue trois fois moins souvent que celui des taies.
Serviettes de toilette	• Elles sont réparties à raison de deux par client : le nombre de chaque catégorie est donc égal en principe au nombre des clients multiplié par deux.*
Peignoirs ou draps de bain	• 1 par occupant théorique de chambres avec Salle de bains.
Tours de sommier Protège-matelas Dessus-de-lit	• 1 par lit, plus 10% pour le change.

* Dans les hôtels où il y a un service d'étage le soir, le linge de la Salle de bains qui a été utilisé est systématiquement changé.

LINGE DE RESTAURANT

Nappes	• Si nous considérons qu'elles doivent être changées une fois par jour, le stock à prévoir dans les différentes dimensions est égal au nombre de tables correspondantes. • Généralement lorsque les nappes sont légèrement tachées, on les recouvre d'un napperon pour raisons d'économie. • Quelques-unes sont récupérées pour napper consoles et services.
Napperons	Comme on recouvre la nappe d'un napperon à chaque changement de client, leur nombre (lié évidemment au nombre total de tables) dépend également des facteurs suivants : • nombre de tables dressées plusieurs fois au cours d'un même service (renouvellement), • nombre de services dans la journée (déjeuner, dîner), • importance des petits déjeuners et des thés. Il y a lieu de calculer au moins deux napperons par nappe et d'accorder leurs dimensions à celles des tables. On ne saurait trop dire l'importance que revêt la normalisation des tables.
Serviettes de table	• La quantité utilisée quotidiennement est fonction du nombre maximum de couverts que l'on est décidé à servir par jour, car, sauf le cas de clients en pension, les serviettes de table sont changées à l'occasion de tous les repas. • Il y a lieu d'augmenter le stock de 5% environ pour tenir compte de l'emploi abusif de serviettes par le personnel ou des accidents. Il convient bien entendu de combattre ces abus.

Serviettes de service ou liteaux	Le nombre **L** de liteaux utilisés chaque jour est fonction du nombre : • d'employés de restaurant (**R**) • de service (**S**) • de changements au cours du même service (**C**), d'où la formule : L = R x S x C On doit engager les employés à changer de liteaux chaque fois que le besoin s'en fait sentir, la propreté d'un établissement étant jugée d'après celle du personnel.
Essuie-verres	• Ils ne sont pratiquement plus utilisés.

LINGE DE CUISINE

Les torchons	• Utilisés par les cuisiniers et les plongeurs, ils sont fonction du nombre d'employés et de pièces de vaisselle à nettoyer. • La quantité, qui ne peut être déterminée que par l'expérience, doit être assez élevée pour raisons d'hygiène. • Il s'agit là d'un linge peu coûteux et qui n'est lavé dans de bonnes conditions que s'il est remis peu sali au blanchissage.
Les tabliers et les tours de cou	• Destinés au personnel de cuisine, ils sont fournis par la maison

LES UNIFORMES

Les uniformes	• Ils sont en général fournis par l'hôtelier. dans ce cas, on prévoit deux vêtements par employé : - un en service, - un en nettoyage.

L'évaluation du stock

Difficile à établir, il doit être toujours suffisant
pour couvrir les besoins en période de fréquentation maximum.
Selon le mode de blanchissage, il se répartit ainsi :

BLANCHISSAGE DANS L'ENTREPRISE

- en cours d'utilisation — 2 jeux
- immobilisé à la buanderie — 1 jeu
- en attente à la lingerie — 2 jeux

Total : 5 jeux

BLANCHISSAGE À L'EXTÉRIEUR

- en cours d'utilisation — 2 jeux
- immobilisé chez le blanchisseur — 2 jeux
- en attente à la lingerie — 3 jeux

Total : 7 jeux

Attention : en fonction du nombre de livraisons par semaine

Commentaire

Un jeu comprend l'ensemble du linge nécessaire quotidiennement à chacun des services en période de pointe.

Exemple de détermination d'un jeu de linge

Prenons l'exemple d'un établissement hôtelier qui :

- comporte 100 lits, et 50 salles de bain, avec une capacité d'accueil de 120 clients
- a un taux d'occupation moyen de 75%
- pratique le change quotidien

Il conviendra de prévoir :

JEU DE BASE	
Draps	200
Taies d'oreiller	120
Sous-taies	120
Serviettes de toilette	240
Peignoirs de bain	120
Tours de sommier	100
Protège – matelas	100
Dessus-de-lit	100
Gants de toilette ou gants américains	240

JEU EN RÉSERVE DANS LES OFFICES	
Draps	150
Taies d'oreiller	90
Sous-taies	30
Serviettes de toilette	180
Peignoirs de bain	90
Tours de sommier	10
Protège – matelas	10
Dessus-de-lit	10
Gants de toilette ou carrés américains	180

EXEMPLE RÉEL DES BESOINS D'UN HÔTEL DE GRAND CONFORT ****

Fiche signalétique du linge de l'hôtel

Nom : Hôtel de la Cité

Adresse : 220, avenue des Arcades 75008 Paris

Catégorie : hôtel de grand confort **** palace

Capacité : 163 chambres dont 43 suites

Taux d'occupation annuel : pour l'année n = 65%

Le linge de l'hôtel :

- ❑ **En location / entretien par la Sté " Grenelle " Paris, depuis 25 ans,**
- ❑ **Linge siglé,**
- ❑ **5 jeux de linge** (1 en chambre, 1 en office, 2 en lingerie, 1 en blanchisserie).

LINGE DANS UNE CHAMBRE DOUBLE AVEC UN GRAND LIT :

Désignation	Nombre	Prix location / entretien Unitaire ...... H.T
Grand drap	2 pièces	......
Taie d'oreiller	3 pièces	......
Housse de traversin	1 pièce	......
Descente de lit	2 pièces	......
Protège-matelas	1 pièce	......
Peignoir	2 pièces	......
Serviette toilette	3 pièces	......
Drap de bain	2 pièces	......
Gant de toilette	2 pièces	......
Tapis de bain	1 ou 2 (selon douche/bain)	......

EXEMPLE RÉEL DES BESOINS D'UN HÔTEL ☆☆☆

Fiche signalétique du linge de l'hôtel

Nom : Hôtel " La Résidence du Roi "
Adresse : 3, rue des Petites Ecuries 78000 Versailles
Catégorie : hôtel de confort ***
Capacité : 68 chambres dont 1 appartement
Type de clientèle : 80% affaire
20% tourisme
Taux d'occupation annuel : pour l'année n = 42,7%
Prévision pour $n+1$ = 53%

Le linge de l'hôtel :

- En location / entretien par la Sté " Louvre Linge " Paris,
- Linge non-siglé,
- 4 jeux de linge (1 en chambre, 2 en réserve, 1 en blanchisserie)

Ramassage du linge 3 fois par semaine (lundi, mercredi, vendredi)

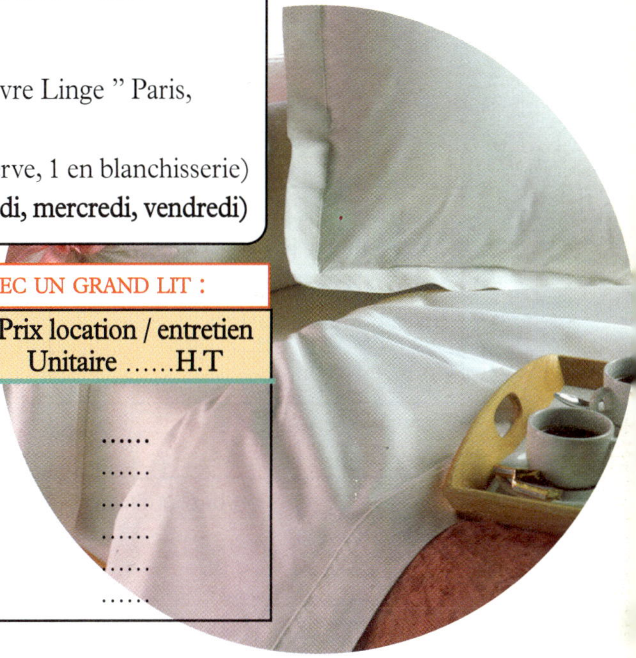

LINGE DANS UNE CHAMBRE DOUBLE AVEC UN GRAND LIT :

Désignation	Nombre	Prix location / entretien Unitaire ......H.T
Petit drap	2 ou 4 pièces selon la chambre	......
Grand drap	2 pièces	......
Taie d'oreiller rect.	2 pièces	......
Serviette toilette	1 ou 2 selon client	......
Drap de bain	1 ou 2 selon client	......
Tapis de bain	1 pièce	......

Répartition du stock dans les services

DANS LE SERVICE DE L'HÉBERGEMENT

DANS LES CHAMBRES → • Un jeu de base pour équiper les lits et les salles de bains

DANS LES OFFICES → • Un jeu en réserve pour l'échange du linge sale (chambre à blanc ou en recouche)

A LA BUANDERIE → • Un ou plusieurs jeux de linge sale en attente de blanchissage,
• Deux jeux au minimum pour réapprovisionner les services.

Commentaire

Dans les offices d'étages, le jeu peut être ajusté en fonction du taux d'occupation moyen

DANS LES SERVICES DE RESTAURATION

1 JEU DE BASE
- Nécessaire pour la mise en place de la salle à manger

1 JEU DE RÉSERVE
- Pour faire face aux incidents de service
- Renouveler les tables
- Pour effectuer la mise en place du service suivant.

> ***Commentaire***
> Lorsque l'échange du linge sale s'effectue à la fin de chaque service, le nombre de pièces en réserve est réduit.

EXEMPLE DE DIMENSIONS COURANTES

Le linge doit être choisi en fonction du mobilier à équiper et de son utilisation pour la clientèle.

DÉSIGNATION	Dimension (cm)
Draps : 1 personne 2 personnes : lit de 1,40 m lit de 1,60 m	180 x 310 240 x 310 270 x 310
Taies d'oreiller carrées ou taies d'oreiller rectangulaires	65 x 65 68 x 68 45 x 70
Serviettes éponges	60 x 90 50 x 100
Serviettes (gants ou barbouillettes) Serviettes invités	30 x 30 40 x 60
Draps de bain	120 x 150
Serviettes de bain	80 x 120

DÉSIGNATION	Dimension (cm)
Tapis de bain	60 x 70 60 x 90
Essuie-verres	60 x 80
Torchons d'office	50 x 60
Nappes	140 x 140 140 x 180 180 x 180
Serviettes restaurant	60 x 60 40 x 60
Napperons	80 x 80 90 x 90 90 x 120 140 x 140

> ***Commentaire***
> Les dimensions sont un élément de confort : les serviettes de toilette de grande taille sont très appréciées de la clientèle car elles absorbent beaucoup plus d'eau.

LE CHOIX DES COLORIS

Les draps et le linge de toilette restent généralement blancs, cependant les tapis de bain et parfois même les serviettes éponges teintés agréablement de couleurs claires ont fait leur apparition. Le linge de table blanc ou pastel dans les restaurants de style classique, prend les couleurs les plus variées dans les restaurants de style non traditionnel. Il forme alors un élément important du décor.

Dans tous les cas, l'hôtelier cherche une personnalisation soit en faisant tisser le nom de son établissement, soit en le faisant marquer.

LE CHOIX DES TEXTILES

Nous regroupons pour mémoire, dans le tableau ci-après, les matières textiles les plus courantes :
- naturelles,
- artificielles,
- synthétiques

La qualité de la fibre, la taille et le poids de la pièce (340 à 550 g au m2 pour les éponges !) sont des éléments déterminants du confort du client.

Les fibres courantes

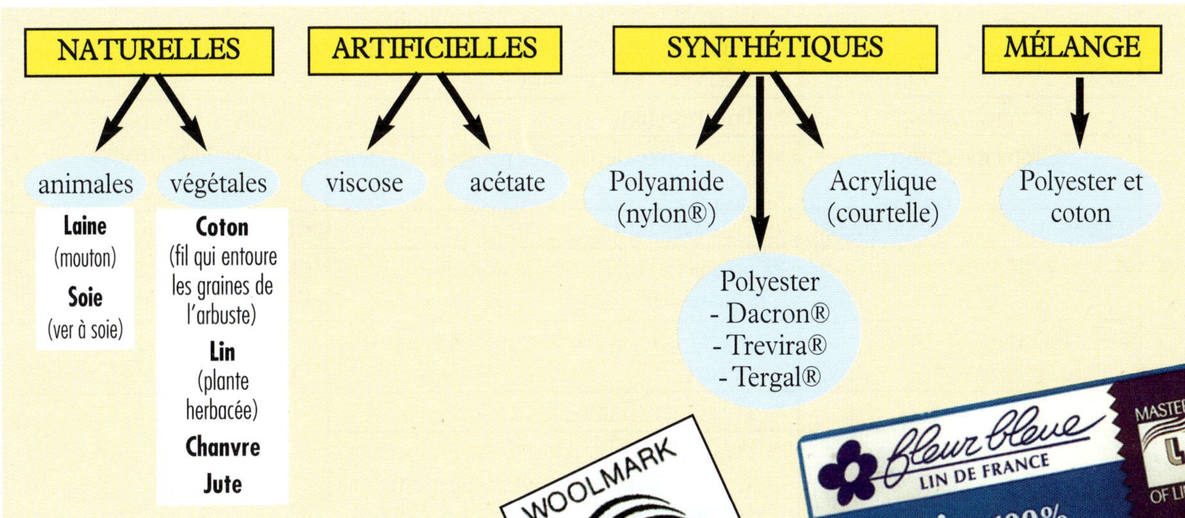

Les **non-tissés** sont composés de fibres artificielles collées, jetables et d'un coût peu élevé. Ils sont utilisés dans les hôtels :
- pour les clients : gant à chaussure, set de table...
- pour l'entretien : chiffon dépoussiérant, serpillière...

Extrait d'une fiche technique de fournisseur de linge

Désignation	Nbre de fils	Poids au m²	Finitions et coloris	Laize *	lavage
Eponge 100% coton • serviette, • drap de bain...	• chaîne de fond : 14/1 • chaîne de boucle : 18/1 • trame : 14/1	380 g	Selon gamme	• serviette : 50/90 • drap de bain : 70/137 100/150	• à 60° • chlore interdit • repassage à température moyenne • nettoyage à sec : - perchloréthylène ou essences minérales, - séchage en tambour ménager
Eponge 90% coton, 10% polyester • tapis de bain	• trame : 28/1 • boucle : 40/2 • fonds : 40/2	650 g	• motif grec • blanc	50/60	• normal en machine • supporte l'ébullition et la javellisation

* **Laize** : largeur de la pièce de linge sur le métier à tisser.

UTILISATION DES TEXTILES DANS L'HÔTELLERIE

Textile	Caractéristiques	Pièces de linge
Lin	➢ Très solide, très coûteux, résistant au lavage, haute tenue brillant, très froissable.	• Draps • Taies d'oreiller • Linge de Salle de bains • Essuie-verres • Nappes, serviettes
Métis (lin et coton)	➢ Solide, moins coûteux	
Coton	➢ Léger, d'aspect soyeux, agréable au toucher, supporte des températures de lavage élevées, non irritant.	
Coutil métis	➢ Très résistant	• Blouses et tabliers (valets, femmes de chambre)
Crétonne coton	➢ Tissage très dense, très résistant au lavage	
Treillis pur chanvre ou métis	➢ Très résistant	• Tablier cuisine et plonge.
Polyester	➢ Très résistant, léger, lavable à 40°, ne se repasse pas.	• Draps, • Taies d'oreiller
Polyester et coton	➢ 50/50 ou 70/30, le coton améliore le confort	• Draps, Taies d'oreiller • Uniformes
Acrylique	➢ Très léger, (laine artificielle)	• Couvertures
Laine	➢ Très confortable, doux, souvent mélangé avec l'acrylique pour augmenter sa résistance, pouvoir calorique élevé, se feutre.	

Textile et sécurité incendie

Résistance au feu des tissus tentures et voilages

L'usage des matériaux textiles dans les hôtels et les établissements recevant du public (E.R.P) est régi par divers règlements officiels, dans lesquels on trouve une classification des matériaux et éléments de construction, par catégories selon leur comportement au feu et l'emploi de certains matériaux et produits dans les E.R.P.

Classement des matériaux

Les critères de sécurité interviennent dans le choix de tout matériau dont on envisage l'emploi dans les établissements hôteliers.

Les règlements officiels établissent un classement M. dont l'indice augmente en fonction de la facilité d'inflammation : inflammabilité, vitesse de propagation de la flamme, goutte enflammée… qui se répartit comme suit :

- M 0 = incombustible
- M 1 = non inflammable
- M 2 = difficilement inflammable
- M 3 = facilement inflammable
- M 4 = très facilement inflammable

Classement des établissements

Dans tous les locaux accessibles au public, les tentures, lambrequins, éléments de décoration ou d'habillage flottant, sont soumis à des normes qui dépendent de la classification des établissements.

Ces établissements sont répartis en cinq catégories, en fonction du volume de public admis :

- 1ère catégorie = au-dessus de 1 500 personnes
- 2ème catégorie = de 701 à 1500 personnes
- 3ème catégorie = de 301 à 700 personnes
- 4ème catégorie = moins de 300 personnes
- 5ème catégorie = moins de 100 personnes à l'hôtel et moins de 300 personnes au restaurant

Exigences minimales pour les aménagements

Le tableau ci-après précise les exigences minimales à respecter, pour les cinq catégories d'établissements.

Normes de sécurité contre l'incendie dans les lieux recevant du public et immeubles de grande hauteur :

Exigences minima d'utilisation des matériaux destinés aux aménagements intérieurs

Catégorie des établissements					*Classement essai matériau*		
Cat. 5 < 100 personnes mais des cas particuliers	**Cat. 4** < 300 personnes	**Cat. 3** 300 à 700 personnes	**Cat. 2** 701 à 1500 personnes	**Cat. 1** > 1500 personnes	**M0** incombustible	**M1** Non inflammable	**M2** Difficilement inflammable

	Tenture flottante	Revêtements muraux POSES	Revêtements muraux TENDUS	Recouvrements de sièges	Rideaux et voilages
Dispositions générales pour les établissements 1, 2, 3, 4	**M1**	**M1 M2**		**M2**	**M1**
DISPOSITIONS SPECIALES CI-DESSOUS POUR CATEGORIE 5					
Hôtels Pensions de famille L'aménagement intérieur des chambres et des appartements Recevant plus de 100 personnes	M1	M1	M2		M1
Restaurants Brasseries Recevant en étage 200 personnes ou en sous-sol 100 personnes au total 200 personnes	M1	M1	M2		M1
Salles d'auditions Salles de réunions Salles de conférences Recevant en sous-sol 100 personnes ou au total 200 personnes	M1	M1	M2	M2	M1
Salles de spectacles, de projection Cabarets Salles polyvalentes Recevant en sous-sol 20 personnes ou au total 50 personnes	M1	M1	M2	M2	M1
Discothèques Dancings Salles de bal Recevant en étage 100 personnes en sous-sol 20 personnes, au total 120 personnes.	M1	M1	M2	M2	M1
Dispositions générales pour les immeubles de grande hauteur : ❑ Usage habitation = plancher bas du dernier étage situé à plus de 50 m du sol, ❑ Autres usages = plancher bas du dernier niveau situé à plus de 28 m du sol.	INTERDIT	M0	M0	M2	M1

La législation est donc relativement plus souple pour les établissements de cinquième catégorie.

En résumé, on peut dire que les chambres considérées comme partie privative ne sont pas obligées d'avoir des textiles " non feu " alors que les parties hall, salons, restaurants ouvertes au public doivent respecter la réglementation du tableau ci-dessus.

Les classifications M0, M1, M2, M3, M4, M5, sont attribuées aux matériaux, par les laboratoires officiellement agréés par l'administration.

Le choix des tissus doit être commandé, non seulement par des considérations d'ordre économique ou esthétique, mais aussi et surtout, par des impératifs de sécurité.

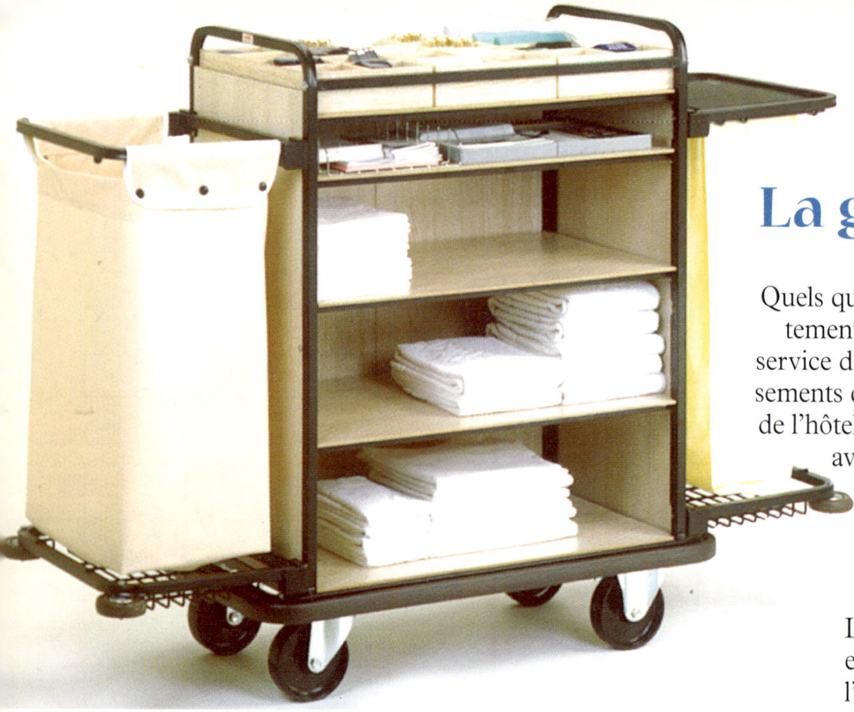

La gestion du linge

Quels que soient la politique adoptée et le traitement choisi, toute entreprise possède un service de lingerie. Cependant, seuls les établissements qui font blanchir leur linge à l'intérieur de l'hôtel possèdent un service de blanchissage avec installation d'une buanderie.

LE PERSONNEL

Le nombre des employés de ce service est plus ou moins important selon que l'hôtelier est propriétaire de son linge ou qu'il le loue.

Dans une grande unité, la lingerie est dirigée par une lingère chef qui a sous ses ordres : une première lingère, des aides-lingères, des lingères raccommodeuses.

Voir fiche emploi : Responsable de la lingerie chapitre 7

LES LOCAUX

C'est à la lingerie que l'on dépose chaque jour tout le linge en provenance des différents services, afin qu'il soit contrôlé avant d'être remis à la blanchisserie ou à la buanderie. Mais c'est aussi à la lingerie qu'on livre, au retour du blanchissage, le linge propre qui va être vérifié, réparé et rangé.

	Linge sale	*Linge propre*	*Linge à entretenir*
LOCAUX	Pièce de stockage	Local de rangement	Salle de couture et de raccommodage
AMENAGEMENTS SPECIFIQUES	❑ Bien aérés, ❑ Bien éclairés, ❑ Convenablement équipés		
NATURE ET FONCTION DES EQUIPEMENTS	Chariots avec housses lavables pour stocker et trier le linge sale	• **Etagères ou placards** destinés à conserver à l'abri de la poussière, le linge couramment utilisé ainsi que les pièces neuves et celles qui vont être mises au rebut • **Une table** permettant : **de vérifier le linge propre livré après blanchissage,** **de préparer celui qui va être remis en service** • **Un guichet de distribution** • Un **bureau** mis à la disposition de la responsable de la lingerie pour effectuer les travaux administratifs de son ressort • **Un téléphone** indispensable pour communiquer avec les autres services + **ordinateur**	• **Plusieurs machines à coudre**, dont une au moins très moderne pour réaliser des points fantaisie divers, une autre étant réservée plus spécialement aux reprises • **Des tables de travail** • **Une table et des fers à repasser** • **Des corbeilles.**

GESTION DU STOCK

Dans les services

Au moment de la mise en exploitation de l'entreprise, chaque chef de service reçoit un stock de départ dont il est responsable et qui comprend généralement deux jeux complets.

NATURE DU STOCK

- **Cuisine** : torchons et vêtements de travail,
- **Restaurant** : linge de table et d'office,
- **Etages** : linge de lit et de toilette,
- **Au personnel tel que chasseur, groom…** : uniformes divers

MODIFICATION DES STOCKS

- Bon de diminution,
- **Bon d'augmentation,**
- **Bon provisoire**

ECHANGE DU LINGE

- Aucune remise du linge dans les services sans présentation du bon correspondant

> ***Commentaire***
> La composition et les modifications des stocks de départ sont régulièrement inscrites sur le livre des inventaires.
> Les bons de modification des stocks sont obligatoirement rédigés et signés par les responsables de chaque service.

Réception du linge sale et remise au blanchissage

REMISE DU LINGE SALE À LA LINGERIE

- Echange effectué à l'aide d'un bon rédigé par le service utilisateur,
- Comptage des différentes pièces,
- Vérification de l'état du linge,
- Stockage dans des sacs ou dans des containers,
- Classement par catégories et série de dizaines,
- Relevé de linge sale établi par la lingère.

REMISE DU LINGE SALE À LA BLANCHISSERIE

- 2 possibilités de relève :
  - chaque matin si buanderie interne,
  - à jours fixes dans le cas contraire
- Etablissement d'un bordereau en 2 exemplaires :
  - 1 pour la blanchisserie,
  - 1 pour la lingerie

> Si le linge sale doit être stocké une certaine durée, la réglementation impose son stockage dans un local réfrigéré

Vérification et rangement du linge propre après blanchissage

RÉCEPTION DU LINGE PROPRE

- Vérification grâce à la feuille du blanchissage,
- Examen minutieux des pièces en bon état et usagé

RANGEMENT DU LINGE

- **Linge en bon état** : par catégories et dimensions sur les étagères,
- **Linge défectueux** : stocké en attente de raccommodage,
- **Linge très usagé** : marqué de la lettre R et mis à la réforme pour être utilisé sous forme de chiffons.

Distribution du linge aux services

PRINCIPE → Les pièces de linge propre ne sont délivrées qu'en échange du même nombre de pièces de linge sale de la même catégorie.
Un bon d'échange indique le détail du linge remis.

HORAIRES → En général le matin.

> ***Commentaire : dérogation***
> En cas d'écart entre la remise de linge sale et de linge propre, un bon d'avoir est établi par la lingère.

TRAVAUX DE RÉPARATION DU LINGE

C'est à la lingère chef qu'il appartient de déterminer si certaines pièces doivent subir des réparations ou s'il convient de les réformer. En aucun cas le coût total du travail ne doit atteindre le prix d'achat de l'article.

Par ailleurs, le standing d'un établissement exige que le linge destiné aux clients ait une excellente présentation, ce qui exclut toute forme visible et inesthétique de raccommodage. Plusieurs solutions s'offrent à la lingère :

RACCOMMODAGE COURANT →
- Reprises fines sur serviettes, draps, rideaux
- Reprises ordinaires sur blouses, tabliers, vestes de cuisine, linge de service.

POSES DE PIÈCES →
- Linge ou vêtements de travail suite à accroc, brûlures, déchirures…

TRANSFORMATIONS →
- Serviettes éponges, peignoirs de bain pour confectionner des gants de toilette,
- Draps usagés transformés en torchons…

CONFECTION D'ARTICLES NEUFS SUR TISSUS NEUFS →
- Torchons, serviettes à ourlet,
- Tabliers, tours de cou, taies d'oreillers ou traversins…

> ***Commentaire : marquage du linge***
> Lorsque le nom du propriétaire n'a pas été tissé, on le marque dès son entrée à la lingerie.
> Il est recommandé de coder chaque pièce dans un angle par un signe conventionnel en couleur, ce qui permet de déterminer sa nature (grand drap, petit drap…) et, de manière très précise, son usure.

CONTRÔLES ET INVENTAIRES

Une organisation très stricte permet d'exercer un contrôle permanent.

MOYENS UTILISÉS →
- Relevés de linge
- Tenue de fiches techniques
- Mise à jour du livre des inventaires

Circuit du linge – système classique

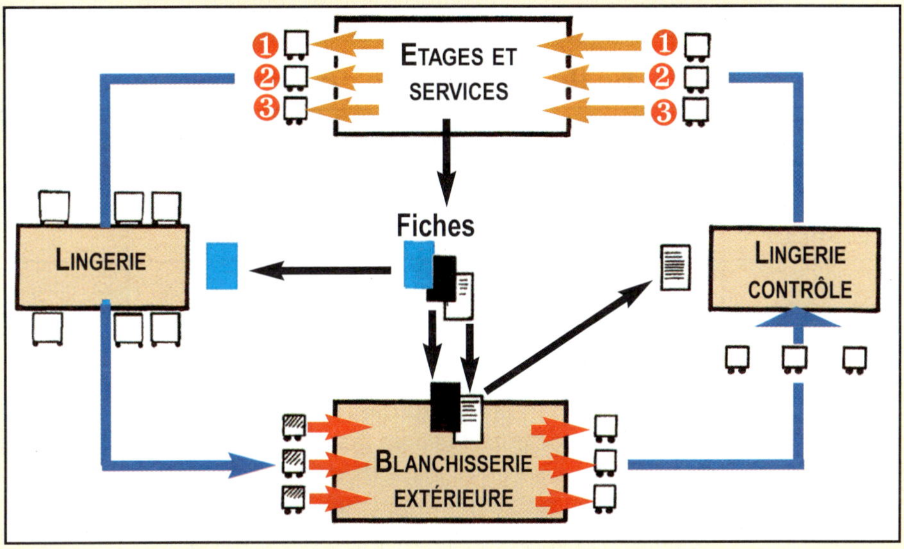

Circuit du linge- chute avec sacs

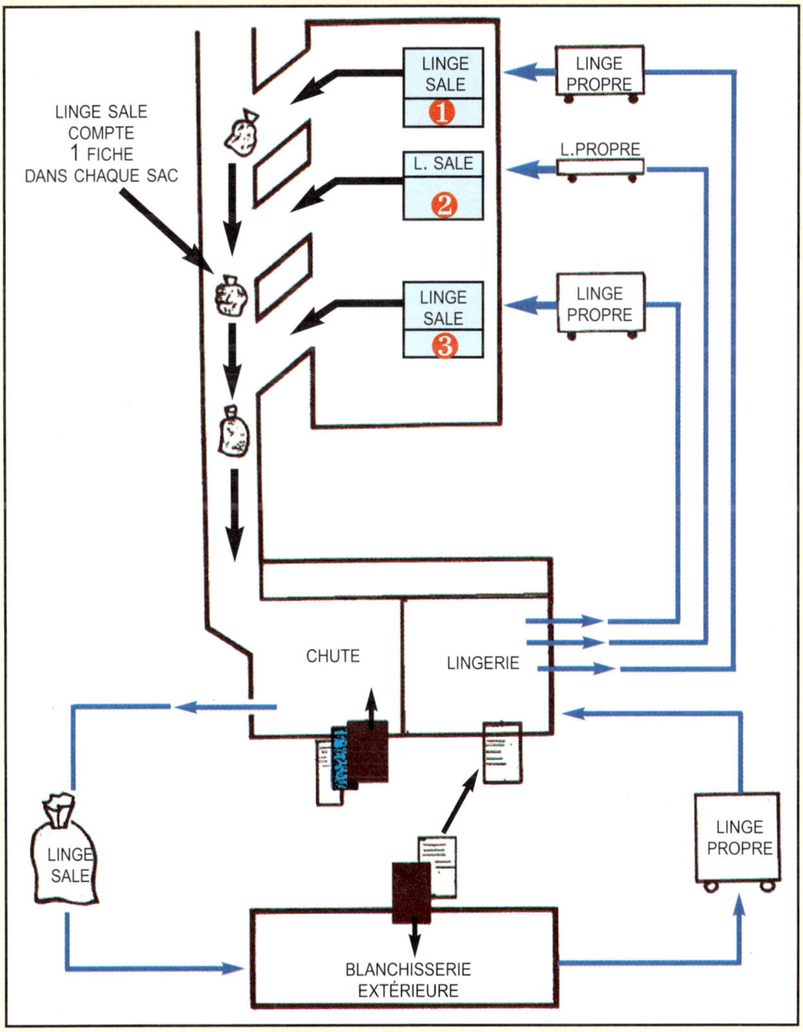

Tenue des fiches de stock

Il en existe une pour le " linge neuf " et pour le " linge en service " à raison d'une par catégorie.

Fiche de stock (linge en service)

REF. SE 4		SERVIETTES EPONGES				UNITE : PIECE
Entrées			*Sorties*		*Stock*	*Observations*
DATES	LIBELLES	QUANTITE	LIBELLES	QUANTITE		

Commentaires

Pour les uniformes, on a soin de porter le nom des employés auxquels ils sont confiés.
Le nombre de pièces de linge neuf sorti des placards est porté en sortie sur les fiches de stock " linge neuf " et en entrée sur les différentes fiches " linge en service ".
Le livre des inventaires est régulièrement mis à jour.

Inventaires

Il a pour but d'effectuer l'inventaire du linge existant à un moment donné.

INVENTAIRE MENSUEL À DATE →
- Dans les services,
- A la lingerie,
- Au blanchissage

INVENTAIRE ANNUEL →
- Dans les mêmes services

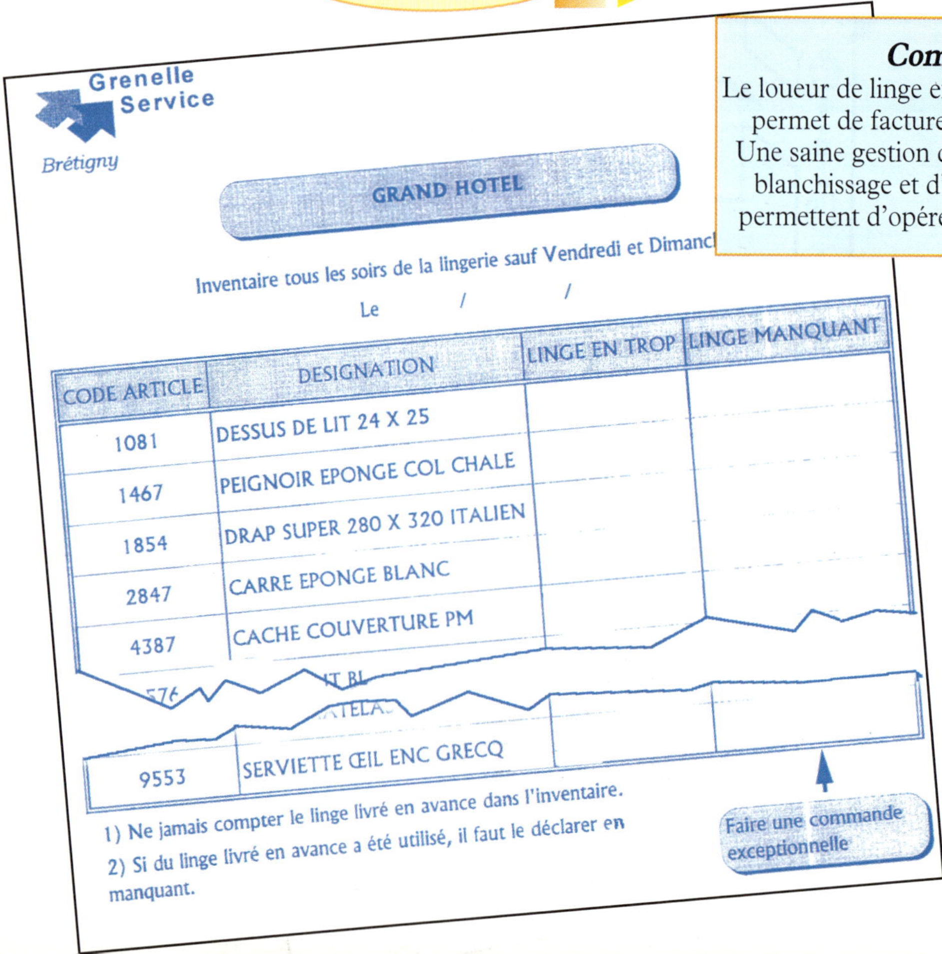

Grenelle Service
Brétigny

GRAND HOTEL

Inventaire tous les soirs de la lingerie sauf Vendredi et Dimanc[he]

Le / /

CODE ARTICLE	DESIGNATION	LINGE EN TROP	LINGE MANQUANT
1081	DESSUS DE LIT 24 X 25		
1467	PEIGNOIR EPONGE COL CHALE		
1854	DRAP SUPER 280 X 320 ITALIEN		
2847	CARRE EPONGE BLANC		
4387	CACHE COUVERTURE PM		
576...	...IT BL...		
	...TELA...		
9553	SERVIETTE ŒIL ENC GRECQ		

1) Ne jamais compter le linge livré en avance dans l'inventaire.
2) Si du linge livré en avance a été utilisé, il faut le déclarer en manquant.

Faire une commande exceptionnelle

Commentaires

Le loueur de linge effectue un inventaire qui lui permet de facturer les pièces manquantes,
Une saine gestion du linge, des opérations de blanchissage et d'entretien bien conduites permettent d'opérer de sérieuses économies.

DIFFÉRENTS BONS

Bon d'échange de linge

SERVICE :

Date :

Quantités Sales annoncées par service	ARTICLES	Quantités Sales validées en lingerie	Quantités propres données par lingerie
	Serviettes		
	Petits Sets		
	Grands Sets		
	Nappes ☞ Dim : 80 x 80		
	Dim : 12 x 12		
	Dim : 15 x 15		
	Dim : 18 x 18		
	Dim : 21 x 21		
	Autres Dim :		
	Dim :		
	Dim :		
	Dim :		

demande de supplément :

Signature linge :

Signature service

Grenelle Service

GRAND HOTEL

Commande de linge du :

OFFICE N° :

ARTICLES	QTE
DRAP ITALIEN	
DESSUS LIT ITALIEN	
GRAND DRAP	
GRAND DESSUS LIT	
PETIT DRAP	
PETIT DESSUS LIT	
DRAP BAIN LUXE	
SERVIET. EPONGE L.	
TAPIS BAIN LUXE	
CARRÉ ÉPONGE	
TAIE	
PEIGNOIR COL CHALE	
SERVIETTE OEIL	
ALESE 9 X 19	
ALESE 14 X 19	
ALESE 19 X 20	

Préparation effectuée par :

Visa :

OBSERVATIONS : ....

Grenelle Service

Brétigny

BON DE LIVRAISON

HOTEL : .... G. H. ....

Le 21/06/99

Date de livraison : 4 12 99

Circuits : 683, Rail 32

BL 01

P	DR. ITALIEN	L	R
X	7 140	X	
X	8 50		
		Total	

P	GD DRAP	L	R
X	11 200	X	
X	12 150		
	350	Total	

P	PIQ. ITALIEN	L	R
X	23 90	X	
	90	Total	

P	GD PIQUE	L	R
X	26 140		
X	25 50		
	190	Total	

P	PET. PIQUE	L	R
	24 200		
X	25 90	X	
		Total	

P	PETIT DRAP	L	R

P	DRAP BAIN	L	R

P	S. EPONGE	L	R
X	250	X	

P	TAPIS BAIN	L	R
X	4 300	X	

P	PEIGNOIR	L	R

P	RESTAUR.	L	R
		Total	

Nombre de chariots VT

AVANCE	L	R

AVANCE	L	R

Signature du chauffeur :

L Le chauffeur coche la case L quand il livre le chariot

R Le client coche la case R quand il reçoit le chariot

P La préparatrice coche la case P quand elle met le chariot à disposition du chauffeur dans la zone expédition

le blanchissage à l'hôtel

Lorsque l'hôtelier opte pour la solution du blanchissage à l'intérieur de son établissement, il doit posséder des locaux suffisamment spacieux pour installer une buanderie intégrée.

L'aménagement des locaux

Caractéristiques des aménagements à prendre en compte.

EAU

- Débit minimum 30 litres par kilogramme de linge traité,
- Installation d'un adoucisseur lorsque l'eau est très calcaire.

Commentaires

- Avec une " eau dure ", les risques suivants sont à redouter :
- Linge gris et rugueux
- Entartrage des appareils
- Consommation exagérée des produits lessives
- Usure prématurée du linge.

AÉRATION

- Evacuation de la chaleur et des vapeurs correctement effectuée
- Degré hygrométrique toujours convenable
- Eventuellement une ventilation artificielle pour compléter l'évacuation naturelle.

ECLAIRAGE

- Intensité suffisante pour apprécier la blancheur du linge,
- Installations électriques conformes à un fonctionnement en milieu humide.

CIRCULATION DES CHARIOTS

- Prévoir des aires de circulation suffisantes pour la manipulation de ce matériel.

Le choix du matériel

L'achat du matériel représente un investissement important d'où l'obligation de privilégier un certain nombre de critères qui permettent d'orienter le choix :
- robustesse et facilité d'entretien,
- sécurité du personnel,
- facilité d'utilisation,
- privilégier l'automatisme qui réduit les interventions manuelles,
- étude des caractéristiques techniques : puissance des machines, capacité, consommation…,
- détermination du poids et du nombre de pièces.

DÉTERMINATION DU POIDS DU LINGE

Exemple de poids de linge sec

NATURE DU LINGE	POIDS MOYEN À LA PIÈCE	
	Polycoton (kg)	Coton (kg)
Linge de lit		
• Draps, taille I (lit 1 personne),	0,6	0,85
• Draps, taille II (lit 2 personnes),	0,8	1,1
• Draps - housse, taille I (lit 1 personne),	1,0	1,4
• Draps - housse, taille II (lit 2 personnes),	1,3	1,8
• Taies d'oreiller.	0,15	0,2
Linge éponge		
• Draps et serviettes de bain,		0,25
• Serviettes,		0,1
• Gants de toilette,		0,05
• Tapis de bain,		0,25
• Peignoirs de bain,		0,6
• Couvertures de chaises longues.		0,35
Linge de restaurant		
• Nappes de table, 2 couverts,	0,3	0,45
• Nappes de table, 4 couverts,	0,45	0,65
• Nappes de table, 6 couverts,	0,65	0,95
• Serviettes, petites,	0,05	0,07
• Serviettes, grandes.	0,07	0,1
Linge de cuisine		
• Pour le chef : blouses,	0,45	
• Pour le chef : pantalons,	0,55	
• Pour le chef : bonnets,	0,03	
• Pour le chef : tabliers,	0,2	
• Blouses de femmes,	0,35	
• Vêtements de travail d'hommes,	0,9	
• Uniformes de garçons,	0,55	
• Uniformes de serveuses,	0,5	
• Vêtements de barmen,	0,35	
• Torchons de cuisine,		0,07
• Chiffons de cuisine.		0,05
Autres		
• Vêtements d'hommes,	0,4	
• Vêtements de femmes,	0,35	0,25
• Mops pour le sol	0,18 (nylon)	

Commentaires

Les poids indiqués ci-dessus peuvent varier selon la qualité du linge choisi : ex : peignoir de bain en velours, couette utilisée à la place des draps…
Pour évaluer le kilotage du linge à blanchir et choisir les machines les mieux adaptées, l'hôtelier doit connaître le poids de chaque article.

Calcul prévisionnel du poids de linge à blanchir

Il est indispensable d'effectuer une étude sur le poids du linge à blanchir pour prévoir l'achat d'un matériel adapté.

Exemple de calcul du poids de linge à blanchir :

Fiche signalétique de l'hôtel :

Hôtel restaurant 3 étoiles de 50 chambres,
Capacité d'accueil 70 clients,
Clientèle de passage

Activité de l'hôtel :

Taux d'occupation de l'hôtel : 70%,
Restaurant : 100 clients/j.

Estimation du linge à blanchir par jour :

Par client de l'hôtel = 2,5 kg,
Par couvert = 2 kg

Estimation du linge à blanchir par semaine :

1 925 kg pour une semaine de 39 heures, soit 50 kg/ heure : dans ce cas, un spécialiste conseillerait une machine de 50 kg/ heure en 2 appareils correspondant à 30 et 20 kg/ heure + 1 séchoir + 1 sécheuse-repasseuse.

Commentaires

Le linge prévu par couvert comprend les nappes, les napperons, les liteaux de services et le linge d'office.

Différentes étapes de blanchissage et matériel utilisé

Etapes	Objectif	Matériel utilisé
Triage du linge	Différencier les pièces de linge d'après : • La nature des salissures, • La nature des textiles : - fibres végétales, - fibres animales	• Opération manuelle
Lavage	• Redonner au linge son aspect initial en le débarrassant des taches et des impuretés.	• Machine à laver de grande capacité pour les grosses pièces draps, nappes ou les pièces en quantité importante : serviettes de table, serviettes… • Machine à laver de faible capacité : petit linge et linge des clients
Essorage	• Ne laisser subsister que très peu d'eau après le lavage. • A la fin de l'opération, les pièces simplement humides sont prêtes à repasser.	• Essoreuse autonome qui permet de traiter rapidement une grande quantité de linge, • Laveuse essoreuse qui lave entièrement puis essore sans aucune manutention intermédiaire. Il n'est pas rare d'utiliser dans une buanderie à la fois une laveuse essoreuse et une essoreuse autonome.
Séchage	• Nécessaire pour les articles en éponge qui ne se repassent pas et qui doivent conserver leur gonflant.	• Séchoir mécanique le plus souvent rotatif, • Chambres chaudes.
Repassage	• Sécher et repasser le linge encore humide.	• Sécheuse repasseuse ou calandre pour les grandes pièces : draps, nappes, napperons… • Sécheuse repasseuse moins importante pour le petit linge.
Presse	• Remettre en forme les vêtements professionnels	• A la main pour les quantités de faible importance, • Presse pour des pièces tels que vestes, pantalons, blouses…
Pliage	• Plier de la même façon les pièces semblables car le stockage s'en trouve facilité et il est possible de distinguer d'un simple coup d'œil : - petits draps, - grandes nappes…	• Pliage manuel pour les faibles quantités, • Plieuse automatique lorsqu'il y a un très grand nombre de pièces à plier • Matériel complémentaire à prévoir : - chariot pour transporter le linge, - table desserte pour le déposer.
Détachage	• Eliminer les salissures locales (vêtements de clients et uniformes)	• Table à détacher avec pulvérisateur à chaleur sèche et humide, • Presse d'apprêt permettant de refaire un pli de pantalon ou de remettre un vêtement en forme.

La buanderie : Principaux matériels

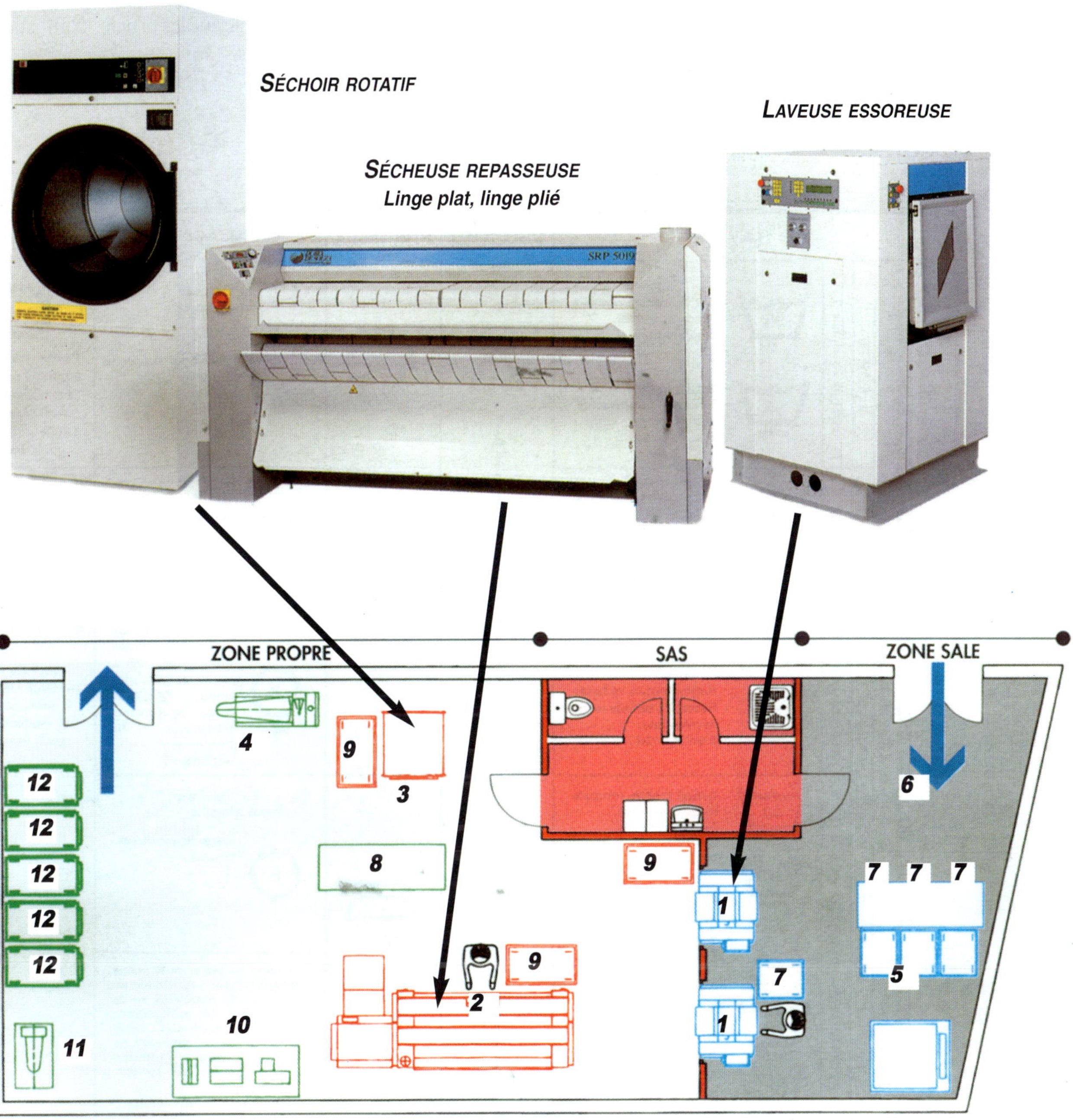

Plan d'une buanderie intégrée

1 *- 2 laveuses essoreuses aseptiques*
2 *- 1 sécheuse repasseuse avec engagement, pliage et empilage*
3 *- 1 séchoir rotatif*
4 *- 1 table à repasser*
5 *- 1 bascule encastrée*
6 *- 1 table de triage*
7 *- 4 chariots linge sale*
8 *- 1 table de pliage*
9 *- 3 chariots linge humide*
10 *- 1 table avec ensemble marquage*
11 *- 1 machine à coudre*
12 *- 5 chariots stockage et distribution linge propre*

Documents : Dubix

CODE INTERNATIONAL D'ENTRETIEN DES ARTICLES TEXTILES :

Son but est d'indiquer, par des signes qui symbolisent les différentes options de nettoyage, les recommandations à observer pour faciliter l'entretien du linge et des vêtements.

Ces symboles sont tissés sur des vignettes fixées de façon inamovible sur les articles confectionnés.

tableau récapitulatif des symboles et de leurs significations

TEMPÉRATURE		LAVAGE		CHLORAGE	REPASSAGE	NETTOYAGE A SEC	SÉCHAGE EN TAMBOUR
FORTE	Température maximale 95° C	95	- Action mécan. normale. - Rinçage normal. - Essorage normal.	CL ; Traitement à l'eau de Javel Chlorage dilué et à froid	200 ° C	Tous les solvants usuels ; A : Selon le processus normal	Pas de restrictions en ce qui concerne la température de séchage en tambour ménager après lavage.
		95 (barre)	- Action mécan. réduite (1) - Rinçage à température décroissante. - Essorage réduit.				
MOYENNE	Température maximale 60° C ou 50° C	60	- Action mécan. normale. - Rinçage normal. - Essorage normal.		150 ° C	Tous les solvants sauf le Trichloréthylène ; P : Selon le processus normal (Nettoyage en libre-service possible)	Séchage en tambour ménager à température modérée après lavage.
		60 (barre)	- Action mécan. réduite (1) - Rinçage à température décroissante. - Essorage réduit.			La barre placée sous le cercle prescrit certaines restriction au processus de nettoyage en ce qui concerne les sollicitations mécaniques, et/ou la température, et/ou l'addition d'eau au solvant. (Nettoyage en libre-service impossible) ; P (barre)	
		* 50 (barre)	- Action mécan. réduite. - Rinçage à température décroissante. - Essorage réduit.				
FAIBLE	Température maximale 40° C ou 30° C	40	- Action mécan. normale. - Rinçage normal. - Essorage normal.		110 ° C (Le traitement à la vapeur présente des risques).	Exclusivement solvants pétroliers ; F : Selon le processus normal	
		40 (barre)	- Action mécan. réduite (1) - Rinçage à température décroissante - Essorage réduit.				
		* 40 (barre discontinue)	- Action mécanique très réduite. - Rinçage normal. - Essorage normal.			La barre placée sous le cercle prescrit certaines restriction au processus de nettoyage en ce qui concerne les sollicitations mécaniques, et/ou la température, et/ou l'addition d'eau au solvant. (Nettoyage en libre-service impossible) ; F (barre)	
		30 (barre)	- Action mécanique très réduite. - Rinçage normal. - Essorage réduit.				
		(main)	Lavage à la main température 40° maximum				
TRAITEMENT INTERDIT		(barré)	Pas de lavage	Pas de chlorage	Pas de repassage (pas de vapeur)	Pas de nettoyage à sec	Pas de séchage en tambour

N O T A (pour le LAVAGE)

- Pour les Consommateurs : (1) *correspond à une charge de linge inférieure à la charge normale et à un volume maximum de bain.*
- Pour les Fabricants * : 50 ; 40 — *Il conviendra de vous conformer aux exigences de vos Clients étrangers quant à l'utilisation de ces 2 symboles qui ne sont d'un usage courant que dans certains pays seulement.*

Symboles non utilisés en FRANCE

Ces symboles sont issus de marques déposées, gérées en France exclusivement par le COFFREET.

Blanchissage du linge en location géré par informatique

L'hôtelier dispose d'un ordinateur doté d'un logiciel spécifique relié au système informatique du loueur de linge.

L'évaluation des besoins en linge propre est évaluée conjointement par l'hôtelier et le blanchisseur - loueur selon l'activité de l'hôtel.

Modalités de la formule

ÉVALUATION DU STOCK ET NOMBRE DE JEUX NÉCESSAIRES

- Evalués à la conclusion du contrat de blanchissage,
- Mise en mémoire dans l'ordinateur.

PRÉVISION DE L'ACTIVITÉ PAR L'HÔTELIER DANS LES 48 H À VENIR À SAISIR DANS L'ORDINATEUR

- Taux d'occupation,
- Nombre de clients,
- Nombre de chambres en départ,
- Nombre de chambres en recouche.

} - de la veille - du jour - du lendemain

DÉTERMINATION DES QUANTITÉS À FOURNIR PAR LE BLANCHISSEUR

- Examen de paramètres complémentaires :
  - Ratio de consommation par article,
  - Stock de sécurité à prévoir sur place,
  - Inventaire du jour en lingerie centrale,
  - Autres variables...
- A l'aide de ces paramètres, le blanchisseur prévoit les quantités d'articles nécessaires par commande.

CONFIRMATION DE LA COMMANDE PAR L'HÔTELIER

- Accord de la proposition ou modification,
- Commande envoyée via le modem chez le blanchisseur.

LIVRAISON ET CONTRÔLE

- Le linge livré est accompagné d'un bon de livraison,
- Contrôle par la lingerie.

COÛT DU BLANCHISSAGE

- Paiement du linge propre livré,
- Paiement des écarts d'inventaire entre stock initial et stock restant,
- Evaluation précise de la dépense par client et par chambre.

Commentaires

Bien que le système prévoie les besoins au taux d'occupation prévisionnel, il est toujours possible de passer des commandes d'urgence.
Le comptage du linge sale se fait à l'arrivée à la blanchisserie.
Ce système permet d'établir en permanence les statistiques de consommation.

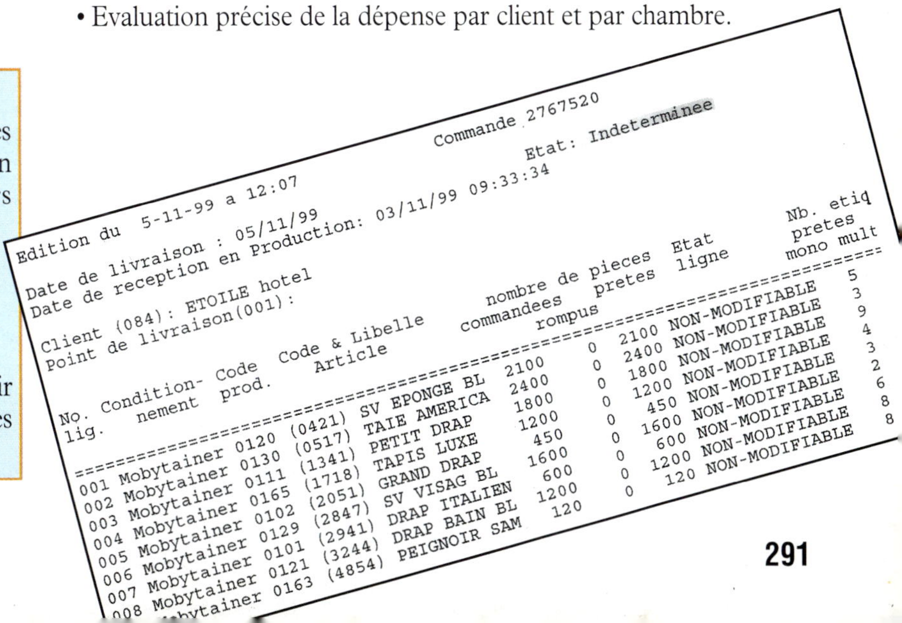

Commande 2767520
Edition du 5-11-99 a 12:07 Etat: Indeterminee
Date de livraison : 05/11/99
Date de reception en Production: 03/11/99 09:33:34
Client (084): ETOILE hotel
Point de livraison(001):

No. lig.	Condition-nement	Code prod.	Code & Libelle Article	nombre de pieces commandees	rompus	pretes	Etat ligne	Nb. etiq pretes mono mult
001	Mobytainer	0120	(0421) SV EPONGE BL	2100	0	2100	NON-MODIFIABLE	5
002	Mobytainer	0130	(0517) TAIE AMERICA	2400	0	2400	NON-MODIFIABLE	3
003	Mobytainer	0111	(1341) PETIT DRAP	1800	0	1800	NON-MODIFIABLE	9
004	Mobytainer	0165	(1718) TAPIS LUXE	1200	0	1200	NON-MODIFIABLE	4
005	Mobytainer	0102	(2051) GRAND DRAP	450	0	450	NON-MODIFIABLE	3
006	Mobytainer	0129	(2847) SV VISAG BL	1600	0	1600	NON-MODIFIABLE	2
007	Mobytainer	0101	(2941) DRAP ITALIEN	600	0	600	NON-MODIFIABLE	6
008	Mobytainer	0121	(3244) DRAP BAIN BL	1200	0	1200	NON-MODIFIABLE	8
[illegible]	Mobytainer	0163	(4854) PEIGNOIR SAM	120		120	NON-MODIFIABLE	8

Chapitre 16

La Décoration Florale

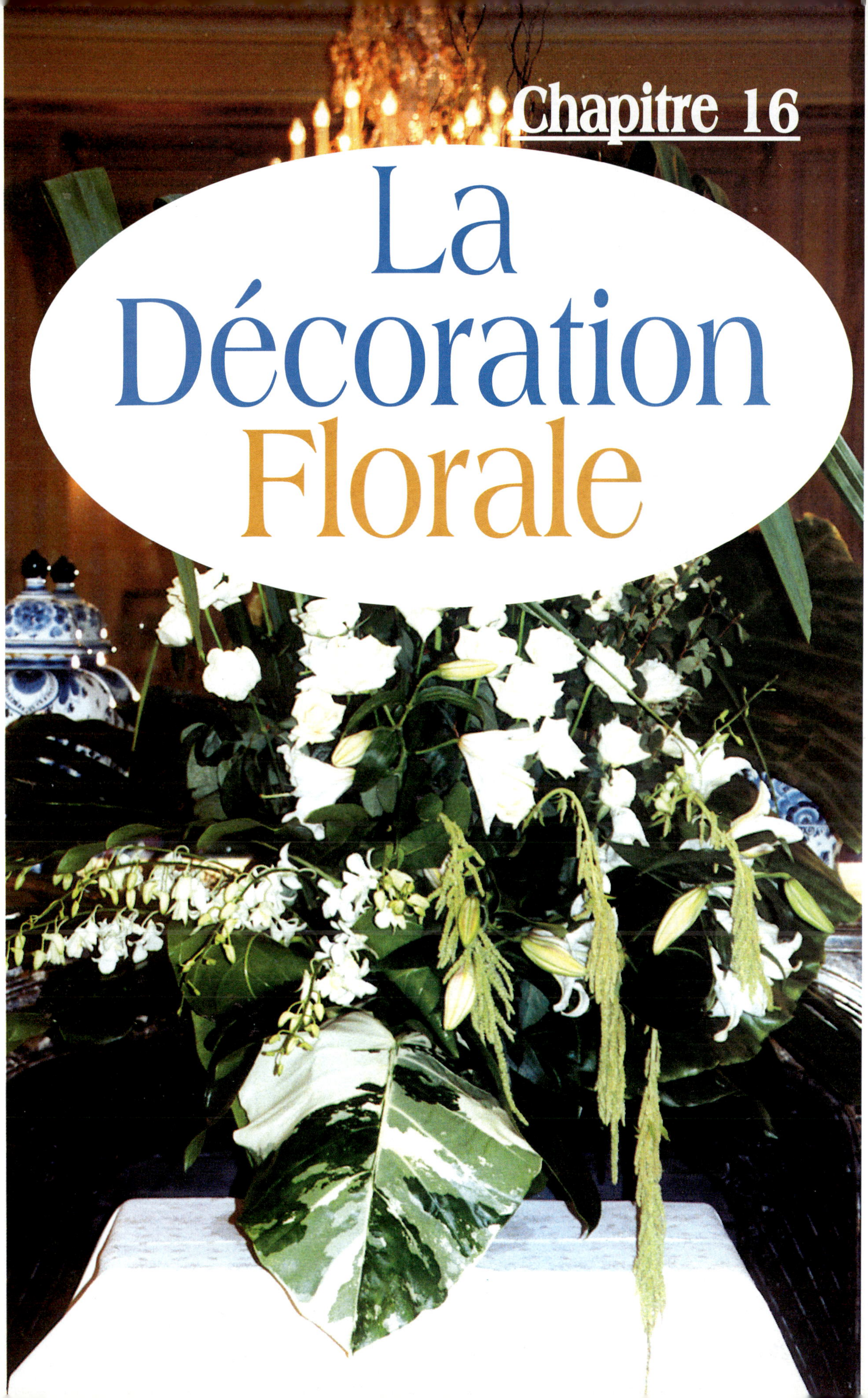

La Décoration Florale

chapitre 16

Organisation générale

Les approvisionnements

Quelques aspects de la décoration

Art d'utiliser fleurs, plantes, feuillages et fruits, la décoration florale n'est pas une nouveauté dans l'hôtellerie. Le souci d'esthétique et de bien-être relèvent de deux objectifs :

• La décoration florale permanente (bouquet d'accueil dans le hall, centres de table...) qui dépend du budget de l'établissement ;

• La décoration ponctuelle (banquets, réceptions...) qui dépend du budget client.

Les fleurs apportent une note de confort et d'intimité.

Organisation générale

Le personnel

La décoration florale d'un établissement est parfois confiée à un **fleuriste** qui effectue les montages demandés et assure leur entretien.

La **gouvernante** qui a souvent une formation antérieure est usuellement chargée de cette fonction pour l'ensemble de l'hôtel ou tout du moins pour les chambres et le hall d'accueil.

En ce qui concerne le restaurant, un **maître d'hôtel** - ou un **chef de rang** - ayant beaucoup de goût et de sens artistique peut remplir cette tâche convenablement.

Le local

Il est préférable de disposer d'un petit local uniquement destiné aux opérations florales afin d'optimiser le travail du personnel. Il doit :

• Etre frais, bien aéré, éclairé par la lumière du jour,

• Permettre :
  - entreposer, préparer et conserver les fleurs,
  - ranger le matériel

• avoir des aménagements spécifiques :
  - un poste d'arrivée d'eau avec évier,
  - des plans de travail,
  - des étagères, placards.

Matériel et équipement

	FONCTION	EXEMPLES
Outillage de base	Taille des branches	• cisaille
	Coupe des fleurs, tiges, fils de fer et grillage	• sécateur, • épineur pour les roses, • pinces diverses.
	Dissimulation des montages de fleurs séchées	• ruban collant marron ou vert, appelé Floratrap
	Entretien des compositions	• vaporisateur qui réhydrate les fleurs et prolonge la durée des compositions florales • seaux de tailles échelonnées • goupillon…
Supports naturels	Terminer harmonieusement les compositions en dissimulant la terre ou tout autre montage	• Mousse vendue en bottes : pour les centres de table et les pyramides • Mousse ramassée en forêt • Glaise : pour le montage des fleurs sèches • Ecorces, coquillages, cailloux…
Supports artificiels	Même utilisation mais d'un emploi plus facile permettant de réaliser des gains de temps	• Mousse synthétique (cylindre ou flocons) à formater pour les centres de table et les bougeoirs fleuris • Pâte à modeler pour le montage des fleurs sèches • Pique-fleurs à dissimuler avec des cailloux • Cornets • Grillage galvanisé ou plastifié pour poser sur un vase, confectionner des pyramides remplies de mousse et recouvertes de fruits, légumes…
Vases et contenants divers	Pour confectionner des compositions pyramidales et d'une manière plus générale des bouquets de style	• Matière et forme classique ou moderne : - Cristal, porcelaine, faïence…, - Métal, céramique, verre… • Objets variés en fonction du lieu et du style : - Baratte, tonnelet, hotte de vigneron… dans un cadre rustique • Bougeoirs et candélabres pour certains types raffinés de décors floraux.

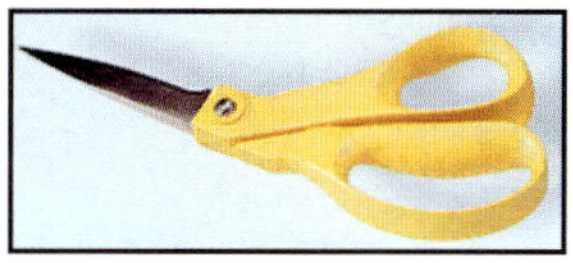

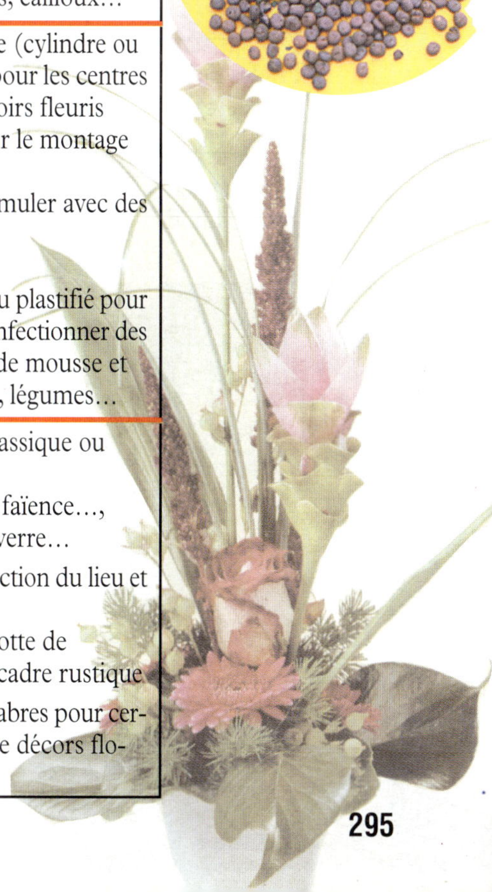

Les approvisionnements

LES ACHATS

Quel que soit le lieu d'achat :
- marché de gros,
- horticulteur,
- fleuriste…

Quelques précautions de base sont à observer.

ÉVITER !

- Les fleurs tigées à l'avance,
- Les fleurs un peu molles,
- Les feuillages "avachis"
- Les roses dont les têtes ne sont pas fermes au toucher,
- Les hampes perdant facilement quelques fleurs.

INDISPENSABLE

- Connaître les jours d'arrivage et de fermeture des halles,
- Prévoir la commande la veille de l'utilisation
- Nettoyer et « faire boire » les fleurs avant de les employer.

Commentaires : le cas de la cueillette

- Ne jamais garder les fleurs serrées dans les mains,
- Eviter d'opérer aux heures chaudes,
- Débarrasser chaque tige des feuilles inutiles et tremper immédiatement les fleurs dans l'eau,
- Choisir des fleurs écloses ou encore en bouton.

LA RÉCEPTION ET LA CONSERVATION

La fragilité et le coût de la matière première imposent le respect d'une démarche rigoureuse depuis la livraison des fleurs jusqu'à leur présentation finale à la vue des clients.

PHASES	TRAITEMENT	EXEMPLES DE CAS PARTICULIERS
Réception des fleurs et feuillages	➢ Débotteler ➢ Enlever les feuilles et/ou pétales tachés ou cassés, ➢ Nettoyer le bas des tiges en les dépouillant de ce qui polluerait inutilement l'eau des vases.	• **Roses** : supprimer les épines de la p tie qui trempe dans l'eau, • **Branches ligneuses** : les fendre en cr ou les écraser sur 2 à 3 cm • **Tiges contenant un liquide laite** (pavots, soleils…) : brûler la base avant les mettre à tremper.
Tri des fleurs et feuillages	➢ Feuilles détachées mais utilisables mises à part en bottes, ➢ Répartir d'après la longueur.	
Stockage et conservation	*Les fleurs* ➢ Les faire tremper dans l'eau (6 à 48 h), ➢ Pour éviter un épanouissement trop rapide, envelopper les têtes des fleurs dans un papier journal) ➢ Pour les sécher : les suspendre tête vers le bas dans un local aéré et sombre puis les botteler et les envelopper dans du papier journal pour que leurs couleurs ne s'altèrent pas.	• **Fleurs de serre** : ne pas les plon brutalement dans une eau trop froide les transporter dans une pièce trop fraîc • **Dahlias, chrysanthèmes et autr fleurs qui croupissent rapidem dans l'eau :** ajouter dans les vases charbon de bois, quelques gouttes d' de Javel ou bien un conservateur chimiq
	Les feuillages ➢ Pour une très longue conservation : préparer dans un récipient assez vaste un mélange composé de 1/3 de glycérine et de 2/3 d'eau, ➢ Ecraser le bas des tiges pour faciliter l'absorption. ➢ Les laisser tremper dans ce liquide sur une hauteur de 5 à 10 cm pendant 8 à 10 jours. ➢ Les retirer lorsque la glycérine ayant été absorbée, les feuillages sont devenus souples. ➢ Les suspendre à l'envers pendant une dizaine de jours pour qu'elle descende jusqu'aux extrémités.	• Eucalyptus, • Prunus, • Houx, • Chatons de saules.

LE CHOIX DES ÉLÉMENTS DE DÉCORATION

En fonction des lieux à décorer – hall d'accueil, chambres, salons, restaurant – et de l'ambiance désirée, on utilise selon les cas :

Fleurs fraîches et feuillages

Principe

Composer mentalement le bouquet

Modalités

Prise en compte des floraisons saisonnières pour **diminuer le prix de revient**

Prise en compte de la diversité des composants : **branches fleuries d'arbustes décoratifs, arbres fruitiers, buissons fleuris...**

Harmonie des couleurs à agencer en fonction du décor, de la saison, de l'occasion

Fruits et légumes

Principe

Utilisation en complément ou seuls

Modalités

Tenir compte de l'état de maturité des éléments pour ne pas tacher nappes et meubles

Fruits comestibles (exotiques ou de nos climats)
Fruits décoratifs ou en matière plastique souple
Légumes (artichaut, citrouille, champignon...)

Fleurs séchées, éléments artificiels et divers

Principe

Utilisation spécifiquement temporaire liée aux périodes de l'hiver (prix des fleurs trop élevé) ou parti pris décoratif.

Modalités

Montage aux combinaisons de lignes et de couleurs harmonieuses et originales : fleurs de soie, fleurs et plantes en matière plastique

Apport de surprise et de variété avec algues, ceps de vigne, étoiles de mer...

Quelques aspects de la décoration

RÈGLES DE COMPOSITION

L'art de la composition florale est un don mais certaines règles mises en pratique peuvent cependant faciliter les réalisations. Car l'effet d'harmonie est obtenu par des proportions et des couleurs différentes suivant qu'il s'agit de bouquets ou de décors de table.

Matériel	Proportions	Types fondamentaux d'harmonie des couleurs
Bouquet  ➢ Choisir le type de contenant, classique, moderne ou rustique qui s'harmonisera le mieux avec le style du lieu.	➢ Remplir le vase d'eau en deux temps à 75 puis 100%, ➢ Proportionner la longueur des tiges florales à la hauteur (h) du vase : • ***Hauteur du bouquet*** = 1,5 à 2 fois celle du contenant h, • ***Largeur*** = h x 2, • ***Profondeur*** = légèrement inférieure à h.	➢ ***Monochromie :*** ensembles composés de fleurs de même couleur, mises en évidence par le fond sur lequel elles se détachent comme dans un tableau.
Décor de Table  ➢ harmoniser sa forme avec celle de la table.	Longueur (L) et largeur (l) sont proportionnelles aux dimensions de la table : *Exemples :* • ***Pour 8 à 10 couverts*** : un centre de 23 cm de long et de 6 cm de haut suffit. • ***Pour 10 à 15 couverts :*** on maintient le décor précédent au milieu et on ajoute u autre, plus petit,de 9 cm de long et de 6 cm de haut à chaque extrémité. • ***Pour une table de banquet de 15 m :*** un grand centre de 95 cm à 1 m et deux autres de 60 à 70 cm	*Exemples :* roses rouges sur fond gris pâle, tons orangés sur fond vert olive. ➢ ***Camaïeu :*** dégradé d'une seule couleur s'alliant avec un décor raffiné. *Exemple :* du jaune clair à l'orangé. ➢ ***Polychromie :*** mélange de plusieurs couleurs : la difficulté de cette alliance limite à 3 le nombre de couleurs principales (sans compter le blanc et le vert du feuillage).

Grille de lecture du schéma :

- 3 couleurs fondamentales, (jaune, bleu, rouge)
- 3 longs pétales pour les composés simples
- les tons proches forment des camaïeux
- les tons opposés donnent des harmonies heurtées utilisées dans le style moderne

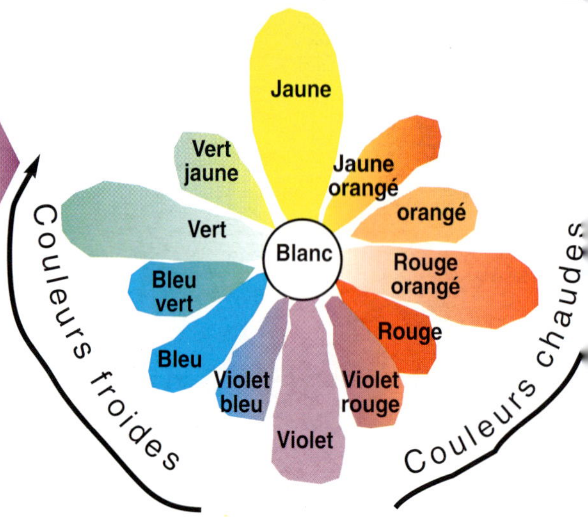

Commentaires

Il faut tenir compte :

- du rapport avec l'emplacement prévu,
- de l'emplacement des verres et des couverts,
- de l'éclairage artificiel.

EXEMPLES DE DÉCORATION

Le seuil franchi, si le hall d'accueil est harmonieusement fleuri, le client est favorablement impressionné.

Décoration d'ambiance

Principe

Pour éviter la monotonie :
- Découper des volumes dans la pièce,
- Ménager des aires d'intimité

Modalités

Mélanger plantes vertes et fleuries en jouant avec les différences de tailles, de variétés et les dégradés de vert.

Jouer sur l'emplacement des compositions : plantes grimpantes, montées sur colonnes...

Utilisation de jardinières en accord avec le décor auquel on les destine : hall d'accueil, salon, restaurant...

Bouquet d'accueil

Principe

Il tranche sur la décoration d'ensemble par son volume, sa composition et sa richesse.

Modalités

Rôle important du feuillage :
- En été, il souligne l'éclat des fleurs
- En automne et en hiver, il peut composer à lui seul un magnifique ensemble aux teintes dégradées.

Façonner le grillage à l'intérieur du vase.

Inscription classique du bouquet dans un triangle dont l'arrière généralement adossé au mur peut être garni de feuillage. S'il se reflète dans une glace, on y ajoute quelques fleurs pour lui donner de la profondeur.

Exemple de composition : pour un bouquet moderne, toutes les variétés peuvent être utilisées, mais les espèces exotiques conviennent tout particulièrement : amaryllis, héliconia, de préférence accompagnées de leur feuillage.

Centres de table

Principe

Choisir des fleurs à petite tête dont le diamètre n'excède pas 3 cm tout en utilisant les variétés propres à chaque saison : roses de Noël, jonquilles...

Modalités

Feuillage indispensable pour cacher les supports et donner du relief aux compositions.

Quelques règles à observer

- Veiller à ce que la hauteur ne dépasse 20 cm pour ne pas gêner la conversation des convives.
- Eviter les fleurs trop parfumées qui pourraient incommoder.
- Se souvenir qu'un centre de table doit être particulièrement soigné car il est vu de tous les côtés.
- Traiter les fleurs comme des éléments fragiles : ne pas les tiger systématiquement, mais observer leurs formes pour les adapter à ce que l'on souhaite (faute de précaution, on risque de les blesser et elles se faneront très rapidement.

Décoration de banquets et dîners de gala

Principe

- Pour une table allongée, utilisée un motif central à longue tige comme les iris.
- Pour une table étroite : réaliser un "chemin de table" en utilisant des guirlandes de feuilles et fleurs posées à même la table.

Modalités

Pour le soir, on obtient une lumière très agréable en mêlant aux fleurs des bougies assorties.

Lors d'un dîner par petites tables, il est possible d'obtenir une certaine unité dans la diversité. On réalise un modèle type de décor et on le reproduit en autant d'exemplaires qu'il est nécessaire. Si on le souhaite, on change la couleur principale afin de réaliser une disposition alternée, mais en évitant toutefois une juxtaposition désordonnée de couleurs différentes dont l'ensemble ne serait pas agréable à l'œil.

Occasions diverses

Principe

L'adaptation du décor de table aux caractères du repas ou de la cérémonie est un signe de raffinement.

Modalités

Pour les **baptêmes, communions, fiançailles et mariages**, on recherches un effet de fraîcheur avec des tons pastels : bleu pâle, rose pâle et blanc à la fois pour les fleurs et les rubans.

Par opposition, le rouge en monochromie est utilisée pour fêter une **remise de légion d'honneur**.

Un décor pour **un repas de chasse** rassemble agréablement feuillages mordorés, chrysanthèmes jaunes, orangés, marrons et blancs. Pour donner à l'ensemble hauteur et légèreté, on y ajoute des plumes de faisan et des roseaux.

Si une réception est donnée à l'occasion de la fête d'un groupement, d'une ville, d'une province, on s'efforcera de faire correspondre les couleurs du décor à celles de l'écusson.

Commentaires : cas particulier d'un buffet

- Opter pour un décor floral lumineux qui attire le regard.
- Quelques règles afin d'obtenir cet effet
  - Utiliser une profusion de fleurs ou de feuillages qui permettent des présentations variées.
  - Proportionner les motifs décoratifs non seulement aux dimensions de la table, mais à la hauteur sous plafond.
  - Terminer la partie arrière du bouquet par du feuillage auquel on donnera une forme plate afin de ne pas gêner le passage des serveurs.

L'ENTRETIEN

Pour prolonger la vie des fleurs tout en leur conservant leur éclat, il est recommandé d'assurer leur entretien en appliquant à chaque espèce les conseils donnés par les horticulteurs.

PLANTES EN POT FLEURIES OU NON

- Maintenir l'humidité nécessaire, par arrosage ou immersion selon le cas.
- Conserver le niveau d'eau normal des bacs à réserve d'eau.
- Essuyer régulièrement les feuilles avec une éponge humide.
- Supprimer fleurs et feuilles fanées.
- Remplacer les plantes abîmées.

FLEURS COUPÉES

- Ajouter chaque jour de l'eau jusqu'au bord des vases ou jusqu'à saturation de la mousse, sauf pour les tulipes qui ont besoin de peu d'eau.
- Si l'atmosphère est exceptionnellement chaude, vaporiser de l'eau et éventuellement ajouter des glaçons.
- Eviter de placer les bouquets dans un courant d'air ou à proximité d'une source de chaleur.

STUDIO JEAN-PIERR

Imprimé en France par CLERC S.A.S. - 18200 Saint-Amand-Montrond
N° impression : 9098 - R2 - Dépôt légal : janvier 2006